HERMES

在古希腊神话中，赫耳墨斯是宙斯和迈亚的儿子，奥林波斯神们的信使，道路与边界之神，睡眠与梦想之神，亡灵的引导者，演说者、商人、小偷、旅者和牧人的保护神……

西方传统 经典与解释 **HERMES**
Classici et Commentarii

廊下派集

徐健 ● 主编

廊下派的神和宇宙

God & Cosmos in Stoicism

［墨］里卡多·萨勒斯 Ricardo Salles ｜ 编

徐健 朱雯琤 等 ｜ 译

华夏出版社

古典教育基金·"资龙"资助项目

"廊下派集"出版说明

距亚历山大大帝逝世二十余年即约公元前三百年,基提翁的芝诺开始在雅典集市西北角的一个画廊（στοά ποικίλη）里讲学论道。起初那些听众被称为芝诺主义者,后来被唤作廊下派（Stoics,旧译斯多亚派或斯多葛派）。在亚里士多德以后的希腊化时期,廊下派成为三大主流学派之一,但其历史影响则比伊壁鸠鲁派和怀疑论派重要得多。自芝诺到罗马皇帝奥勒留,廊下派共历时五百年左右,经早中晚三个发展时期,对塑造希腊化文明和古罗马文明起到了关键作用,并对后世思想保持经久不息的影响力:廊下派的自然法思想形塑了罗马法包括万民法的理论,廊下派的人神亲缘关系说及其隐忍博爱伦理则为基督教伦理提供了土壤……近代哲学（如斯宾诺莎等）中的泛神论,近代科学中的宇宙论,乃至从格劳秀斯到康德的世界公民观念等等,都有廊下派留下的深刻烙印。

廊下派将哲学分为物理学、伦理学和逻辑学,以伦理学为核心和目的,将三个部分内在地融贯成有机整体。为了创建自己的体系,黑格尔责难廊下派仅仅应用了片面而有限的原则,缺乏真正的思辨思维,没有什么独创性可言;新康德主义派哲学史家文德尔班也持类似的看法——德国唯心论的哲学史叙述对廊下派的贬低,在很长一段时间里主导着人们对廊下派的认识。二十世纪后半期以降,学者们逐渐抛弃德国唯心论的哲学史叙述,重新认识廊下派,从文本笺释到各类研究都取得了显著进展。

廊下派在西方古今文明变迁中起着承前启后的重要历史作用，我们有必要开拓廊下派研究。"廊下派集"以迻译廊下派著作为主，亦注重选译西方学界相关研究佳作，为我们研究廊下派奠定必要的文献基础。

古典文明研究工作坊
西方典籍编译部亥组
2012 年 10 月

目　录

中译本说明 ·· 1
致　谢 ·· 1

导　论 ·· 1

第一部分　神、天意和命运

第一章　宙斯有多勤劳？ ··· 31
第二章　廊下派论质料与原初质料 ······························ 66
第三章　原因之链 ··· 104

第二部分　元素、宇宙演化和宇宙大火

第四章　克律希珀斯论物理元素 ································· 139
第五章　克律希珀斯论宇宙大火和宇宙不灭性 ··············· 176
第六章　从漫步派思想而来的廊下派主题？ ··················· 197

第三部分　廊下派宇宙学—神学中的伦理与宗教

第七章　宇宙本性重要吗？ ······································ 253
第八章　为什么研究物理学？ ··································· 293
第九章　廊下派哲学性神学与希腊—罗马宗教 ··············· 328

索　引 ·· 366

中译本说明

程志敏

哲学在古希腊诞生之时起就成长得太快，还没有来得及建立完备的宇宙论就已经在数学和科学的帮助下急急忙忙摆脱了神学，宇宙论于是就成了早期神学思想最后的阵地——仅仅从（神话）神学急剧的理性化过程来看，同样日趋式微的宇宙论甚至就是远古经验的避难所。柏拉图打算用不合潮流的神话、神秘、神学来延缓不可阻挡的理性化迅猛进程，但他的努力马上就被"柏拉图主义"——其最伟大的代表就是亚里士多德——的狂飙突进浪潮所冲淡（而柏拉图本人晚期的思想也的确为不明就里的人打开了逻辑化和自然化的大门），并很快随着古希腊文明的中断而彻底湮没在历史的深处。

从苏格拉底—柏拉图哲学发展而来的廊下派诸公既看到了古希腊哲学本身的问题所在，同时又在不大成功的修补工作中反而让已有的问题变得更为严重和复杂。究其原因，历史的局限和时代精神的拖累无疑是客观的方面，廊下派大师的眼界狭窄和思考能力的不足也是重要的因素。但无论如何，被后世视作陈腐芜杂的廊下派宇宙论毕竟是最后一次大规模拯救远古文明的努力，而这种失败尝试的结果被基督教神学代替后，更显得不入（主）流。但反过来看，廊下派极力讨论的"神和宇宙"恰恰是后世"哲学"不再关心的问题，至少从这个角度来说，廊下派保留了我们这个世界遗忘和陌生化的东西。

在理性神学的大趋势中，廊下派的神明也免不了走向"哲理神学"（philosophical theology）的殿堂，但这种残存着宇宙论和神秘主义因素的学说毕竟与后世纯然从(人的)理性推导出来的思辨神学大相径庭。在廊下派那里,理性、神明、宇宙从各个不同的角度表达了相同的道理,而这个并非来自凡夫俗子的道理当然就是"天道",它往往也以"自然法"之名出现,但正如"理性"、"宇宙"以及"物理学"的观念与后世同名的概念完全不同,廊下派的"自然法"也不能简单地混同于近代热闹非凡的思潮——即便如廊下派这种"没落"或"末流"的古典思想所能理解的东西也远比近现代"深刻"、"恢弘"和"包罗万象"的精美体系更能够接近"真理"本身。

不独廊下派,整个古代思想家都把宇宙视作神的居所,甚至就是神的化身,最低限度而言,宇宙的美、自然秩序的和谐、万物不可思议的奥秘尤其是森严规范的存在等级,都证明了神明的存在,尽管从根本上说,神明的存在不应该是人类费心去证明的问题,而是创造并安排这一切的神明施恩向我们显示的——神明的显示正是给我们提供生活的范本,要我们模仿它,按照自然来生活,做到敬天知命,当一个合格的人,在道德中走向幸福。由此可见,廊下派有机地融合了神学、形而上学、物理学、逻辑学乃至几何学,勉强把后世分崩离析各自为阵的人类思想分支统一成相互依存相互支持的有意义的整体。

人的理性不能为自然立法,相反,它本身不过是更高存在者立法的结果,古典思想中这一普遍的洞见原本可以避免让人类理性走到今天这种不可收拾的诞妄境地。在当前的"时代精神"中,我们再来听听这些被我们视作"粗糙"的论断也许还算得上亡羊补牢:

> 如果在(自然事物的)宇宙中有什么是人的思想、理性、力量和能力所无法获得的,那么,创造那种东西的存在物就必然比人类更加优越(melius)。而天体以及所有那些永恒运行的物体都不可能由人所创造,因此,创造那些东西的就比人优越,还有什么比用"神"之名来称呼更合适? 的确,如果没有神明,宇宙中就没有什么比人更优越的了,因为唯独人拥有理性——

其他任何东西都无法与理性相比。但是,如果人由此就认为地球上的一切没有任何东西比自己更优越,那无疑就是不智的狂傲(desipientis adrogantiae)。因此,有比人更优越的;所以,神明当然存在。(西塞罗,《论神性》2.16)

西塞罗以为"没有人会如此愚蠢地狂妄"(stulte adrogantem),竟然以为自己具有理性便老子天下第一(《论法律》2.16)。不幸的是,这种"愚蠢的狂傲"却在近代哲学中修炼成了菩萨之身,让人(自己)顶礼膜拜,其原因很简单:正如上引这段话所说,"如果没有神明,宇宙中就没有什么比人更优越的了"。这种"优越感"成了一种无法抵挡的诱惑,最终杀死上帝,取而代之。但在西塞罗等古人看来,这显然是一种僭妄:不仅无知,无感觉,而且不虔敬(《论神性》2.44,55)。

人及其自以为了不起的理性都是神明赐予的,在宇宙中丝毫算不得什么东西,这一点就连廊下派学者也清清楚楚。也许廊下派诸公远远算不上"如神的作家",但他们所写下来的著作仍然传递出了最伟大的教导,那就是:"天之生人,不是要我们做卑鄙下流的动物;它带我们到生活中来,到森罗万象的宇宙中来,仿佛引我们去参加盛会,要我们做造化万物的观光者,做追求荣誉的竞赛者,所以它一开始便在我们的心灵中植下了一种不可抵抗的热情——对一切伟大的、比我们更神圣的事物的渴望。"(朗吉努斯,《论崇高》35节,缪灵珠译文)

天体的运行秩序、昼夜的交替、四季的更迭,凡此种种,都是为了让我们的理性认识到神明的存在,认识到某种比我们更高明的且关心我们的存在者(西塞罗,《论法律》2.16,《论神性》1.100,2.15,97,132)。甚至神明把我们造得站立行走,也恰恰就是为了让我们能够仰望苍穹,获得关于神明的知识,从而成为一个"像神的人"——在廊下派这里,头上的星空和内心的道德法则不是并列关系,而是前后从属,即,内心的道德法则并不是理性自我繁殖的结果,而是宇宙法则内化的产物。①

在廊下派体系中,宇宙论、神学、物理学都具有伦理内涵,所以对廊下派极尽嘲讽的西塞罗才认同了他们的贡献,即"复活了这个被抛弃的德性——并把它安置到那个离智慧不远的神圣的宝座上,因为只有这种德性(如果它真的存在)最好施惠,最慷慨,只有它爱他人胜过爱自己,生来便是为他人,超过为自己"。② 就以物理学为例,它本身就是一种德性,也是为了获取德性所作的知识准备,它的目的在于了解善恶,而最根本的目标还在于通过对宇宙万物"本性"即"物性"的探究,为"人性"的塑造提供基本的模型。所以,伦理学蕴含物理学,物理学离不开伦理学,物理学从根本上说是"实践物理学"——这个名称在现代知识分类中一定会被视为笑话,但在廊下派看来,物理学不是为了单纯构建物理理论,而是要通过对物理的探查达到灵魂的宁静与和平,否则,物理学就没有意义和价值——物理学在后世的发展证明了这一论断,进一步让整个人类都处在它所带来的危险中。廊下派的这种说法虽然没有海德格尔"科学不思"这一说法深刻,却更有人世的气息和生命的温暖。

塞涅卡说:Stude, non ut plus aliquid scias, sed ut melius[研究,不是为了知道得更多,而是为了知道得更好](《书信》89.23),这句话很好地诠释了亚里士多德《形而上学》开篇那句名言,也是现代人"知识就是力量"这个以讹传讹命题所必需的前提。在这个没有神的物理性的宇宙中,我们不妨换个角度去思考问题,这时,廊下派的这些"废弃"了的理论可能就会派上大用场了——因为从根本上说,哲学不是一种"创新",

---

① 比较西塞罗,《图斯库卢姆清谈录》5.71,《论法律》1.23 – 24,26,59,与康德《实践理性批判》,见李秋零译《康德著作集》,卷五,页169。

② 《论共和国》3.12,《论义务》1.22(西塞罗这里引用了柏拉图《书简》9.358a),西塞罗长期被错误地划作廊下派,他对当时的"显学"廊下派当然有着精深的研究,但也从来没有吝惜过自己无情的嘲讽和深刻的批判。

毋宁说是一种重新认识,重新回忆,向一个遥远而古老的灵魂大家园的回程和返乡,那些概念就是从这个家庭里成长起来的——就此而言,做哲学是一种最高等级的返祖遗传。印度、希腊和德意志的所有哲学做法中那种奇异的家族相似性本身就足以解释这一点了。①

此诚如老子所说,"执古之道,以御今之有。能知古始,是谓道纪"(《道德经》14 章);又云:"万物并作,吾以观复。夫物芸芸,各复归其根。归根曰静,静曰复命。复命曰常,知常曰明。不知常,妄作凶。知常容,容乃公,公乃全,全乃天,天乃道,道乃久,没身不殆。"(16 章)

本书的第三章由徐健(贵州大学公共管理学院讲师)翻译,第四章由朱雯琤(浙江大学公共管理学院博士)和徐健合译,第五章由马密(厦门大学法学院博士)和刁小行(温州医科大学社会科学教学部讲师)初译,其余部分均由朱雯琤初译。徐健统稿全书,逐句校对甚至重译了大部分内容。

---

① 尼采,《善恶的彼岸 论道德的谱系》,赵千帆译,商务印书馆,2015,页37。另参《快乐的科学》第 10 条论"返祖现象"。

致　谢

　　这本书源起于 2006 年 6 月在墨西哥国立自治大学举办的会议,"廊下派的神和宇宙"(Dios y el Cosmos en la Filosofía Estoica)。在会上,大家有了出版本书的计划。本书第一、四、五、六、八和九章的早期版本就是提交的会议论文。关于廊下派思想中神学和宇宙学之间的关系,这几章的早期版本中提出了大量尚未探索的问题,所以我们认为有必要著一本合集来专门研究。于是我们对在会议上发表的文章进行了彻底的改进,而为了更加充分地处理某些专题,后来又特别添加了第二、三、七章。这九篇论文尽管各成一章,合起来却相互补充,使得这本书的三部分之间不存在明显跳跃。书中文章之间的相互引用也揭示出这些作者在特定问题上看法的高度统一,同时在阐释相关证据上又有着重大分歧。后来编写的导论部分则试图整体性地介绍廊下派哲学中神和宇宙的主题以及这整本书的内容。

　　会议上的大多数讨论都集中在高度技术性的问题上,因此我对这些论文的反馈者们报以崇高感激,他们是:贝尔穆德(Juan Pablo Bermúdez)、戈麦(Laura Gómez)、胡尔兹(Enrique Hulsz)、法尔瑞(Luis Xavier López Farjeat)、洛扎诺(Andrea Lozano)、特勒刚(Alejandro Tellkamp)和扎格尔(Héctor Zagal),他们为本书出版贡献了很大一份力。我同样感谢贝纳杜伊(Thomas Bénatouïl)、波耶利(Marcelo Boeri)、英伍德(Brad Inwood)、洛扎诺、梅耶(Susan Meyer)和罗德里格(Teresa Rodríguez)的帮助,他们对后面的编辑工作提出了建议,并对导论提出了意见。两位牛津大学出版社的匿名读者同样为这本书和其中每一篇论文包括导论提出了相当鼓励人且颇有建树性的意见。牛津的蒙奇洛夫(Peter Momtchiloff)、帕顿(Victoria Patton)、伊顿(Tessa Eaton)和贝利(Catherine Berry)的帮助也非常具有价值。

  本书的问世受到了墨西哥国立自治大学和墨西哥国家科学与技术委员会(CONACYT)通过的 IN401408 与 40891 – H 项目,以及墨西哥国立自治大学哲学研究所持续不断的经济资助。本书第二章(古里纳撰)的早期版本原以法文形式刊出(Jean – Baptiste Gourinat,"La Théorie stoïcienne de la matière:Entre le matérialisme et une relecture corporaliste du Timée",收于 Cristina Viano 编,*L'Alchimie et ses racines philosophiques*,Paris:J. Vrin,2005)。我要感谢薇亚诺和沃仁哲学书局(http://www.vrin.fr/)允许本书以现在的版本刊发此章。

导 论

萨勒斯(Ricardo Salles)
(墨西哥国立自治大学哲学研究所)

[1]对廊下派哲学来讲,神学和宇宙论的关系非常紧密。本书共收录九篇论文,对这一关系与其在实践伦理、宗教仪式与神话中的后果进行了一次深度研究。首先我将对廊下派的神学和宇宙论进行简要概括,从而对本书的整体结构进行概述,然后我会对每一章的内容展开具体描述。为了避免重复,导论中所有参考文献可见具体章节(有少数例外)。

廊下派认为宇宙的现今状态与其创生甚至毁灭都出自某种明智的安排,从而可以说它们都是完全理性的,借此廊下派表达了他们认为神和宇宙存在着联系的观点。宇宙的理性(rationality)源于神那无所不在的理性(reason)。通过让理性在物理上彻底贯穿于宇宙之中,廊下派的神积极地控制着所有现存物体(body)的行为,从而对这些物体的所有行动和经历负责。由此来看,神最好是被描述为治理着整个宇宙的唯一积极的物理性本源(principle)。神治理整个宇宙的方式与灵魂(特别是灵魂的统治部分[τὸ ἡγεμονικόν])治理生物实体的方式完全相同。结果就是,廊下派假设宇宙本身是一个生物实体,而神则是它的灵魂。实际上某些原始文献甚至将神等同于宇宙本身,因为生物实体的特性主要由灵魂来确定。① 此外,基于神对整个宇宙和存在于其间的每一件事物都加以控制,每

---

① 尤见西塞罗,《论神性》(Cicero, *ND*) 29-30,相关评论见本书第五章页 121-124。

一事物的行为就都与某种单一计划协调一致。因此廊下派将命运，最终还将神本身等同于一个单一、无所不包的因果关系体系，通过这种体系，每一物体都与作为整体的宇宙及其包含的其他单个物体联系在一起。由此来看，廊下派的神并不仅仅是一种整合整个宇宙及其包含的所有物体的协调统一的力量，而且还是一种能让这些物体通过其他各种非协调性[2]因果关系进行相互影响的力量。一切都是计划好的，这点显然进一步暗示了：不像伊壁鸠鲁派等人笔下的宇宙，廊下派的宇宙具有目的论色彩，即有一个目的指向，尽管廊下派出了名地否认目的可以在自身内部找到一种因果力量。

然而根据廊下派宇宙论，神却不是唯一的本源（ἀρχή）。廊下派所谓的宇宙是神作用于某种消极本源的行动所产生的结果，一些原始文献认为这种消极本源就是质料（ὕλη, matter），也就是宇宙在其各个时期所历经的转变的基础。这两种本源都必不可少。因此，尽管廊下派认为宇宙的本是（being）将质料作为自己的物理成分之一，从而承认宇宙是质料性的（material），但廊下派并不鼓吹唯物主义一元论（materialist monism），即每一事物——包括神本身——都起源于并最终还原为一种作为实在（reality）之唯一基本成分的质料。但另一方面，廊下派也并不是严格的二元论者（dualist），因为他们确信质料和神共享着某些重要的物理属性。最为显著的就是质料和神都是物体，从而都是占据空间并形成阻力（这两点是有形体[corporeality]的标志性特征）的实物（entities）。① 这一本体论观点的复杂性引出了一个形而上学问题：两种本源是如何被区别对待的？若质料和神都是物体，那么有形体就无法将两者进行区分，则作为区别的基础的积极/消极又指什么？这一区分基础是最初就有的（两种本源的区别建立在一种是积极的、另一种是消极的这一事

---

① 见拉尔修，《名哲言行录》（DL）7.135（另见普鲁塔克，《驳廊下派的一般观念》[Plutarch, *CN*]1073E 中关于施动与受动能力的记述）。对这个问题的讨论见本书第二和四章。

实上)？还是说一种本源是积极的,另一种本源是消极的,此乃基于廊下派为建构这种区分而提出的其他一些观念之上？

在正统廊下派哲学里,宇宙最为显著的一个特征也许就是它的周期性和无限反复。现存的宇宙将会焚毁殆尽,但在这场熊熊大火(conflagration)中遗留下来的实体(substance)将会引起一个新宇宙的产生。在正统廊下派哲学中,以此种形式诞生的宇宙将会与现在的宇宙几乎无异。但新宇宙自己也会被一场新的大火焚毁,接着另一个新的、相同的宇宙将会诞生,如此循环往复。早期廊下派哲学里对这场宇宙大火的两个主题一直争论不休:在大火中遗留下来的实体如何逐渐将自身转化成另一个新的宇宙？具体通过一种怎样的机制使得宇宙因为焚烧殆尽而终结？可能除了克勒昂忒斯(Cleanthes)以外,廊下派中各派系都一致同意,元素的相互转变——还有四元素通过混合而转化成复合物体(而后重又分解为四元素)——是理解这两个过程的关键。特别是他们认为宇宙演化的初始阶段是火转变为其他元素,而宇宙大火的最终阶段则是其他元素转变回火。争论主要集中在这最初和最终的火的本性上:它是何种实体,它与寻常之火是何关系,以及这火转化为[3]其他元素的过程具体是怎样的？颇有争议的问题还包括,宇宙在被火消耗殆尽之时是否也被毁灭？比如克律希珀斯(Chrysippus)认为宇宙大火是一种积极现象,但它并不会真的产生任何实质上的变化。任何宇宙循环中最初和最后的火只不过是处在两种完全无差状态下的神本身。

我们研究廊下派的宇宙学—神学时需要留心它在先前思想家那里的起源,以及它对当时其他相反的宇宙论所产生的冲击和影响。廊下派的宇宙论者与赫拉克利特(Heraclitus)对火、阿纳克西美涅斯(Anaximenes)对元素转变以及毕达哥拉斯学派(Pythagoreans)对宇宙轮回的概念之间有些类似。① 但廊下派宇宙论最为明显

---

① 分别参见《前苏格拉底哲人辑语》(DK)22 B 30 – 31,13 A 5 – 7,58 B 34。

的源头无疑是柏拉图的《蒂迈欧》(Timaeus)。廊下派将《蒂迈欧》中核心的宇宙观放在了他们宇宙论最中心的位置,尤其是善意的宇宙造物主(demiurge)概念、宇宙是一个拥有灵魂和躯体的生物实体的观点,还有提到宇宙论以关于两种本源的学说为主导的观念(比起在《蒂迈欧》本身中,老学园[Old Academy]和吕克昂学园[Lyceum]则把《蒂迈欧》里这个观念阐释得更为明晰):① 一种本源是积极的,而另一种则是消极的。但同时,关于范式论(paradigmatism)、神的超然性(divine transcendence)、形体论(corporealism)以及因果关系等其他同样基本的形而上学问题,廊下派宇宙学—神学所含的看法则不同于柏拉图。这也许会让我们觉得廊下派的宇宙论有意调整《蒂迈欧》中核心的宇宙观,以构建一种新的、相当不同的形而上学。谈到廊下派哲学的其他来源,有种假设认为早期廊下派知道亚里士多德学园的论著,但该假设是出了名的可疑。不过廊下派与漫步派的(Peripatetic)宇宙论之间却有令人惊异的相似性,以致有人会不禁好奇,二者到底是对彼此有某种重要的相互影响,还是仅仅具有流于表面的相似性,而且这种相似性被我们的原始文献夸大了?本书最后的论题讨论廊下派的宇宙学—神学在伦理和宗教上的实践性后果。我们是否需要掌握宇宙学知识才能过上一种能让我们幸福的生活?如果是,这又是如何达到的?而如果不是,我们要宇宙论做什么?相似的问题也出现在宗教方面。根据廊下派的神学,传统宗教神话和仪式应该保持还是摒弃?或者,廊下派神学对宗教信仰和实践是否保持中立?

　　本书分为三个部分。第一部分"神、天意和命运"包括三篇论文,涵盖廊下派神学的三个基本主题:神的积极性与造物主特性,他

---

① 对《蒂迈欧》的阐释,见本书页 24,49-51,52-53。但是柏拉图已经在其他地方做出了"积极—消极"的区分:见《泰阿泰德》(Theaetetus) 157A-B,《智术师》(Sophist) 247D-E,以及《斐勒布》(Philebus) 26B-27B(上下文讨论的是宇宙论)。

的形体性与他不可还原为质料,还有神作用在宇宙上的、作为因果网络的命运。第二部分"元素、宇宙演化和宇宙大火"包含四至六章,探讨廊下派[4]宇宙论中的这三个主题,以及整个廊下派宇宙论如何与当时的漫步派宇宙论产生联系。第三部分"廊下派宇宙学—神学中的伦理与宗教"亦由三章组成,讲述廊下派上述理论的伦理和宗教后果问题,全书至此结束。

第 一 章

廊下派的神有远见(providential)并行善意,他有目的地影响并关心着宇宙。这一观点至少与其他三种主要的古代神学理论有迥然差别:(1)亚里士多德认为"原动者"(prime mover)的唯一行动是自智化活动(self-intellection);(2)伊壁鸠鲁(Epicurus)与伊壁鸠鲁派证明神并不干预宇宙——通过神圣技艺和目的论并不能解释宇宙的演化;(3)柏拉图在《蒂迈欧》里说神确实友善,但同时又是超然的,他从外部影响着宇宙。①

廊下派的神圣天意里一个主要问题在于其性质和限度为何。它是哪种行动?哪些实物受它影响?后一个问题是贝纳杜伊的"宙斯有多勤劳?"(第一章)里所着重论述的。那些敌视廊下派的原始文献经常提到廊下派的神所表现出来的勤劳,即神不懈地彻底影响着宇宙中的一切。但在廊下派的观点中,神果真如此勤劳吗?这是不是那些想要嘲弄廊下派神学的人强加给廊下派的夸大之词?实际上,我们可以设想廊下派的神受到五个方面的限制:(1)在宇宙的某个有秩序的阶段中,神并不总是活跃的,因他的干预行动被限定在宇宙演化和动物生成(zoogony)内;(2)在宇宙有秩序的阶段结束之时,神也并不活跃,在宇宙大火来袭期间他不会影响任何事物;

---

① 第四种不同的观点出自灵知派(Gnosticism),但廊下派并没有对它做出回应。见 Mansfeld 1981(完整的参考文献,见本书第五章的参考文献部分)。

(3)神的能动性(agency)被限制于宇宙的天空领域,对地上的影响只是次要的和间接的;(4)神并非平等地施予所有个体以善意,他忽视了一部分个体,这意味着他的行动并不平均地达于宇宙的每个角落;(5)还有许多不值得神去操劳的琐碎小事,这一事实本身也证明了神在宇宙中的活动受到限制。

贝纳杜伊认为,这些限制没有一个真正出自廊下派自己的设想。如那些敌视廊下派的原始文献以外的证据表明,神的活动并不受到这五个方面的限制。贝纳杜伊在论证过程中还对廊下派的天意(providence)是何种活动做了具体分析。廊下派的天意不仅仅是①神在宇宙[5]演化中创造宇宙时所做出的行动,是②当宇宙演化完全后,神在其中制造出每一个变化时所连续做出的活动,也是③神在确保宇宙中的每一个实物的持久存在,以及确保宇宙本身作为一个整体被大火毁灭之前的持久存在时,他所做出的维持或协调的行动(尤见页27-28)。正如贝纳杜伊观察到的,西塞罗《论神性》3.92 实际上至少将天意等同于①和②,这份文本将天意描述为"塑造者和操纵者"(fictricem et moderatricem)(引自本书页26-27)。除了①—③外,神进一步的活动是制造宇宙大火。廊下派的传统教义里,宇宙大火并不是源于脱离神之意志的其他独立意志,而恰恰源于神自身。可见吊诡的是,大火乃神作用于他所创造的宇宙时无可避免产生出的副产品(见页28-31)。稍后我将会重新回到第五章的主题——宇宙大火上来。

①到③对天意的分析带出了廊下派对古代天命论(providentialism),尤其是对柏拉图《蒂迈欧》里的天命论的特别立场。《蒂迈欧》里的造物主同样是有远见的神,但他的远见似乎被限制于作为整体的宇宙——即宇宙的普遍结构——的创造上。柏拉图的造物主似乎留给宇宙的灵魂一项任务,那就是让宇宙保持自我存活和改变(见本书页24)。换言之,与廊下派的神相反,柏拉图的造物主自己并不是活动②和③的主体。由此可见,相比柏拉图的天命论,廊下派的天命论在内容上更为广泛,在性质上更为复杂。柏拉图的造

物主与廊下派的神的主要区别也许在于后者具有内在性:廊下派的神在质料里面施展他的天意活动,而天意塑造和操纵了质料。对此第一章作出了详细的论述,并且下文亦有述及,因为这也是第二章(古里纳的"廊下派论质料与原初质料")的主题之一。

第 二 章

从廊下派的神内在于质料中可以引出一个问题,神如何与质料相区分。如果我们关注神在质料中的物理机制的话,这个问题就相当有必要。据原始文献记载,神充分混入质料中,与质料共延伸,从而遍及质料之中。结果就是,神存在于这个混合物的任何部分。①但既然神和[6]质料完全混合,彼此之间又有什么不同呢?正如古里纳所指出的,一些对廊下派的批评认为神和质料在这个系统里面完全有可能没有实质性区别,并且特别说明了廊下派的神必是质料性的,且源于质料。② 这种还原式的唯物论者(reductive materialist)的观点,与廊下派实际上说明的或者逻辑上会承认的观点并不相符。从他们的反唯物论观点来看,神和质料都是物体,但他们却是一对无法还原的物体。从这一脉络出发,古里纳在本章的第一节(页48-58)对廊下派如何会掉入这一多少有些矛盾的境地进行了具体分析,他的解释既不属于唯物主义一元论(materialist monism),也不是严格意义上那种将神和质料分属在两种领域的二元论(dualism)。卡尔基狄乌斯(Calcidius)正确地指出,在廊下派中,"神就是质料所是的东西"(deum hoc esse quod silva sit),③也就是一个物

---

① 见阿弗洛底西亚的亚历山大,《论混合物》(Alexander of Aphrodisias, *De Mixtione*)225.1-2 Todd;更一般化的论述见224.32-225.3,引自古里纳,页57。另见本书页121。

② 同样证据的引用见下。

③ 引自古里纳,页47和68。

体。古里纳首先论述了这种混合的观念如何作为对之前的希腊哲学(主要是对柏拉图、老学园派和亚里士多德哲学)中其他关于宇宙本源的概念的反思和回应。接下来我将把重心放在柏拉图和老学园派上。①

世界上有两种宇宙本源——神和质料。这一观念似乎可以追溯到(1)忒俄弗拉斯托斯(Theophrastus)所提出的对《蒂迈欧》的解释,同时也可以追溯到(2)如安提俄科斯(Antiochus)所说的那种在珀勒蒙(Polemo)领导下的老学园派思想。② 但廊下派对这种二元论的解释,正如芝诺(Zeno)所辩解的,与学园派的思想大相径庭。在与 David Sedley 和 Micheal Frede 就此问题的深入论辩中,③古里纳证明芝诺的理论相比珀勒蒙和老学园派,有两处地方具有显著创新:在廊下派的二元论中,神是有形体的,并且其作用于质料的行动并不受某种模型或范式(model or paradigm)引导。芝诺物理学的这两条原则紧密相连,都是廊下派拒绝柏拉图的范式论的证据。神的形体性必须被理解成是在回应柏拉图主义者所相信的非质料性本源(一种本源要具有因果效用,就不可能是非质料性的)。但古里纳坚称,对某种指引着行动的模型的抛弃是"芝诺最与众不同的创新之处"所带来的结果:这项创新就是神从质料内部而不是从外部影响着质料,这不像工匠制造工艺品那样(见页 50)。廊下派的神作用于宇宙的行动在某种程度上就像是精子对生物实体的推动那样:生物的成长与发展都在这枚精子所携带的信息里预先设置了,所以同样的,宇宙作为整体的演化和发展体现在神所在的"生殖理性"[7]($\sigma\pi\varepsilon\rho\mu\alpha\tau\iota\kappa o\iota\ \lambda\acute{o}\gamma o\iota$, seminal reason)所有序展现的一系列事件

---

① 这种混合的观念与亚里士多德的关系,见页 49–50。
② 这两点皆引自古里纳一文。另见他在第 51 页上引用的《名哲言行录》3.69 和 3.75。
③ 参见第二章参考文献部分中的 Sedley 2002 与 Frede 2005。

中。① 这种生物学模型与《蒂迈欧》里的模型相差甚远,在《蒂迈欧》里,就好像工匠之于他所制造的工艺品的关系那样,造物主从质料外部用质料来创造宇宙。但在廊下派的生物学模型里,神由内而外地创造并维系着自然物。确定地说,宇宙是一个生物实体的观点已经在《蒂迈欧》内(尤见 30c6-9)得到了说明。但是在廊下派笔下的宇宙中,宇宙中的变化本身是被生物影响推动,而不是被外部性的造物主所决定。总而言之,形体性和内在于质料中是廊下派的神的两个主要特征,它们并未在早期柏拉图主义里拥有确切源头。它们是廊下派反思柏拉图主义的结果。这一反思的主要理由存在于廊下派的物理学而非逻辑学(或本体论)之中。

我将不就古里纳对"神在宇宙演化中的作用"的相关解释进行大幅阐述,因为这一主题在第四章有大篇幅说明(同样的情况还有关于廊下派形体论的性质问题——神和质料在何种意义上都是物体)。在我继续之前,让我简单提及一下古里纳如何解释两条廊下派物理学中的核心命题。这两条命题是:(1)宇宙"气息"($πνεῦμα$, breathe)是神贯穿宇宙之时所需的物理基质(physical substrate)(见下文对第三章的评述),(2)整个$πνεῦμα$[气息]都是由气与火组成的混合物。这两条论述在古里纳看来,与一份敌视廊下派哲学的原始文献所下的结论相反,②并不共同地暗示出廊下派的神本身是由更为基础的质料性实体合成的事物,从而是质料的产物。实际上,它们最多表明神利用的其中一种媒介是合成物。古里纳认为,廊下派的神在不同的宇宙阶段中不会被还原为他所利用的任何一种媒介。宇宙气息是神在影响作用着宇宙时所采用的某种工具或载体。就如本书后面(第四章)所解释的那样,它是"神或理性在控制世界的构成和活动时所用的直接载体"(见页 103)。于是我们不能仅从

---

① 证据可见页 54 和 60。另见页 64-65、101。
② 见阿弗洛底西亚的亚历山大,《论混合物》225.11-12 Todd,引自古里纳一文。

πνεῦμα[气息]本身是一种合成物出发,而认为神也是一种混合实体——这从廊下派理论看是错误的。①

第 三 章

正如原因之链(chain of causes)贯穿整个宇宙,命运则是廊下派的神用以实现其天意活动的工具。实际上,廊下派的神通常被等同于作为原因之链的命运。② 如何理解这个原因之链呢?梅耶在第三章致力于[8]回答这个问题。她发现,原因链这个隐喻现在常被因果理论学者所用,但她正确地证明了廊下派对该隐喻的用法与现代用法大为不同。在现代理论中,原因之链是按照时间演替的事件系列,每一个事件都是前一个事件的"果",是后一个事件的"因"。这种概念理解就标示了因果关系的两种假设:首先,这是一种"因"和"果"并不同步的关系(因此因果双方不可能相互影响);其次,这是一种事件与事件之间的关系。这两种假设都不是廊下派的原因论的看法,而是相反:廊下派的"因"与它们的"果"总是同步(甚至所谓的"前"因["antecedent" causes]也如此)。③ 并且廊下派的因果关系并不是事件与事件的关系,而是物体与物体的关系。根据廊下派的理论,因果关系最好解释为物体 A 对物体 B 所产生的特定影响。举一个经典的例子:解剖刀作为原因使肉体获得"被切剖"的结果(引自页 74)。这种因果的概念与我们现代的阐释有本质的不同,它揭示了廊下派在定义命运时所称的原因之链的意义。梅耶所观察到,这是一种存在于宇宙中的所有物体之间相互影响的复杂系统(见页 78–80)。

那么这种影响的本质是什么?如上所述,这种影响当然不是现

---

① 证据可见页 62–66。
② 见下文提及的第三章第 4 节的讨论。
③ 证据可见 Meyor,页 85–89,我的评述见下文。

代意义上的因果影响。换言之,廊下派这种遍及宇宙的原因之链的隐喻,并不意味着宇宙中每一事件都按着一种单一的时间序列排列,从而宇宙的所有物体都与某些事件相关。廊下派将命运作为一条原因之链的思想本身没有排除存在这一事件系列。实际上,正如第二章和第四章所指出的,廊下派的宇宙演化被某些原始文献描述成如下这道序列:宇宙中某一物体的存在是另一更加基本的物体的活动所引起的,将这种推论推向最原初的地方可到四元素与最终的神本身,神通过影响一些绝对基础的质料,从自身中创造出四元素(搂这种观点,神的活动是一种事件,是其他物体得以成为物体的原因,而这些物体的产生同样也是一种事件,是神的活动的结果)。但梅耶认为,这种解释明显没有抓住廊下派在定义命运时所构想的原因之链的实质。它的实质更可能阐释为一张具有相互影响的统一网络,所有物体都在这网络中相互交织。

要理解这种系统的意义所在,关键之一是弄清宇宙 $πνεῦμα$(气息)的概念,这个概念在第二章也有提到:这是一种彻底贯穿并聚合着宇宙的物理基质(见页 74、79 - 81)。梅耶认为,在作为原因之链的命运的学说里,链上不同原因之间的链环正是这种协调性的宇宙气息。有了这种在所有物体之间、每一物体和作为整体的宇宙之间的连结,一个物体可以直接[9]或间接地给其他所有物体和作为整体的宇宙以影响。这就把我们引向了廊下派的宇宙共感($συμπάθεια$, cosmic sympathy)学说。正如梅耶所指出的那样,在这一学说与廊下派作为原因之链的命运的观念之间有一种强烈的联系:因为他们认为宇宙中的所有物体都通过某种物理基质——在他们看来这是原因之链的必要组成部分——相互连结并连结宇宙整体,每一物体都在原则上影响着其他物体和宇宙整体。同时这种相互的影响也就是宇宙共感的含义。通过廊下派的这一学说(克律希珀斯和几乎所有其他主要廊下派哲人都接受这一学说)(见页 80 - 85),我们可以说、作为整体的宇宙拥有与所有生命有机体相同的统一性。鉴于宇宙的组成部分和宇宙整体之间相互作用,宇宙组成部分就能给其他部分或宇宙整体以影响。梅耶在第82页举了恩披里柯(Sextus Empiricus)的例子,我相信这是上述理论的关键:"在统一的事物中就存在着一种共感($συμπάθειά\ τις$),例如当手指被割伤时,整个身体都感受到疼痛。因此,宇宙是一个统一的物体。"不过,我们从原始文献中无法判定廊下派上述理论是否认为一个物体通过共感而总是直接地被所有其他物体所影响。但梅耶正确地指出,(见页87-88),有机宇宙的概念并不要求如此。一个有机体的某些部分也许仅通过间接的方式与其他部分产生联系。重要的是宇宙整体通过一种基质进行统一,从而让其不同部分相互作用。更重要的是,廊下派的原因链理论也有特别注意到这种间接影响。就好比一条项链,每一颗珠子都通过一根线与其他珠子相连,但并不是珠子之间会直接对对方产生作用(因为没有一颗珠子能够接触到其他所有珠子),廊下派所谓的宇宙中的原因之链也是如此,每一物体都通过宇宙气息与其他物体相连,但并不是直接地对其他物体产生影响。

梅耶的论证涉及对某些廊下派宇宙论核心文本进行一种重要的重新阐释。在我开始讲述下一章之前,我想要简要指出她的阐述里一个特别引人注目的观点。若廊下派的原因之链所设想的是物体与物体相互影响,那么古代对这原因链的描述就是任何一些事物都由"先于它们的"事物所产生,并且这些任意事物产生了"后于它们的"事物,但这并不意味着某种时间序列:每一个事项都被前一个事项引起继而影响下一个事项。持这种观点的文本之一是阿弗洛底西亚人亚历山大的《论命运》(*De Fato* 192.2-8)(引自梅耶,页86)。这里所用的在先(priority)与在后(posteriority)的概念关联于廊下派在其他地方所言的前因果性(antecedent causation)概念。但梅耶论证道,廊下派所谓的前因果性在实质上并不是一种时序上的承替关系。某物被先前的事物所决定,这更应该是指,某物的原因构成了物体与物体之间的影响系统的一部分,也就是命运的一部分。如梅耶所言:"说某物拥有一个前因,就是说[10]它的原因是原因纽带(causal nexus)中的一部分。"(引自页87)同时她也在西塞罗《论命运》(*De Fato*)41 – 44 中找到克律希珀斯的圆筒喻,作为论证这种前因果性的证据。

第 四 章

一到三章都在探究神和宇宙的一般关系。四到六章则主要聚焦在廊下派关于宇宙的某些具体学说:四大物理元素(第四—六章)、宇宙演化(第四章)和宇宙大火(第五章)。正如我们将要看到的,第六章也将讲到廊下派和漫步派宇宙论之间的一些重要对比。

在第四章里,库珀(John Cooper)的文章《克律希珀斯论物理元素》主要对克律希珀斯的物理元素论(火、气、水、土)进行了新型阐释:文章从司托拜俄斯(Stobaeus)公元 5 世纪的文摘《物理学与伦理学读本》(*Eclogae Physicae et Ethicae*) 中的一段话(1. 129 – 130 Wachsmuth)入手。这一章还阐明了(1) 廊下派形体论的本质与廊下派的本源论之间的联系——神和质料为何都是物体;(2) 克律希珀斯在宇宙演化概念上区别于芝诺和克勒昂忒斯。

与之前的评论者尤其是 Long 和 Sedley 的认识不同,库珀认为克律希珀斯区分了术语"元素"($\sigma\tau o\iota\chi\epsilon\tilde{\iota}o\nu$)的三种用法:(1)指实际宇宙中的四元素,它们彼此同等重要;(2)指某种炽热的实体(库珀谓以"原始火"[proto-fire]),宇宙演化时期从该实体中产生包括寻常的火在内的四种元素;(3)指某种实体,(2)①中提及的原始火本身就是从中产生的。这种绝对原初的实体由两种物体组成:神和无定性的原初质料(qualityless prime matter)。但不像"原始火"(以及其他任何质料性实体),这种原初实体除了任何物体内在所固有的一些属性(qualification)外,不具有其他任何属性,也就是说它可做三维延伸并产生阻力(这是作为物体的神和质料本身就具有的属

---

① [校按]原文是(1),疑误。

性),并且能够将神和质料相混合。值得注意的是,神和无定性的原初质料都不能等同于那种原初实体。它们不过是两种通过混合而形成这种原初实体的物体。

与这种原初实体相关的证据出自《名哲言行录》7.136 – 137,那里提到"开始时"(κατ' ἀρχάς)神"独自存在"(καθ' αὑτόν),"为自己消耗尽所有实体"(ἀναλίσκων εἰς ἑαυτὸν τὴν ἅπασαν οὐσίαν)。这里指的是宇宙大火之火烧尽之后[11]随即出现的前宇宙阶段(pre-cosmic stage)。在这一阶段,神为自己消耗了所有实体,这并不是说他为自己吸收了原初质料,从而成为唯一存在的物体,而是说宇宙大火已经烧完,神消耗尽所有在之前宇宙中存在的有定性的(qualified)实体。之所以说神"独自存在",是因为即使他保持积极性,持续思考自身对于新的宇宙的设计,他的活动也并不在新的宇宙演化中直接制造新的有定性的实体。如库珀所揭示的:

> 神或理性的积极本性里保留了持续思考自身并产生思想的能力,所有这些思想能够在实际世界中有效引入质料的所有属性,从而构成实际存在的、各种不一的实体,但神却不会为了赋予实体以特定的性征,而用这些思想对某些特定质料采用任一不同的作用形式;他因此而不用任何这些特定的属性来影响质料。(见页 102 – 103)

那种绝对原初的实体只不过是神在前宇宙阶段遍及原初质料的产物。在库珀的理解里,这种原初实体的唯一属性或特征——除了具有立体性、阻力以及神与质料的混合性——是神在无生产性阶段(non-productive stage)通过遍及作为整体的原初质料而产生的结果。据克律希珀斯所言(收于犹太人斐洛,《论世界的不灭性》[Philo Judaeus, *Aet.*]90),这一特性是指那原初实体是一种闪光(αὐγή, flash),是宇宙大火不再释放烈焰从而熄灭时(正如斐洛使用不定过去时的ἐκπυρωθέντα[被燃尽]一词所暗示的)的那一种闪光。其结果是,这种前宇宙阶段的原初实体不应等同于宇宙大火之火。正如库珀所揭示的,这在廊下派宇宙论中是一大创新。因为这种原初实体在芝诺这里被可疑地等同为某种形式的火,即"有计划的火"(πῦρ τεχνικόν,designing fire),特别是克勒昂忒斯,他将这种实体等同于宇宙大火之火,即烈焰(φλόξ,flame)。①

宇宙演化发生的第一阶段,原初实体将自身转化为一种炽热的实体,随之后者又将自身转化为一种轻盈的实体(原始气,proto-air),然后再转为湿润的(watery)实体(原始水,proto-water)。② 而到了宇宙演化的第二阶段,这四种实际中的元素从原始水中生长出来,通过互相混合而制造出其他的自然实体。库珀对宇宙演化的重构在许多方面与第二章里古里纳所重构的不同(见页 57、60 – 62、66)。但如古里纳承认的,他在与库珀深入切磋后发现两人有一个大体的共识。我相信需要深入反思的问题是:廊下派是认为动物事实上产生于一种元素的混合,就如某个原始文献所暗示的那样呢,还是说由其他一些事物通过极其不同的方式所产生,正如库珀和古里纳没有提到的另一个原始文献[12]可能暗示的那样(伽伦《论持久因》[Galen, *Caus. Cont.*] l. 1 – 2.4 =《希腊化哲人》[LS]55F)?

第 五 章

正如正统廊下派哲学对宇宙演化没有统一的认识,它在宇宙大火的问题上也未能达成统一意见。甚至一些重要的廊下派哲人怀疑到底是否有宇宙大火这一存在。即便在那些接受这一存在的廊下派哲人当中,对宇宙大火的本质依旧没有一个共识。特别是克勒昂忒斯和克律希珀斯对大火是否对宇宙造成毁灭这一点的看法截然相反。他们都相信宇宙在这之后会进行重新建构,但这种重新建

---

① 证据可见页 102。
② 见页 101 – 105 对该论点的讨论。

构是在宇宙大火所引起的毁灭状态中的重新建构吗？克勒昂忒斯认为是，但克律希珀斯对此提出异议，正如我对本书奉上的文章"克律希珀斯论宇宙大火与宇宙不灭性"所要阐明的。

这种不同意见并不局限于字面，它牵涉到两种不同的元素理论。据克律希珀斯所言，火是四种元素中最稀薄的，其他三种元素都通过变薄而转化为火。根据这种观点，土、水、气不过是浓缩或压缩的火。于是，气、水、土并非被宇宙大火之烈焰所毁灭，而只是转化成了它们本来的形态：火。唯一变了的只是元素的密度，并且这是一种简单的性质变化，实体本身并没有毁灭。而在克勒昂忒斯看来则恰恰相反，他认为四种元素是互相影响的不同实体。他承认火比其他三种元素都更为基础，但这种基础性只是说火为了让元素内在一致而作为质料对它们进行影响。就这种观点来看，气、水和土就不是克律希珀斯所设想的那样，是由火所组成的实体。① 但克勒昂忒斯的这种元素模型未必与克律希珀斯的理论不相容，我们可以想一下火对水的内聚作用。从克律希珀斯的观点来看，这是大量未经压缩的火影响大量压缩后的火。但这种解释我们不能在克勒昂忒斯或克律希珀斯的文献中找到，因为这两个人大概不会喜欢别人去调和他们的元素模型。

就我的理解来说，我对宇宙大火的认识与库珀对宇宙演化的阐释相吻合。在库珀的重构中，那产生原始火的原初实体是一种闪光（αὐγή），出现在宇宙大火的烈焰熄灭之后。我认为，这场宇宙大火的烈焰并非永远燃烧。一旦复杂实体被分解为元素，这些元素又通过变薄而完全转化成烈焰，这种烈焰就会熄灭，因为无其他东西[13]留给它消耗。在第五章我没有探讨接下来发生了什么，我想要描述的相当于库珀的假说：一旦宇宙大火的进程结束，就只剩下包含着神所遍及的原初质料和抑制了实体制造活动的一种αὐγή[闪光]。

---

① 见第129页上检验的证据。

第 六 章

关于宇宙论,廊下派与其他对手学派如学园派和吕克昂学派之间有大量相似之处。在第六章"从漫步派思想而来的廊下派主题?"①中,库普瑞娃(Inna Kupreeva)问了这么一个问题:这些相似之处到底仅仅是流于表面的,还是能显示出它们内在有某些共同立场? 一些特定作者的文本中出现的相似性最多。库普瑞娃主要关注四个人物:(1)西塞罗《学园派》(*Academica*)(1.6.24 – 7.29)里所记载的学园派哲人阿斯卡隆(Ascalon)的安提俄科斯(约公元前130年—68年);(2)漫步派的克里托拉俄斯(Critolaus),此人是吕克昂学园领袖,与克律希珀斯的学生巴比伦人第欧根尼(Diogenes of Babylon)同时代;(3)廊下派化的漫步派哲人塞琉西亚的克赛纳尔科斯(Xenarchus of Seleucia,公元前1世纪后期);(4)还有雅典的漫步派领袖阿弗洛底西亚的亚历山大(公元第2世纪后期),关于他对物理元素、神和灵魂的讨论。因为安提俄科斯已经在第二章着重讨论过了,这里我就将重心放在其他几个人物上。

克里托拉俄斯的宇宙论辑语(特别是辑语12,13,15 – 18 Wehrli)是否清晰地显示了其廊下派影响呢? 尽管他的一些观点确实与亚里士多德自己的宇宙观有很大不同,并且融合了某些廊下派学说,但它们也许可以算成对漫步派哲学本身的发展。正如库普瑞娃所揭示的那样,这些观点是如下两种原则的先决条件:天意是存在的,以及灵魂是由以太构成的。我们先考虑后一种原则。《学园派》里有几段话(正如库普瑞娃在探究西塞罗思想的第136 – 142页中明确指出的)提出了灵魂由这种天上的实体组成,且克里托拉俄斯也在两处证实了这一观点(辑语17 – 18 Wehrli)。虽然它可以理

---

① [校按]原文作"Stoic Themes in Peripatetic Physics?",但本书其他地方又作"Stoic Themes in Peripatetic Sources?",现统一为后者。

解为一种廊下化的观点,①但亚里士多德文集里也有证据表明,我们身上存在着一种神圣元素,正如库普瑞娃所解释的,这一观念与灵魂由以太构成的观念也许有着某种密切关联(见页 149 - 150)。关于廊下派物理学和宇宙论对漫步派的影响问题,同样可以与克赛纳尔科斯对第五实体(the fifth substance)和对亚里士多德反对宇宙之外的真空(extracosmic void)言论的批评产生联系。若正如 Moraux 这样的学者所言,②他的批评实际上很大程度上受廊下派哲学影响,那么克赛纳尔科斯所暗示的廊下派和亚里士多德学派在某些宇宙问题上的关联就并非为一家之言。但如库普瑞娃所证明的,有明确证据表明克赛纳尔科斯的批评是漫步派思想内部演进的结果,是[14]开始于忒俄弗拉斯托斯和斯特拉托(Strato)对亚里士多德论著的批判性分析。③ 同样的话还适用于西顿的波厄托斯(Boethus of Sidon)和大马士革的尼科拉俄斯(Nicolas of Damascus),他们认为原初质料既没有形式也没有属性。④ 总而言之,廊下派和漫步派宇宙观之间的某些相似,显示了这两个学派在核心问题上有某种内在的一致性。更加重要的是,这种一致性最终显示为后亚里士多德的早期漫步派所开启的摆脱亚里士多德思想的运动。但这种漫步派对亚里士多德原本的哲学体系的批判态度,似乎并不能说明——同时他们自身也这样认为——这是在拒斥该体系的廊下派化。正如库普瑞娃自己所解释的:"漫步派内部的这种批判倾向……并不必然意味着对亚里士多德哲学体系的拒斥,尽管这个体系在批判前后有着显著的(某些也许是不可调和的)差别。"(见页 165)

---

① 见 Mansfeld 1992,页 139 - 140,引自库普瑞娃,页 141。
② 见 Moraux 1973,页 203 - 204,比较 Sharples 2002,页 16 - 17,均引自库普瑞娃一文。
③ 证据可见页 151 - 156。
④ 见页 156 - 159 上的论证。

最后，库普瑞娃认为同样的话也适用于阿弗洛底西亚的亚历山大。她主要论证了，亚历山大在《论灵魂》(*De Anima*，相似的文本还有《问题集》[*Quaestio*] 2.3 和《〈论灵魂〉附录》[*Mantissa*, Bruns] 112.11–16 中"论理智"[*De Intellectu*]的最后一节) 这部论著里对四元素的讨论，使用了廊下派的方法和概念；以及亚历山大第 2 条辑语(Vitelli)批判了当时的廊下派哲人赫拉克利德斯(Heraclides)关于第五元素(the fifth element)、神和灵魂的本性的论述(均见页165–166)。这两个文本似乎都表明了"一种与廊下派所共同的智识背景"，但大大超越了仅仅使用廊下派方法论和关键概念的地步。① 但我们若仔细考察这一共同背景在廊下派和漫步派哲学中的地位和功能，就能发现一些深层次的差异，从而表明这两种哲学体系实际上非常不同，具有不同的起源。总之，库普瑞娃对她最开始的问题——"这些相似在何种程度上意味着某种真正共享的立场？"(页 135)——的回答在很大程度上是否定的。

第七、八章

接下来的两章(第七、八章)的主题是宇宙学与神学以及实践伦理学之间的关系：波耶利的"宇宙本性重要吗？"和英伍德的"为什么研究物理学？"这个主题在现代廊下派研究中已经有过多次争论。如波耶利揭示的，一些学者和哲学家证明廊下派的宇宙学知识实际上能够指引我们的生活。这一正统观点已经遭到了质疑。最近，Julia Annas 在"廊下派哲学中的伦理学"(2007)[15]这篇论文中支持另一种观点。波耶利觉得这种非正统观点不可能正确，因为有大量文本证据可以推翻它。有此，他对 Annas 论文里的观点进行了彻底探讨(见页 184–186)。② 但一些极端形式的正统观点也不

---

① 对于这一结论，见页 135 和 165。
② 另见页 181–182 与 189–190。

可能正确。比如说,A. A. Long 认为"廊下派伦理学某种程度上从属于宇宙学"①这一命题需要受到限定。实际上波耶利证明,要界定廊下派在这一问题上的立场,最好的办法是分析他们关于作为整体的哲学和作为哲学的两个部分的伦理学与宇宙学(或物理学)的概念。哲学的这两个部分谁都没有比对方更占优先位置(προκεκρίσθαι),即谁也没有比对方更胜一筹。但也正是因此,波耶利说我们对这两方中一方的知识必定影响到对另一方知识的理解,同时对任何一方的理解也必须有对另一方的知识为补充。波耶利的另一贡献,在于他对"我们作为个体的人和作为整体的宇宙是息息相关的"观点的阐释,这一观点受到爱比克泰德(Epictetus)和奥勒留(Marcus Aurelius)等晚期廊下派哲人支持,②波耶利发现他们的一些言论可在涉及早期廊下派哲学的原始文献中找到,特别是在重要文本——拉尔修《名哲言行录》7.86–89 中找到。③

我们可以很容易地看到理论伦理学如何依靠物理学知识。举一个例子,廊下派所谓的德性拥有一种物理学基础:德性必然涉及一种灵魂状态,即涉及灵魂所经历的程度合适的物理性张力(εὐτονία,tension)。④ 于是,德性论中必定至少包括这种特定的物理学事实(实际上,甚至物理学知识本身就是一种德性,因为它牵涉到了拥有这种知识的人身上的某种为道德德性所特有的张力)。⑤ 但我们不能由此看出实践伦理学又是如何依靠物理学—宇宙学知识的,关于这个问题波耶利着墨甚多。实际上,在这章的第 4 节,他研究了廊下派实践伦理学中某些特定的原则如何与我们的宇宙本性知识相关连。关于这个问题的一种观点,他引用了西塞罗的《论至

---

① 引自波耶利,页 176。
② 见第 3 节引用的证据。
③ 完整的引用见波耶利,页 176–177。
④ 见页 189–190 上引用的证据。
⑤ 见页 189–190 上进一步的论证。

善与极恶》(*De Finibus* 3.73)(见页 203 - 205)。波耶利说道："卡图(Cato)[西塞罗笔下的廊下派发言人]强调,没人可以真正判明(vere iudicare)善与恶,除非他知晓自然的整个计划或意图(ratio)还有诸神的生活,以及人类本性是否与宇宙本性相一致。"(见页 190 - 191)。因此,即使宇宙学知识也许并不足以让我们做出准确的价值判断,它也不失为做这判断的必备条件之一。但为什么呢?原因就在于,充分的宇宙学知识需包含神的总体计划方面的知识,从而也需要我们判断,我们在既定情境下所经历的特定状态与事件是符合这个计划(这种情形是好的),还是与它相悖(这种情形是坏的),亦或者[16]对其实施没有影响(这种情形不好也不坏,是中性的[indifferent])。这是对克律希珀斯那著名的"脚的例子"(载于爱比克泰德《阿里安俄斯记录的〈清谈录〉》[*Diss.*]2.6.9 - 10)的一种可能的解读。① 该解读的形而上基础在于,我们的理性——我们获取这种知识的途径——是某种物理本源的一部分,并具有和该本源相同的本质,正是这种本源将一切存在统一为一个协调的整体,从而赋予作为整体的宇宙以合理的协调性。这章用奥勒留《沉思录》7.9 中的一段文本作结,该文本明确阐发了这种观点。为此,我将完整地引述这段文本:

> 所有的事物都相互交织……一切事物都经过安排,井然有序地组成同一个宇宙。要知道,宇宙是所有事物组成的统一体,神作为一,遍及所有事物。只有一种实在和一种律法,那就是对所有智慧的生物而言的普遍理性;也只有一个真理,因为对在类上相似和分有同一种理性的生物来说,达到完善的形式只有一种。(波耶利译)②

---

① 引自波耶利,页 191 - 192。
② [校按]译文参考奥勒利乌斯,《沉思录》,王焕生译,上海三联书店,2010,页 88,有改动;下同。

在第八章里，英伍德重点论述了塞涅卡的思想，认为塞涅卡所持的一些观点与波耶利归给整个廊下派的观点相近。英伍德表明，塞涅卡在不同的地方道出了物理学研究的不同理由。比较显眼的例子有《致鲁基里乌斯的道德书简》(*Ep.*)89 - 90，其中认为所有构成哲学的学科——比如物理学和伦理学——事实上都是非常有价值的研究对象，虽然它们单独来看并不是最有价值，但作为综合知识体的哲学的组成部分，内在都非常有价值。因此，物理学研究的最好理由就是，它对研究作为整体的哲学来说必不可少（即便我们穷极一生也无法完成对哲学的研究）。而在《论天意》(*De Providentia*)中所提到的另一个理由，则特别关注于物理学和伦理学之间的关系。尽管对某些非常特别的伦理问题（比如"为什么即便这个世界受天意的支配，好人还是会遇上坏事？"）的回答也许不需要特定物理真相的明证性知识，但伦理学被认为能够提供的那种个人完全平和的心灵和对生活的正确态度，确实需要物理学详尽的明证性知识。须注意，塞涅卡认为，学习物理学知识是为了实现廊下派的伦理学目标所需的一种不充分却必要的条件。与之而来的是对这一观点的反对意见，认为实现这一目标甚至可能不需要物理学研究的帮助。这种反对观点产生于犬儒主义（Cynicism）和亚里士多德式的廊下派哲学，因此它是误导的结果。实际上，英伍德仔细分析了塞涅卡在《论恩惠》(*De Beneficiis*, 7.1.3)中对犬儒德梅特里俄斯（Demetrius）的讨论，并指出不管我们对他们的第一印象如何，塞涅卡与德梅特里俄斯对于物理学在哲学中的地位问题所持的观点有相当大的不同。还有，物理学研究本身就相当有价值，因为这符合我们的本性，我们天生就适合沉思和进行普遍理论知识思考。① 据英伍德所言，这项理由非常明确地强调了物理学研究的内在价值，

---

① 证据见《自然问题》(*NQ*)6.4.2 与《论闲暇》(*De Otio*)4 和 5，引自本书页 213。

而其他两项动机均[17]暗示一种工具性价值,尽管暗示的方式不一样。它表达了一种我们在早期廊下派中所找到的观点,"自然创生出理性的动物就是为了让他去行动和沉思"(《名哲言行录》7.130);①并且也明显出现在其他罗马廊下派哲人中(比如爱比克泰德,见《阿里安俄斯记录的〈清谈录〉》1.6.19-22)。但也许有人会问,从这个观点来看,物理学研究到底是本身就具有真正的价值,或只是为了让人完全依照本性而行动的一种必要途径?我相信至少在爱比克泰德看来前一种观点是对的,又据英伍德所说塞涅卡也这样认为。鉴于普遍性的理论知识构成了人性之本质(因为这是将人区别于其他低等动物的关键部分),而人性是一种应当被追寻的具有内在价值的目标,所以这类知识也拥有内在价值,而不是工具性或衍生性价值。这点思考暗含在英伍德上面引用的爱比克泰德文段中:

> 因此,一个人从非理性生物开始的地方开始,在非理性生物结束的地方结束是令人羞耻的。他确实应该从非理性生物开始的地方开始,但必须在自然本性要我们结束的地方结束;而我们的自然的终结点是进行沉思和理解($\vartheta\varepsilon\omega\rho\iota\alpha\nu$ $\kappa\alpha\iota$ $\pi\alpha\rho\alpha\kappa o\lambda o\iota\vartheta\eta\sigma\iota\nu$),并过上合乎自然的生活"(《阿里安俄斯记录的〈清谈录〉》1.6.20-21;Gill 和 Hard 译)。②

总而言之,正如英伍德所揭示的:

> 塞涅卡认识到,研究物理学并倾听其教诲可以出于两种理

---

① [校按]译文参考拉尔修,《名哲言行录》,徐开来、溥林译,广西师范大学出版社,2010,页355,有改动;下同。
② [校按]译文参考爱比克泰德,《爱比克泰德论说集》,王文华译,商务印书馆,2009,页45,有改动;下同。

由,这两种理由彼此相当不同,甚至很可能相互冲突。物理学研究为我们所谓的伦理学事业提供了直接的工具性支撑,但也实现了我们本性中某个非常重要又很基础的需求,即对自然的沉思的内在欲求。(见页 214 – 215)

英伍德在这章(页 215 – 222)的最后部分探究了以下两个文本,而这两种动机在这些文本中显得尤为瞩目:整本《自然问题》和《致鲁基里乌斯的道德书简》中后面几封信。他细致地指出,这些文本显示出这两个看似冲突的动机最终如何相互补充。特别是物理学研究对伦理学来说有种工具性价值,这是因为它自身就有价值:如果物理学研究本身没有价值,那它对伦理学来说就根本没有用。这一对物理学研究的动机的复杂解释,是理解塞涅卡对这一问题的立场所必需的。

第 九 章

在"廊下派哲学性神学与希腊—罗马宗教"这篇文章中,阿尔格拉(Keimpe Algra)彻底审视了早期和晚期廊下派哲学性神学及其与传统宗教神话与仪式的关系,她将哲学性神学理解为对宗教现象的哲学解释。阿尔格拉所承担的这一任务与第七和八章中对[18]伦理学的叙述有所相似。正如我们要对道德生活进行管理,而必须去研究物理学一样,为了明晰我们对神的天然认知(natural preconception),我们就得去研究关于神的哲学性知识。因此,这一知识会影响到我们对传统宗教仪式和神话的态度(从而也对我们是否会在自己的宗教实践中接受传统宗教仪式和神话产生影响)。我甚至可以进一步说,因为神和宇宙是同一的,哲学性神学最终必会帮助我们去管理自身的道德生活,相应地,对物理学的研究最终也必会形塑我们的天然认知,并指引我们的宗教生活。

正如阿尔格拉所揭示的,廊下派哲学性神学与传统宗教之间的关系非常复杂。最近，Marie-Odile Goulet-Cazé 提出了一种观点，据阿尔格拉的观察，这种观点认为克律希珀斯对传统宗教采取一种"极端保守的"态度，他不带任何批判地继承了至少大部分的传统宗教（这一点上与犬儒主义者截然相反）。① 但阿尔格拉指出，即使廊下派接受传统宗教中的重要部分，比如某些关于神性及其和宇宙的关系的神话，他们也要为其寻求一种具体的理性基础。然而廊下派同样拒绝了宗教和宇宙学中传统神话的某些方面，认为即便它们来自于我们对神的天然认知，这些认知也已经在一定程度上被其他认知所污染，因为后者扭曲了我们对神和宇宙的真实本性的理解（见页233）。这导致廊下派对传统宗教的态度相当暧昧。一方面他们接收和调整了传统宗教的某些元素，另一方面又反对和拒绝了它的其他元素。而哲学性神学的功能就是为完成这种双重任务提供一种合适的背景。阿尔格拉自己也指出：

> 主流的廊下派承认一种尚古论（primitivism，即认为前人的"自然"世界观无可避免地会被腐坏）和革新论（progressivism，即认为随后的哲学发展可以补救这一情况，并告诉我们哪些可以被拯救而哪些不可以）之间的有趣组合。（见页234）

这一章的第4节就致力于解释廊下派在批判性挪用传统宇宙学—神学观神话时所产生的诸多问题。就宗教仪式来说（第5、6节），哲学性神学在其中的作用就好似哲学性神学对神话的作用。在神话里，哲学性神学的一个中心任务就是最终为它奠立明确的理性根基。在宗教仪式中，哲学性神学任务之一就是通过与廊下派神学理论的碰撞，得出并评价其概念的内涵。正如神话的情况，这里并没有 in toto［彻底］拒绝传统宗教仪式，而是以一种既批判又调整的复杂态度来对待不同部分和方面的宗教仪式。为此，阿尔格拉给

---

① 引自阿尔格拉，页213。

出了五个例子(芝诺论神殿,克律希珀斯、巴比伦的第欧根尼、塞涅卡和瓦罗[Varro]论[19]宗教典仪中为展示神而使用的拟人[anthropomorphic]神像)。其中一个例子谈到芝诺批评了神殿为敬拜诸神的这一用途,但他这里不可能是在表达一种理想,即各城邦应禁绝神殿。他所关心的仅是神殿的流于表面,以及人不应支持建造神殿——敬拜诸神唯一合适的途径是"通过我们自身的精神态度,去模仿诸神而使自己变得有德性"(见页236)。

请允许我采用阿尔格拉在第九章倒数第二节的问题来为这篇导言做一个总结。为什么廊下派不绝对禁止在宗教仪式中为了展示神而使用拟人神像呢?从廊下派的泛神论(pantheism)来考虑,他们本需要对其进行绝对禁止:廊下派的神是弥漫于整个宇宙的物理性实体,不可能像传统所展示的诸神那样拥有人形。这对理解廊下派如何构想神与宇宙的关系这一问题非常重要。一方面他们的泛神论反映了神与宇宙之间如何产生物理性的相互作用,这似乎不允许将神拟人化;而另一方面,他们将神看作一个人,这似乎与其泛神论相抵触,但又貌似是由他的造物主本性和其行动中的目的性所要求的。表面上看,这两方面之间存在一种张力。泛神论和这种"拟人化—神论"(personalistic theism,采阿尔格拉的表述)是神与宇宙之关系的两个同样必要但又显得不可相容的方面。如何去化解这种张力,以及随之而来的,为什么廊下派并不因为他们的泛神论思想而完全拒绝神的拟人化?若人这一概念并不必然要求去塑造一个人形,那这种张力便不复存在。人类身体的某些特质也许有助于表达神在道德和理智上的特性。阿尔格拉指出,爱比克泰德在《阿里安俄斯记录的〈清谈录〉》2.8.25–27中敏锐地意识到了这点(引自页245)。不过,虽然廊下派的神不必拥有人体或人形也能获得这些特性,但对我们来说,要想象他在这种无身体(disembodied)的状态下拥有这些特性也很困难。这就需要以拟人化的形象来展示神。换言之,神的特性要通过人形来表达,这个观念(对我们来说)

也许拥有某种认识论上的必要性。① 这充分证明了在宗教仪式中对神拟人化的合理性。但在人的概念和人形概念上并不存在一种形而上学的必然联系,因此廊下派在宇宙学—神学上的两条主要思想——泛神论和拟人化一神论——之间也没有冲突。

---

① 证据见页 245–247 阿尔格拉对金嘴狄翁(Dio Chrysostomus)和瓦罗的讨论。其中,阿尔格拉认为狄翁《讲辞》(*Or.*)12.60 能够详细证明"我们想要将[神]想象成一种靠近我们的、受我们敬拜的对象(而不是一个遥远的星体或那宇宙之神),或者作为一位父亲"(页247)。

第一部分

神、天意和命运

第一章 宙斯有多勤劳？[1]
——廊下派论神的活动的限度与对象

贝纳杜伊（Thomas Bénatouïl）

（法国南希大学哲学系/法国大学研究院）

[23] 向我展示最高精神原由的崇高外现，这原由总是隐藏着，藏匿其踪迹于自然的边际与远端；让我洞悉每一个细微处所充盈着的两极律，它能使细节媲美永恒法；还有那商铺、耕地、账簿，产生这一切的也带来了光影的舞动和诗歌的吟唱。

（爱默生 1971，页 68）[2]

我们通常将伊壁鸠鲁视为希腊哲学性神学方面的特立独行者，因为他认为神对我们世界没有任何影响，而这一学说激起了其他所有研究神学的哲学学派的公愤。这些学派即学园派、吕克昂学派与廊下派，其成员或传人全都主张神创造了世界秩序。我将试图挑战这广为流传的关于古代神学界的描绘的一个方面。我同意，伊壁鸠鲁是个特立独行的人，也是个出奇大胆的人；但是我认为：廊下派提出，神直接存在于世间出现的从最高尚到最卑贱的万事万物中，并对其产生积极的影响，就这一点而言他们几乎也是出奇大胆的人。[3]

---

[1] 感谢在墨西哥召开的"廊下派的神和宇宙"会议的与会者对本章一个较早也较长的版本的有益点评，感谢萨勒斯邀请我参加这次会议并对本文的几个版本作出了评论，也感谢 Lionel Dahan 细致地校订了我的英文表述。

[2] ［译按］此段引自爱默生（Emerson, 1803—1882）于 1837 年在剑桥镇对全美大学生荣誉协会发表的演说。

[3] 廊下派想要与某些传统神学观决裂，见第九章页 230 – 234。

对神的此种描述所引起的反对意见,就我来看是被低估了,因为伊壁鸠鲁派、漫步派、[24]学园派和柏拉图主义者都联合起来在这一问题上反对廊下派。① 我记得有文本对廊下派作出了这样的批评:

> 当然,如下说法贬低了我们对神性的天然认知,即说神贯穿于作为万物始基的全部质料且留在质料之中,而不管神到底长什么样,还有,他的首要任务是不断地繁衍并塑造那可从他而出的任何事物。他们将神看作创造了蛆虫和蚊子的工匠,这是否就像献身于陶土并从中制造出各种东西的工匠那样?②

我们可以从阿弗洛底西亚人亚历山大的这段文本中,辨识出廊下派的神的四个特征,这些特征是任何神祇都不该具备的:(1)神存在于质料之中,或直接与其接触;(2)他活动的目的是制造事物或存在者;(3)宙斯持续且普遍地进行这种内在性的创造;(4)每一个体事物,甚至包括低等卑劣的那些都拥有这三种特征。这四种特征互相紧密联合,定义了我接下来要说的所谓廊下派宙斯的勤劳。③

---

① 不可否认,廊下派与漫步派,或廊下派与柏拉图主义者在神学方面有着共同的背景,特别是他们都反对伊壁鸠鲁派。关于廊下派和漫步派在本源学说(包括天意学说)上的紧密关系及其局限,见下文第六章的细致分析。
② 亚历山大,《论混合物》,页 226, 24 – 29 =《早期廊下派辑语》(SVF) 2. 1048。见 R. Todd 的译本(1976),稍有改动。
③ 我没能在古希腊哲学的其他神中找到符合这四种特征(特别是最后一种)的神。恩培多克勒斯(Empedocles)笔下的神库普里斯(Cypris)"忙于"制造生物(《前苏格拉底哲人辑语》31 B 73),但她还有个对手叫冲突神(Strife),世界上许多事件都出自后者之手(《前苏格拉底哲人辑语》31 B 26 或 35)。《蒂迈欧》里的造物主则并不那么勤劳,因为他把创造有朽者的任务下放到了低级的神身上(41a-d),并把维持他创造之物生存的任务交给了世界灵魂(the world-soul);甚至造物主自身可能也不是最高的神圣存在。但这并不能否认廊下派神学受《蒂迈欧》影响:见 Reydams-Schils(1991)和下文第二章。关于恩培多克勒斯的库普里斯和柏拉图的造物主都是工匠,见 Solmsen(1963,页 476 – 484)。

廊下派的各路竞争对手似乎至少反对了这四种特征当中的一种。特征（1）通常是柏拉图主义者的重点攻击对象，①特征（2）则恰好被亚历山大所驳斥，②特征（3）特别属于伊壁鸠鲁派的攻击目标，③而特征（4）则受到所有这些学派的讥讽。④

  上述涉及的所有文本可以反映出廊下派的神学思想，却都是论战性的，从而可能带有偏见。这导致了这些文本无法如它们所宣称的那样，凭借它们可以赋予廊下派的神以一种勤劳的形象。这就是我将要在这里探索的问题。众所周知，廊下派理论里只有一个神的存在，所有其他被提到的神实际上都是宙斯的特殊部分或力量，因此没有必要去强调宙斯的积极性，说他贯穿并塑造质料，也不必强调说他的远见[25]辐射整个世界。⑤ 仍旧处于争论当中的问题则是，廊下派在多大程度上或者说以怎样的态度持有上述观点？他们是否承认宙斯的勤劳是有例外的或是有限度的？若是的话，难道他

---

  ① 例见诺美尼俄斯（Numenius），辑语50 Des Places，或普罗克洛斯《论柏拉图〈蒂迈欧〉》（Proclus, *In Tim.*）1.413.27－414.7＝《早期廊下派辑语》2.1042。

  ② 见亚历山大，《论天意》（*De Providentia*）21.5－20，其中认为廊下派将神变成了人和其他存在者的奴隶。比较普鲁塔克，《论神谕的式微》（*Defectu Oraculorum*）416－417。

  ③ 西塞罗，《论神性》1.52－53，但漫步派也做出了这种反对：见亚历山大，《论天意》19.10－21.1。

  ④ 见斐洛德谟斯，《论虔敬》（Philodemus, *Piet.*）第356卷对菜园派（Garden）的论述，西塞罗，《前期学园派》（即《鲁库卢斯》）（*Luc.*）120对新学园派的论述，珀尔弗瑞，《论禁欲》（Porphyry, *Abst.*）3.20.2－3对柏拉图主义的论述，以及亚历山大，《论天意》23.6－25.17或《论命运》31.203.11－20或《〈论灵魂〉附录》2.113.12－14中对漫步派的论述。亚历山大的批判见下文页163。

  ⑤ 见《名哲言行录》7.147与下文第3节。这使得廊下派没有利用柏拉图主义中神的等级制学说，柏拉图主义者认为只有次等的神才会受制于天意而表现勤奋：例见普鲁塔克，《论神谕的式微》416e－417a，或普罗提诺，《九章集》（Plotinus, *Enneads*）4.8.[6]2.24－53。

们的反对者忽视了这点？我将检验下面五个似乎是从廊下派宇宙观多个方面中总结出来的论题。我们将会证明从芝诺到克律希珀斯的廊下派神学不可能限制宙斯的勤劳，同时我们有望阐明神的这一奇特之处。

1. 宙斯在世界上总是保持活跃吗？

关于宙斯在质料内部活动的文本证据通常表明，这种活动是一种使得世界本身得以创生的过程。拉尔修在区分、命名并定义了两种廊下派本源之后，把这两者的关系和运行解释为："由于它[= 神]是永恒不变的，它就通过遍在于所有的质料中而构造出（$\delta\eta\mu\iota\text{o}\upsilon\rho\gamma\epsilon\tilde{\iota}\nu$）任一事物。"①根据我刚才的定义，它无疑是一位勤劳的神，也就是一位从质料内部出发积极地照料着世界上一切事物的神。在这儿，它的活动却仅限于制造事物。若这位勤劳的神本质上是一位拥有技艺的神或神圣的工匠，②那我们就不禁要怀疑宙斯在他创造了世界和里面的居住者之后是否还有活儿要做。我们无法简单地假设，宙斯在制造出世界之后依旧保持勤劳。因为，事物也许被造得足够完美以至于能够自己照料自己，或者他们的生活可以被其他实体所引导，而宙斯要做的就只是远远地看着，看每一个实体渐渐揭示神为其规定的命运。

上面那个假设建立在对神和工匠十分粗略的类比之上，所以并不为廊下派所接受，正如阿弗洛底西亚人亚历山大保存的一段论证所表明的：

---

① 《名哲言行录》7.134 =《早期廊下派辑语》2.300 =《希腊化哲人》44B（Long 和 Sedley 译）。参照塞涅卡《致鲁基里乌斯的道德书简》65.2 =《早期廊下派辑语》2.303，亚历山大，《论混合物》，页 225，1 =《早期廊下派辑语》2.310。

② 亦见《名哲言行录》7.147 和 156。

可能还有人会问,把那贯穿质料并存在其间的神描述成工匠一般($οἷόν\ τε\ δημιουργόν$),即能够制造出那源于质料的事物,如此描述是否恰当?廊下派为肯定的答案提供的事实依据是,工艺品在产生方式上不同于自然物;因为神对自然产物的制作并非止于表面,而是从其内部彻底而精心地塑造着它们,[26]可工匠在制作雕像等工艺品时,并没有塑造($ἀδιάπλαστα$)它们的内部。因此廊下派宣称,对工艺品的制造出自一种与之分离的外部性力量,可对于从自然中创造的事物,那创生出它们的力量存在于质料中。①

这一论证强调了将神和工匠进行类比的局限性,为的是展现神圣工匠必须从自然事物内部出发来创造它们,因为它们需要得到由内而外的或彻底的塑造,而工艺品只是从表面开始、由外部力量制造的。这点对我们的提问至关重要,因为它展示了(1)廊下派本身如何证明这内在于质料中的、自然的、普遍的工匠,也就是一位勤劳的神,需要为事物的本性负责;②(2)神圣工匠和他的造物不能像人类工匠与其工艺品那样,彼此之间可以简单明确地区分。这第二点强烈表明了宙斯的勤劳并不局限于制造事物。

---

① 《早期廊下派辑语》2. 1044 = 亚历山大,《论混合物》,页 225,18 – 27(R. Todd)。芝诺对自然的概念就是将其看作"类工匠的"(artificiosum = $τεχνικόν$ = craftsmanlike)或一个真正的工匠(西塞罗,《论神性》2. 57),他这种定义强调的是自然对人造品的技术优势,还有这个世界事实上在自身中包含了所有自然的产物。在希腊神学或宇宙学里,对自然和工匠的类比,从前苏格拉底哲人到廊下派的观点,见 Solmsen(1963)。关于廊下派神学里生物模型对技术模型的优越性,见古里纳(下文页 50 – 51)。

② 这一证明本身明显以廊下派形体论为基础,该学说规定所有行动和激情(比如塑造和被塑造)都产生于物体和物体之间的直接接触(西塞罗,《学园派》1. 39)。廊下派形体论对阐述神的勤劳至关重要,见 Hahm(1977,页 3 – 28)与下文第二章。

这就引出了廊下派对宙斯与世界之关系的另一种描述,那就是将这关系比作我们的灵魂之于身体的关系。① 这一类比明显意味着神的活动为这世界的一生负责,而并不是仅为它的产生或出生负责。我将在后面深入考察这一类比,所以现在我仅简要提一下其意义,然后简述这类比对于制造世界所带来的一个后果。世界的制造不应被想象成一项困难而繁杂的任务,也就是无法想象宙斯像一位人类工匠那样,费尽心力地塑造着质料并让它们变成他想要制造出来的样子:

> 因为你们自己喜欢说,世界上没有神不可能完成的事情,且神做事时毫不费力(sine labore ullo);就好像人只要凭着他的心灵和意志就能不费力地挪动手指一样,所以你们说,诸神的力量可以塑造、移动和改变所有事物。你们说这些时并不把这当作一种迷信的寓言或无稽之谈,而是拿出了科学且系统的解释:你们断言,构成并包含着所有事物的质料全然可弯折并可改变(flexibilem et commutabilem),所以质料所出的任何事物都可以被塑造和转换,不论这发生得有多突然;但这普遍实体的塑造者和操纵者(fictricem et moderatricem)是[27]神圣天意,因此这天意,不管影响何处,都可以做它所想做的事。②

质料毫不抗拒宙斯的活动,甚至可以说是欢迎宙斯的活动,对此塞涅卡有过精妙的论述:Materia iacet iners, res ad omnia parata, cessatura, si nemo moueat[质料是惰性的,这种实物为其他任何实物

---

① 例见恩披里柯《驳学问家》(M)9.75 =《早期廊下派辑语》2.311 =《希腊化哲人》44C(3),普鲁塔克《论廊下派的自相矛盾》(De Stoic. Rep.)1052c 和 1053b =《希腊化哲人》46E,以及下文第 3 节。

② 西塞罗,《论神性》3.92,里面科塔(Cotta)讨论了廊下派的神学(译文采自"勒布古典丛书"中的 H. Rackham 译本)。

的出现做好准备,但若没有某个东西推动它,它就注定停滞不前]。① 如果廊下派采纳了《蒂迈欧》里关于第二本源质料的观点,他们就使得质料本身无法做出任何的运动,也没有任何属性,从而让它变为绝对的消极。② 这理论显示出宙斯对质料的活动是不费力的,③并且质料不可能凭借自身拥有任何属性或形态,因为神是质料所有属性和形态的原因。

一旦我们了解到,神的活动(在性质或程度上)并不为活动所需的精力或能量决定,而是被一简单事实——对质料从内部开始形塑——所决定,要理解为什么宙斯在塑造了世界之后依旧保持勤劳就非常容易了。因为"天意"被描述为质料的"塑造者和操纵者":这暗示了在世界得以建立后对其进行照料,这与创造世界没什么区别。这两种活动都可以说成属于天意或属于宙斯。若我们非要明确哪一些活动是宙斯在创造了世界及其组成部分之后进行的,我们或许需要区分三种从最明显到最不可见的活动类型:

(1)神必须持续不断地制造所有如现在一样发生在世界内部的变化:恒星和行星的规律运动、④土地上生与死的季节性变换、生物的多样活动,以及人类历史的复杂发展。神这一方面的活动只是延续了他原初对世界及其中各种存在者的整体结构的制造活动,因为每一个存在者的行为都被世界的本性所决定,从而这两种活动都合乎世界的"生殖理性"。⑤ 故此,廊下派把神等同于一条命运锁链,所有事件都根据这条锁链而发生。⑥

---

① 《致鲁基里乌斯的道德书简》65.2 =《早期廊下派辑语》2.303。
② Reydam-Schils 1999,页45;Frede 2005,页221。
③ 廊下派因此反对伊壁鸠鲁派,宣称宙斯可以不 laboriosus[费力]地照料这个世界,(《论神性》1.52)。
④ 这些被廊下派提出来作为神在世界上的活动证据,因为它们既永恒、规律又对世界有益:见《论神性》2.43,50 – 55,80。
⑤ 见《名哲言行录》7.148 与 Hahm 1977,页5 – 76。
⑥ 见《名哲言行录》7.135 与 Bobzien 1998,页45 – 53。

（2）在这一种多样却又明显的活动背后还藏着另一个活动。所有物体持续不断地依靠这隐藏活动来"维系"它们的存在，①也就是保持它们的统一、它们的结构以及它们在时间长河中体现出来的独特属性。涅美希俄斯（Nemesius）将这种活动描述为 τονική [28] κίνησις [张力运动]所导致的产物，②即它是一种运动而不是一种静态的因。涅美希俄斯还问道，这种活动源于何种力量的作用。这里我不可能在廊下派物理学上走得太深，而只需表明这种力量就是火或者 pneuma，③因此它能够永久活跃，④能够等同于神。⑤ 伽伦有一个妙喻：空中一只不运动的鸟很明显是静止的，而一旦它的肌肉张力与其重量无法相互平衡，它就会摔下来。⑥ 我们可以类似地说，如果世界在其某种状态下冻结，那么世界就不再有变化，但这并不意味着神之活动的结束，因为世界仍需要这种活动的存在，以保持世界上每一事物的多样属性和统一，还有对世界本身来说的秩序和统一。

（3）活动（1）和（2）仅在这个世界存在时存在。廊下派认为，这个世界事实上并不是永恒的，它将会被毁灭。但这毁灭既不由独立于神的外部事物作为原因，也不是神的某种定时而快速发生的活

---

① 关于廊下派的"维系（συνεκτικὸν, sustaining）因"概念，见《希腊化哲人》55F,H,I。拉尔修认为"廊下派有时用自然这个术语来指涉那维系这个世界（τὴν συνέχουσαν τὸν κόσμον）的东西"（《名哲言行录》7.148）。

② 涅美希俄斯《论人性》（De Natura Hominis）70.6 – 71.4 =《希腊化哲人》47J："物体中存在一种张力运动，它同时向内和向外动作，向外的运动产生了数量与属性，而向内的运动则形成了统一与实体。"

③ 关于将火或热（heat）作为世界和万物的维系因，见《论神性》2.28 和萨勒斯（2005，页 63 – 66）。关于克律希珀斯将 pneuma（气 + 火）作为维系因，见《希腊化哲人》（1987，节 47）与 Hahm（1977，页 158 – 174）。

④ 例见《论神性》2.23 – 24。

⑤ 见埃提俄斯《学说》（Aëtius, Placita）1.7.33 =《早期廊下派辑语》2.1027 =《希腊化哲人》46A。

⑥ 伽伦《论肌肉运动》（Musc. Mot.）4.402.12 – 403.10 =《早期廊下派辑语》2.450 =《希腊化哲人》47K。

动:它将会是这个世界从诞生以来的发展的必然或自然结果。真正的宇宙秩序实际上是在热火(hot fire)和湿气(humidity)之间的动态均衡,但这将不可避免地导向世界的毁灭,因为火从湿气中获得滋养。因此火最终将这世界上的一切燃烧殆尽,并产生一种叫作"宇宙大火"(ἐκπύρωσις)的状态。在那里只存在着火,而一个与先前世界相同的新的世界会从火中产生。① 因为组成这个世界的元素有一些物理性限制,宙斯对这个世界所进行的建构和统一只能缓慢演进,或不如说在退化。如克律希珀斯在《论天意》(On Providence)中所言,"宙斯持续成长,直到他为自己用尽所有事物为止";②尽管这一过程自身是周期性的,它与(1)中所提到的使得这个或每个世界变得有序的自然循环并不相同,这里可以认为它是宙斯活动的第三维度。

2. 宙斯在每场宇宙大火期间也是活跃的吗?

在宇宙秩序朝向毁灭的动态演进过程中,神一直对这个世界产生活动,但这也引出了[29]另一项针对"宙斯总是活跃的"观点的反对意见。在宇宙大火的阶段,在世界变为纯火之后而另一个相同的世界秩序被制造出来之前,宙斯看上去并不勤奋,因为他在这一时期并没有用质料制造出任何存在者或形体。③ 萨勒斯明确提出:

> 宇宙大火从而消解了事物的一切区分。为了产生这种消解,这个世界的维系因,也就是神,必须停止其身为世界的维系

---

① 见 Mansfeld(1979)与 Long(1985)。

② 普鲁塔克《论廊下派的自相矛盾》1052c-d =《早期廊下派辑语》2.604 =《希腊化哲人》46E。从这一导向宇宙大火的过程的细节来看,世界并没有被大火毁灭,正如克律希珀斯所认为的那样,见下文第五章萨勒斯的论述。

③ 在《论神性》1.22 里咸莱乌斯(Velleius)问道,为什么廊下派的 Pronoia [天意]在世界形成之前保持不作为或闲置的状态,很可能指的就是在每一场宇宙大火期间的情况。

因的活动。(2005,页67)

对于每一次宇宙大火期间神圣活动的暂停,塞涅卡是如此理解的:"当世界消解、诸神被混同成为一个时,当自然暂时止息时,神便自行安歇(adquiescit sibi),放下了他的思考。"①

然而塞涅卡并没有发觉,神休息一段时间会有什么问题,但早期廊下派却发现了。斐洛发现,波厄托斯和帕奈提俄斯放弃了廊下派的宇宙大火学说,并且他列出了好多条"波厄托斯及其学园"对宇宙大火的反对意见。② 其中第三个反对意见即涉及神的持续活动:

> 更有甚者,如果就像廊下派所说的所有事物都在宇宙大火中消耗殆尽,那么神在那段时间会做什么呢?他会什么都不做吗?这当然只是一种根据常理推导的结果。因为目前,他审视着每一样事物,就好像一位父亲那样监护着万物,也如同一位驾车手、一名领航员,实实在在地引领着宇宙前行,同时还是太阳与月亮以及不管固定还是游荡的星星们的守护者,也是天空和世界上其他部分的保护者,他运用正确理性(right reason),把能够用于保存和管理世界整体的一切事物组合起来。但如果所有事物都灭绝了,他的生活就变得没有意义,不活跃与无事可做(ὑπ' ἀργίας καὶ ἀπραξίας δεινῆς)成了他的生命常态,而还有什么会比这个更骇人听闻呢?③

宇宙大火概念似乎与"宙斯总是活跃的"观点无法相容:据波

---

① 塞涅卡《致鲁基里乌斯的道德书简》9.16 =《早期廊下派辑语》2.1065 =《希腊化哲人》46O。
② 斐洛,《论世界的不灭性》768。
③ 斐洛,《论世界的不灭性》83–84(译文采自"勒布古典丛书"中的Colson译本,稍有改动)。

厄托斯所述,他本人摒弃宇宙大火的学说,相反,塞涅卡支持这个学说,并由此不得不否认"宙斯是勤劳的"学说,而我们必须在这两种立场之间做出选择。难道芝诺、克勒昂忒斯和克律希珀斯这几个初期廊下派哲人承认这一理论困境?众所周知,他们接受了宇宙大火学说,那他们是否因此也接受"宙斯可以暂时性地不活跃"的观点?我同意萨勒斯的看法,他们并没有接受这个观点,因为他们设想神"在本质上是(从而总是)活跃的"。① 波厄托斯的论点明显基于芝诺或克律希珀斯的那两种学说,并试图表明它们之间是无法相容的,(据他所言)这样他就可以说服他的廊下派学伴们去摒弃两者中相对不可能和不重要的那一个,也就是关于世界毁灭的学说。早期廊下派哲人都不承认神是闲散的,但他们没有像波厄托斯那样放弃宇宙大火学说,也没有像[30]塞涅卡那样认为神在宇宙大火期间是不活跃的。"他们更倾向于认为神在宇宙大火中不再维系世界的存在,这一观点与他们认为神在做其他事——触发宇宙大火——完全一致"(萨勒斯 2005,页 67)。

恩披里柯有效地证明,那种移动并形塑宇宙中质料的力量是永恒的:

> 这里有一种力量,它自行运作,且它必须是神圣而永恒的($ἀίδιος$)。因为它将要么在不朽中运动,要么在一段有限时间内($ἀπό\ τινος\ χρόνου$)运动。但它将不会在一段有限时间内运动;因为在一段有限时间里,并没有什么可以成为它运动的因。所以,这种将质料进行移动并引导其进入生成和变化秩序中的力量,是永恒的。②

---

① 萨勒斯(2005,页 67),其中提到了我在下文页 30 也会引用的《希腊化哲人》44C。

② 恩披里柯《驳学问家》9.75–76 =《早期廊下派辑语》2.311 =《希腊化哲人》44C。

神作为一种以自身为因行动的物体,不可能突然停止行动而过后又重新开始。这就与塞涅卡的立场产生了冲突,除非宇宙大火脱离"时间"序列。但是,因为廊下派认为过去与未来都是无限的,① 所以,时间无法在每场宇宙大火前停止,也不可能在大火之后重新开始。克律希珀斯更是将时间定义为"世界运动的一个维度",② 并将宇宙大火描述为某种发生在世界上的事情。③ 因此,宇宙大火的发生不可能跳出时间序列,这也反映在恩披里柯的如下论证中:④ 神从而在世界被燃烧的阶段积极地运动,⑤ 这使得所有的质料拥有了火的属性和运动形式。

　　然而有人会反驳道,一旦世界中每一事物燃烧殆尽,而只剩下纯粹的火时,考虑到已经再没有能给神进行活动的东西,"世界运动"将会停止,而时间也会悬停:他能做的只是存在(毕竟神就是

---

① 《名哲言行录》7. 141 =《早期廊下派辑语》2. 520。

② 辛普利基俄斯《论亚里士多德〈范畴篇〉》(Simplicius, *In Arist. Categ.*) 350. 15 – 16 =《希腊化哲人》51A。

③ 见普鲁塔克,《论廊下派的自相矛盾》1053b(下文亦有引用),或斐洛《论世界的不灭性》4 和 54,以及萨勒斯(下文页 119 – 121)。关于时间、宇宙大火和世界的关系问题,见阿尔格拉(2004,页 188 – 189)。

④ 《希腊化哲人》(第一卷页 311)论证道,"即使任何我们可以衡量的意义上的世界秩序都不再存在,我们也必须假定时间在延续",因为"神在廊下派宇宙的所有状态下都持续地保持活跃"。尽管我同意 Long 和 Sedley 的结论,但我更倾向于将其安置于另一些根据之上,因为恩披里柯对神的连续活动的证据预先假定了"时间"的概念。然而 Long 和 Sedley 可能会说,神是"积极的因",该定义本身便能够解决这一麻烦,同时也可以免去我们作过多的分析。

⑤ 这却可以引出另一个由威莱乌斯所提出的反对观点,他反对《蒂迈欧》中的造物主和廊下派的神:"为什么这些神祇能够突然惊醒、开始建造世界,而之前都在无尽岁月中沉睡呢?"(《论神性》1. 21)廊下派可能会回答说,每一次宇宙大火的持续时间,物理上由火在没有任何滋养的情况下最长的持续燃烧时间所决定,Mansfeld 也如此认为(1979,页 161)。

火)、与自己在一起,如塞涅卡等人的文本证据似乎暗示的:①

[31][神]最初独自存在($\varkappa\alpha\vartheta\text{'}\ \alpha\grave{v}\tau\grave{o}\nu\ \check{o}\nu\tau\alpha$),他将全部实体通过气转变为水……②

在其《论天意》第一卷中,[克律希珀斯]说:"当世界彻底燃烧时,它就直接地既是自己的灵魂,也是自己的主导要素(commanding-faculty)……"③

然而这里神被认为是"独自存在",这一事实并不意味着它就与质料分隔开。若质料在世界被燃烧期间没有出现,那么在接下来的宇宙演变阶段里,它如何可以"通过气转变为水"呢?④ 这里,神与火之间的区别显现出来。⑤ 宇宙大火期间,神让全部的质料燃烧,因此他也作用于质料。⑥ 这是一项涉及某种运动的真实活动,

---

① 见上文页29。但塞涅卡补充道,神将自己的时间全部投入到他自己的思考中去——如爱比克泰德《阿里安俄斯记录的〈清谈录〉》3.13.2 里证明的那样。Long(1985;2006[再版],页270)引用了这些文本,认为是对宇宙大火期间的宙斯的正确描写。然而,"神的思考"的概念却从未在早期廊下派神学的文本中出现。关于"神的思考"在罗马廊下派哲学中的含义和影响,见 Reydams-Schils(2005)。

② 《名哲言行录》7.136 =《早期廊下派辑语》1.102 或 2.580,引自 Hahm(1977,页34)。关于此文本,亦见库珀撰写的第四章(页101–103)。

③ 普鲁塔克《论廊下派的自相矛盾》1053b =《早期廊下派辑语》2.605 =《希腊化哲人》46F。比较《希腊化哲人》28O(4) =《驳廊下派的一般观念》1077e。

④ 除此之外,质料这种本源的本性也规定了质料出现在世界被燃烧期间,因为神和质料这两种本源都是非生成的且不可毁灭的(《名哲言行录》7.134):见 Hahm(1977,页33–34)与下文页59 和102。

⑤ 见 Long(1985;2006[再版],页268)与古里纳(页63)。

⑥ 在 Mansfeld(1979)和 Long(1985)之间就"宇宙被燃烧期间是否比其他宇宙状态都好"的问题存在一种争论。我同意 Long 对其持否定态度的观点。神的活动在宇宙大火期间变得更加不明显,这一论点事实上也可以用来反对 Mansfeld 的立场。

而这点也得到了前一节(页28)已经提过的如下事实的支持:火被廊下派描述为一种积极且快速移动的元素。

3. 从天上到地上,宙斯都保持同等的活跃吗?

当世界在大火后重生,神的活动又如何分布于世界的各个部分? 就像柏拉图和亚里士多德,廊下派将世界分为属天的领域(the celestial region)和属地的领域(the region around the earth)。在西塞罗的《论神性》里,廊下派的巴尔布斯(Balbus)在证明了神的存在以及作为整体的世界具有神性与理性后,"将同等的神性分给了星星们"(2.39),且对天体复杂而理性的运行作了长篇描述。下面就是这描述的结尾部分(2.56):

> 因此在天上,没有任何事情是偶然的或随机的,也没有错误和失败。到处都是绝对的秩序、准确性、计算性和规律(omnis ordo veritas ratio constantia)。那些缺乏这些属性的事物,即所有虚假的、欺骗性的和错误百出的事物,要么属于地球和月亮(最低的天体)之间的领域,要么就在地球上存在。这样,任何觉得天体运行的绝妙秩序和惊人规律是非理性的人,自己就不可能会是一个理性个体,因为这些秩序和规律是保存所有事物并保障其安全的唯一源泉。

[32]世界的两个领域之间的这种鲜明的等级关系相当令人吃惊,它似乎不符合廊下派的泛神论,因为该理论认为,神的理性彻底贯穿并谨慎地管理着世界的所有部分。①

---

① 例见普鲁塔克《论廊下派的自相矛盾》1056c =《早期廊下派辑语》2.997 =《希腊化哲人》55R,其中引用了克律希珀斯的话:"任何状态或过程都起码在最小的程度上遵循着宙斯的理性。"

根据巴尔布斯的讲辞所阐释的内容,我们难道不应该将上述文本的内容看作廊下派受柏拉图和亚里士多德影响后所产生的宇宙论思想?为了解释这个问题,我倾向于给出该文本的上下文背景。巴尔布斯稍后讲到(2.59):

> 我们已经探讨了作为整体的世界,也探讨了天体;于是现在摆在我们眼前的,是一大帮既不闲散,活动起来也不必付出乏味的辛劳的神(nec cessantium deorum nec ea quae agant molientium cum labore operoso ac molesto)。因为他们并不由血脉、肌腱和骨骼构成;也不需要消耗食物和饮料,从而不会染上太过激烈或太过迟钝的脾性;他们的身体根本不会让他们惧怕坠落和撞击,或者担心自己由于疾病而枯竭——而正是这些危险使得伊壁鸠鲁发明出没有实体的、无所事事的(nihil agentes)诸神。

这里对比神的活动与人的辛劳,明确是在驳斥伊壁鸠鲁派思想。同样地,前一段文本最后一句话也清晰地将矛头指向了伊壁鸠鲁派,因为他们认为世界是一个偶然的产物。若这两处文本是在强调地上生活的不完美从而呼应了柏拉图主义,那可能主要是因为它们在部分程度上维护了廊下派神学,反对了那些不相信天上和地上之间存在任何物理性异质或等级关系的哲人。甚至,巴尔布斯在这些文本里鄙视地上的生活和人类的脆弱性,很大程度上是在弥补他在余下讲辞中对自然和人的过分称赞。

但通过站在柏拉图和亚里士多德一边,廊下派反对伊壁鸠鲁派关于天的神圣性问题的观点,从而也证明了神的勤劳。第二段引文提到恒星与行星,这只是为了反驳伊壁鸠鲁关于神并非勤劳的观点,因为这些天上的物体与地上的物体不同,它们能够持续而不费力地运动。维系宇宙秩序的持续性活动因而就可以集中于天上,并在非常有限的程度上或者从远处间接地延伸影响到月球轨道以下的领域。

因此,我们需要考察廊下派如何论述属天的领域与世界其他领域之间的关系或者相互作用。这一问题可在ἡγεμονικόν这个概念中找到答案,因为此概念暗含着世界与禀有灵魂的动物之间的类比:

> 世界被理智和天意所引导……因为理智遍及世界的每个部分,就好像灵魂遍及我们身体的每一部分一样。但在某些部分理智所遍及的力度更强,某些部分[33]则较弱。在骨骼和肌腱等部分中,灵魂作为习性(tenor)穿过;而在其他部分比如主导要素中则作为理智穿过。所以整个世界是一只兼具活力和理性的动物,而以太就是它的主导要素,推罗的**安提帕特若斯**(Antipater of Tyre)在《论世界》(*On the World*)第八卷中就是这么说的。但克律希珀斯在《论天意》第一卷、**珀赛多尼俄斯**在《论诸神》(Posidonius, *On Gods*)中说,世界的主导要素是天,而克勒昂忒斯则说是太阳。然而,克律希珀斯在同一本书中还有另一个非常不同的说法,他说以太最纯洁的部分是世界的主导要素;廊下派也将之称为最初的神,可以感知到它以习性的形式穿过空中的事物,穿过动物和植物,也穿过土地本身。①

这段文本证据相当重要,因为它向我们展示了神与灵魂动物之间的类比如何整合起泛神论与宇宙等级制,这里所用的是一种层级法:神无处不在,但更出现在世界的某些部分。不过,这层级法的确切本质却很难把握。

为了理解该方法的本质,让我们从拉尔修的这段文本中去寻找术语νοῦς的多种用法。(1)世界κατὰ νοῦν[被理智]所统治:νοῦς[理智]是世界得以组织起来所遵循的准则。(2)νοῦς[理智]遍及世界

---

① 《名哲言行录》7.138 – 139 =《早期廊下派辑语》2.634 =《希腊化哲人》470。

的每个部分：νοῦς[理智]是世界无所不在的管理者。(3′)神ὡς νοῦς[以理智的形式]穿过以太或天：νοῦς[理智]作为它本身存在于世界的某一部分中。(3″)这部分是世界的"主导部分"或"统治部分"(ἡγεμονικόν，"commanding"or"ruling part")，支配并管理着世界的其余部分。这个推理似乎相当直接：世界被νοῦς[理智]所治理(1)，因为世界的某个部分由最纯洁形式的νοῦς[理智]组成(3′)，且νοῦς[理智]还以某种较低级的形式存在于世界的其他部分中(2)，这些部分受到那最高部分的掌控(3″)。

然而论据(2)非常令人迷惑，因为它暗示νοῦς[理智]作为非νοῦς[理智]存在于除了世界的统治部分之外的每个角落。神与灵魂动物的类比所要重点表达的正是这一思想，而不是得出作为世界"统治部分"的天的定义。但灵魂或理智①如何[34]作为其他事物，即"作为习性"(ὡς ἕξις)或"以习性的形式"(καθ' ἕξιν)，穿过"骨骼和肌腱"呢？对那些位于廊下派的 scala naturae[自然阶梯]最末端的非生命体——比如石头——来说，"习性"将是它们统一的本源，而"灵魂"则是 scala naturae[自然阶梯]中第三等存在者——也就是动物——的统一本源。② 那么，我们如何能把"习性"看作"灵魂"的变式？也许对此的解释会是，它们都是对物体进行统一的本源，也就是两种形式的气息(πνεῦμα)，而神通过气息这一积极介质(以火

---

① 拉尔修第二句话（"在骨骼和肌腱等部分中，灵魂作为习性穿过"）是有些歧义：κεχώρηκεν[穿过]的主语乍看之下是宇宙的理智（从前一句来看），但"骨骼和肌腱"是身体的一部分。因此，这里的主语必须是"灵魂"，且这句话用一个动物现象的例子解释了世界到底发生了什么，随后最后一句描述了世界所发生之事（"最初的神，可以感知到它以习性的形式穿过空中的事物"）。但是，动物被归类为世界的一部分，而它们的"骨骼和肌腱"被看作世界微小的（子）部分：宇宙的理智因此可以认为是"作为习性穿过它们"。

② 见奥利金《论本源》(Origen, Princ.) 3.1.2 =《早期廊下派辑语》2.988 =《希腊化哲人》53A，斐洛《论上帝的不变性》(Quod Deus Sit Immutabilis) 35-36 =《早期廊下派辑语》2.458 =《希腊化哲人》47Q。

和气组成)制造并维系所有事物。① 依靠自己的张力,气息可多少制造出一些复杂属性。

我们认为,灵魂是一种比习性更为高等的气息,可这并不能推出习性是灵魂的低级形态。对这论述的解释就是,"骨骼和肌腱"不同于石头,它们可以生长或改变:它们是复杂的生命有机体的一部分。② 于是,"骨骼和肌腱"的习性就不是如维系石头的习性那样平淡而简单,而是灵魂以习性的形式出现,③并给予它们以石头的特性(坚硬),这也是作为整体的动物所需要的特质。这一分析基于某种推断:既然动物生长的目的在于发挥它们的自然机能(感知[perceiving]、运动、繁殖),那么导致前者的本源和引起后者的本源便是同一种,这种本源就是灵魂。该推断放在世界的角度看更为可

---

① 见伽伦《医学导论》(*Intr. Med.*)14.726.7-11 =《早期廊下派辑语》2.716 =《希腊化哲人》47N。此外,我并没有考虑如下事实:克律希珀斯用气息(气+火)替代火或热(被芝诺和克勒昂忒斯所用)作为遍及一切的神圣介质。

② 我同意 Long(1982,页40-41)的观点,认为术语"灵魂"在廊下派哲学中有两种用法,作为身体的统一者和作为统治部分。在分析中,Long 引用了我们用过的文本(《名哲言行录》7.138-139)来表明这种区分。能够证实这种解释的一个被忽视的文本证据是奥古斯丁《上帝之城》(Augustine, *CD*)7.23:瓦罗,他在文本里明显受廊下派哲学影响,他"明确提到整个宇宙的自然中的灵魂分三个等级:第一等级,穿过生灵的所有身体,没有感觉,只有生存所需的健康,他说这种力量流过我们身体中的骨骼、指甲和毛发……第二等级的灵魂是有感觉的,这种力量流经眼睛、耳朵、鼻孔、嘴巴和皮肤;第三等级的灵魂是灵魂中最高的(部分),称为心灵(animus),理智在其中占支配地位"。这 scala animae[灵魂阶梯]也适用于世界灵魂:神是世界灵魂的最高部分,石头和土地则"像神的骨骼和指甲",天体就是神的感官,而以太就是神的心灵。[校按]译文参考奥古斯丁,《上帝之城》,吴飞译,上海三联书店,2007,上卷页265-266,有改动,下同。

③ 为什么不是"习性被灵魂所控制"呢?对这个问题的论述必定与廊下派泛神论(见上文第1节)的基础相关:骨骼和肌腱的创造是如此美妙而全面(既在表面也在内在),以至于在动物身体中能够发挥出功能,所以它们一定是被某种内在的且理智的移动介质所造。

信,因为世界由神所创造,也就是出自它自身(因为在世界被燃烧的阶段一切事物都是神):神是世界的种子,一旦这个世界被创造出来,这原初的神的最纯洁部分(νοῦς[理智]或以太)就集中在了天上,而其他部分则贯穿了剩余的世界,作为维系万物的多种力量而存在。就好像我们的灵魂拥有[35]两种机能,(1)用心灵统治身体,(2)让身体连为一个整体,控制其在成长等方面的低层次机能。①

但在世界的统治部分与我们灵魂的统治部分之间还有某种区别。动物灵魂也拥有从其统治部分所在的心脏延伸出来的一些次级部分,这些部分穿过并使用身体的特定部分,从而发挥出特定的机能(感觉[sensation]、繁殖、发声)。② 除非我们跟随瓦罗的想法,将天体作为宇宙统治部分的感觉器官,③不然就没有其他部分能够直接而持续地从天上延伸出来,直到月亮的领域,正如 R. Todd(1978,页 146)所述的那样。但若我们追随瓦罗,天本身又如何来对世界的剩余部分进行有效的统治呢?

拉尔修的最后一句话似乎暗含了一种隐藏的联系,因为它用了副词αἰσθητικῶς[可以感知到地]来指涉神采用何种方式遍及世界的剩余部分(即"空中的事物"、动物和植物)。这乍看起来很奇怪,因

---

① 我们还可以继续询问μᾶλλον[更高的]或ἧττον[更低的]等级的具体含义。这可能只是一个浓度问题:以太就是所有的νοῦς[理智],而植物和动物则只分有以太的一小部分。这种阐释实际上反映在廊下派将纯火与λόγος[逻各斯]/νοῦς[理智]相等同的做法中。因此,νοῦς[理智]作为习性(ὡς ἕξις,或καθ' ἕξιν[以习性的形式])穿过骨骼或土地,就意味着习性由数量(相对)有限的火和更多的气所组成(这种气息随后与水和土混合,进而形成气息所维系的物体),而以太就是纯火。火的数量在自然和灵魂中都比在习性中要多。

② 埃提俄斯《学说》4.21 – 24 =《早期廊下派辑语》2.836 =《希腊化哲人》53G,其中将灵魂的延伸部分比作章鱼的触须。

③ 奥古斯丁,《上帝之城》前揭,7.23(见上文页 34):"太阳、月亮、星辰,这些我们能感知并被[神]所感知的事物,就是他的感官。"

为植物和动物拥有不同的维系其生存的力量("自然"和"灵魂"),只有后者才有感觉的能力。因此,对 αἰσθητικῶς [可以感知到地] 最简单的解释就是将它与 καθ' ἕξιν [以习性的形式] 等同,而代表 κατὰ ψυχήν [以气息的形式]。可这也许不是正确的解释,或至少不是唯一可能的解释。αἰσθητικῶς [可以感知到地] 也许并不仅仅指神是那些具有感觉能力的特殊存在者的维系力量,更是指向作为整体的大自然,也就是那主要通过世界的各中心领域(由纯火、气、水和土所组成的诸天)之间的相互作用,凝聚、制造、滋养了世界上所有生物的感觉性力量。① 除了指出地球的情况以外,拉尔修所指的是活在中心领域的存在者("空中的事物"),而不是这些领域本身。这也许是因为他认为这些多样的自然存在者就像神的感官,能够感知到世界上它们所存在的部分所发生的事情。②

最终我们可以回到最初的问题上,神的活动是怎样分布于世界的? 我们能够得出结论:(1)世界上一切事物[36]都被神的 νοῦς [理智] 所统治,在廊下派的宇宙论中,亚里士多德对天和月下世界(the sublunar world)的截然区分即便没有被取消,也已变得模糊不清(Goldschmidt 1979,页84);(2)神的 νοῦς [理智] 并不在远处掌管地上的事物,而是在世界上的每一处积极地出现,尽管只是作为每一事物的维系力量;(3) νοῦς [理智] 同时也 in propria persona [亲自] 出现在天上,那里它主要以纯火形式出现,且绕着世界的中心旋转;(4)最高形式的 νοῦς [理智] 也积极创造着世界剩余部分的结构,并引领它们演化。

---

① 见《论神性》2.82–86,91–92 与 115–118。在第 91 节中,气被视为一种"活的(animali)且能够呼吸的实体"。

② 见拉尔修的文本证据,"动物灵魂是宇宙灵魂的一部分($μέρη$)(《名哲言行录》7.157,比较 7.87),这可能暗示动物就像是神的感官。在《论神性》2.86,世界的各个部分被认为"像四肢一样"(membra),这与活在这些部分中的存在者都像是感觉器官的观点相符。

显然,活动(4)对我们的问题来说至关重要。因为它看上去将世界的积极部分以太或 νοῦς[理智]与消极的部分"地"联系起来。无论如何,这一印象可以得到验证——如果我们再一次如廊下派那样用动物模型来描述世界。塞涅卡记叙了廊下派对行走的定义:"克勒昂忒斯说,[行走]是一种从主导要素延伸到双脚的气息,克律希珀斯则认为它就是主导要素本身。"①将这些定义用到世界及其统治部分上,我们可以推论出,克勒昂忒斯会认为从以太到地上均匀地分布着活动(4),而克律希珀斯则认为活动(4)只出现在以太上,他还必定承认这种活动只是消极地影响着天空和地上的事物。这意味着克律希珀斯——以及后来的廊下派和巴尔布斯——证实了论述(1),他比克勒昂忒斯这个拒绝对宇宙作任何二元划分的哲人更亲近亚里士多德主义。②

4. 宙斯忽视个人吗?

实际上,克律希珀斯那里可能还有其他证据能够对神的勤劳进行检定,比如下面引自普鲁塔克的一段话:

> [克律希珀斯]确实承认在某些决非无足轻重的事情上,存在着某种当受谴责的疏忽。在《论实体》(*On Substance*)第三卷中,他提出这种事确实降临到某些值得尊敬的好人身上,并

---

① 《致鲁基里乌斯的道德书简》113 – 123 =《早期廊下派辑语》2.836 =《希腊化哲人》53L。

② 这里界定了一个事实,即克勒昂忒斯将太阳(不像天,它会穿行过世界)唤作世界的统治部分(西塞罗,《前期学园派》126),并着重分析了热或火如何遍及从太阳到地球之间的整个世界(《论神性》2.40 – 41)。关于第一点,见贝纳杜伊(2005b,页 213),关于第二点则见贝纳杜伊(2002,页 309 – 314)及萨勒斯(2005,页 62 – 67)。克勒昂忒斯对神的勤劳的其他理解,见下文第5节。

问道:"这是否因为一些事被忽视了(ἀμελουμένων τινῶν),就好像整个大房子已经打扫整洁,但有一个小小的果壳或一小粒麦穗掉在地上?还是说一些如果被忽视就真该受到谴责的事情发生,是因为有恶的精神笼罩?他说,这在相当程度上也是必然性造成的。①

[37]阿弗洛底西亚的亚历山大为了反对廊下派勤劳的神,而将该神比作一位忽视小细节的房主,②但这个比喻克律希珀斯似乎早已考虑过。在巴尔布斯的讲辞末尾也出现了相似的学说:"诸神留意着大事,但他们忽视小事。"③

我们如何来阐释这些论述? 如 Robert Sharples 所表明的那样,④它们不应被当作是在削弱廊下派关于神圣天意延伸至并照料着个人的学说。这一观点在巴尔布斯那句话的上下文里已明确提到,就出现在论证诸神照料个人的三段文本之后。⑤ 巴尔布斯的那

---

① 《论廊下派的自相矛盾》1051b-c =《早期廊下派辑语》2.1178 =《希腊化哲人》54S(Long 和 Sedley)。

② 亚历山大,《论天意》5.2 – 18。此外,当他引入廊下派对天意的学说时(《论天意》5.15 – 21),亚历山大用了一个相反的比喻:有好多间房子,它们有一群智慧的主人,没什么事情能逃得过这些主人的慧眼,这些房子在管理上与其他主人不聪明的房子不同。同样地,诸神作为最具智慧的存在,必须照料世界及其所有方面。这个关于房屋的例子所引起的对天意的争论,见 Sharples (2003,页 116 – 119),他将这个例子的源头追溯到柏拉图的《法义》(Laws)。

③ 《论神性》2.167。亦见科塔对这一学说的评论,《论神性》3.86 和 3.90,引自下文页 38 – 39。

④ Sharples(1983,页 149 – 150)与(2003,页 110 – 116)。比较 Frede (2003,页 211)。

⑤ 《论神性》2.164 – 166。比较西塞罗《论预言》(Div.)1.117 – 118 =《早期廊下派辑语》2.1210,里面昆图斯(Quintus)说,廊下派不认为神对关于他的预言的每一个征兆感兴趣,这句话就在他说诸神 nec solum universis, uerum etiam singulis[不只是一般地,而且是个别地]照看着人类事务的话之后。实际

句话实际上是在回应这样的反对观点:像庄稼被暴风雨摧毁等个人的不幸可以成为诸神对人漠不关心的例证。克律希珀斯也探讨过这类例子,①因为普鲁塔克提到某些"降临到好人身上的"事情。因此,廊下派提到神忽视[小事]的那些话,就被用以回答下面这类反驳:那控制一切事情、照料一切个人的神,怎能让坏事发生在人身上?

另一方面,亚历山大还将诸神比喻为高尚的房主或国王,当时他正在提出一项更为基础的关于天意的限度方面的质问:天意会发生在所有人、所有存在者甚至所有最低等的事物身上吗?克律希珀斯和巴尔布斯从未暗示,对宙斯来说关心个人或小细节是不值得或不可能的,而只是证明了宙斯照料"大事",而牺牲小问题,比如那些只与个人相关的问题。上述两项质问尽管彼此明显相关,但在等级上非常不一样。实际上,巴尔布斯给亚历山大的质问提供了一种恰当的回答:[38]照料个人会将神变为人的仆从。② 通过强调普遍天意容许出现个人的不幸,并将这种不幸贬低为"小事"而与宙斯更高的目标进行对比,巴尔布斯由此表明,神照看人类事务并不意味着他要遵从人的意愿。③

上,昆图斯的界定只关注神在劳作时的方式:在创造世界时,神 a principio[一开始]就在征兆与他所预知的事件之间建立了一种联系,这让神无需在每一次征兆产生之时都要去看看它们。

① 如果克律希珀斯是在严肃对待恶的精神(evil spirits),这种精神就不应被当作低等神或精灵(demons)(见上文页 25)。克律希珀斯关心的不是对地球或人类事务的管理问题本身,而是这种神圣管理中似乎存在着统治的不公平问题。因此普鲁塔克在《罗马问题》(*Quaest. Roman.*)276f-277a 里说,廊下派认为精灵是一种拥有伦理功能的拷问者(tormentor)(但没有涉及精灵是否存在的问题)。

② 亚历山大,《论天意》21.14。对这一学说的反对意见(2),见上文页 24。

③ 更多解释见《论神性》2.133 =《希腊化哲人》54N:"这个世界……为了那些运用理性的生物而创造:那些生物就是诸神和人类。"(比较斐洛,《论天

然而在普鲁塔克和巴尔布斯的文本中,都出现了对神的"忽视"的思考($ἀμελουμένων\ τινῶν$, neglegunt),但它似乎被廊下派的物理学和神学排除在外,如科塔所述(《论神性》3.90):

> "诸神就像人间的统治者,不会事事留意",我们的朋友[巴尔布斯]这样说。这个比较是不妥的。如果人间的统治者故意纵容犯错,那么他应该受到十分指责;而神绝不会对无知感到高兴。①

科塔的论证不仅基于一个一般观念,神不会犯错或失察;它还特别引出了科塔在接下来两段文本中所攻击的廊下派对神的一种解释,即神是极其强而有力的。② 事实上我们必须认可科塔,他说廊下派将质料定义为绝对消极的物体,这使得他们无法对神圣天意作出任何的外在限制。有一个已存事物或事件 Y,如果神不去创造一个比 Y 对人类更有利的事物或事件 X,那可能的原因只有 X 在逻辑或物理上都与另一已存事物 Z 相悖,而 Z 更好,神因此就放弃了 X 而让 Z 继续存在。这种情况下我们可以说,(1)神"牺牲"了 X 这个或许有价值的事物,而保留了 Z 这个对世界更有价值的事物;(2)神希望的不是 Y 而是 Z 本身或因其自身存在,而 Z 虽有益但需要 Y 作为其必要而有害的后果(因为 Z + Y 比 X 要好)。③ 但我们

意》[*Prov.*] 2.64-65,其中利用了对海洋本性和存在性的学说)神的勤劳并不是为了人类(或一些人)的安康,而是为了培养他们的理性。

① [校按]译文参考西塞罗,《论神性》,石敏敏译,上海三联书店,2007,页149,有改动,下同。

② 见《论神性》3.92,引自上文页26,那里以这种反对作为结尾:"相应地,天意或者是不知道自己的力量,或者是不关心人类事务,又或者是缺乏甄别和判断'什么是最好的'的能力。"

③ 格利乌斯《阿提卡之夜》(Aulus Gellius, *Noctes Atticae*) 7.1.7-10 =《早期廊下派辑语》2.1170 =《希腊化哲人》54Q;克律希珀斯在他的《论天意》

不能说宙斯忽视或不在意 X，好像 Y 的发生并不在神的认知和参与创造中似的。

关于克律希珀斯的那个段落也许仅是普鲁塔克从克律希珀斯那里引来的一堆假说。我并不是说我们必须假设克律希珀斯在他接下来的论述中拒斥了这些假说，而普鲁塔克也"忽视"从而没有提及这一事实。①克律希珀斯可能只是 [39] 站在其反对者和门外汉的角度上才决定给出这些假说，②众所周知，他在其他地方也做过类似的事，③且他仅在后文或在其他地方给出了我们方才提到的廊下派对"忽视"的阐释。④ 巴尔布斯所说的 di parva neglegunt[诸神忽视小事]也可以用这种方式来理解，因为巴尔布斯自己也说，我们不能将人的不幸判断为 neglectum a deo[神的忽视]的结果，从而在说 di parva neglegunt[诸神忽视小事]这句短语之前对神进行谴责（《论神性》2.167）。实际上，di parva neglegunt[诸神忽视小事]可

中解释道，疾病等对人类有害的自然事物是 κατὰ παρακολούθησιν[伴生的]，也就是世界好的方面所引起的必然后果。亦见萨勒斯（2005）论克勒昂忒斯对好结果和坏"伴生物"（concomitants）的结合。

① 如 Sharples（2003，页 112）所提到的，这一解释最初由 D. Babut（1969，页 291 - 292）提出。在对《论廊下派的自相矛盾》的注疏本里（Collection des Universites de France, Paris, Belles Lettres, 2004），Babut 却改变了他的立场（注 448），认为普鲁塔克所揭露的矛盾是真实的——他举出西塞罗的文本作为证据——并为廊下派对天意的两方面解释之间的张力提供了证据。

② Goldschmidt（1979，页 85 - 87）将巴尔布斯的论述解释成一种辩证性的让步。

③ 见普鲁塔克《论廊下派的自相矛盾》1040c-d 与 1048a 关于克律希珀斯对哲学观点或普通观点的让步。严格地说，这一让步背离了廊下派的学说，即德性是唯一的善。实际上对廊下派而言，说神"忽视"个人利益，与说健康和财富是"善"紧密相连：见下文节 5。

④ 须注意，普鲁塔克间接引用了克律希珀斯的说法，即"这在相当程度上也是必然性造成的"（πολὺ καὶ τὸ τῆς ἀνάγκης μεμῖχθαι），这里也许涉及 παρακολούθησις[伴生]（见上文页 38）。

能是一句间接引语,①或是一句谚语,而巴尔布斯对这句短语并不完全支持,这或许也可以解释他的上述驳斥。

5. 琐事不值得宙斯关心吗?

在巴尔布斯的那句短语中,我们可以强调 parva(小事)而取代对 neglegunt(忽视)的关注。我们也可以证明,即便神严格说来不会在无意间忽视世界上的任何东西,但诸多微不足道的事物、事件或个人仍不值得他关注。以下似乎是科塔对巴尔布斯的论证的阐释:

> 然而诸神不关心琐事,不在乎个人的几亩田地和一小片葡萄园,朱庇特不会去留意那些因为枯萎病或冰雹所造成的作物微不足道的损失;甚至在人的王国里,连国王本人也不会事必躬亲。这就是你所要讲述的。②

当巴尔布斯证明天意延伸到了个人身上时,他举出的所有例子都恰好是"卓越的人":将军、政治家和荷马时代的英雄(《论神性》2.165 – 167),其中却没有一个农民。因此他的观点在于,重要的人值得宙斯的关注,而芸芸众生则没有理由享受这一待遇。如卡利马科斯(Callimachus)在他的《宙斯颂》(Hymn to Zeus)里说:"你还选择至伟之人为伴,而不是船长、士兵,甚至也不是诗人,这些人被你丢给了低等的神祇,作其他神的护卫,但你为自己留下了国王、[40]城邦统治者……"③然而

---

① 比较普鲁塔克,《政事要则》(Praecepta Gerendae Reipublicae)811c,他引用了欧里庇得斯(Euripides)的说法,"神处理大事,而将小事交给机运"。

② 《论神性》3.86。比较亚历山大,《论天意》21,21 – 23 和 25,其中用"高尚的国王"的意象来反对廊下派勤劳的神。

③ 卡利马科斯,《颂歌一:致宙斯》(Hymn I: To Zeus)行 92 – 96(译文见 Lombardo and Rayor,1987),也许里面有间接提到赫西俄德的《神谱》(Hesiod, Theogony)行 81 – 84,96。

这是对另一首著名的宙斯颂的反驳,在那里廊下派的宙斯得到了更为准确的描绘:

> 让我们从宙斯,这个我们人类从未停止谈论的神开始。所有道路和集会场所、所有海洋和港湾,这些我们赖以存在的场所都来自于宙斯之力。我们是他的孩子,他则仁慈地给予征兆以帮助人,并催促人们去工作,提醒他们保有生计,告诉人们什么土壤最适宜耕种,告诉人们什么季节既适宜种树又适合播种。①

神的全在在希腊化时期是一种普遍观点(Festugière 1949,页340),但阿拉托斯(Aratos)认为这种观点有种民主含义:他提到神的住所是城市而非自然场所,并表明宙斯关心普通人的日常耕作和航行,给予他们征兆以使他们预知日出时间和天气变化。克勒昂忒斯甚至在他自己的《宙斯颂》里更为清楚地道出了泛神论中这种平等主义:"你爱不为人所爱的事物。"②正如我们已经在第3节中提到的,自然事物的等级性存在并不意味着宙斯不在意低等事物,避免与低等事物接触或忽视它们。一些古代作者将廊下派的泛神论与泰勒斯(Thales)的名言联系起来,"万物都充满了神",③但赫拉克利特那类似但更为直白的表述也许放在这里更为恰当:"即便在

---

① 阿拉托斯,《天象》(*Phaenomena*)1–9(译文见 Kidd 1997)。关于阿拉托斯对廊下派勤劳的神的诗化描写,见贝纳杜伊(2005a,页 139–141)。关于卡利马科斯的颂歌对阿拉托斯的回应,见 Cuypers(2004,页 114)。

② 司托拜俄斯《物理学与伦理学读本》1.25.3–27.4 =《早期廊下派辑语》1.537 =《希腊化哲人》54I。

③ 见亚历山大,《论天意》5.2–3,索佛尼阿斯《亚里士多德〈论灵魂〉释义》(Sophonias, *De Anima Paraphrasis*)23.36.9 CG =《早期廊下派辑语》2.1046。

这些地方,也都有神。"①

我并未借此表明,廊下派将宙斯变成了一个喜欢劳动人民胜于高贵统治者的民主之神。我只是想表达,他不愿认同社会或政治分层,甚至很可能在削弱这种等级差异。因为神在区分哪些人值得他帮助而哪些不配时,他所用的标准全然不依赖于那人的社会区分。巴尔布斯在他的结论部分(《论神性》2.167)体现了这种标准:"诸神留意着大事,但他们忽视小事。伟大的人总是能在自己的事务中取得成功,既然我们学派的导师们和哲学之王苏格拉底都很好地教导过德性能够带来丰裕的财富。"

宙斯偏爱伟大的(magna)人,他们是那些拥有德性的人,也就是行动上能够与自然或正确理性保持一致,而不是拥有高社会地位或在政治、军事技能上出众的人,因为德性和幸福不在于此。因此,我们不能假定"田地"或"葡萄园"是 parva[小事],[41]而军事胜利则是 magna[大事]——这并不是宙斯判定的标准,他的判断并不受人类的偏见所左右。宙斯确实选择国王作为他唯一的 protégé[被庇护者],但这是因为只有智慧的人才能成为国王,②而并非如卡利马科斯所说的,因为国王有更大的权力。

廊下派最终以伦理学来为神学辩护,这可能是一个缺陷。但我推测,这些廊下派的伦理学说反过来也为理解和维护神的勤劳提供了不可缺少的背景,因为它们不仅界定了宙斯的远见的真正目的或受益人,还有助于证明神应当去展现自己的勤劳。③ 而反对神圣勤劳这一概念的人不仅针对宙斯照料农民和昆虫这一事实,同时还针

---

① 赫拉克利特语,收于《前苏格拉底哲人辑语》A 9 = 亚里士多德《论动物部分》(Part. An.)1.5,645a20。

② 关于这个著名的廊下派悖论,例见《名哲言行录》7.122。

③ 比较 Brunschwig(1994,页 88-91),他宣称廊下派严苛的伦理学让他们得以尽量(从逻辑上)严苛地界定这种关联。我得出类似观点,认为初期廊下派的犬儒倾向使他们没有歧视体力劳动,并因此让他们发展出对神圣活动(在物理学和神学上)的激进概念。

对的另一个事实是,作为世界积极起因的宙斯,像工匠或奴隶那样干着卑贱的工作。① 一个神为何应当去做这种工作？廊下派的物理学和神学只能证明宙斯必须表现得勤劳,这样才可以保证这个世界的运行(见第1和3节);但它们无法证明,这种勤劳特质与神被设想出来的完美生活相容。对此的证明可以在巴尔布斯所提到的一项伦理学说中找到:德性足以实现幸福,这意味着任何工作都与幸福生活相容,但幸福生活并不需要任何工作。

廊下派有言,对智慧的男女来说,即便他或她在常人来看显得不自由——比如他或她正被监禁狱中,或被迫从事一个自由人本不该从事的活动,或身份是奴隶等等,可他们实际上总是自由的。为了支持这一著名学说,斐洛提供了一些例子:

> 提供服务($ὑπηρεσίαι$)并不是成为奴隶($δουλείας$)的证据,这在战争时期就可非常清晰地显现出来。我们看到,士兵们在战场上履行他们的职责,他们不仅要拿着武器,还要像牲口般驮着各种必要物资,然后跋山涉水地寻找饮水、捡拾柴火并饲养牲畜。那些为了抵御敌人所要做的工作,比如挖掘战壕、搭建城墙、制造战船,以及其他所有需要手脚并用的技能性或辅助性的作业,对此我们无需赘述。另一方面,还有一种和平时期的战争,不像那种战场兵戎相见、死伤惨重的战争,它是因为无耻、贫穷和极度缺乏生活必需品才发动的。这场战争让人被迫从事最卑贱的工作,在地上挖掘、劳累并做卑微的手艺,无尽地辛劳只为挣得一点点生计所需;同时,他们还得在市场忍受压力,当他们的眼睛与面前的人对视时,发现对方正是他们年少时的玩伴。②

---

① 见第24页上那些显示了神圣勤劳的特征(1)和(2)的文本。
② 斐洛,《每个好人都自由》(*Quod Omnis Probus Liber Sit*)32-34(译文采自"勒布古典丛书"中的 Colson 译本)。

[42]这段文本背后所表述的观点,我认为可以用如下方式重新建构。艰辛或次要的活动被认为不值得自由人去从事,但(1)当某些特殊类型的(自由)人在某些特定环境下(战争时期的士兵)做这些活动时,它们也值得称赞。并且(2)这些情况并不像看起来的那么特殊,因为对常态环境下的某些人(穷人)来说,①类似的活动也显得必要、正当而值得称赞。因此(3)从事这些活动并不是成为奴隶的证据,甚至智者也可以从事这些活动,并同时保有自身自由。

这段文本明显把廊下派的对手们所嘲讽的宙斯在建构宇宙时的工作,类比成士兵和穷人所要从事的世俗且艰辛的工作。② 但廊下派真的做过如此激进的类比吗?我们有证据表明,克勒昂忒斯确实这样做过。在神学手册中关于赫拉克勒斯(Hercules)的那章里,科尔努图斯(Cornutus)这么说:"接下来,甚至这十二项任务也能够以某种(对神来说)恰当的方式与神联系起来,这是克勒昂忒斯所

---

① 须注意,斐洛最后的描述可能是在影射克勒昂忒斯,因为后者必须在晚上都辛勤工作,以维持生计来支撑其哲学研究(《名哲言行录》7.168 – 170)。

② 还有,神与智者之间有所不同,斐洛提到过(《每个好人都自由》24):"属神的事物有幸拥有永恒的秩序和幸福,而全部有朽之物只能在不断变化的环境中摇摆。"廊下派圣贤可以比喻为勇敢地负担起自身辛劳的士兵与穷人,因为他或她是构成世界的一部分,他们无法选择自己的生活样式。但既然在宙斯以外,所存有的只有虚无,那如何认为宙斯也会被迫从事或经历某些事情呢?他确实会如此。但我们也不能认为,宙斯可以随其所愿地做任何事,就像一个有闲人可以投身于可能是最好的职业(或多种职业);神等同于自然法则,因此他既不被其他任何事物所束缚,也无法随心所欲地行动:见萨勒斯(2005,页68 – 69),Mansfeld(1979,页161)与 Long(1985;2006[再版],页268)。此外,不像其他有朽之物,也与斐洛所言完全相反,圣贤不为外部环境所左右,因为他们在幸福程度上实际不输于宙斯(普鲁塔克,《驳廊下派的一般观念》1075a-b)。这让圣贤对环境方面所持有的理智和实践态度与宙斯在世界上的活动之间具有可比性,证据见奥勒留,《沉思录》9.35。关于这些类比的更多论述,可见贝纳杜伊(2006,页258 – 262)。

提出的观点。"①科尔努图斯的措辞暗示,将这十二项任务归因于神实际上有些冒险。② 这当然是因为这些任务都很艰苦:赫拉克勒斯受到惩罚,才被迫接受了这些任务。克勒昂忒斯怎么会让神来对这种负担负责,即便这只是一个寓言? 在讲述赫拉克勒斯的那一章开篇,科尔努图斯就表达出了如下的普遍理解:"赫拉克勒斯就是宇宙的理性,自然因为他而变得强大有力,[43]只要他将其力量和活力赐予自然的每一个部分,自然甚至可以强到无法超越。"③赫拉克勒斯正是那遍延整个世界及其各个部分中的、宙斯身上最勤劳的组成部分,这毫不奇怪。克勒昂忒斯也许因此将这十二项任务当作在无限虚空中将世界各部分连结在一起的寓言,是神的力量所产生的多种对世界有利的活动之一。

如若上述所言确实,那么第3节最后对克勒昂忒斯神圣活动概念的设想也将得到证实。他这种极端立场也许或多或少与克勒昂忒斯的社会背景及他生活的艰辛有关:他必须晚上工作以维持生计,"被称为赫拉克勒斯第二",他也因此得到了芝诺的赞赏(《名哲言行录》7.170)。因为这些经历,他肯定不愿去贬低神的勤劳。克律希珀斯也许较不注重πόνος[工作]的价值,但阿忒纳欧斯(Athenaeus)口中的克律希珀斯却赞美荷马在《伊利亚特》(Homer, *Iliad*)

---

① 科尔努图斯《希腊神学传统概要》(*Theolagiae Graecea Compendium*) 31. 64. 15 Lang =《早期廊下派辑语》1. 514: τοὺς δὲ δώδεκα ἄθλους ἐνδέχεται μὲν ἀναγαγεῖν οὐκ ἀλλοτρίως ἐπὶ τὸν θεόν, ὡς καὶ Κλεάνθης ἐποίησεν. 科尔努图斯的下一句话与这一句所处理的内容,以及与我们已经在多处阅读并理解过的内容都没有明确的联系。既然它对我的论述并无影响,我将不作讨论。

② καὶ Κλεάνθης ἐποίησεν可能意味着其他哲人发展出了那个观点,或克勒昂忒斯给出了对赫拉克勒斯的不同看法,但我认为最好的解读是,克勒昂忒斯甚至或竟至提议将这十二项任务与神联系起来。

③ 科尔努图斯《希腊神学传统概要》31. 63. 1 =《早期廊下派辑语》1. 514。比较普鲁塔克,《伊希斯与俄赛里斯》(*De Iside et Osiride*) 367c,里面暗示克律希珀斯主张以他的气息学说来阐释赫拉克勒斯。

里对英雄们忙于准备饭食并以之为傲的描述。① 虽然没有证据表明克律希珀斯也将这种奴仆式的活动归给了宙斯,②但神对整个宇宙的安排活动可以被看作是神在预备饭食,宇宙被安排得当,以便天体从地球上吸取湿气,并得到给养。③

就如好士兵不在建筑工作面前退缩,就如智者从不在被当作奴隶出售时害怕失去自由和幸福,就如赫拉克勒斯通过辛勤完成任务证明了自己的伟大,就如荷马笔下的英雄们并不为煮饭而感到羞耻,廊下派的神也不为自己像仆人那般不断从事卑贱活动而羞愧。因为决定一个行动是好是坏、是高贵还是低贱、是自由还是奴役的,既不是它的本质特征,也不是它的对象或目标,而是看它是否源于正确的理性,也就是看它是否能与其施动者的其他行动保持统一。照料石头、昆虫或农民并不卑贱,只要这些事务不会让宙斯忽视宇宙中更重要的事务而违背他自身的意愿。但同样,宙斯忽视或不在意他所创造的世界里的任一方面,也会造成同等的不统一与卑劣。宙斯对世界有效的微观化管理,[44]实际上可以证明为是达到统一、至善和自由的最完美的例子。④

---

① 《欢宴上的智者》(*Deipnosoph.*)1.18b =《早期廊下派辑语》3.708。

② 克律希珀斯肯定热衷于将这种可耻的活动归给智者,甚至归给诸神,因为这是一种当时流行的犬儒式做法。但与克勒昂忒斯相反的是,他似乎更喜欢描写 aphrodisia[性爱]而不是 ponoi[工作],这在他著名(臭名昭著)的对赫拉给宙斯进行口交的画作分析上可见一斑(见《名哲言行录》7.187 – 188)。

③ 见下文页 28;以及普鲁塔克,《论廊下派的自相矛盾》1052b-c:关于克律希珀斯对神的滋养品(τρέφεσθαι)的分析。

④ 神的勤劳是一种伦理典范,还是一种由神学所预设的德性定义? 我不认为我们需要赋予廊下派哲学体系的任一部分以逻辑上的优先性:它们需要并加深了对方的存在(Goldschmidt 1979,页 64 – 66)。关于"哲学的整体论"(philosophical holism)的阐释,见波耶利,第七章。

参考文献

Algra, K. (2004) 'Eternity and the Concept of God in Early Stoicism', in G. Van Riel and C. Macé(eds.), *Platonic Ideas and Concept Formation in Ancient and Medieval Thought*(Leven: Leuven UP), 173 – 190.

Babut, D. (1969) *Plutarque et le stoicïsme* (Paris: Presses Universitaires de France).

Bénatouïl, T. (2002) '*Logos* et *scala naturae* dans le stoicïsme de Zénon à Cléanthe', *Elenchos*, 23(2): 297 – 331.

——(2005a) 'Les Signes de Zeus et leur observation dans les *Phénomènes* d'Aratos', in J. Kany-Turpin (ed.), *Signes et prédiction dans l'Antiquité* (Saint-Etienne: Plublications de l'Université de Saint-Etienne), 129 – 144.

——(2005b) 'Cléanthe comtre Aristarque: stoicïsme et astronomie à l'époque hellénistique', *Archives de Philosophie*, 68(2): 207 – 222.

——(2006) *Faire usage: La Pratique du stoicïsme*(Paris: Vrin).

Bobzien, S. (1998) *Determinism and Freedom in Stoic Philosophy*(Oxford: Clarendon Press).

Brunschwig, J. (1994) 'The Conjunctive Model', in J. Brunschwig, *Papers in Hellenistic Philosophy*(Cambridge: CUP), 72 – 91.

Cuypers, M. P. (2004) 'Prince and Principle: The Philosophy of Callimachus' Hymn to Zeus', in M. A. Harder, R. F. Regtuit, and G. C. Wakker, *Callimachus II. Hellenistica Groningana: Proceedings of the Groningen Workshops on Hellenistic Poetry*, vii(Leuven: Peeters), 95 – 115.

Emerson, R. W. (1971) 'The American Scholar', in R. E. Spiller and A. R. Ferguson(eds.), *The Collected Works of Ralph Waldo Emerson*, i. *Nature, Addresses, and Letures*(Cambridge, Mass.: Harvard UP), 52 – 70.

Festugière, A.-J. (1949) *La Révélation d'Hermègiste II: Le Dieu cosmique*(Paris: Gabalda).

Frede, D. (2002) 'Theodicy and Providential Care in Stoicism', in D. Frede and A. Laks, *Traditions of Theology: Studies in Hellenistic Theology, its Background and Aftermath* (Leiden:Brill) ,85 – 117.

Frede, M. (2005) ' La Théologie stoïcienne ' , in G. Romeyer-Dherbey and J. -B. Gourinat(eds.) , *Les Stoïciens* (Paris:Vrin) ,213 – 232.

Goldschmidt, V. (1979) *Le Système stoïcien et l'idée de temp*, 4th edn. (Paris: Vrin).

Hahm, D. (1977) *The Origins of Stoic Cosmology* (Columbus, Ohio: Ohio State UP).

Kidd, D. (tr.) (1997) *Aratus: Phaenomena* (Cambridge:CUP).

Lombardo, S. , and Rayor, D. (trs.) (1987) *Callimachus: Hymns , Epigrams , Select Fragments* (Baltimore, Md. :Johns Hopkins UP).

Long, A. A. (1982) ' Soul and Body in Stoicism ' , *Phronesis* 27 (1) : 34 – 57. Repr. in A. A. Long, *Stoic Studies*(Cambridge:CUP,1996) ,224 – 249.

——(1985) ' The Stoics on World-Conflagration and Everlasting Recurrence ' , in R. E. Epp, *Spindel Conference 1984: Recovering the Stoics. Southern Journal of Philosophy*, 23 suppl. :13 – 37. Repr. in A. A. Long, *From Epicurus to Epictetus* (Oxford:Clarendon Press,2006) ,256 – 282.

——and Sedley, D. N. (1987) *The Hellenistic Philosophers*(Cambridge:CUP).

Mansfeld, J. (1979) , ' Providence and the Destruction of the Universe in Early Stoic Thought ' , in M. j. Vermasern (ed.) , *Studies in Hellenistic Religion* (Leiden: Brill) ,129 – 188.

Reydams-Schils, G. (1999) *Demiurge and Providence: Stoic and Platonist Readings of Plato's* Timaeus(Turnhout:Brepols).

——(2005) ' Le Sage face à Zeus: Logique, éthique et physique dans le stoicïsme impérial ' , in T. Bénatoïl and P. -M. Morel, *Les stoicïsme et le monde. Revue de Métaphysique et de Morale*, 2005 (4) :579 – 596.

Salles, R. (2005) ' ἐκπύρωσις and the Goodness of God in Cleanthes ' , *Phronesis* 50(1) :56 – 78.

Sharples, R. W. (1983) ' Nemesius of Emesa and Some Theories of Divine Providence ' , *Vigiliae Christianae*, 37(2) :141 – 156.

——(2003) ' Threefold Providence: The History and Background of a Doctrine ' , in R. W. Sharples and A. Sheppard, ' Ancient Approaches to Plato's *Timae-*

us', *Bulletin of the Institute of Classical Studies* 78:107 – 127.

Solmsen, F. (1963), 'Nature as Craftsman in Greek Thought', *Journal of the History of Ideas*, 24 (4): 473 – 496. Repr. In F. Solmsen, *Kleine Schriften* (Hildeshem: Olms, 1968), i. 332 – 355.

Todd, R, B. (1976) *Alexander of Aphrodisias on Stoic Physics* (Leiden: Brill).

——(1978) 'Monism and Immanence: The Foundations of Stoic Physics', in J. M. Rist(ed.), *The Stoics* (Berkeley, Calif.: University of California Press), 137 – 160.

第二章　廊下派论质料与原初质料[1]
——"形体论"及其在柏拉图《蒂迈欧》中的印记

古里纳(Jean-Baptiste Gourinat)
(法国巴黎国家科学研究中心)

[46]尽管总有人称廊下派为唯物论者,[2]但长期以来,学者们并未真正地分析廊下派关于质料的理论:Samuel Sambursky 的经典

---

① 这篇文章有一个更早的版本('La Théorie stoïcienne de la matière: Entre le matérialisme et une relecture "corporaliste" du *Timée*',见 C. Viano 编, *L'Alchimie et ses racines philosophiques: La Tradition grecque et la tradition arabe* [Paris: Vrin, 2005],页 37–62)。我希望对薇亚诺和沃仁哲学书局表示感谢,为了他们许可出版这一经过大幅修改的早期版本。我曾和 Michael Fred、在他 2005 年完成"廊下派神学"('La Théologie stoïcienne')时,就这一版本有过广泛的探讨,我还从"芝诺研究项目"(Projet Zénon)会议中获益匪浅,并在巴黎的雷昂·罗宾中心(Centre Léon Robin)主持这个项目,负责编订基提翁(Citium)人芝诺的辑语。Tiziano Dorandi、Serge Mouraviev 和 Stéphane Toulouse 在会上的评议也非常有帮助。这一章的成果得益于本文法文版所收获的两位匿名读者的建议,还有萨勒斯和贝纳杜伊的指导。我要对所有这些人表达我衷心的感谢。我同时还想感谢 John Thompson,他友善地检查了我的英文表述。最后,在这册书的筹划期间,我在布拉格的查尔斯大学一次研讨会上展示了这篇文章中的相关论述,并收获了 Filiip Karfik、Vladimír Mikeš 和 Gábor Betegh 的最新评论与建议,对此我一并致以感谢。

② 例见 Bloch(1985,页 48–52)。Bloch(1985,页 49–50)提到唯物论或"形体论"(corporéisme),仿佛它们是意义相同的术语。他认为,既然廊下派宣称"万物都具有形体",那么"廊下派物理学中的两种本源就是唯物论式的"(les principles de la physique des stoiciens sont essentiellement de caractere materialiste)。

著作《廊下派的物理学》(*Physics of the Stoics*)就是如此。① 这本书被认为是关于廊下派物理学的重要参考书,也是那些试图重建廊下派物理学的开山作之一:它将廊下派物理学与当代物理学进行系统性的比较,这让人想起 Lukasiewicz 试图通过比较廊下派逻辑与现代逻辑来重建廊下派逻辑学的尝试。但是,Sambursky 却没有花一章的笔墨去阐释廊下派对质料的概念,而他的 index rerum[主题索引]里也并未出现"质料"一词。在很长一段时间里,花一章的笔墨在廊下派诸本源和质料问题上的只有四种文献,它们非常值得关注,分别是 Lapidge(1973)、Hunt(1976)、Hahm(1977)以及 Duhot(1989)(按照时间顺序排列)。② 但有人若真想[47]弄清楚廊下派到底是不是唯物论者,就必须彻底研究廊下派关于质料的理论。③ 法国哲学家 Eric Weil 在他关于这个主题的文章中指出,他更愿意用"形体论"这个词,因为从廊下派哲学来看,质料仅仅是两种形体性本源之一:对廊下派而言,万物都具有形体,这是千真万确的(或者是近乎正确的,因为还有一些无形体的实物),但他们从未说过万物都是质料性的。④ 这其中的问题就在于:通常来看,"唯物论"历史学家一般为评判某种学说是否唯物,会去检验这种学说中是否涵盖着"万物都具有形体"这一原则。⑤ 显然,这只是一家之言(*c'est un peu court*)。然而哲学史家即便不将唯物论当作某种意识形态,似乎也失于同样的简单化。比如,在 Hahm 精彩绝伦的书中,这个

---

① Sambursky(1959)。

② Hunt 1976,页 17-25;Hahm 1977,页 29-56;Duhot 1989,页 73-86。亦见 Lapidge 1978a,1978b;Long and Sedley 1987,第一卷页 268-272。最近几年关于廊下派质料理论的研究见 Reydams-Schils 1999,尤见页 42-60、89-100,以及 Sedley(2002)和 Frede(2005)这两篇论廊下派神学的论文。

③ Sambursky 压根没有关注这个问题,他想做的是从现代物理学的角度对廊下派物理学进行解释。

④ Weil 1964,页 560。

⑤ 见 Bloch 1985,页 7。

问题就相当令人困惑:他在第一章里描述了廊下派的"形体论",称"在廊下派哲学中,没什么观念能比确信万物都具有形体来得更加根深蒂固了";①但在同一页的第二段,他通过提出"对廊下派而言,唯一真正存在的事物是质料性的物体",来重新确认这种观点。Robert Sharples 在抛出廊下派的同一条原则时,却正确地注意到,"对这个术语[质料性的]的思考可能会对我们产生误导,特别是在研究廊下派的时候"。②

我的研究假设将如下展开:当且仅当廊下派的理论满足了下面两个条件之后,他们才能算是唯物论者:从孔德(Auguste Comte)唯物论的要则来看,(1)廊下派理论体系必须是唯物主义一元论,(2)他们的"次级实在"(inferior reality)必须能够解释"高级实在"(superior reality)。③ 恰好,廊下派拥有两种本源,神与质料,似乎解决了这里的问题。但因为这两种本源都具有形体,且正如某处文献所述,deum hoc esse quod silva sit,"神就是质料所是的东西",所以,④廊下派的问题远比所提到的更为复杂。漫步派领导人阿弗洛底西亚的亚历山大批评了廊下派关于这两种本源的理论,甚至认为根据廊下派的说法,神将会是一个"从质料中产生的物体"(ἐκ τῆς ὕλης γεννώμενον σῶμα)并"次于质料"(ὕστερον τῆς ὕλης)。⑤ 所以目前的形势就是:廊下派[48]关于质料的理论似乎是一种隐蔽的一元论,即是一种唯物论。神貌似由质料所产生,于是看上去"质料"(作为

---

① Hahm 1977,页3。

② Sharples 1996,页33。

③ 即使孔德自己并没有把唯物论讲得相当透彻,但他的理论目前已经被套入一个阐释模式中,可见 Bloch 1985,页16。感谢 Michel Gourinat 与 Laurent Clauzade 为我澄清了这一点。

④ 卡尔基狄乌斯,《论柏拉图〈蒂迈欧〉》(In Timaeum)294,Waszink(《早期廊下派辑语》1.87)。见下文页68。

⑤ 阿弗洛底西亚的亚历山大,《论混合物》,页225.11–14 Bruns(Todd 译)。

"次级实在")能够解释神(作为"高级实在"),这也是廊下派唯一的终极本源。

我将论证,廊下派的质料学说基本上是在重新阐释柏拉图《蒂迈欧》关于质料或"容器"(receptacle)的学说,① 以及亚里士多德关于质料的理论。② 如果这样来解读的话,廊下派关于质料的理论看起来就不再是唯物论的,但也不是二元论的——说它不是唯物论,是因为廊下派没有用消极质料的运动和结合来解释一切事物;而说它也不是二元论,则是因为其两种本源都是物体。

1. 廊下派论质料的两种含义

根据拉尔修的说法,

> 他们说,原初质料(τὴν πρώτην ὕλην)是万物的实体(οὐσίαν),克律希珀斯在他的《物理学》(Physics)第一卷中这么讲,芝诺也这么讲。而质料就是任何事物所从出的东西。实体和质料都是具有双重意义的用词,因此它们表示(1)普遍,或者(2)特殊的实体或质料。(《名哲言行录》7.150,Hicks 译,有改动)

廊下派明确区分了两种意义的质料(ὕλη)。第一种含义里,质料是一种无定性的实体:它是宇宙的质料,被称为"实体"(οὐσία),

---

① 我们所掌握的在珀赛多尼俄斯之前的廊下派文献没有明确提到过《蒂迈欧》。珀赛多尼俄斯似乎对柏拉图的这篇对话进行了评述——见珀赛多尼俄斯证言 85 EK(恩披里柯,《驳学问家》7.93)与 Kidd(1988,页 339)的评注(珀赛多尼俄斯究竟有没有专门为《蒂迈欧》写过详尽的评注,这仍旧是个谜)。但这不足以证明珀赛多尼俄斯之前的廊下派对《蒂迈欧》不曾有过评述。

② 见 Reydams-Schils 1999,页 44–48。

或"原初质料"。另一种意义的"质料",则是指特殊实在的有定性质料。原初质料就是一种本源,而通过原初质料、经由中间状态所产生的是有定性的质料。在众多原始文献还有一些引文里,这种学说都被归于芝诺(见《早期廊下派辑语》1.85 – 88)。

(1) 作为本源的原初质料

原初质料是除了神之外的两个本源之一:

> [廊下派]认为宇宙中有两个本源,一个施动,另一个受动(τὸ ποιοῦν καὶ τὸ πάσχον)。受动的本源是无定性的实体(τὴν ἄποιον οὐσίαν),即质料;而施动的本源是存在于质料中的理性(λόγος),即神。由于它是永恒不变的,它就通过遍在于所有的质料中而构造出(δημιουργεῖν)任一事物……他们说,本源和元素是有区别的:前者是非生成的和不可毁灭的,而元素则会[49]在宇宙大火中消亡。本源同样也是物体,不具备形式,但元素则被赋予形式(ἀλλὰ καὶ σώματα εἶναι τὰς ἀρχὰς καὶ ἀμόρφους, τὰ δὲ μεμορφῶσθαι)。(《名哲言行录》7.134,《希腊化哲人》44B,LS 译)

我们不知道任何廊下派关于"本源"(ἀρχή)的定义:他们只有在区分"本源"与"元素"(στοιχεῖα)时,才对前者赋予非生成的、不可毁灭的和无形状这些特征。相比柏拉图和亚里士多德这两人处处将元素认作本源(柏拉图,《蒂迈欧》48c;亚里士多德,《形而上学》[*Metaph.*]卷五 1,1013a20),廊下派这种将本源与元素区分开的解释似乎具备一些新意。姑且承认这一点,但实际上,柏拉图在《蒂迈欧》中就已经构造了一个明确的概念区分,将元素放在一边,而将可理解的范式、容器和造物主作为第一因放在另外一边。同时,亚里士多德确实也批评他的前辈们将本源等同于某种或多种元素(《形而上学》卷一 3,983b7-8)。我们或许立马会注意到,既然廊下派没有将本源与元素混为一谈,他们就不能算是亚里士多德的前辈们那种意义上的"唯物论者"。

"质料"这个语词及其概念都从亚里士多德而来。① 质料与理性之间的区分,以及作为实体的质料的特征描述(见《形而上学》卷八 1,1042a26 – 30)同样源自亚里士多德。但可以明确的是,亚里士多德自己,特别是在阐释柏拉图《蒂迈欧》中的学说时,所使用的理论乃是建立在学园派的概念框架里。众所周知,在《蒂迈欧》里,扮演"质料"这个角色的是"容器"($ὑποδοχή$,49a):它是一种接收本是(being)的"空间"(space,$χώρα$,52a)。柏拉图从未用过"质料"一词来描述他所谓的容器,但据卡尔基狄乌斯称,"柏拉图的听者们"用了这个词。② 亚里士多德显然是这些听者之一,事实上他说过"在《蒂迈欧》中,柏拉图将'质料'视为'空间'"。③ 确实,柏拉图在《蒂迈欧》69a 中将神圣工匠所用的元素和感觉属性(sensible qualities)与木匠所用的"木材"($ὕλη$)这种原料进行了类比,这或许也是亚里士多德之所想,甚至可能影响了学园派对质料这个词的运用。④ 因此,将质料等同于空间的观点在学园派内广泛流传,很可能是亚里士多德的功劳。但我们仍然无法完全排除另一种相反的解释:亚里士多德会使用质料这个词,也许是因为自从柏拉图提出了之后,学园派对其广泛运用,才让他开始使用的——但这相对前一种解释可能性较小,因为柏拉图只是不经意间用了这个词。

与柏拉图和亚里士多德的影响相反,芝诺的立场有其独有的特点。亚里士多德认为实体的一种含义是指质料,[50]另一种含义是

---

① 见 Hahm 1977,页 34 – 35;Long 1986,页 154。

② 卡尔基狄乌斯,《论柏拉图〈蒂迈欧〉》308,页 309. 4 Waszink。

③ 亚里士多德,《物理学》(*Phys.*),4. 2,209b11 – 17。亦见《论生成和消灭》(*Gen. et Corrupt.*),2. 1,329a13 – 24。

④ Frede 2005,页 221,他同样提到这个词在《斐勒布》54c 的运用,对此还可参见 Sedley 2002,页 56。

"理性与形状"(ὁ λόγος καὶ ἡ μορφή),第三种含义则是前两种的混合(《形而上学》卷八1,1042a26-30),但他更倾向于将实体视作形式,视作质料和形式的合成物(卷七3,1029a29-30),但芝诺毅然将实体视作原初质料,而从不将其视作 logos[逻各斯]或那种合成物。① 而且,亚里士多德倾向于将一种质料视为可能的实体(substantiality),那便是有定性的质料,比如青铜(1029a4),但对芝诺来说,青铜当是一种区别于实体的有定性质料。② 然而,原初质料概念本身是来自亚里士多德:虽然这是亚里士多德所鲜有的表述,大部分情况下它都有着不同于芝诺所指的意义,但亚里士多德在《论生成和消灭》(2.1,329a23)里所用的原初质料一词具有芝诺所指的意思。在《论生成和消灭》329a24-26 中,原初质料是"可感知物体的质料",它"不可分离,总是与一些对立物相伴";诸元素不同于原初质料,因为"它们从它那里生成"(ἐξ ἧς γίνεται)。廊下派的原初质料也"产生四元素"(《名哲言行录》7.136),且廊下派的原初质料总是与某种属性联系在一起(卡尔基狄乌斯,《论柏拉图〈蒂迈欧〉》292),所以它从不存在一种"纯粹的""无属性的"状态。亚里士多德与芝诺的这些解释令人惊异地相似,很可能并非纯粹的巧合。

两种本源间的主要差别在于,质料是消极本源(τὸ πάσχον),神则是积极本源——创造者(τὸ ποιοῦν)。这些至少在部分意义上又是亚里士多德的语词,因为 τὸ ποιοῦν 在亚里士多德的四因论里一般被翻译为"动力因"(efficient cause),③而更显著的原因则是,亚里士

---

① 见 Hahm 1977,页 40-41。

② 见卡尔基狄乌斯,《论柏拉图〈蒂迈欧〉》290(《早期廊下派辑语》1.86)。

③ 见塞涅卡,《致鲁基里乌斯的道德书简》65.4(他只认识到亚里士多德中的三种因,而没有提到目的因[final cause]):"廊下派只相信那位制造者(the maker)这一种因,而亚里士多德认为原因这个词有三种用法(Stoicis placet unam causam esse, id quod facit. Aristoteles putat causam tribus modis dici)"(Gummere 译)。

多德也有积极本源与消极本源这对相反的概念,但前者被等同于质料。① 然而,正如我将在下文中论证的,πάσχον/ποιοῦν [消极本源/积极本源]对柏拉图《智术师》中的本是概念极为重要,也是我们的关键主题。积极本源的学说甚至反映了柏拉图在《蒂迈欧》中的工匠说。据《名哲言行录》7.134 描述,质料中的神"如工匠那样制造"(δημιουργεῖν)、"通过遍在于所有的质料中而构造出任一事物"(διὰ πάσης αὐτῆς ἕκαστα)。尽管如此,芝诺的神圣工匠却是处于内部的:他贯穿质料,而不具有超脱性,他不是从某种超脱性的范式中寻找灵感而塑造了世界。芝诺的工匠从内部出发作用于质料,在生物学上就类似动物繁衍中的精子活动。② 在《蒂迈欧》中,有两种模型与之非常接近:一种是工匠技艺那种技术模型,另一种则是动物本能方面的生物模型。因为世界就是一个秉有灵魂的生物(30b),其中那容器是一种阴性本源,是"母亲"[51](51a),而反之那位工匠则是宇宙的"父亲"(41a)。③ 廊下派似乎将技术模型纯粹当作一种隐喻,而将生物模型作字面理解。这么看来,廊下派的上述学说以一种连贯的方式重新阐释了《蒂迈欧》中的神话:跟对待其他神话一样,他们或许倾向于将《蒂迈欧》中的神话作字面理解。④

此外,质料和神这两种本源的学说似乎早就被认为是源于柏拉图。比如,阿里斯托克勒斯(Aristocles,公元1世纪)说过,芝诺那里有两种本源,"神与质料,柏拉图那里也如此"。阿里斯托克勒斯认为这里唯一的差别就是,"芝诺说这两种本源都是物体……而柏拉图说,第一主动因是无形体的"。⑤ 据辛普利基俄斯称,早在忒俄弗

---

① 诸文本及其讨论见 Hahm 1977,页 43 – 46。
② 卡尔基狄乌斯,《论柏拉图〈蒂迈欧〉》294(《早期廊下派辑语》1.87)。
③ 亦见《蒂迈欧》50d。
④ 关于廊下派对神话论的阐释,见古里纳 2005。
⑤ 优西比乌斯,《福音的预备》(Eusebius, EP) 15.14.1(《早期廊下派辑语》1.98,《希腊化哲人》45G)。

拉斯托斯那里,关于两种本源的学说就被认为是源于柏拉图:①

> 这里[即在关于自然的探究中]他[柏拉图]希望将本源理解成共有两种,一种作为质料构成[事物]的基础——他称其"易于接收所有事物";另一种则是运动的原因和来源($αἴτιον\ καὶ\ κινοῦν$),并将其和神的力量以及善联系起来。②

关于这种学说的一些线索,尤见拉尔修《名哲言行录》,③并可见诸西塞罗的《后期学园派》(*Academica Posteriora*),里面记载了阿斯卡隆人安提俄科斯所描述的、由西塞罗借瓦罗之口说出的老学园派物理学说。④ 不论是拉尔修所解释的柏拉图物理学(3.67-77),还是西塞罗的解释,可能或多或少都来自同一种传统,即一种后期的受廊下派哲学影响的融合的传统。⑤ 西塞罗的安提俄科斯对柏拉图物理学的解释,与芝诺的本源理论有许多共同之处:譬如安提俄科斯认为,老学园派认同两种"本源",一种是积极的,即"力量",另一种是消极的,即"质料",两种本源共同形成"物体"。积极本源也被称作神或世界灵魂。最近,Sedley 由这一思路推测出,廊下派关于两种本源的理论起源于老学园派。根据他的说法,安提俄科斯的解释是一种对早期学园派学说的真实可信的解释:这原本可能是珀勒蒙的学说,而芝诺作为他的学生,⑥可能从他的柏拉图哲学导

---

① 见 Pearson 1981,页 86;Reydams-Schils 1999,页 44;Sedley 2002,页 42。
② 辛普利基俄斯,《论亚里士多德〈物理学〉》(*In Ar. Phys.*),26.11-13 Diels,Fortenbaugh 译(忒俄弗拉斯托斯辑语 230 FHS/G;《古代柏拉图主义》[*Platonismus in der Antike*],证言 119.1 Dörrie Baltes)。
③ 《名哲言行录》3.69(《古代柏拉图主义》119.2 DB);《名哲言行录》3.75(《古代柏拉图主义》119.3 DB)。
④ 西塞罗,《后期学园派》1.24-29。
⑤ 见 Sedley(2002,页 48 注 17)中给出的参考文献。
⑥ 《名哲言行录》7.2 里声称芝诺是克塞诺克拉特斯(Xenocrates)与珀勒

师那里学到这一学说。① Sedley 甚至对早期柏拉图主义者[52]何以从《蒂迈欧》中提取出双本源理论进行了解释。他提到，在古代，柏拉图的《蒂迈欧》常被视为在呈现三本源理论：②比如辛普利基俄斯、阿弗洛底西亚的亚历山大可能都反对忒俄弗拉斯托斯将本源统计为两种，而论证了柏拉图《蒂迈欧》里有三种本源，也就是质料、动力因（τὸ ποιοῦν）和可理解的范式。③ 在这种阐释中，范式作为第三种本源被添加了进来。Sedley 认为这是对《蒂迈欧》极其自然的一种阐释。在他看来，缩减至双本源，是为了调和柏拉图著名的"未成文学说"（unwritten doctrines）中的一种，里面谈到，有两种本源，一（the One）和不定之二（Indefinite Dyad），后者通常被等同为质料。④ 大致清楚的是，柏拉图听众中并不是只有亚里士多德相信柏拉图的二可以等同为《蒂迈欧》里的容器。⑤ 因此，很可能老学园派期望在《蒂迈欧》里就像在"未成文学说"里那样找到两种本源。⑥

蒙的学生，但根据芝诺在公元前 312 年之前还没来到雅典的事实，很可能他不是克塞诺克拉特斯的弟子，因为据推测克塞诺克拉特斯的去世时间为公元前 314 或 313 年。见 Hahm 1977，页 223。

① Sedley 2002，页 47。关于学园派所产生的影响，亦见 Reydams-Schils 1999，页 52 – 56。

② Sedley 2002，页 60 – 61。

③ 辛普利基俄斯，《论亚里士多德〈物理学〉》26. 13 – 16。

④ Sedley 2002，页 61。诸证言见 Richard 1986，页 248 – 269 和《古代柏拉图主义》（Dörrie and Baltes 1996，页 154 – 162）。特别见亚里士多德《形而上学》卷一 6,988a7 – 15（证言 120. 0 DB,34 Richard）；阿弗洛底西亚的亚历山大，《论亚里士多德〈形而上学〉》（In Ar. Metaph.）59. 28 – 60. 2（证言 120. 1 DB,17 R.）；辛普利基俄斯，《论亚里士多德〈物理学〉》151. 6 – 19（证言 120. 2 DB,13 R.）；普鲁塔克，《论神谕的式微》35. 428E-F（证言 120. 3 DB），《论〈蒂迈欧〉中的动物繁殖》（De An. Procr.）24. 1024D-F（证言 120. 4 DB）。

⑤ 亚里士多德，《物理学》4. 2,209b11 – 17；见辛普利基俄斯，《论亚里士多德〈物理学〉》页 542. 9 – 12（引自亚里士多德）。

⑥ Sedley 2002，页 61。

Sedley 的假说相当吸引人,但在同意他的观点之余,我有必要提出两点不同。第一,正如 Frede 所正确指出的,珀勒蒙似乎对物理学没多少兴趣,所以很难想象他所发展出来的物理理论能与西塞罗概述的物理学说比肩。据推测,西塞罗记述的只是安提俄科斯综合了多种老学园派思潮后的理论:①在阐述过程中,安提俄科斯还吸收了亚里士多德对第五元素的观点(《后期学园派》1.26),而他的整个阐述被后来的阿提库斯(Atticus)描述成是对老学园派和亚里士多德学说的一种综合。② 总而言之,我们可以明确地在西塞罗的著作中看到,安提俄科斯想要表明:"廊下派这个理论必须当成一种老学园派的修正思想,而绝不是一种新的思想体系。"(《后期学园派》1.43)因为忒俄弗拉斯托斯记述的双本源学说来自于辛普利基俄斯,而西塞罗则将双本源理论归于老学园派,那么我们也许就可以清楚地知道,柏拉图的《蒂迈欧》催生了双本源理论,这般解释早已形成,并影响了芝诺的理论。但是,我们仍不能想当然地认为西塞罗记述中的所有部分都能够代表老学园派的思想,且这到底是否为珀勒蒙的思想目前仍然存疑。

第二,柏拉图笔下的双本源理论的诸起源之一也许和 Sedley 所提出的起源不是一种。[53]拉尔修在《名哲言行录》3.75 – 76 中,以及卡尔基狄乌斯对《蒂迈欧》的评注里,都对此有所涉及,③因为他们都将双本源学说与《蒂迈欧》47e-48a 里的段落联系起来,其中发现了宇宙创生的两个因,理智与必然(necessity)。④ 这种传统与一和二的理论不同,后者不仅仅被描述为感官世界的因,还作为形

---

① Frede 2005,页 217 – 218。
② "他正在给出一种对漫步派和老学园派学说非常高明的阐述"(西塞罗,《后期学园派》1.33)。
③ 卡尔基狄乌斯,《论柏拉图〈蒂迈欧〉》278 – 279。
④ 亦见柏拉图,《蒂迈欧》46d-e,68e,68e。

式(Forms)之因而存在。① 甚至如果有人更进一步考察在拉尔修和卡尔基狄乌斯这里的传统，能够很明显看到，这种解释下的《蒂迈欧》里，双本源理论也没有根除范式与形式。根据《名哲言行录》3.76 所说，神和质料是"具有范式的那些事物的本源与原因"，②在卡尔基狄乌斯这里也是如此，他没有将范式作为一种本源或原因，因其不能产生任何效力(efficiency)。安提俄科斯自己则在阐述学园派的物理学说时，只提到了亚里士多德拒绝形式(西塞罗，《后期学园派》1.33)；据安提俄科斯解释，形式是与逻辑学阐述有关的(1.30 – 31)。因此，事实上这种双本源学说排除了形式或者说范式，但这并不意味着它同样拒绝了作为形式的存在，只是不承认它们具有本源的地位。根据这种阐释，范式是一种本源或是一种原因的说法可能是后来才有的：这也许是受亚里士多德的四种"因"的系统影响，因为在亚里士多德那里承认形式因(formal cause)的存在。

这自然将我们引向了第三处值得注意的地方，那就是芝诺对双本源学说的框架所作创新的限度在哪里。根据瓦罗的安提俄科斯的解释，芝诺的主要创新点之一，在于他否认心灵等无形体实物的效力(西塞罗，《后期学园派》1.40)。我们可以由此推断，芝诺主要在将本源作为物体方面有创新。但 Sedley 说，我们或许会认为"珀勒蒙领导下的最后一代老学园派哲人"确实不再相信无形体之物的效力。因为西塞罗提到，对无形体实物的效力的辩护来自"克塞诺克拉特斯及其前任们"，这几乎意味着克塞诺克拉特斯的继任者珀

---

① 亚里士多德，《物理学》1.6.988a8 以下(证言 34 R.)。在这种传统中，作为质料的二成为了形式之本源，但这明显引出一个问题，因为《蒂迈欧》里"质料"只被认为属于正在形成(becoming)之物：见辛普利基俄斯，《论亚里士多德〈物理学〉》151.6 – 19(证言 13 R.)。这就使得普罗提诺假设有可理解的质料的存在：见《九章集》2.4(12)。

② 这不同于 Baltes 的修正版，他删除了 μὲν ὦν παράδειγμα[具有范式的](证言 119.4)。

勒蒙不再接受这样的观点。① 所以在 Sedley 看来,甚至将本源看作物体,②也可能不是芝诺的创新之处,而应该将其归功于珀勒蒙。

我还将再提出两点值得注意的地方。首先,有人或许会怀疑柏拉图本人是否真的采纳了瓦罗所载的克塞诺克拉特斯的立场,因为亚里士多德批评柏拉图时说,他以为世界灵魂是由质料性[54]元素组成的,并具有延展性,③而且可以确认的是,《蒂迈欧》坚持灵魂由物体和"不可分割的[也就是可理解的?]实体"组成。④ 这也许会让人产生更加一般的疑惑:柏拉图《蒂迈欧》里的神到底是无形体之物还是有形体的? 于是,珀勒蒙或许不用为芝诺对《蒂迈欧》框架里的无形体实物的拒斥而负责。⑤ 另一方面,瓦罗的解释里明显引入了芝诺这个物理学上的创新点,如果我们更进一步考察这种解释,那么学园派对两种本源的学说看上去就与芝诺的学说非常不同。在瓦罗的解释中,物体由质料和积极力量所组成(《前期学园派》[*Ac. Pr.*]1.24):与其说它们是物体的存在,不如说它们是物体的构成物更为准确。Sedley 也承认,"就此来看,学园派的本源理论与廊下派物理学确实有所不同"。⑥

其二,我认为有必要强调,芝诺的理论根除了《蒂迈欧》里的范式和形式,从这一层面来看它同样背离了学园派物理学,即便老学园派从未承认过范式和形式乃是本源或原因。对形式的拒绝在瓦罗看来源自亚里士多德(《前期学园派》1.34),但芝诺自己当然也拒绝形式与范式,他将它们替换为一种处于内部的 logos[逻各斯]。而这明显是芝诺最为独特的创新之处:他将超脱的范式与处于内部

---

① Sedley 2002,页 81。
② 更多见下。
③ 亚里士多德,《论灵魂》(*De An.*)1.2,404b16 – 27;1.3,407a3 – 22。
④ 见柏拉图,《蒂迈欧》35a-b。
⑤ 见 Reydams-Schils 1999,页 59。
⑥ 见 Sedley 2002,页 81。

的工匠相联合而作为生物学上的本源,就如卡尔基狄乌斯所主张的:

> 廊下派同样批判柏拉图,因为柏拉图说万物的各种模范(examplars)从前都存在于另一种崇高而最卓越的基质之中,所以可感世界是由神照着一种不朽的模范而造出来的。他们说不需要模范,因为生殖理性贯穿了某种自然,并将它包裹住,从而创造出了整个世界以及存在其中的一切事物。(卡尔基狄乌斯,《论柏拉图〈蒂迈欧〉》294,页 296.11 – 16 W.)

这明显证实了芝诺的创新点之一在于对形式的拒绝。在 Von Arnim 收集的辑语中,这出现在芝诺辑语的逻辑学部分(《早期廊下派辑语》1.65),而不是物理学部分。这种分类来自于拉尔修对廊下派哲学的展示,而相似的则是,关于形式的学说出现在西塞罗对老学园派学说的展示,它同样从属于逻辑学范畴而非物理学范畴。① 这样归类甚至对廊下派来说也有一定道理,因为理念(ideas)从认识论视角来看完全就是心灵虚构的东西(《名哲言行录》7.61)。可在司托拜俄斯和《哲人的学说》(Placita)这里,芝诺对形式的拒绝方面的证言却属于物理学的内容,紧随着论质料的章节而出现。② 所以,这些证言似乎表明,芝诺对形式的拒绝还是属于[55]物理学范畴。倘若如此,那么芝诺很可能就是从去除可理解的范式的立场来阅读《蒂迈欧》的,并由此发展出他的本源理论。卡尔基狄乌斯对

---

① 《名哲言行录》7.61;西塞罗,《后期学园派》1.30。
② (托名)普鲁塔克,《哲人的学说》1.10.882E(《早期廊下派辑语》1.65,2.360;《希腊化哲人》30B);司托拜俄斯,《物理学与伦理学读本》1.12.3(《早期廊下派辑语》1.65;《希腊化哲人》30A,FDS 316)。芝诺这一观点的追随者有克勒昂忒斯、克律希珀斯和阿尔喀德谟斯(Archedemos)(《早期廊下派辑语》1.494;2.364;FDS 318 A)。学园派的讨论再一次可能影响了芝诺,因为他用ἐννόημα一词来描述灵魂虚构的东西,这个词非常接近柏拉图《帕默尼德》

《蒂迈欧》的评注里提到了廊下派哲学,这点很重要,它似乎说明了芝诺理论中的柏拉图起源,以及这两种理论之间所具有的亲密关系。而要点则明显是芝诺对无形体实在和超脱性范式的拒斥。

所以,在读拉尔修的文本时,有一点就显得尤为重要,在最近的版本里(Marcovich 1999,第一卷页523),这两种本源被作为"物体"($σώματα$),而没有被看成"无形体的"($ἀσωμάτους$)。① 这种读法能够在《名哲言行录》最好的抄本(BPF)中得到证实。但这里的$σώματα$常被纠正为$ἀσωμάτους$,而这是源自《苏伊达斯辞书》(Suda)的读法;Traweaeri 与 Aldobrandini 的拉丁译本、Cobet 和 H. S. Long 的版本以及 Von Arnim 的《早期廊下派辑语》里即是如此。这一纠正早在利普修斯(Lipsius)处就遭受到了批判,②因为这与 Long 和 Marcovich 所用抄本中的读法都不同。$ἀσώματα$[非物体]这种类似的读法则能够在抄本 D(versio vulgate,晚于 BPF)以及 Magnum excerptum($Φ$)中得到证实,但并未有确切理由证明它们可以胜于之前的抄本。正如 Frede 所指出的,唯一支持$ἀσώματα$这种读法的证据可能是,无形体性可以作为本源和元素之间的一种区分要素,因为元素明显是物体。③ 然而,更可能的则是,这种对比存在于两种物体之间,即没有任何形式的本源与拥有形式的元素之间。还有其他许多原始文献主张廊下派的本源就是物体。④ 根本说来,本源中"一个施动,另一个受动",并且芝诺证明,"没有物体的东西……不可

(Parmenides)132b 中所用的那个词,在里面柏拉图拒绝了形式可能是一种纯粹概念($νόημα$)的可能性。见 Montoneri 1993,页 245 - 246。这里就好似西塞罗在讨论真理的标准(the criterion of truth)时所出现的情况那样。

① 见 Lapidge 的相反观点(1978a,页 139 - 140)。
② 见利普修斯 1623,页 78 - 79(2.5)。
③ Frede 2005,页 215。
④ 关于芝诺:阿里斯托克勒斯的论述,收于优西比乌斯,《福音的预备》15. 14(《早期廊下派辑语》1. 98,《希腊化哲人》45G);关于整个廊下派:奥利

能去施动或受动"(《后期学园派》1.39)。

不过在讨论完本源之后,拉尔修紧接着对物体的定义却是成问题的,而这或许影响到了"无形体的"这种读法。《名哲言行录》7.135 对物体给了如下定义:"物体在阿波罗多若斯的《物理学》(Appolodorus, Physics)里被定义为从长、宽、高这三维进行延伸的东西。这也被称为立体。"(Hicks 译)显然,根据廊下派的标准,这里所下的并不是对物体的一种合适定义,因为(1)它出现在一系列数理性的定义(7.135,面、线、点)中;且(2)某些廊下派的无形体,即真空(void)和空间(place),也有三维。① 因此,[56]只有当三维性应用到一种相对于其他一维或二维的几何实物的立体上时,我们才会称三维性为物体的属性。② 这就是我们可能会假定物体的这种定义被错误地置于本源的语境下的原因。当西塞罗在《后期学园派》1.39 中提到芝诺对无形体实物的效力进行拒斥时,他似乎提出了一种关于物体的更为普遍的定义——"施动或受动的东西"。这一定义会分别应用在两种本源上,一种是能产生效力的物体(理性或神),另一种是消极的物体(质料)。

不过,我们对"施动或受动的东西"到底是一种更普遍定义的物体、还是一种物体的属性这个问题依旧完全不清楚。比如伊壁鸠鲁派的卢克莱修(Lucretius 1.443)论证道,"没有东西可以脱离物体施动或者受动",于是"能够施动或受动"就成了物体的属性。另一方面,恩披里柯在《皮浪主义述要》(P.)3.38 – 39 中似乎认为"有能力施动或受动的东西"就是物体的定义,这与三维性和阻力所构成的物体定义不同。因此明显的是,包括无形体思想在内的廊下派

金,《驳科尔苏斯》(Adv. Cels.)6.7(《早期廊下派辑语》2.1051);见《早期廊下派辑语》1.153;2.318,323,380。见 Hunt 1976,页 23 – 24。

① 见伽伦,《论无形属性》(On Incorporeal Qualities)464.10 – 14(《早期廊下派辑语》2.502,《希腊化哲人》49E)。

② 见 Hahm 1977,页 10 – 11。

哲学体系要么在三维性之外补上阻力,①要么就给物体以更普遍的定义,"有能力施动或受动的东西"。无形体令人惊异的特点就在于它们没有被定义为无维的,因为它们都拥有一定的维数(除了言说以外),②只是不能够施动或受动。③ 从这种观点来看,三维性与阻力明显不能构成对物体的一种普遍定义,因为其反面并不是对无形体的普遍定义。这并没有排除物体都是三维性的、能产生阻力的,但三维性和产生阻力可以被认为是所有物体共享的属性,而不是作为定义它们的要素。另一方面,如言说这类无形体可能在芝诺之后才引入,同样芝诺也可能曾以三维性和阻力来对物体做出一种更加特定的定义。但在我们的原始文献中,芝诺所明确提出的对物体的唯一观念里没有三维性和阻力,而只有施动与受动的能力。

基于柏拉图讨论了这对属性,并将其与本是和形体这两种本源相联系,那么芝诺对物体所下这样的定义也不足为奇。从这种观点来看,一个无形体是否施动与受动的问题看上去来自芝诺对柏拉图那无形体实物的拒斥。在柏拉图的《智术师》中,异乡人(the Stranger)解释道,施动或受动的能力是本是的一般能力,而不是物体的能力:

> 他们发现无形体和有形体都天生具有某种东西,因而说它们两者都存在,那么,他们必须说出自己所想到的这种东西是什么……我的建议是[57]任何具有某种力量的东西。这种东西要么在任一具有某种本性的事物中制造变化($ποιεῖν$),要么受到影响($παθεῖν$),甚至承受最细微的因最小程度上的影响,即

---

① 这在上文页 55 中提到的伽伦的文本中可得到显证。
② 有四种无形体:言说(sayables)、真空、空间与时间(time),分类由恩披里柯给出,《驳学问家》10.218(《希腊化哲人》27D)。真空与空间拥有三维,时间则可能是二维的。
③ 恩披里柯,《驳学问家》8.263(《希腊化哲人》45B)。

使只出现一次——所有这些东西都真的存在($ὄντως\ εἶναι$)。①

这位异乡人批判了"土地之子"(Sons of the Earth),因为他们坚持"凡是不能用双手紧握的一切绝不可能存在"(《智术师》247c)。他们将本是等同于物体,并通过"触碰和接触"($προσβολὴν\ καὶ\ ἐπαφήν$)来为它们下定义(246a)。② 与柏拉图在《智术师》中的立场相反,芝诺与廊下派似乎将施动与受动的能力只给了物体,并将本是等同为物体,如"土地之子"那样。这不禁让人疑问,他们是否将所有物体,包括本源,都考虑为三维性的、能产生阻力的。有人或许会问,既然质料和神都没有形状($ἄμορφα$),那说它们是三维性的到底有没有任何意义呢?一个事物难道不是拥有了维数,才会有形状?我们必须在这儿假设,"形状"指的是质,而非维上的量,且如库珀在第四章中论证的,某物在没有这种属性来形成一种"形状"的情况下仍然可以有延伸。实际上这在"无属性的质料"的概念中已经有所暗示。另一方面,难道神根本不是给予质料以形状的本源?将神说成"能够产生阻力的"是否有任何意义?神作为积极本源,似乎并不产生什么阻力:似乎更应该是质料对他产生了阻力。另一方面,物体如果被简化为施动与受动的能力,似乎就成了相当抽象的实物;那么廊下派的本源在某种意义上会被当成"无形体"也就不足为奇了③——除非这不是任何一种廊下派意义上的"无形体"。

---

① 柏拉图,《智术师》247d-e, Fowler 译;尤见 Pearson 1891 页 85;Long 1976 页 153。[校按]译文参考柏拉图,《智者》,詹文杰译,商务印书馆,2011,页 60,有改动;下同。

② 值得注意的是这两个词也能在《早期廊下派辑语》1.359 中找到,于是可能有人会怀疑廊下派从柏拉图这里将它们借用了过来,但我们如果检查 Von Arnim 为这段辑语给出的原始出处(亚历山大里亚的克雷芒,《杂缀集》[*Strom.*]2.4.15),就会意识到克雷芒只是在引用柏拉图《智术师》中的话,而不是廊下派的。

③ 见 Lapidge 1978a,页 139–140。

在《论混合物》224.32 – 225.3 中,阿弗洛底西亚人亚历山大明确地说出,是神给了质料以形状:

> 此时要进入这一争论并挑战他们,我们或许应该宣称,存在着两种普遍的本源,质料和神,其中后者是积极的,前者是消极的;并说神被混合了质料($μεμῖχϑαι\ τῇ\ ὕλῃ$)且贯穿质料全部($διὰ\ πάσης\ αὐτῆς\ διήκοντα$),由此神塑造并形成了质料($καὶ\ σχηματίζοντα\ αὐτήν,\ καὶ\ μορφοῦντα$)且创造了宇宙($κοσμοποιοῦντα$)。(Todd 译)

从这种观点来看,质料似乎只有在神给它形状而没有其他形状时才是无形状的,而不是严格意义上的无形状。它的无形状意义同样在其自身没有形状,但可以接受任何形状。这与具体的质料相反,具体的质料拥有自己的[58]形状,也就是自己全部的属性。总之,本源与具体质料、具体物体之间的主要差别就在于,本源事实上从来不会毁灭也不会减少:

> 来自芝诺。实体是所有是者的原初质料,且作为一个整体,它是永恒的而不会增减,但它的部分并不总是保持不变,而是会自我分裂并相互掺和。(司托拜俄斯《物理学与伦理学读本》1.11.5,页 132.27 – 133.3 =《早期廊下派辑语》1.87)

(2) 特殊的质料

虽然《名哲言行录》7.150 的语句并不非常清楚,但里面似乎主张"质料"与"实体"通过标识出普遍的或特殊的实体与质料而具有双重意义。这种双重意义的实体也同样由卡尔基狄乌斯在《论柏拉图〈蒂迈欧〉》(289)中所承认。但据他和司托拜俄斯称,包括芝诺和克律希珀斯在内的大部分廊下派哲人要更加特别一些,他们将

"实体"一词仅用来指称原初质料:

> 可是,他们[廊下派]中的大多数人都将质料与实体区分开,比如芝诺和克律希珀斯。他们说,质料构成任何拥有属性的事物的基石,而实体则是任何事物的原初质料或最古老的基础,它自身没有形状也没有形式。因此,青铜、黄金、铁以及其他类似的金属是所有那些由它们铸成的事物的质料,但不是那些事物的实体;而那些事物乃至存在着的任一事物的因则是实体。(卡尔基狄乌斯《论柏拉图〈蒂迈欧〉》290,页 294.6 - 18W. =《早期廊下派辑语》1.86)

因此在芝诺和克律希珀斯看来,青铜、黄金与铁都不是实体,而是某种被影响过的、特殊的质料。司托拜俄斯(1.11.5,页 133.1 - 3,引用见上)和《名哲言行录》7.150 都认为,与原初质料相反,具体的质料会增减、分裂或与其他质料的部分掺和。这种观点明确将廊下派主义与伊壁鸠鲁主义区分开来,因为原子的质料是不可分裂的。至于四元素,它们被视为由被影响过的质料所组成;反之亦然,因为每个特殊质料被认为是从元素中产生。卡尔基狄乌斯的文本相较其他而言或许会引导读者去相信,每个具体质料只是原初质料的一部分,就好像原初质料在将自身进行分裂而成为一块块被影响的质料一样。可这并不是廊下派在考虑原初质料与具体质料之间关系时所持的观点,他们认为,在每个宇宙循环中,元素都是最先被生成的,然后是具体物体及其质料从元素的组合中产生。所以,这里有一个中间步骤。为了对质料这种双重意义拥有一个更为精准的看法,考察世界的形塑过程显然非常必要。

2. 世界生成和衰落中的质料与神

[59]伴随廊下派的质料理论而来的主要问题来自于廊下派对

世界生成和衰落的解释,也来自于一对关系:一方是作为两种本源的原初质料和神,另一方则是作为元素生成后出现的具体质料与神。前一个问题存在于一个事实,即元素似乎从那些前存在(pre-existing)元素中生成。后一个问题则在于,神或许出自质料,并等同于某一或几种元素。

(1) 廊下派论世界的生成

《名哲言行录》7.136 和 142 中有两句话概述了廊下派的世界生成进程。在这两节拉尔修的文本中,实体经过初始状态的气转变为水:①

[神]在一开始独自存在,将所有实体通过气转变为水。(7.136)

当实体从火经过气转变成湿气时,世界就生成了。(7.142)

从前面的《名哲言行录》第七卷第 134 节对质料的定义,以及从这里的上下文可以看出,第 136 节里的实体可以解释为原初质料。原初质料通过神的行动,似乎直接产生出那些最早生成的元素。可第二句话虽然没有提到神,却非常清楚地说明了实体是从最初状态的火转变为水和气的。这就意味着原初质料从来不是作为"纯粹"状态的无属性质料而独自存在,而是已经受到了影响。卡尔基狄乌斯(《论柏拉图〈蒂迈欧〉》292,页 295.4–6 W.,《早期廊下派辑语》1.88,《希腊化哲人》44D)明确说明了这一点:

[芝诺]认为,质料作为任何事物的基础,不具备任何形状、形式或属性,但它总是与某种特定属性结合,且不会分离

---

① 通过与 S. Mouraviev 和 S. Toulouse 的讨论,我相信这种对《名哲言行录》7.136 和 142(δι' ἀέρος εἰς ὕδωρ[经过气转变成湿气])的标准阐释是正确的。

(cunjunctam tamen esse simper et inseparabiliter cohaerere alicui qualitati)。

当然,这与廊下派著名的宇宙大火和永恒轮回(everlasting recurrence)学说一致,在拉尔修这里虽然没有明确提出,但在许多其他原始文献里都有明确证实。① 用这种学说来看,世界不止是一次从混沌(chaos)中生成,就像《蒂迈欧》里描述的那样;相反,这种过程自身重复无限次,于是在每一过程的最后,[60]世界都会转变为火而分解,但在每一过程的初始,世界又重新从这种状态的火转化而重新组合。② 这种最初状态的火被比作精子,其他任何事物都从中得以生成。③ 回到上面提到的拉尔修的两节文本中的第一节,我们就能看到那里用湿气自然地包含在液体中的事实来解释从火到水的转换:

> 正如精子被精液包围,同样,神这一世界的生殖理性也待在湿气后面,为接下来的创生阶段里制造出供他使用的质料。(《名哲言行录》7.136,Long 和 Sedley 译,稍有改动)

---

① 见萨勒斯撰写的第五章。尤见古里纳(2002)和萨勒斯(2005,页 19 – 29),里面都有提到之前的二手文献。

② 例见阿里斯托克勒斯的论述,收于优西比乌斯,《福音的预备》15.14(《早期廊下派辑语》1.98,《希腊化哲人》46G)。

③ 同上:"最初的火就像是一颗精子,内部装有万物的本源,以及过去、现在、未来之事件的原因。"15.8.3(《早期廊下派辑语》1.107):"所有实体转变为火,就好像转化为精子一样";司托拜俄斯,《物理学与伦理学读本》1.20,页 171.2, W.(《早期廊下派辑语》1.107;《早期廊下派辑语》2.596)。显然,当芝诺声称火是卓越的元素,就像司托拜俄斯所记述的那样(《物理学与伦理学读本》1,页 129 – 130,《早期廊下派辑语》413,《希腊化哲人》47A,见下),这时他的确受到了赫拉克利特的深刻影响;尽管这对理解芝诺的宇宙演化论来说是一个主要问题,但我不应该在这里讨论它。关于赫拉克利特对廊下派哲学的影响,见 Long(1975/1976)。

因而,神,也就是 logos[逻各斯],似乎在这儿成了两种本源中的一种。于是接着的进程似乎如下:神作为世界的生殖理性,影响质料并将它们从火经过气而转换为水。然后,四元素逐渐从这种原初状态的实体中生成:

> 然后他首先创造了四元素,火、水、气、土。(《名哲言行录》7.136)
> 然后,湿气中较稠密的部分凝结而最后成为土,但更精细的那些部分则彻底稀化,并在变得更为稀薄后产生出了火。(《名哲言行录》7.142,Long 和 Sedley 译)

然而,这种说法并非没有问题。因为在世界的第一阶段,火是宇宙的实体并被描述成精子(τὴν οὐσίαν μεταβάλλειν οἷον εἰς σπέρμα τὸ πῦρ)。而在第二阶段,火不再是被描述成精子的实体或质料了,神自身成了宇宙的理性。于是两种本源中的任何一种都有可能成为精子,这看上去有些不协调。

此外,如果原初之火是精子,那么它或许应该与作为四元素之一的火有所不同。并且如果原初之火与作为元素而从原初之火中产生的火有所不同,那么其他三种原初状态的实体或许也会与后来生成的元素有所不同。① 实际上,四元素要么是从一种"前存在"元素中生成的,且这种"前存在"元素也不与其他元素在同样的意义上(如此说来则原初之火与作为元素的火不可等同);要么原初之火是一种生成了其他三种元素的终极元素。基于廊下派哲学,"元素"这个词事实上有多重不同含义,因而似乎前面的第一种假设才是正确的。② 我不准备在这里详细讨论这个主题,[61]因为第四章

---

① 关于此,见库珀撰写的第四章。
② 这基本上是本书中库珀的论点。

已经讨论过了。根据库珀的说法,在谈到克律希珀斯这个精炼了芝诺原初的理论并试图剔除其不连贯之处时,我们必须区分以下三种状态:(1)宇宙的原初状态,克律希珀斯倾向于将其描述为"闪光"或"光"($αὐγή$);(2)宇宙的原始火,经过原始气从而成为原始湿气;(3)通过原始湿气的凝结与稀化从而生成的四元素。

不过,库珀所假设的理论里,即便是克律希珀斯的那些观点,我也不确定是否真的有那么清晰。毫无疑问,当所有实体都转变成火时,这种火不可能就是那后来的火,该火与其他元素以同样的成分比例而存在,或至少是与它们同时存在。但作为一种元素的火,似乎也就是质料加上热这一属性,或者就是热本身(《名哲言行录》7.137)。而在司托拜俄斯(《物理学与伦理学读本》1,页 129 – 130,《早期廊下派辑语》2.413,《希腊化哲人》47A)那儿,当他把火描述成卓越的($par\ excellence, κατ᾽ ἐξοχήν$)元素时,他并没有将其与作为元素之一的火区分开来。在司托拜俄斯的段落中,"元素"有不同的生成时间,也有不同的含义,但司托拜俄斯说的就好像原初之火与它随后阶段中产生的元素火并没有什么不同似的。斐洛有一篇受廊下派的区分所影响的文本,①里面说"光"或"闪光"($αὐγή$,在克律希珀斯看来是宇宙的原初状态),②基本上就只是火的三种形式之一,另外两种是煤和烈焰:煤是"土质实体中的火",烈焰是"从它的燃料中升起的东西",而光则由烈焰发出,"与眼睛合作,让它们能够看见"。③ 因此,克律希珀斯将最终状态和原初状态的实体定义为"光"或"闪光",并不是要将它们与火区分开,而是为了解释它

---

① 见《早期廊下派辑语》2.427 和 432 中类似的文本,后面一节的文本(来自阿弗洛底西亚的亚历山大)坚称,"光"在廊下派看来是"火的发散物",也是火的第三种形式。

② 斐洛,《论世界的不灭性》90(《早期廊下派辑语》1.511,《早期廊下派辑语》2.611;《希腊化哲人》46M)。

③ 斐洛,《论世界的不灭性》86(《早期廊下派辑语》2.612)。库珀一文页 104,里面倾向于假设光被归作火的一种形式是"出于论战的原因"。

们在何种意义上是火。显然,正如斐洛所指出的那样,它们不可能是煤或者烈焰,因为如果是煤的话则意味着它们混入了土,而如果是烈焰的话,它们就需要消耗某种东西①——更确切地说是当世界转变成火时,就意味着其他的一切都已经被消耗光了,②所以它们只能是最纯粹且最终状态的火。根据斐洛《论世界的不灭性》(88和92),也不可能说它们是光,因为它们不可能是煤或烈焰,且光不可能脱离烈焰而存在。可是克律希珀斯似乎认为,它们必须是光,因为它们不可能是煤或烈焰,所以"光"就好像某种余火,在生殖性本源[62]仍旧暗燃的地方存在。③ 而且,克律希珀斯可能是从赫拉克利特的文段中借用来 αὐγή 这个词汇,赫拉克利特说"光"或"闪光"是"干燥的即最智慧与最好的灵魂"(赫拉克利特辑语 B 118)。因此,将这种状态下的宇宙等同于光,是与最神圣形式的火联系在一起的,且这也大概是克律希珀斯为何选择 αὐγή 这个词的原因,④因为如上所提到的,廊下派在元素学说中之所以重视火,乃是受到了赫拉克利特的极大影响。于是,如果世界的实体已然转变成了光,且如果光是火的一种形式,那么这种实体就已然转变成了火。某物的一种形式不是某物本身,因为某物本身还具有其他形式——但这并不意味着,某物的一种形式不是某物。⑤ 因此,"光"或许是火的

---

① 斐洛,《论世界的不灭性》87 – 88,91。

② 关于芝诺,见吕科波利斯的亚历山大,《驳摩尼派观点》(Alexander of Lycopolis, Contr. Manich.)12(《希腊化哲人》46I)。关于克律希珀斯,见普鲁塔克,《论廊下派的自相矛盾》39. 1052 C(《早期廊下派辑语》2. 604,《希腊化哲人》46E):宇宙的灵魂"完全吸收了质料"。

③ 斐洛对此的反对意见,见《论世界的不灭性》93,他说,"生殖性本源的余火不会暗燃"(μηδενὸς ἐντυφομένου σπερματικοῦ λόγου, no embers of the seminal principle are mouldering;[校按]原文作 mouldering,疑误,应改成 smouldering):我认为我们应该假设斐洛正是在拒绝克律希珀斯所坚称的东西。

④ 这条注解及其解释为 Gábor Betegh 提供于我。

⑤ 形式的经典定义见《名哲言行录》7. 61,形式是某个属中所含的内容。

一种形式,且火作为一种被创生的元素,或许具有比原初之火更多的形式——但"光"仍旧或许是火,只是一种较后来出现的那些形式的火来说在阶段上显得更早或更原始。我认为库珀区分原初之火与元素之火是完全正确的,但我认为,二者都不过是具有热这种属性的质料,或者就是热本身罢了。

无论怎样,即便四元素从一种前存在的元素即原初之火中生成,这也没有否定本源先于元素而出现。本源就是本源,它们不会是元素。事物可以分解为元素,但无法分解为本源。这样一来,问题就在于神的实体。神被假定为积极本源,与质料相对,但神也同时被认为是某些元素(火、气)之一或这些元素的合成物(pneuma 或气息)。① 这个问题类似于上述提到的精子的歧义性问题,就是在宇宙演化的最初阶段,精子被认为是作为宇宙实体的火,而到了下一阶段,它又被认为是作为宇宙理性的神。现在,如果神能被作为某种元素或是元素的合成物,那么廊下派就有一个从古代开始就被提出的主要问题:如果神是一种合成物,他就在时间和存在上晚于元素与质料。换言之,廊下派关于质料和神的理论是一种典型的唯物论,尽管他们没有这样说。

(2) 神的实体问题

这里对廊下派理论的批判至少可以追溯到阿弗洛底西亚人亚历山大那里:

> 如果在他们观念中,神是物体——一种理智的和永恒的气息——且质料也是物体,那首先就会有一种贯穿物体的物体;然后,这种气息当然会是[63]四种他们称之为元素的简单物体

---

① 比较《早期廊下派辑语》1.88,154;2.310,423,1009,1027,1075,1100。Duhot(1989,页85)以表格的形式精彩地展现了这一点。亦见 Duhot 1989,页 73–86。

中的一种,或者是它们的合成物(事实上他们自己就是这么说的;因为他们假定气息有气与火的实体);如果还有其他某物,那这神圣物体就是第五实体……但如果它确实是那四种物体中的一种,或是它们的合成物,那么从质料中产生的那个物体在形成之前就已经遍在于自身中,并自己生成自己,就像其他事物也从它那里生成。再者,如果所有被质料化(enmattered)的物体次于质料,那么神也就次于质料;因为从一种本源中产生出的东西是次于这种本源的,而神由于并不能与质料对等,也同样是这样一种物体。(《论混合物》225.3－15,Todd 译)

神要么是一种元素,要么是从一些元素中产生并由它们所组成的物体。这么看来,神从元素中产生,因此后于元素而出现。于是关于本源的学说就土崩瓦解了。亚历山大指责廊下派为唯物论者和循环论证者。他们是一元论者,因为所有事物都从质料中产生:在他看来,这明显是错误的。我们没必要在这点上跟随他的观点。另一方面,他的第二项批判指向一种循环论证:元素从本源中产生,但神若是一种合成物,从元素中产生,就像大多数的简单物体,那么神就不是一种本源。神仅仅是世界这个动物的灵魂,从质料中诞生。因此,亚历山大归纳说,廊下派的神"仅在名义上不朽($μέχρι$ $φωνῆς$ $μόνης$)"(《论混合物》225.16)。它不可能成为一种永恒本源。

然而,亚历山大的批判看上去相当不公平,因为神在这里似乎与两种意义上的质料具有相似之处。"质料"的第一种含义是指一种本源,从而也是指宇宙的无定性实体;而另一种含义的"质料"指的是特殊实在的有定性质料。相似地,"神"是一种本源,他既没有形式也没有形状,但能影响质料。神也是火、气或气息、宇宙灵魂以及世界的本质。他是"整个实体所造的特别有定性的个体"(《名哲言行录》7.137)。在第一种含义里,神可能被比作每个物体的灵魂(见亚历山大,《论混合物》226.11－12,里面将这种对比用于作为本源的质料和神）。在第二种含义里，他是世界的灵魂。神没有形状但可以将自身藏在多种形式中，且相似地，质料作为原初质料时也是没有形状的，但可以接受多种形式，而当质料作为个别质料时，它是具体物体所由之而出的东西。廊下派的立场非常微妙，在某种程度上甚至可以说相当缠结，因为廊下派明确将本源与具体物体区分开来，但又倾向于将二者同化，因为本源从未单独存在过。在《哲人的学说》1.6.897C 中，神作为气息，"没有自己的形式，但可以接受任何形式"。这种说法暗示出一个事实，即神可以将自己并入气息、火或气中，甚至也可以散播自身于水或土中（《名哲言行录》7.147）。廊下派将两者进行了一种区分：一个是作为本源的神，一个是神在作为积极的世界灵魂或世界本质时所接受的形式。

《哲人的学说》用不同方式描述了神，比如火、气息、还有世界本身与世界的最高理智：

> 廊下派将神作为理智（νοερὸν），一种通过某种秩序而向着世界创生的有计划的火（designing fire）（πῦρ τεχνικὸν ὁδῷ βαδίζον ἐπὶ γένεσιν [64] κόσμου）。这种火包含了所有的生殖理性（πάντας τοὺς σπερματικοὺς λόγους），因此所有事物都根据命运产生。他们还说神是气息（πνεῦμα），它贯穿整个世界，并且根据它所穿过的质料的不同而变更自己的名字（κατὰ τὰς τῆς ὕλης δ' ἧς κεχώρηκε παραλλάξεις）。神也同时是世界，是星星和地球，是位于以太中的最高理智。（[托名]普鲁塔克，《哲人的学说》1.7.881F-882A，基于《希腊化哲人》46A 中的译文）

显然在这些描述中，神不再被作为一种本源，而是某种有生命（或被赋予生命）的物体。然而，这些形式的神与作为本源的神拥有相同的属性。将神等同于"有计划的火"（πῦρ τεχνικόν），不仅使我们想起芝诺对自然的定义：自然是一种通过某种秩序而产生了世界的"有计划的火";①同时也令人想到《名哲言行录》7.134 中的廊下派本源学说,里面将神描述为一种创造了每个实在($δημιουργεῖν$ $ἕκαστα$)的本源。《名哲言行录》7.147 将神描述为理性动物的类比显得更为惊人,认为神是"宇宙的工匠和某个万物之父"($δημιουργὸν$ $τῶν$ $ὅλων$ $καὶ$ $ὥσπερ$ $πατέρα$ $πάντων$)。再一次,《蒂迈欧》的影响在行文措辞中清晰可见,但令人疑惑的地方在于,将神作为理性动物的描述,同样也是将神作为本源和作为世界动物或世界灵魂的描述。显然当神被描述为火时,所强调的是他具有工匠般的能力,而当他被描述为气息时,他就被思考为灵魂。再比如,当神被描述为宇宙起源时的火时,他的功能与作为本源的神其实更为接近,即那种创造形式并将之赋予质料的能力。一方面,如卡尔基狄乌斯所说,神作为气息不是自然而是灵魂:"这种动态的气息,在他看来,不是自然,而是灵魂,并是理性的灵魂。"(卡尔基狄乌斯《论柏拉图〈蒂迈欧〉》292 =《早期廊下派辑语》1.88)因此,作为在火的形式下创造自然的神,似乎与在气息形式下作为世界灵魂的神有所不同。另一方面,神和自然在廊下派中经常可以等同,甚至在芝诺本人这里也可能是如此。② 在《名哲言行录》7.156,自然的设计之火被等同为"炽热的和有计划的气息"——但考虑到这是珀赛多尼俄斯③而非芝

---

① 见西塞罗,《论神性》2.57(《早期廊下派辑语》1.171)。

② 忒弥斯提俄斯,《亚里士多德〈论灵魂〉释义》(Themistius, *De An.*)35.32 - 43 Heinze(《早期廊下派辑语》1.158),普鲁塔克,《论廊下派的自相矛盾》34.1050B(《早期廊下派辑语》2.937),阿弗洛底西亚的亚历山大,《论命运》22.25 - 26 Bruns(《早期廊下派辑语》2.945,《希腊化哲人》55N4),塞涅卡,《论恩惠》4.7(《早期廊下派辑语》2.1024),斐洛德谟斯,《论虔敬》11(《早期廊下派辑语》2.1076)。

③ 在《哲人的学说》1.6.879C(《早期廊下派辑语》2.1009),这种定义被归给整个廊下派,但根据司托拜俄斯的说法(1.1.29b,页 34.26 W.,埃提俄斯《学说》1.7.19[Diels]的来源),这是从珀赛多尼俄斯那里来的定义(珀赛多尼俄斯辑语 101 EK)。珀赛多尼俄斯的这一贡献或许也能在卢坎(Lucan)的一个评注中找到(珀赛多尼俄斯辑语 100 EK)。

诺对神的定义,这里或许存在异文合并的现象。

不管怎样,既然世界的创生是一种持续的过程,有计划的自然在世界形成后就依旧运作,于是神就一定同时是灵魂气息和有计划的火。这在前引《哲人的学说》1.7.881F-882A 中也有所提到,神是[65]"位于以太中的最高理智"。根据其他证言,灵魂的统治部分(ἡγεμονικόν)就是以太,似乎是克律希珀斯的论点之一。① 以太是天的至高部分(《名哲言行录》7.137)。这似乎暗示了神作为世界灵魂的统治部分,当这同种灵魂的其他部分以气息和火的形式散落在世界各处时,他则集中于天的至高部分中。②

在廊下派原则中,具体动物的灵魂只存在于出生时:在出生时,胚胎的气息的质从"自然"转化为灵魂。③ 神在火的形式下似乎在世界诞生时期也有类似的质的变化,从原始的、纯粹的、炽热的理智转变成世界灵魂,这种理智接近于作为"有计划的火"的自然。然而,即便在世界重生之前,这种火也包含着作为精子的神圣 logos[逻各斯]:"有计划的火……包含了所有的生殖理性。"([托名]普鲁塔克,《哲人的学说》1.7.882A)生殖性本源在宇宙火的阶段时被包含在火里,就像它将在世界创生之后进入液体中一样(《名哲言行录》7.136)。由此,神就是积极本源,他总是在宇宙历史的所有时期出现于质料中,但他也会将自己并入特殊元素(火或气)或合成物(气息)中,由此将自己的行动作用在宇宙的不同时期里。在元素和特殊质料之后所产生的不是作为本源的神,而是这种本源汇入世界历史各个时期与世界实体的各个部分里所形成的神。

这个廊下派学说里存在的某个混淆之处是,作为本源的神与作为火、气或气息的神拥有同样一些积极属性。相似地,原初质料则

---

① 见好战者狄都谟斯(Arius Didymus)辑语 29 Diels(《早期廊下派辑语》2.642),《名哲言行录》7.156(《早期廊下派辑语》2.774)。
② 西塞罗,《前期学园派》2.126;《名哲言行录》7.140。
③ 见古里纳 2008。

像特殊质料那样是消极的。再相似的是,在四元素中,火和气这两种是积极的,而水和土这两种是消极的。① 于是实际上本源或许也等同于元素:积极本源是神或理性,等同于火和气或这二者的直接合成物——气息;而消极本源则是质料或实体,等同于土和水。这样一来,似乎在本源和元素之间并无相异之处,而这种学说就似乎显得非常混乱。然而,廊下派所认识到的是,每一种元素都是两种本源——积极本源和消极本源——的混合物,某些元素(火和气)中存在更多的积极本源,而在其他元素(土和水)中则有更多的消极本源。② 每一种元素都既包含积极的属性又有消极的质料,且当元素彼此混合以产生各种特定的物体时,一到两种消极元素与一到两种积极元素进行混合,这与本源的混合模式相同。[66]根据亚历山大的说法,③在廊下派宇宙中没有简单物体(即元素)这样的东西,因为实际上每一物体都由气息维系并受其影响,所以元素自身就是合成的。然而再一次地,这不是廊下派描述事物的方法。他们所描述的是,在世界形塑过程中,原始火由于自身所包含的精子产生的积极力量而发生了某种转换,这明显暗示了一个事实,即原初之火是积极精子(神或理性)以及消极质料的混合。甚至在宇宙的成熟阶段,神也作用于积极元素和积极合成物(气息)而将自己散布到所有质料中去。我们假设,正因为这样,芝诺才需要一种关于完全混合(total blending)的理论,来反对亚里士多德在《论生成和消灭》中的理论。很明显这在部分程度上是另一个问题,本章中我不

---

① 涅美希俄斯,《论人性》5(《早期廊下派辑语》2.418,《希腊化哲人》47D);见伽伦,《论自然官能》106.13 – 17(《早期廊下派辑语》2.406,《希腊化哲人》47E);伽伦,《论物体的质量》(On Bodily Mass)7.529.9 – 14(《早期廊下派辑语》2.439,《希腊化哲人》47F);普鲁塔克,《论廊下派的自相矛盾》49,1085C-D(《早期廊下派辑语》2.444,《希腊化哲人》47G)。

② 这点经由贝纳杜伊提醒。

③ 见亚历山大,《论混合物》224.14 – 17(《早期廊下派辑语》2.442,《希腊化哲人》47I)。

会予以探讨。我只想说,在每一个物体里都有积极本源和消极本源,而这些本源又是彼此混合的物体;①宇宙的实体也是如此构成的,它在起源时是纯粹的火——但里面依旧存在着积极本源和消极本源——后来,这种原始实体所包含的精子或积极本源将它转变为其他元素;然后这些元素,有积极的也有消极的,彼此混合而产生出有定性的物体,且在每一个物体里,气息,也就是两种积极元素(火和气)的合成物,再混合入水和土而赋予它们属性。可是本源与元素之间却没有混淆——只能说,既然两种本源是万物的终极实在,那么就像简单物体仅由两种本源以不同比例组成,较复杂的物体则由消极和积极的元素组成。

(3)质料与神的共时性

根据芝诺和廊下派观点,神不是从质料中或由质料产生的,他也不是"仅在名义上不朽"。厄皮法尼俄斯(Epiphanius)说芝诺"就像其他学派那样,谈到质料时称其为与神同时出现的"(《驳异端》[*Haeres.*]1.5 =《早期廊下派辑语》1.87)。通常来说我们不会认为厄皮法尼俄斯是值得相信的来源,但在这种情况下,他或许重新以真正廊下派的方式回应了那些亚历山大式的批判。两种本源从未存在于分开或是纯粹的状态中,所以尽管质料本身事实上没有属性,但它从未脱离任何属性而存在。② 这[67]大概可以解释为何珀赛多尼俄斯坚持质料和实体之间的区别仅仅存在于名称上:

---

① 根据 Lapidge(1978a,页 139 – 140),两种本源仅是"一个物体的两个方面"。见 Lapidge(1973,页 243 – 244 等处)。关于此的反对观点,见亚历山大,《论混合物》页 225.1 – 2(《早期廊下派辑语》2.310,《希腊化哲人》45H),以及 Long 和 Sedley 的评论(1987,第一卷页 273)。又见 Reydams-Schils(1999,页 55 – 58)与库珀(本书第四章页 99 以下)。

② 见卡尔基狄乌斯,《论柏拉图〈蒂迈欧〉》292(《早期廊下派辑语》1.88,《希腊化哲人》44D),引用见上。

来自珀赛多尼俄斯。珀赛多尼俄斯说整个宇宙的实体也就是质料乃是没有属性也没有形状的（ἄποινοι ον ἄμοφγον），因为它绝不可能拥有与其本身分离的形式，它自身也完全没有属性（οὐδὲν ἀποτεταγμένον ἴδιον ἔχει σχῆμα οὐδέ ποιότητα καϑ' αὑτήν），但总处于某种形式和属性中（ἀεί δ'ἔν τινι σχήματι καί ποιότητι εἶναι）。他说实体与质料在现实中是相同的，它们的差异只体现在思想中。①

同样的观点似乎也出现在卡尔基狄乌斯一段类似的文本中，里面可能反思了珀赛多尼俄斯的观点，特别是看上去与芝诺和克律希珀斯在先前段落中的观点相反：

有许多人还以如下方式区分了质料与实体：他们说实体是一件作品的基础，于是我们才可以正确地说和想世界的实体，但对于工匠来说这叫质料，而他们塑造并赋型于它。②

如 van Winen（1959，页 96）在评论卡尔基狄乌斯时所主张的，根据这些具体身份不明的廊下派哲人的说法（可能是珀赛多尼俄斯），"这两个术语表现出相同的现实，却可以从不同的视角来看

---

① 司托拜俄斯，《物理学与伦理学读本》1.11，页 133.18 W.（珀赛多尼俄斯辑语 92 EK, Kidd 译）。

② 卡尔基狄乌斯，《论柏拉图〈蒂迈欧〉》291，页 294.13 – 16（笔者自译，部分基于 van Winden 的译文）。根据 Reydams-Schils（1999，页 93 – 94），Waszink 认为珀赛多尼俄斯的"只体现在思想中"（ἐπινοίᾳ）被卡尔基狄乌斯转换成了"体现在工匠的思想中"（contemplatione opificis），这暗示了那位工匠的思想。然而，我以为这不是对这句话的正确阐释：与 van Winen（1959，页 96 – 97）一样，我也将 contemplatione opificis 理解成是指"至于那位制造者"，因为 contemplatione alicuius rei 通常的含义是"至于某事物"，于是这里并没有暗示那位工匠的思想，而只是暗示出他的一种立场。

待"。这明显与芝诺和克律希珀斯的学说不同,但或许由此可以重述他们的观点。实体与质料只在思想中有差异,因为无属性的质料从未单独地存在过。①《名哲言行录》7.137 声称"四元素都是无属性的实体,即质料",这同样被普鲁塔克认作一种廊下派的原则:"实体被某些廊下派哲人冠以诨名'无属性',并不是因为它缺乏一切属性,而是因为它有所有属性。"②这个想法似乎将那些矛盾的属性的结对(热+冷,流质+干燥)总加而成一个无效的集合,于是原初质料就不过是元素的相加综合,并在现实中与特殊质料的总和没有区别。

其他一切事物在宇宙循环的最后会消解为四元素(εἰς ὃ ἔσχατον ἀναλύεται),所以四元素是最后的物质成分,不能被消解来构成那独立于它们而存在的无属性质料。如果这样,那是因为本源是处于内部的。它们无法看见,[68]无法触碰,不是三维可视化和可触知的物体,但同时它们又以如下物体的形式存在,比如质料以全体四元素的形式,神以某些特殊物体如气、火、气息的形式。

结 论

如果廊下派理论表现出唯物主义一元论,那是因为他们认为万物都具有形体,而两种本源总是混合在一起,而非彼此分离又独立。它们是两种物体,但从不相互分离地存在。从这一观点来看,神或许就等同于质料,如卡尔基狄乌斯主张的那样:

> 他们得出了一种不敬神的观点,即神等同于质料,或甚至就是质料不可分割的属性(hoc esse quod silva sit vel etiam qual-

---

① 见 Hunt 1976,页 21。
② 普鲁塔克,《论廊下派的自相矛盾》50.1086A(《早期廊下派辑语》2.380)。

itatem inseparabilem deum silvae),他穿过质料,如同精液穿过外阴部。①

神就是质料。就像实体只以特殊质料的形式存在,神自身只存在于质料之中,而两种本源从不相互分离地存在。然而,这两种本源是两种不同的物体,即便它们总是混合在一起并组合成为同一个物体。并且,所有事物都不能用数字、运动、"触碰和接触"以及惰性质料的反作用来进行机械的解释。拿伊壁鸠鲁主义为例,两种本源或许被认为是质料与真空。通过引入一种与种子等同的积极本源,廊下派背离了唯物论,且倾向于生机论(vitalism),即便这种生殖性本源总是与质料混合并内在于质料中。因此,他们的本源学说是生机论式的,而不是唯物论式的。在这点上,柏拉图《蒂迈欧》里宇宙的生物模型起到了决定性影响。廊下派背离《蒂迈欧》的地方在于,他们将生物模型作字面理解,并以这样或那样的方式弃用了技术模型中的工匠,尤其是可理解的范式——那神圣建筑师的蓝图。不过他们并没有完全放弃技术模型,因为他们继续将自然定义为一种"有计划的火"——但这也是受赫拉克利特的影响,根据亚里士多德的分类,赫拉克利特是一位唯物论者。然而,廊下派的火凭借着自身,从事物内部开始发挥作用——不需要有任何神圣的铁匠或陶工,这与柏拉图的工匠学说相反。神是自然,而自然在亚里士多德看来是某种内在本源。② 那工匠是某种内在本源,他像火一样活动,像种子那样生产,像灵魂那样统治。这明显不是严格意义上的"唯物论"。

---

① 卡尔基狄乌斯,《论柏拉图〈蒂迈欧〉》294,页 296.19 – 297.3(《早期廊下派辑语》1.87),van Winden 译。
② 亚里士多德,《形而上学》卷十二 3,1070a7 – 8。

参考文献

Bloch, O. (1985) *Le Matérialisme* (Paris: PUF).

Brisson, L., Congourdeau, M. -H., and Solère, J. -L. (eds.) (2008) *L'Embryon: Formation et animation* (Paris: Vrin).

Dahan, G., and Goulet, R. (eds.) (2005) *Allégorie des poètes, allégorie des philosophes: Études sur l'herméneutique de l'allégorie de l'Antiquité à la Réforme* (Paris: Vrin).

Döring, K., and Ebert, T. (eds.) (1993) *Dialektiker und Stoiker* (Stuttgart: Frank Steiner Verlag).

Dörrie, H., and Baltes, M. (1996) *Der Platonismus in der Antike* (Stuttgart: FrommannHolzboog).

Duhot, J. -J. (1989) *La Conception stoïcienne de la causalité* (Paris: Vrin).

Frede, D., and Laks, A. (eds.) (2002) *Traditions of Theology* (Leiden: Brill).

Frede, M. (2005) 'La Théologie stoïcienne', in J. -B. Gourinat and G. Romeyer Dherbey (eds.), *Les Stoïciens* (Paris: Vrin), 213 – 232.

Gourinat, J. -B. (2002) 'Eternel retour et temps périodique dans la philosophie stoïcienne', *Revue philosophique*, 127: 213 – 227.

—— (2005) 'Explicatio fabularum: La Place de l'allégorie dans l'interprétation stoïcienne de la mythologie', in G. Dahan and R. Goulet (eds.), *Allégorie des poètes, allégorie des philosophes* (Paris: Vrin), 9 – 34.

—— (2008) 'L'Embryon végétatif et la formation de l'âme selon les stoïciens', in L. Brisson *et al.* (eds.), *L'Embryon: Formation et animation* (Paris: Vrin), 59 – 77.

—— and Romeyer Dherbey, G. (eds.) (2005) *Les Stoïciens* (Paris: Vrin).

Hahm, D. (1977) *The Origins of Stoic Cosmology* (Columbus, Ohio: Columbus UP).

Hunt, H. A. K. (1976) *A Physical Interpretation of the Universe: The Doctrines of Zeno the Stoic* (Melbourne: Melbourne UP).

Kidd, I. G. (1988) *Posidonius: The Commentary* (Cambridge: CUP).

Lapidge, M. (1973) ''Ἀρχαί and στοιχεῖα: A Problem in Stoic Cosmology',

Phronesis,18:240 - 278.

―――(1978a)'Monism and Immanence', in J. Rist(ed.), *The Stoics*(Berkeley,Calif. :University of California Press),137 - 160.

―――(1978b)'Stoic Cosmology', in J. Rist(ed.), *The Stoics*(Berkeley, Calif. :University of California Press),161 - 185.

Lipsius,J. (1623)*Physiologia Stoicorum Libri Tres*,in *Opera Omnia*(Antwerp: J. Moret; original edn. 1604).

Long,A. (1975/1976)'Heraclitus and Stoicism',*Philosophia*(Yearbook of the Research Center for Greek Philosophy at the Academy of Athens),5/6:132 - 153. Repr. in A. Long,*Stoic Studies*(Cambridge:CUP,1996),39 - 44.

―――(1986)*Hellenistic Philosophy*,2nd edn. (London:Duckworth).

―――(1996)*Stoic Studies*(Cambridge:CUP).

―――and Sedley,D. (1987)*The Hellenistic Philosophers*(Cambridge:CUP).

Marcovich,M. (ed.) (1999) Diogenis Laertii *Vitae Philosophorum* (Stuttgart and Leipzig:Teubner).

Montoneri,L. (1993)'Platon, die Ältere Akademie und die stoische Dialektik',in K. Döring and T. Ebert(eds.),*Dialektiker und Stoiker*(Stuttgart:Frank Steiner Verlag),239 - 251.

Pearson,A. C. (1891)*The Fragments of Zeno and Cleanthes*(London:C. J. Clay & Sons).

Reydams-Schils,G. (1999)*Demiurge and Providence:Stoic and Platonic Readings of Plato's* Timaeus(Turnhout:Brepols).

Richard,M. -D. (1986)*L'Enseignement oral de Platon*(Paris:Le Cerf).

Rist,J. (ed.) (1978) *The Stoics* (Berkeley, Calif. : University of California Press).

Salles,R. (2005)*The Stoics on Determinism and Compatibilism*(Ashgate:Aldershot).

Sambursky,S. (1959)*Physics of the Stoics*(London:Routledge & Kegan Paul).

Sedley,D. (2002) 'The Origins of Stoic God', in D. Frede and A. Laks (eds.),*Traditions of Theology*(Leiden:Brill),41 - 83.

Sharples,R. (1996)*Stoics, Epicureaus and Sceptics. An Introduction to Hellenis-

tic Philosophy (London and New York: Routledge).

Weil, É. (1964) 'Remarques sur le "matérialisme" des stoïciens', in *Mélanges Alexandre Koyré*, ii. *L'Aventure de l'esprit* (Paris: Hermann), 556–572.

Winden, J. C. M. van (1959) *Calcidius on Matter: His Doctrines and Sources* (Leiden: Brill).

第三章　原因之链[①]
——什么是廊下派的命运观？

梅耶（Susan Sauvé Meyer）
（美国宾夕法尼亚大学哲学系）

[71]廊下派自然哲学的主要论题之一是，万物的出现受到命运（εἱμαρμένη，拉丁词 fatum）的支配：[②]

> 克律希珀斯在其《论命运》（On Fate）中，珀赛多尼俄斯在其《论命运》（On Fate）的第二卷中，芝诺、波厄托斯在《论命运》（On Fate）的第一卷中，都说万物的产生受到命运的支配。（《名哲言行录》7.149 =《早期廊下派辑语》2.915）

但什么是命运？廊下派给出的标准答案是，它是一种原因之链

---

① 本章的各种初稿受益于麦吉尔大学、罗格斯大学、俄亥俄州立大学、芝加哥地区的古代哲学研讨会以及多伦多大学的读者们的评论。我特别感谢 Brad Berman、Robert Bolton、Jim Hankinson、英伍德、Richard Kraut 以及 Pierre Pellegrin 的有益批评和建议，还有 Laura Gómez、萨勒斯以及两位匿名看官的详细书面评论。我的主要观点的雏形已发表在"廊下派论命运、宿命和能动性"（1999）这篇文章中。

② 处理这一论题的其他文献包括：格利乌斯《阿提卡之夜》7.2.15 =《早期廊下派辑语》2.977；西塞罗《论命运》21 =《希腊化哲人》38G；《论命运》41 =《希腊化哲人》62C5；《论预言》1.127 =《希腊化哲人》55O；亚历山大《论命运》164.17–20, 171.26–27, 181.8–9；比较 210.15；普鲁塔克《论廊下派的自相矛盾》1050a-b。

或原因之线(εἱρμός,拉丁词 series):①

廊下派认为命运是一种原因之链(εἱρμὸν αἰτιῶν),即一种不可侵犯的秩序和凝聚力。(埃提俄斯《学说》1.28.4 =《早期廊下派辑语》2.917 =《希腊化哲人》55J;比较亚历山大《〈论灵魂〉附录》185.1 – 5 =《早期廊下派辑语》2.920)

我所谓的命运,希腊人称之为εἱμαρμένη,即一种原因之序和原因之线(ordinem seriemque causarum),因为原因之间的关联本身生成了万物。(西塞罗《论预言》1.125 =《希腊化哲人》55L;比较《论命运》20)

[72]这幅命运图景至少可以远远地追溯到克律希珀斯那里,他提出了εἱμαρμένη(命运)和εἱρομένη(绑在一起的)之间的某种词源联系(优西比乌斯《福音的预备》6.8.8 – 10 =《早期廊下派辑语》2.914)。② 阿弗洛底西亚的亚历山大在四个世纪以后记述道,那幅图景表明了廊下派命运观的本质(οὐσία)(亚历山大,《论命运》

---

① 对命运还有其他的定义。涅美希俄斯,《论人性》37(《早期廊下派辑语》2.918):"命运是一种不可侵犯的原因之链(εἱρμός τις αἰτιῶν)——因为廊下派就是这么定义的,他们说命运是一种无可逃避的秩序和凝聚力";克里托拉俄斯在斐洛的《论世界的不灭性》中说(《早期廊下派辑语》2.913):"命运无始无终,它将万物的所有原因无穷无尽地和无间无隙地绑在一起(string together, εἴρουσα)……";《名哲言行录》7.149(《早期廊下派辑语》2.915):"所谓命运,他们认为是事物的所有绑在一起的原因(αἰτία εἱρομένη)";西塞罗,《论命运》27:"(命运是)所有永远绑在一起的原因(causa causam serens)"。亦见卡尔基狄乌斯,《论柏拉图〈蒂迈欧〉》144(《早期廊下派辑语》2.933)。

② 这一词源学考察——狄都谟斯也调用了它(见优西比乌斯,《福音的预备》15.5[《早期廊下派辑语》2.528])——显然是有误的:εἱμαρμένη[命运]来自动词μείρομαι(分配、摊派)的完全被动分词,同时,εἱρμός和同根动词εἴρω源自不相干的印欧语词根 feq、拉丁语词根 series,以及荷马时代的希腊语词根 σειρή(chain,链)。克律希珀斯对这一词源学考察的运用表明,他非常认同对命运作

193.4–8)。因此,我们在这里找到了一种持久而正统的廊下派学说。为了理解命运这一论题,我们必须掌握廊下派所谓的原因之链的含义。

严格讲来,εἱρμός 不像是项链上的珠子所串接成的"链",倒像是它们所串接成的"线"(string)。但在古代晚期,"链"(ἅλυσις,拉丁词 catena)这个术语常常指代廊下派的 εἱρμός,①现如今,读者在提到它时通常指的是"原因之链"。我将遵从这种用法,尽管它会引起我在本章中打算消除的误解。错误之所以会出现,可能是因为我们过多地利用原因链这一隐喻,也可能因为我们把廊下派的 heirmos 视为一种链,以至我们认为廊下派是以我们所采用的方式来理解这个隐喻的。然而,错误的根源不在于用一种隐喻来取代另一种隐喻(链取代线),而在于我们对隐喻本身的解释——无论它是线还是链。我们已经证明,heirmos 和链这两个隐喻之间的关键差别在于前者强调各种联结在一起的原因之间的连续性(continuity),而后者强调它们的离散性(discreteness)。② 不过,就像链上的链环彼此之间是不同的,项链上的珠子肯定也是彼此有别的,但毕竟项链而非串接珠子的线才是 heirmos。③ heirmos 是一系列绑在一起的珠子,

---

这样的描述,即它是一种 εἱρμός,即便如 Bobzien 宣称的那样,他并不认为这是一个恰当的定义(Bobzien 1998,页 50)。

① 亚历山大,《论命运》193.5–8,195.13–16;格利乌斯,《阿提卡之夜》7.2.1–2(对此的引用和讨论,见 Hankinson 1996,页 192、201–203);欧斯塔提俄斯(Eustathius)在某一段话中也使用 ἅλυσις[链]这个术语来描述廊下派的 εἱρμός,而这段话极易让人联想到刚才引证的亚历山大所述的那些段落(《论荷马〈伊利亚特〉》[Commentaria ad Homeri Iliadem] 2.514.25;比较 515.5[van der Valk])。

② Hankinson 1996,页 192–193、201–203。

③ 连续性在 Hankinson 看来是 heirmos 这个隐喻所要求的,而且,它无疑在另一个廊下派隐喻即绳(rope)的隐喻中占有主导地位。在西塞罗的《论预言》中,有位廊下派言说者解释道:"任何事物都不会自发(subito)产生;相反,

正如链是一系列连在一起的环扣。它们具有共同的特征,那便是使得相互分离的事项彼此衔接起来。我将证明,这就是廊下派的那个隐喻的有效特征;把 heirmos 理解成一种链,这样做并没有失去任何重要的东西。

[73]廊下派的原因之链至少是一个由各种彼此衔接的原因所串接成的系统。至于廊下派所想的是何种彼此衔接,这正是本章要交代的问题。我将证明,现代版的原因链根本不是廊下派所想的原因之 heirmos,同时,廊下派的宇宙共感学说——其假定宇宙内的各个物体之间有着一系列复杂的相互的因果影响关系——提供了一种更好的模型,来理解廊下派所谓链上的各种原因之间的关系。

原因链这一隐喻对我们今天理解因果关系而言是如此之重要,以至我们常常忘记如下事实:它是一种隐喻。我们将原因链理解成一种事件系列,每个事件既是其后继者的原因也是其前驱者的结果——正如点燃一根火柴引发了一场火灾,从而烧毁了房舍。然而,链的隐喻本身不认可这种解释,因为正如项链上的珠子在其本义上无关乎时间演替,链上的链环在其本义上也与此无关。我们把链上的链环原本意义上的关联性和邻接性这种共存和对称的关系,解释成事件之间的演替和非对称性因果依赖这种时序关系。这一解释自然不是隐喻本身所给出的,而是出自我们关于因果关系的背景性假设,尤其出自如下观点:原因是事件,并且因果性是各个连续事件之间的非对称关系。

时间的流逝就像绳索的延展(quasi rudentis explicatio),不会产生任何新的事件,也不会展开任何原初的事件。"(西塞罗《论预言》1. 127 =《希腊化哲人》550;Long 和 Sedley 译;对此的引用和讨论,见 Hankinson 1996,页 204)然而,绳不是被援引来作为一种对 heirmos 的解释;相反,它表现为一种关于时间之流逝——从过去,经现在,到未来——的隐喻。这里我们或许可以假定,这一事件系列就是一种典型的原因链;不过,我们面对的问题不是我们如何,而是廊下派如何构想一种原因链。

为确定廊下派究竟如何解释他们所谓的原因链,我们必须辨认出他们关于因果关系背后的假设,和他们在援用链隐喻时所怀的理论动机。其中第一个任务是下一节处理的主题,在那里,我们将看到原因和结果就像廊下派所设想的那样,并不具有现代原因链概念所特有的时间演替的迭代关系。第二项任务将由本章的余下部分承担,最终证明廊下派链上的各个原因之间是互为影响的关系,以及作为原因之链的命运背后的理论基础在于他们著名的"宇宙共感"学说。

1. 廊下派论原因

廊下派认为,基本的因果联系发生在 logos[逻各斯]和质料这两个本源之间。logos[逻各斯]被他们视为神,它遍及宇宙中的一切物体,并将它们牢牢地连结在一起:

> [廊下派]认为宇宙($τῶν\ ὅλων$)中有两个终极本源($ἀρχαί$),一个施动($τὸ\ ποιοῦν$),另一个受动($τὸ\ πάσχον$)。受动的本源是无定性的实体,也就是质料;而施动的本源是存在于质料中的理性($λόγος$),也就是神。由于它是永恒不变的,它就通过遍在于所有的质料中而构造出任一事物。(《名哲言行录》7. 134 =《希腊化哲人》44B;Long 和 Sedley 译;比较恩披里柯《驳学问家》9. 75 =《希腊化哲人》44C)

[74]因此,任何物体能够分解成消极的质料和将质料结合起来的积极的 logos[逻各斯]。至于后面那个本源,廊下派称之为原因:

> [廊下派]说本质上存在着两种事物,万物之制成均赖于它们——原因和质料。质料是消极的,易于接收任何事物,但若没有某个东西来推动它,则会停滞不动。而原因则是理性

(ratio；即λόγος)以其所意欲的任何方式来形塑质料，并由其制出各种产物。因此对于任何事物而言，都存在着它之制成所依靠的东西，即质料，也存在着它的制造者，即原因。(塞涅卡《致鲁基里乌斯的道德书简》65.2 =《希腊化哲人》55E)

真正说来，只有这种积极的本源(id quod facit)才是原因(塞涅卡，《致鲁基里乌斯的道德书简》65.4)。

我们后面会更清楚地看到，廊下派主张神圣的 logos[逻各斯]作为有形的"气息"(pneuma)弥漫在宇宙中(司托拜俄斯《物理学与伦理学读本》1.79.1 – 2 =《希腊化哲人》55M)，并在各种物体内以不同的程度来显明自身。这一有形的 logos[逻各斯]在其最纯粹的显现中是一种将各个物体连结在一起的"习性"(hexis)，但它的结果不仅限于产生内聚力。生物中的 logos[逻各斯]是负责生物的生长和发展的本质(phusis)，而在动物中它是引起诸如感知和支配这类活动的灵魂(psuchê)(伽伦《医学导论》14.726.7 – 11 =《希腊化哲人》47N；斐洛《论上帝的不变性》35 – 36 =《希腊化哲人》47Q；《寓意解经法》[Leg. Alleg.]2.22 – 23 =《希腊化哲人》47P；恩披里柯，《驳学问家》9.81)。这些原因就是σπερματικοί或"生殖性的"logoi[逻各斯]——之所以这般称呼，是因为它们的结果通常在一种有序的事件系列中展开，正如植物从萌芽到成熟这个逐渐展开的形态生成(morphogenesis)情况(埃提俄斯《学说》1.7.33 =《希腊化哲人》46A)。① 然而根据廊下派的范式，这种事件系列不是一种因果系列。相反，整个事件系列是结果，而原因是贯穿于该系列中的本质或灵魂。② 一个被如此看待的原因没有被它的各种结果所承替，

---

① 关于σπερματικοί λόγοι[生殖性逻各斯]和质料中的神圣本源，亦见古里纳(上文页 59 – 62)。

② Hankinson 正确地强调如下事实：根据廊下派，这些相继出现的事件的展开是统一和连续的过程(1996，页 192 – 194)。他用εἱρμός这个隐喻来展现这

而是与它们同在。

廊下派将这种因果模型运用到某个统一的物体对另一个统一的物体的作用中：

> 廊下派说道，每个原因都是一个物体，该物体使另一个物体获得某种无形的结果。例如，解剖刀这个物体使肉体这个物体获得无形谓语"被切剖"这一结果。又如，火这个物体使木这个物体获得无形谓语"被燃烧"这一结果。（恩披里柯《驳学问家》9.211 =《希腊化哲人》55B；Long 和 Sedley 译）

原先那个模型中的积极本源和消极本源是某个统一的物体的不同方面；有别于此，在上述变化中，施动者（agent）和受动者（patient）却是[75]不同的统一物体（比如，解剖刀和匕首），这样一来，原因就不必与它的结果同在。比如，解剖刀甚至在其切剖肉体以前就存在着，且即使从未切剖过什么，它也能够一直存在。然而，正如神圣 logos[逻各斯]和生殖性 logoi[逻各斯]的例子，原因无法被其结果所承替。解剖刀不会因为切剖肉体而消失。

那些渴望表明廊下派所说的原因会被其结果所承替的人或许会驳斥道，解剖刀切剖肉体这一活动被伤口的存在所承替。然而，该活动并非廊下派所谓的原因。有人或许认为，严格讲来情况就是如此，因为廊下派主张所有原因都体现了积极本源即 logos[逻各斯]。① 但这是错误的看法，因为作为积极本源之本质的那种"积极

种连续性，同时他宣称，链这个隐喻则强调连续事件之间的离散性。不过这似乎暗示，那个过程中的连续事件是链接在 heirmos 中的原因——Hankinson 本人拒绝承认这点，因为它有违廊下派学说（页 200）。

① 对此参见萨勒斯 2005，页 4-5。Bobzien（1998，页 51）基于不同的理由，也证明只有当物体在实施自己的影响时，原因才是存在的。她宣称，原因不仅是物体，且是"能够在某一个物体身上产生积极结果的物体"（同上）。

性"(activity)与消极性相对,而非与潜伏性(latency)或潜在性(potentiality)相对。①廊下派所谓的原因具有一种特殊的"积极性",因为它在变化中是施动者($τò\ ποιοῦν$),而非受动者($τò\ πάσχον$)。即便这种原因处在活动(activity, $ἐνέργεια$)之中,同时引起那种变化,但受到它所施加的能动作用(agency)的那个物体亦如此(克雷芒《杂缀集》8.9.26.3 =《希腊化哲人》55C),并且这两种活动是同时发生的。因此,我们这里的例子没有表明廊下派说的原因是被其结果所承替的。

这里,廊下派事实上利用了一种关于"前因"的概念,并明确将这类原因用于得出他们关于命运这个论题的结论:

> 倘若万物的形成受命运支配,则我们必然会得出,任何事物的产生受前因(causis antepositis)的支配……(西塞罗,《论

Bobzien 正确地主张廊下派所谓的原因是"关系词"(例如,匕首只有在与肉体和它所产生的结果发生关系时,才是一种原因——比较恩披里柯《驳学问家》9.207,对此的讨论参见 Bobzien 1998,页 19),但我们不能由此推出,唯有其做出因果活动,原因才是存在的。父亲也是一个关系概念,但父亲(通常)不会因成为人父而离世。Frede 认为廊下派的原因论反映了他们对责任归属的兴趣(Frede 1980,页 225),如果这点是对的,那么如下看法就是廊下派观点中的一个重要预设:X 是 Y 的一个原因,甚至当它没有参与产生 Y 时亦如此。

① Frede(1980,页 218 – 219)将廊下派所谓的原因所具有的积极本质(这些原因 $ποιοῦσιν$[施动],而非 $πάσχουσιν$[受动])和这些原因在活动($ἐνέργεια$)中的存在合二为一。但后者显然既适用于物体所受到的消极影响,也适用于对这些物体产生影响的另一些物体所施予的能动作用(agency)。事实上,在克雷芒的《杂缀集》8.9.26.3(《希腊化哲人》55C)中,$ἐνέργεια$[活动]被明确列为一种无形的事物,这使其没有资格成为一种廊下派所谓的原因。肯定的是,廊下派确实主张某种原因是在活动($ἐνέργεια$)中——关于此,Frede 援引了恩披里柯《皮浪主义述要》3.14 和克雷芒《杂缀集》1.17.82.3——但我认为这是对起到能动作用($ποιεῖν$)的原因的附加要求。廊下派所谓的原因的特殊的"积极本质",是它在变化中是施动者,而非受动者。

命运》41;参照 9,21,23,31,亚历山大《论命运》192.8 – 11 =《希腊化哲人》55N2)

有人或许会想,这些原因不管怎样都被它们的结果所承替。然而,这一想法不能从廊下派自身对那个概念的应用情况得到证实。例如克律希珀斯那个著名的主张,即一个人推着圆筒,使它处在运动的状态,那么这个人就是它滚动的前因(西塞罗,[76]《论命运》43)。① 这就使得推动者的因果作用不同于圆筒自身的"力量和本质"(suapte vi et natura)——这种"力量和本质"很可能是圆筒所内含的并作为它的组成要素的 logos[逻各斯]。但当推动先于滚动(或至少先于多数时候的滚动②)时,正是推动者被当作原因,并且在圆筒的滚动过程中,他一直存在着。(很可能因为推动先于[多数时候的]滚动,推动者才被列为一种前因。③)我们稍后再回到前因及其在原因之链中的作用这个论题,就目前来说我们显然要处理的是,即便是前因在廊下派看来也无需被其结果所承替。

相比之下,现代关于原因链的概念认为,原因是被其结果所承替的。这个重要的假定驳斥了如下看法:关于原因之链的概念,廊下派与我们是一致的。针对这一看法,还有一种反对意见,它所依据的事实是,在现代版的原因链中,原因所产生的结果反过来可以充当下一个结果的原因。但该事实与廊下派原因论的两个基本信条相冲突:第一,原因是物体(埃提俄斯《学说》1.11.5 =《早期廊下派辑语》2.340 =《希腊化哲人》55G);第二,原因所产生的结果不是

---

① 克律希珀斯之所以举这个例子(西塞罗,《论命运》40),是为了回应某个针对前因的反对意见,因此我们可以有把握地认为他所给出的例子与前因果性有关。格利乌斯在表明推动者(而非推动)是前因时,也利用了这个例子(《阿提卡之夜》7.2.11)。

② 很有可能的是,在推动的过程中,手和圆筒都在动,甚至当前者业已不动后,后者依然滚动着。

③ 这里我依从 Bobzien(1998,页 20 – 21)。

物体。因此,关于原因的具有权威的惯常表述认为:"物体 A 使物体 B 获得无形 C 这一结果。"(恩披里柯,《驳学问家》9.211)由这两个论点可以看出,廊下派说的原因所产生的结果本身不能充当下一个结果的原因。① 不同于此,现代关于原因链的观念假定,系列中的任一链环既是下一事项的原因,也是前一事项的结果。这反映出现代人把原因理解成那些引起其他事件的事件。根据这种对因果关系的解释,基本的因果联系(这是休谟[Hume]所提出的著名问题)是一个事件产生了另一个事件。相反,廊下派认为,原因是那些对其他物体产生作用的物体。据此,基本的不可拆分的因果联系发生在施动者与受动者之间:一个物体作用于另一个物体。一项事件也许是这种关系的产物,但它不是物体本身,它不能作用于任何物体,从而产生出另一项事件。②

[77]这并不意味着廊下派会认为,事件与其派生者(诸如解剖刀的活动及其产生的切口)之间的关系是神秘莫测的或令人费解的。我们分享了廊下派的核心理念:解剖刀切剖肉体,这表明一种因果关系。但在对这一理念进行哲学表述时,尤其是在使用原因和结果这两个词汇时,我们有别于他们。我们可能会利用"解剖刀的活动是切口的原因"这一说法来表述因果联系,而廊下派却运用了"解剖刀使肉体被切剖"这一表达。我们也许会 salva veritate[为了真理],而将廊下派关于原因的惯常表述理解成我们自己对原因的

---

① 这是一个常常被提及的观点,见《希腊化哲人》第一卷页 343;Sandbach 1989,页 81-82;Hankinson 1996,页 194;Bobzien 1998,页 18,50。

② 对此 Frede 写道:"事实上,只有在真正形而上学的意义上,一项事件才能够被认为是产生了一个结果。"(1980,页 218)廊下派很可能也是这么看的,因为他们通过将结果看成物体的活动(ἐνέργεια),从而表明它是无形的(克雷芒《杂缀集》8.9.26.3=《希腊化哲人》55C,见上文页 71 中的讨论。有趣的是,他们没有因此暗示说,物体做出的运动是无形的,如果伽伦的看法——即在廊下派看来,物体的运动本身就是物体——是对的话(《论无形的属性》[*Qual. Inc.*]6=《早期廊下派辑语》2.385)。

习惯性表述,这时,如果用我们自己关于原因的概念来解释他们那些有关原因的观念(诸如 heirmos 这个观念),我们就犯下了严重的错误。事实上,廊下派的原因和结果之间没有现代人所设想的那种反复发生的传递关系。不管一个原因是什么,它都不是结果,同样,不管一个结果是什么,它也都不是原因。

对于廊下派原因论中的这一关键之处,恩披里柯并非是唯一一个支持者。恩披里柯说过,一个原因没有另一个作用于它的原因,对此,亚历山大里亚的克雷芒明确表述了其中所隐含的意思:

> 各个原因之间不是彼此的原因,但它们可以使彼此获得某种结果。因为,在先的怒气状态(condition)不是发热的原因,而是发热之产生的原因;反之,在先的发热不是怒气的原因,而是怒气状态加剧的原因。同样地……拱顶的石块使彼此获得谓语"保持不动"这一结果,但它们不是彼此的原因。还有,老师和学生使彼此获得谓语"取得进步"这一结果。
>
> 原因被认为是有时使彼此获得同样的[结果],就像批发商和零售商使得彼此都能获利。但有时却产生不同的[结果],就像匕首和肉体的情况,因为匕首使得肉体被切剖,而肉体使得匕首实施切剖。(克雷芒《杂缀集》8.9.30.1-30 =《希腊化哲人》55D;Long 和 Sedley 译)

这里克雷芒所举的第一个例子似乎认可了一种对廊下派原因链的现代解释。尽管廊下派的原因观不允许我们将怒气状态说成发热的原因(在他们看来二者都是物体),但允许我们把前者认作后者之产生的原因。这表明,廊下派反对关于原因的如下形式的惯常表述,即(1)物体 A 是物体 B 的原因;而并不反对这样的表达,即(2)物体 A 是物体 B 之产生的原因。因此严格上讲,虽然廊下派说作为物体的原因没有一个作用于它的原因,但它仍然能够受到原因的作用,从而相应地获得诞生(coming-into-being)这一无形的结果。

这些看法或许会使我们以为,任何无形的结果都由于受到作为原因的有形物的作用而相应地诞生,所以真正的廊下派原因观永远可以用来[78]描述一系列重复出现的原因和结果:物体1(通过作用于另一个物体而)促使物体2的产生,物体2(通过作用于另一个物体而)促使物体3的出现,如此等等。① 让我们暂时先承认这点,以便讨论继续下去。从很大程度上讲,它响应了(1),认为廊下派的原因链是一系列重复出现的原因和结果。然而,我们并没有任何有效的理由来主张它就是廊下派所谓的原因之 heirmos。

事实上,如果我们通过克雷芒的上述文字来指导自己去理解廊下派的原因链,②而非利用它来构建一种类似于现代版本的原因链,那么,我们就会发现其中没有任何证据表明,廊下派关注过一系列重复出现的产生出其他原因的原因。相反,我们会发现他们只关注过相互作用的原因:疾病引起发热,反之,发热影响病程;拱石彼此间相互扶持;批发商和零售商之间进行互利的交易。这种相互影响的关系才是 εἱϱμός 这个隐喻所真正要传达的意思,而我们现代人却不加思考地将其解释成一种非对称的时序性的继承关系。在一串非隐喻意义上的项链中,每一颗珠子都对其他珠子产生或多或少的直接影响。就像拱石一样,珠子"使彼此获得谓语'保持不动'这一结果"。一个相互因果影响系统可能就是廊下派所谓的原因之 εἱϱμός 或命运?③ 当我们从宇宙论的视角来关注命运这一主题时,我

---

① 《希腊化哲人》第一卷页343,其中概述了这一观点。

② 虽然克雷芒不是以廊下派哲人的身份来写作的,但他显然利用了廊下派的观点。事实上,在那段关于原因之间的某种关系的文字中,他的阐述提出了一个问题,而这个问题的答案理应成为对廊下派的 heirmos 的解释:其中一个原因与另一个原因之间的关系是什么?

③ Bobzien 把原因之间的"关联性"(interconnection, ἐπιπλοκή)等同于这样一种纽带(1998,页51、95、169、219、269),但她认为"关联性"有别于 εἱϱμός,因为 εἱϱμός 是一种关于因果性的线状系列(页269)。作为回应,我将指出,heirmos 这个隐喻无需一种时序性理解(正如交织性[interweaving]这个隐喻也不必如

们将有充分的理由认为他们确实是这么看的。

2. 廊下派的宇宙论

为了探索廊下派如何来理解命运是"原因之 heirmos"这一说法,一个有效的路径就是研究他们对命运的另一种描述,即命运是宙斯或神:①"神是理智,是命运,是宙斯,他还被冠以许多其他名字。"(《名哲言行录》7.135;译文见《希腊化哲人》46B)其中就有 logos[逻各斯]:

> 他们说,命运、自然和原理(rationale, λόγος),其本身就是神,并且神依照原理来支配万物。原理遍在于任何出现并存在着的事物之中,由此[79]通过利用所有存在物的真实本质来支配它们。(亚历山大《论命运》192.25 - 28 =《希腊化哲人》55N4;Long 和 Sedley 译)

我们发现,logos[逻各斯]是使万物维系在一起的积极本源,也是万物活动的原因。在一个物体中,正是作为 logos[逻各斯]之具体形式的习性(hexis)、本质(physis)或灵魂(psuchê)使它的组成物质维系在一起,并促成了它的活动。根据廊下派宇宙论,这些形式的 logos[逻各斯]都是遍在于宇宙之中的 pneuma(气息)的一部分(埃提俄斯《学说》1.11.5 =《希腊化哲人》55G)。② 因此,宙斯或者

此)。我们一旦认识到这一点,就容易理解 heirmos 这个隐喻旨在表达一种彼此的关联性。

① 关于命运是宙斯或者是神,亦见西塞罗《论神性》1.39 =《希腊化哲人》54B,以及普鲁塔克《论廊下派的自相矛盾》1056c =《希腊化哲人》55R。

② 关于 pneuma[气息]的本质——对此,我们现有文献中的阐述在一定程度上是模棱两可的——见 Hahm 1985,以及库珀为本书所撰写的第四章。

说整个世界的 logos[逻各斯]就是 pneuma[气息]：①

> 廊下派认为神是理智的，是一团有技艺的火。这团火有序地创造了这个世界，并含有命运在安排万物的产生时所需的一切生殖性本源（σπερματικοὶ λόγοι）；也含有遍在于整个世界之中的气息（πνεῦμα），该气息赋予自身所经过的各种质料以不同的名字。（埃提俄斯《学说》1.7.33 =《希腊化哲人》46A；Long 和 Sedley 译）

宙斯等同于宇宙的 pneuma[气息]，这意味着神圣的 logos[逻各斯]不仅被宇宙所分有，也被宇宙之构成物的具体的习性、本质和灵魂所分有。廊下派坚持认为，宇宙本身是一个统一的（ἡνωμένον）物体。② 并且，正是整个宇宙的 pneuma[气息]将宇宙统一了起来：

> [克律希珀斯]最早认识到，整个实体之所以是统一的（ἡνῶσθαι），是因为气息（πνεῦμα）遍在于其中的各个角落，也正是因为这样，宇宙才得以维持（συνέχεται）和稳固（συμμένει），且能够与自身产生共感（made sympathetic with itself, συμπαθὲς ... αὑτῷ）。（亚历山大《论混合物》216.14–16 =《早期廊下派辑语》48C；Long 和 Sedley 译，稍有出入；比较 223.26–27，227.8–9 =《早期廊下派辑语》2.475）

---

① 亦见奥利金，《驳科尔苏斯》6.71（Borret 编，358.17–19），对此，Bobzien 也有过引用（1998，页 52 注 95）。

② 恩披里柯，《驳学问家》9.79–80；亚历山大，《论命运》191.30–31，192.11–12（《希腊化哲人》55N1,2）；《名哲言行录》7.140,143；同时比较普罗克洛斯《论柏拉图〈蒂迈欧〉》（《早期廊下派辑语》2.533）；爱比克泰德，《阿里安俄斯记录的〈清谈录〉》1.14.1；亚历山大，《论混合物》227.8–9。

由于其具体的习性、本质或灵魂,宇宙间的任何物体、植物或动物都具有统一性(ἑνότης);同样,整个宇宙也被遍在于其中的 pneuma[气息]所统一(ἡνῶσθαι)。事实上,廊下派证明,宇宙的 pneuma[气息]是一种理性的灵魂;宇宙是一个有生命的理性动物,且受神圣的 logos[逻各斯]这一本源所支配。①

既然廊下派认为命运或原因之链就是宙斯,并且将宙斯等同于统一了整个宇宙的 pneuma[气息],那么我们或许可以假定,他们也视命运为这种 pneuma[气息]。事实上,克律希珀斯据说在其著作《论宇宙》(*On the* [80] *Cosmos*)中写道,"命运是一种气息的力量(δύναμιν πνευματικήν),支配着一切事物的秩序"(司托拜俄斯《物理学与伦理学读本》1.79.1 =《早期廊下派辑语》2.913),另据普罗提诺的记叙,有些人假定,"某种渗入万物之中的原因不仅使每一个事物动起来,还使每一个事物"称这一本源为"命运"(εἱμαρμένη)(《九章集》3.1.2 =《早期廊下派辑语》2.946)。② 廊下派认为宇宙是由命运所统一的,对此我们只需诉诸阿弗洛底西亚的亚历山大,他在陈述廊下派关于命运的论题时明确说到,如果廊下派的阐释是错误的,那么"宇宙将会分裂,而不再是个统一体,也不再受到一个规则和统辖权的永久支配"(亚历山大《论命运》192.11–12 =《希腊化哲人》55N2)。命运这种统一的作用也反映在廊下派常常将命运的特征描述成交织性和关联性:

---

① 恩披里柯,《驳学问家》9.81–85(《早期廊下派辑语》2.1013);同时比较西塞罗,《论神性》1.37,39;《名哲言行录》7.139,142–143。这些文本中有一些认为,宇宙的 pneuma[气息]不是灵魂而是"本质"(phusis):克勒俄梅德斯《论天体的循环运行》(Cleomedes, *Circul. Doctr.*)1.1.11(Todd)=《早期廊下派辑语》2.546;(托名)普鲁塔克,《论命运》(*De Fato*)11.574d(《早期廊下派辑语》2.912)。亦见亚历山大,《论命运》192.25–26;西塞罗,《论神性》2.33 等处。极为特别的是,西塞罗在讨论廊下派的命运观时,似乎将宇宙的统一性力量视为 natura[本质]。

② 关于命运与 pneuma[气息]之间的关系,见 Bobzien 1998,页 45–47。

> 一切事物的形成均源于一种自然连续的凝聚力和交织性（omnia naturale conligatione conserte contexteque fiunt）。（西塞罗，《论命运》31）

> [克律希珀斯]认为命定的事物不外乎就是必然的事物……这是因为事物之间存在着一种连续不断的交织性（ἐπιπλοκή）。（埃提俄斯《学说》1.27.2 =《早期廊下派辑语》2.916）

我们应当认为,这样的描述是将命运这个隐喻视为一种 heirmos。① 普罗提诺显然也是这么想的,因为他宣称,(那个很可能就是廊下派所说的)"本源(ἀρχήν),能够使一切事物相互交织(ἐπιπλέκουσαν),也就是说,使万物彼此之间绑在一起(συνείρουσαν)"(《九章集》3.1.7 =《早期廊下派辑语》2.986)。埃提俄斯证实道,这般"彼此交织"的各种事项是宙斯所拥有的各种原因和 logoi[本源]：

> 最初的火[即宙斯]就像是一粒种子,内部装有已经生成、正在生成或将要生成之事物的本源(λόγους)和原因(αἰτίας)。它们之间的交织性和延续性就是所谓的命运……(阿里斯托克勒斯语,收于优西比乌斯《福音的预备》15.14.2 =《希腊化哲人》46G；Long 和 Sedley 译；参照普罗提诺《九章集》3.1.4 =《早期廊下派辑语》2.934；3.1.2 =《早期廊下派辑语》2.946)

因此,命运是一种原因之链,与神圣的 pneuma[气息]使宇宙中的所有原因结成统一体,这两个学说之间存在着大量的相似之处。

---

① Bobzien 更愿意区分交织性和 heirmos 这两个隐喻,并把前者归于克律希珀斯,把后者归给后来的廊下派(1998,页 50)。但只要没有假定 heirmos 是一种可传递的时序性系列(Bobzien 也是这样看待 heirmos 的,页 51、95；比较页 269),我们就能轻而易举地看到它也是一种关联性。

这使我们有理由来设想,廊下派所谓的链上的原因之间的联系,是 pneuma[气息]统一宇宙中的各个元素的基础所在。那么,就让我们回到 pneuma[气息]这个论题上,看看它是如何将自己所包含的各种彼此分离的原因统一起来的。

3. 共 感

许多文本指出,宇宙中各种相互分离的物体被一种关系所统一起来,这种关系廊下派谓之"共感"($\sigma\upsilon\mu\pi\acute{\alpha}\vartheta\varepsilon\iota\alpha$)。虽然[81]宇宙共感学说最著名的支持者非珀赛多尼俄斯莫属,但我们至少还可以追溯到克律希珀斯。比方说,我们已经看到阿弗洛底西亚的亚历山大在一段话中说过,克律希珀斯认为神圣的 pneuma[气息]将宇宙统一起来,并使宇宙与自身产生"共感"($\sigma\upsilon\mu\pi\alpha\vartheta\grave{\varepsilon}\varsigma \ldots \alpha\dot{\upsilon}\tau\tilde{\omega}$)(亚历山大《论混合物》216.16 =《希腊化哲人》48C)。数页以后,亚历山大在列举廊下派的学说——他说这些学说基本上建立在他们关于混合物的思考之上——时提到,他们主张"任何事物与它自身之间有着统一性($\check{\varepsilon}\nu\omega\sigma\iota\varsigma$),且与它自身产生共感($\sigma\upsilon\mu\pi\acute{\alpha}\vartheta\varepsilon\iota\alpha \ \pi\rho\grave{o}\varsigma \ \alpha\dot{\upsilon}\tau\acute{o}$)"(《论混合物》227.8–9 =《早期廊下派辑语》2.475)。

还有一些记叙指出,在廊下派看来,宇宙是否由一个本质支配以及宇宙内部是否具有共感,这两个问题密切相关:

> 宇宙为某个本质($\varphi\acute{\upsilon}\sigma\varepsilon\iota$)所支配($\delta\iota o\iota\kappa\varepsilon\tilde{\iota}\sigma\vartheta\alpha\iota$),并对它自身产生认同和共感($\sigma\acute{\upsilon}\mu\pi\nu o\upsilon\nu \ \kappa\alpha\grave{\iota} \ \sigma\upsilon\mu\pi\alpha\vartheta\tilde{\eta} \ \alpha\dot{\upsilon}\tau\grave{o}\nu \ \alpha\dot{\upsilon}\tau\tilde{\omega} \ \check{o}\nu\tau\alpha$)。([托名]普鲁塔克《论命运》11.574d =《早期廊下派辑语》2.912)

> 如果说整个宇宙的实体没有自然地弥漫到它的所有地方,那么它就无法被本质($\dot{\upsilon}\pi\grave{o} \ \varphi\acute{\upsilon}\sigma\varepsilon\omega\varsigma$)所维系在一起($\sigma\upsilon\nu\acute{\varepsilon}\chi\varepsilon\sigma\vartheta\alpha\iota$),并受其支配($\delta\iota o\iota\kappa\varepsilon\tilde{\iota}\sigma\vartheta\alpha\iota$),同时,它的各个部分之间也不可能形成共感($\sigma\upsilon\mu\pi\acute{\alpha}\vartheta\varepsilon\iota\alpha$)。(克勒俄梅德斯《论天体的循环运行》1.1.69–71[Todd]=《早期廊下派辑语》2.546)

克勒俄梅德斯在这段话稍前的地方指明,宇宙被一个本质所支配的标志之一就是,宇宙的各个部分之间能够形成共感(《论天体的循环运行》1.1.11–13[Todd]=《早期廊下派辑语》2.534)。

事实上,在关于廊下派学说的记叙中,宇宙的统一性以及宇宙内部的共感这两个问题往往相提并论,就像在爱比克泰德的《阿里安俄斯记录的〈清谈录〉》1.14.1–2中,在"整个宇宙是一个统一体吗?"($\dot{\eta}\nu\tilde{\omega}\sigma\vartheta\alpha\iota\ \tau\grave{\alpha}\ \pi\acute{\alpha}\nu\tau\alpha$)这个问题之后,紧跟着"地上的事物与天上的事物之间有共感吗?"这一问题。廊下派思想的倾慕者,亚历山大里亚的斐洛,同意并援引那些"通过表明宇宙各个部分之间的共感和整体性"而将宇宙统一起来的人。① 西塞罗也指出,支持宇宙具有统一性的人通过诉诸自然的共感来证实自己的主张(西塞罗,《论预言》2.33–34)。奥勒留在讨论理性造物之间应该具有的紧密关系时表明,统一性($\tilde{\epsilon}\nu\omega\sigma\iota\varsigma$)当由共感来实现(《沉思录》9.9.2)。

在记叙廊下派对宇宙统一性的证明时,恩披里柯列举了几个关于共感的例子:

(78)一些物体是统一的($\dot{\eta}\nu\omega\mu\acute{\epsilon}\nu\alpha$),一些又是由连接在一起的事物($\dot{\epsilon}\kappa\ \sigma\nu\nu\alpha\pi\tau o\mu\acute{\epsilon}\nu\omega\nu$)所构成,还有一些是由相互分离的事物($\dot{\epsilon}\kappa\ \delta\iota\epsilon\sigma\tau\acute{\omega}\tau\omega\nu$)所构成。统一的物体被一个习性($\tilde{\epsilon}\xi\iota\varsigma$)所控制,诸如植物和动物。由连接在一起的事物所组成的物体……例如绳索、炮塔以及船只。那些由相互分离的事物所组成的物体……诸如军队、人群以及合唱队。

[82](79)由于宇宙是一个物体,那它必定要么是统一的,

---

① 斐洛,《论亚伯拉罕的迁居》(De Migr. Abr.)179: $\tau\tilde{\eta}\ \tau\tilde{\omega}\nu\ \mu\epsilon\rho\tilde{\omega}\nu\ \pi\rho\grave{o}\varsigma\ \check{\alpha}\lambda\lambda\eta\lambda\alpha\ \kappa o\iota\nu\omega\nu\acute{\iota}\alpha\ \kappa\alpha\grave{\iota}\ \sigma\nu\mu\pi\alpha\vartheta\epsilon\acute{\iota}\alpha$/。奥勒留也认为,共感使我们有理由赋予宇宙以一种组织性本源(《沉思录》4.27)。对这两个段落的讨论,见 Laurand 2005,页 522–523。

要么由彼此连接或相互分离的部分所组成。我们能够从宇宙间的各种共感出发(ἐκ τῶν περὶ αὐτὸν συμπαθειῶν)，证明它不是由彼此连接或相互分离的部分所组成。因为，随着月盈月亏，海陆中的许多动物成长或衰弱，某些海域的潮水也或起或落。同样地，由于恒星的升落，周遭环境也会发生各种变化……这些事实清楚表明宇宙是一个统一的物体。

(80) 因为，在由彼此连接或相互分离的事物所构成的物体中，其各个部分之间无法产生"共感"(οὐ συμπάσχει τὰ μέρη ἀλλήλοις)。例如，如果一支军队几乎全军覆没，那么仅有的幸存者并没有遭到其余兵士所带来的(κατὰ διάδοσιν)任何伤害。但在统一的物体中就存在着一种共感(συμπάθειά τις)；例如，当手指被割伤时，整个身体都感受到疼痛。因此，宇宙是一个统一的物体。(恩披里柯《驳学问家》9.78-79 =《早期廊下派辑语》2.1013；采 Bury 译文)

这里所引用的9.79中的各种共感，起码包涵了天上的现象与地上的现象之间有规律的相互关系。有些记叙清楚表明，廊下派把这些相互关系当作因果关系。作为廊下派的著述者塞涅卡非常明确地说道：潮汐受到月球的影响(《论天意》1.2.4)。类似地，西塞罗证明廊下派会认为，潮汐受到"月球运动的支配(gubernantur)"(西塞罗，《论预言》34；完整引文见下)。在西塞罗的《论神性》2.50中，廊下派言说者巴尔布斯表明，植物的生长周期受到天体循环的影响："[月球]涌流出许多事物，从而滋养动物以使其成长，也使植物生长并成熟。"①

---

① 这里我不同意 Laurand，他主张宇宙共感所涉及的物体之间没有相互作用，只有神圣的 pneuma[气息]才是产生相互关系的原因(页525-530)。然而，神圣的 pneuma[气息]除非通过宇宙之构成物间的因果关系，否则无法使出因果效力(causal efficacy)。唯一的例外是宇宙大火时期，那时这些物体都

第三章 原因之链

最广为人知的是，珀赛多尼俄斯通过调用天体对地球的影响，从而推测宇宙共感是存在的（奥古斯丁，《上帝之城》5.2），但整个廊下派为此而利用的因果共感（causal sympathies）的例子，并不局限于天体对地球的影响。比方说，西塞罗批评廊下派对预言的信靠（后者认为，预言的效力取决于它背后的因果共感：《论预言》2.124,142），这表明后者所利用的某些因果共感完全属于月下领域。在论述从内脏看出预言（例如，用来献祭的动物，其肝脏如有裂纹，则预示着将要发现宝藏）时，西塞罗写道：

> 这些现象［比如，肝脏出现裂纹］与万物所组成的自然有何关联（cognationem）？物理学家，尤其是那些主张任何事物都是一个统一体（qui omne quod esset unum esse［83］dixerunt）的物理学家会说，由于某种协调关系（uno consensu），整个自然得以连接在一起（iuncta）并延绵不绝（continens；即 συνεχομένη）。即使这个回答没错，但宇宙与发现宝藏有何可能的关联（cognationem）？如果说这些内脏表明我的财富将要增长，并且财富增长是由自然带来的，那么，这些内脏必定与宇宙相关（coniuncta mundo），万物所组成的自然也必定控制着我的财富。物理学家不会羞于承认这点吧？
>
> 让我们假设，自然万物之间存在着某种关联（contagio）。且我也打算承认这个假设，因为廊下派给出了许多关于这方面的例子：
>
> 1. 冬天，老鼠的肝脏据说会变大；
> 2. 在最短的一天里，干薄荷会开花，它的种子会裂荚；
> 3. ［也是在这一天里，］苹果内的种子会颠倒自己所处的

被消耗殆尽（奥利金《驳科尔苏斯》4.14 =《希腊化哲人》46H），但 συμπάθεια［共感］并不是宇宙周期的这一阶段所具有的特征。

方位。

4. 当我们敲击竖琴的一些琴弦时,另一些琴弦会产生共振;

5. 随着月盈月亏,牡蛎等所有贝类会变大或变小;

6. 月满之时,树木会及时衰败,因为那时树液变干了;

[节34] 我还可以补充一个例子:

7. 泉水和海水,其涨落受到月球运动的支配。

我们可以找到无数的例子来说明不同事物之间的自然关联(cognatio naturalis)。尽管如此,这仍然无关乎我目前的困惑:如果某个肝脏有裂纹,这是否意味着将要获得钱财?何种自然关联(coniunctione naturae)或协调关系或相互一致关系(concentu atque consensu)——古希腊人将它们统称为 συμπάθεια——能够在肝脏的裂纹和我微不足道的财富之间,或者在天、地甚至万物所组成的自然与我微不足道的利益之间建立起对应关系(convenire)?(西塞罗《论预言》2.33–34 =《早期廊下派辑语》2.1211)

西塞罗这里所承认的例子,其中大多数表明天体对地球的影响,但第四个例子(竖琴的琴弦产生共振)却说明了地球上实物之间相互的因果影响,正如适才讨论的关于从内脏看出预言的例子那样——用来献祭的内脏与发现财宝之间存在着所谓的共感。类似地,克律希珀斯用地球上的实物(至少是月下的实物)来证明大气对人类在身体和智力上的品质的影响:

[节7]……让我们来解释[克律希珀斯]所说的事物之间的关联本身(de ipsa rerum contagione)……我们看到各个地区有着非常不同的自然环境:一些地方的自然环境有益于健康,而另一些地方却瘟疫肆虐;有些地方的人由于当地湿气严重而反应迟钝,但另一些地方的人却枯槁焦躁;当然,各地之间还有

其他许多巨大的差别。雅典空气稀薄,因此阿提卡人被认为是更加机敏的,而忒拜的空气稠密,所以忒拜人虽愚蠢但强壮。不过,稀薄的空气不会使每一个人都去聆听芝诺或阿尔克西拉俄斯(Arcesilaus)或忒俄弗拉斯托斯的教诲;同样,浓厚的空气也不会使每一个人都去尼米亚运动会(Nemea),而不是去地峡运动会(Isthmus)追求胜利……[节 8]一个地方的自然环境能够对我穿行庞培(Pompey)的柱廊而非战神广场(the Campus Martius),与你而非与他人同行,在伊得斯①而非在初一(Kalends)前往产生什么影响?(西塞罗,《论命运》7-8;Sharples 译)

[84]关于地球上的共感,还有其他一些推测性例子,其中包括一个事项影响或引起另一个事项的情况——例如,性梦对人的膀胱病产生疗效(西塞罗,《论预言》2.143),或疾病与症状之间的关系(《论预言》2.142-143)。共感还包括由一个共同原因或其他某个中介条件所链接的现象,包括树木开花标志着犁耕的恰当时机(《论预言》1.16);大西洋潮水与地中海潮水之间存在着对应关系,或者海湾的潮水与海湾所在海域的潮水之间有着对应关系;②苍鹭翱翔标志着暴风雨即将来临(《论预言》1.14)。

除了天体和地球之间的共感以及完全发生在地球上的共感,廊下派在推测共感的存在时还举出一些完全发生在天界的因果影响——例如,在《论神性》2.119 中,廊下派言说者巴尔布斯所提到的行星与日月之间的 concentus[协调关系]。③ 还有一些例子表明,

---

① [译按]Ides,指古罗马历中 3、5、7、10 月的第 15 日或者其余各月份的第 13 日。

② 吕底亚人普里斯基安乌斯《答科斯洛厄斯》(Priscianus Lydus, *Solutiones ad Chosoem*) 6(页 69, 19-76.20 Bywater 编) =《珀赛多尼俄斯》219 (Edelstein 和 Kidd)。

③ 西塞罗在《论预言》2.34 中明确认为,拉丁词 concentus 译自希腊词 συμπάθεια。

天对地的影响是可逆的：

> 恒星本质上似火，因此，它们被陆地、海洋和江河的水蒸气所滋养，这些水蒸气是由于太阳照射江河田野使其变热而升腾出来的。在得到滋养和更新以后，恒星甚至整个以太又倾泻出水蒸气，接着，以同样的方式重新吸收水蒸气……（西塞罗，《论神性》2.118）

天空降雨湿润大地，反之，水蒸气从湿润的大地上升起并滋养恒星。

因此，这里的文本证据表明，廊下派所谓的"共感"包含了许多极具差异但未必是直接的因果影响关系，从而使得宇宙所有组成部分结成一体。关于这些共感的广泛性，我们无需感到诧异，因为我们已经看到，廊下派坚持认为，宇宙的这种统一性体现了生命有机体的各个部分之间具有一种复杂的、相互依赖的关系系统（恩披里柯，《驳学问家》9.81–85；比较《名哲言行录》7.139,142–143）。事实上，普罗提诺陈述过一个廊下派的观点，根据这个观点，命运支配宇宙就像本质支配植物，也使其各部分之间具有相互的作用关系（πρὸς ἄλληλα συμπλοκήν, ποίησίν τε καὶ πεῖσιν）（普罗提诺，《九章集》3.1.4.5–10）。同样地，西塞罗《论神性》中的那位廊下派言说者在主张宇宙的统一性就像其他任何有机体的统一性（2.82）以后，随即详细解释了他所说的复杂的相互影响系统：

> 如果说，由于自然的技艺，那些靠地下根系来提供养分的事物才能够生存下去并茁壮成长，那么显然，大地本身也依赖于这种技艺。在播种后，她生育出种类齐全且数量充足的营养物，以此哺育自己怀里的根系，使其生长。而当她从体内排出的营养物滋养了空气、以太及所有一切更高处的事物时，她本身反过来也被自己上方的[85]自然事物所滋养。因此，如

果大地是从自然中得到营养的,那么宇宙中的其他一切事物均如此:因为,倘若根系依赖大地来提供养分,那么动物就需要吸入空气,而空气本身又关乎我们的视听说,要是没有空气,这些能力都是无法实现的。甚至可以说,空气与我们始终相伴:在我们无论何时何地的行走或运动中,它看起来都像是在散开自己,以便为我们让路。(西塞罗,《论神性》2.83)

正如天与地之间彼此影响,空气与这个世界其他任何组成物之间亦如此。西塞罗的《论神性》频繁地利用广泛的相互因果关系。其中包括,恒星及其他"较高处的外在的"自然天体,与大地、空气以及动植物间构成原因纽带中的一部分因果关系;所有这些事物之间存在着直接或间接的影响或被影响的关系。天体直接影响空气(2.118),并通过空气来影响动物的生命、感知和活动(2.83)。反之,动植物直接影响空气,进而间接影响天体以及天体所滋养的大地。这样,宇宙就近似于其他任何自然有机体,这一有机体各个部分之间构成一种因果影响系统。

那么,这种宇宙观又如何利于我们理解命运是一种原因之 heirmos 呢?我们已经看到,根据廊下派,那种复杂的相互因果影响系统,也就是他们所谓的"共感",使得宇宙各个彼此分离的部分构成一个统一体。此外,他们认为正是由于共感,pneuma[气息]才能统一宇宙,而命运就像神圣的 pneuma[气息],将世界上所有原因链接起来。因此,我们似乎有理由说,这种相互影响系统就是"原因之链",也就是廊下派所讲的命运。事实上,就有一个古老的证据表明,命运和因果共感之间是有关联的。(托名)普鲁塔克认为,克律希珀斯命运观的一个主要方面是,"宇宙为某个本质(φύσει)所支配(διοικεῖσθαι),并对自身产生认同和共感(σύμπνουν καὶ συμπαθῆ αὑτὸν αὑτῷ ὄντα)"(《论命运》11.574d =《早期廊下派辑语》2.912)。因此,这个证据有力地支持了如下结论:廊下派的原因之链或线,是宇宙中各个物体之间所具有的复杂的相互因果影响系统。①

4. 前因、命运和共感

然而,我们难以精确地界定这一相互作用系统。比方说,宇宙中各个物体之间是否应该受到彼此的直接影响,对此我们(几乎不可能)从现有的资料中作出判断。如从有机宇宙观出发,我们可以得出否定的答案:在一个有机体中,任何一个子系统通过与其他子系统之间的因果关系而受到的影响,只是间接的影响。[86]然而,若从共感系统的视角来看,我们可以有把握地认为,从过去、现在到未来,宇宙中各个物体间的直接影响连绵不绝。

亚历山大对廊下派的记述明确了这点。在陈述了廊下派所谓的宇宙被一种"具有有序之链的形式"($κατὰ\ εἱρμόν\ τινα\ καὶ\ τάξιν$:《论命运》192.1)的本源所统一以后,他阐释道:

> (1)在先的事物使在后的事物得以产生($τοῖς\ μετὰ\ ταῦτα\ γινομένοις$),从而所有事物彼此捆绑在一起($συνδεομένων\ ἀλλήλοις$)。(2)一个事物降生于世不可能没有另一个随后出现的事物,并且后者也不可能不与作为原因的前者绑定在一起。(3)任何后来出现的事物($τῶν\ ἐπιγινομένων$)不可能脱离($ἀπολελύσθαι$)其前面的事物,而是尾随其后($τινι\ ἐξ\ αὐτῶν\ ἀκολουθεῖν$),好像与它绑定在一起($ὥσπερ\ συνδεόμενον$)。(4)进一步说,任何存在物都有另一个事物尾随于它($ἐπακολουθεῖν$),且后者必然与作为原因的前者捆绑在一起。(5)同时,任何存在物都有一个先于它的事物,且与这个作为原因的在先事物捆绑在一起。(亚历山大《论命运》192.2-8 =《希腊化哲人》55N;Long 和 Sedley 译,有

---

① Bobzien 注意到了原因之纽带与共感间的关联(1998,页169、219),但没有作出进一步的阐明。

改动)

这段话表明,廊下派坚持主张,原因之链是在时序中展开的。粗心的读者或许会被蒙骗,尤其是被其中使用的 following (ἀκολουθεῖν)这个词所蒙骗,从而认为亚历山大这里是在描述一种事件系列,该系列中的每项事件都是其后继者的原因,也都是其前驱者的结果。① 然而,虽然 following(ἀκολουθία)明显是廊下派所谓的 εἱρμός 的一个重要特征(亚历山大,《〈论灵魂〉附录》185.1 – 5;见阿里斯托克勒斯的论述,收于优西比乌斯《福音的预备》14 =《希腊化哲人》46G;格利乌斯《阿提卡之夜》7.2.3 =《希腊化哲人》55K),但它并没有表示出时序上的承替关系。在非逻辑的意义上,ἀκολουθεῖν(或不经常使用的 ἕπεσθαι)②描述了一个实物对另一个实物的因果影响。比如,我跟随(follow)护士走进医生的办公室;普鲁塔克认为芝诺在幸福观上追随了(ἀκολουθεῖν)漫步派(《驳廊下派的一般观念》23.1,1069 – 1070;《早期廊下派辑语》1.183);③以及廊下派经常列举的关于宇宙共感的例子之一,即潮水根据(follow)月球的运

---

① 我同意 Hankinson 的观点(1996,页 194 – 195),他说这是对亚历山大的可疑的曲解。事实上亚历山大认为,在时序上有承替关系的各个事件(比如,夜晚在白天之后),恰好是刚才所说的廊下派的主张的反例(《论命运》194.27 – 195.1)。

② 逻辑上的用法:"从'现在是白天'必然得出'现在有光亮'",而不是相反(《名哲言行录》7.73;《早期廊下派辑语》2.215);比较恩披里柯,《驳学问家》8.276。

③ 正如心灵的某一部分对另一部分的影响(比如,肉欲服从理性),服从法律或受首领的奴役,也无疑是关于 following(ἀκολουθεῖν)的例子。服从法律或原则(principles):见狄都谟斯的论述,收于优西比乌斯,《福音的预备》15(《早期廊下派辑语》2.528);司托拜俄斯,《物理学与伦理学读本》2.7(《早期廊下派辑语》3.613)。奴隶服从主人:普罗提诺,《九章集》3.1.2(《早期廊下派辑语》2.946)。肉欲服从理性:普鲁塔克,《论道德德性》(*Vir. Mor.*)9.449c(《早期廊下派辑语》3.384)。

动或涨或落。

上述引文中的两组因果联系论题完全是在论述宇宙共感问题。① 首先,我们被告知,宇宙中的一个事物"使"另一个事物随后出现([1]、[2]以及[4])。其次,任何事物都有某个早于它的事物,"且与这个作为原因的在先事物捆绑在一起"([3]和[5])。在这里,亚历山大利用了[87]表示因果关系的与格(x 使 y 得以产生),这在廊下派关于原因的具有权威的惯常表述中意味着一个物体对另一个物体的影响。因此这两个论题证实了,宇宙中任何物体都影响了一个及以上的事物,并被一个及以上的事物所影响。这种影响关系并不具有逐次迭代性,而是具有"原因和原因之间"的广泛联系性——准确地说,此即廊下派所谓的 heirmos。

亚历山大的记叙强调指出,这些因果关联发生在时间之中:每个例子中的原因都在某种意义上"先于"它们的结果。这种时序性并不意味着产生影响的物体被其所影响的物体承替,因为只有当两个物体同时存在的时候,其中一个物体才能影响另一个物体。所以,那些实例很可能表明了廊下派所谓的前因。正如前面讨论的西塞罗《论命运》41 中关于滚动圆筒的例子所显示的,滚动的"前因"是人,这个人通过推动圆筒从而使它动起来(并且我们可以推测,推动对滚动在时序上的优先性使得推动者被归为"前因")。

如此理解的前因果关系(antecedent causality)是指一个原因对另一个原因的影响。现在这个例子中的两个原因分别是人(其灵魂引起他的各种活动)和圆筒(其自身的"力量和本质"引起它的简单活动:滚动)。克律希珀斯告诉我们,如果最初没有受到一个外因(external cause)的作用,圆筒就不会滚动,那个人也不会推动圆筒(西塞罗《论命运》42)。圆筒在一定时间内的实际滚动需要那两个不同的原因,其中一个"作为原因"来作用于另一个。因此,前因果性是一种机制,通过这种机制,每个原因的活动均被编进命运的织

---

① Hankinson(1996,页 195)也认为,那段话反映了因果共感学说。

体中。说某物拥有一个前因,就是说它的原因是原因纽带中的一部分。①

这里我们或许有必要对如下两者作出区分:解释事件和说事件是命定的。说圆筒因其本质而滚动(或者,说植物因其本质而生长),这完全是为了表明滚动(或生长)的原因。所谓的解释事件便是如此。相反,说滚动(或生长)是命定的,这是在说那个解释中的原因本身受到一个前因的作用,这个前因促成了那个原因的因果活动。

我们既然已经看到了前因果性和因果影响论之间的关联,就不应该认为克律希珀斯的看法是成问题的,据说他把命运描述成一种前因系统。②但这并不意味着,他是在说某些原因可以不受命运的影响。为此,我们只需思考下亚历山大上述记述中主张的关于因果联系的第一组论题,[88]即每个事物都是前因。(事实上,将那段话中的两组论题结合起来看,我们就会发现这是在说每个事物既是前因,又有前因。)因此,在数量上前因和原因是一致的。即使命运被看成一种前因果性系统,它也还是没落下任何一个原因。

让我们通过描述原因之链在人类行为中的应用情况来结束本文的内容。根据命运这一论题,我们已经看到这种行为受到原因之纽带的影响。当然,这不是说它受月亮的支配。相反,廊下派认为我们的行为受到我们灵魂的支配:由于身体的 logos[逻各斯]是身

---

① 关于命运与前因之间的联系,我同意 Hankinson 的说法(1996,页 196 – 199)。但不同的是,我认为前因果性是一个外在物体促成了另一个外在物体的活动,是廊下派的 εἱμός 中原因之间的关联。而 Hankinson 却说,关联是 spermatikoi logoi[生殖性逻各斯]所生成的过程的连续性。

② 西塞罗,《论命运》41;比较普鲁塔克《论廊下派的自相矛盾》1056b-c=《希腊化哲人》55R;比较西塞罗《论题篇》(*Top.*)59。对这些文段的讨论,见 Hankinson 1996,页 198;Frede 1980,页 240;Bobzien 1998,页 301 – 314。

体活动的原因,一个人的品格(他灵魂的某种张力)影响了他的行为。① 但任何具体的行为也都有一个前因,廊下派主张(并坚持将"行为"归在命运这个论题的名下)。这个前因就是给灵魂留下印象(impression)的外在物体。举例来说,一个有贼性的人会因为看到某物而产生行窃的驱动力(impulse),虽然这个例子的价值似乎并没有得到重视,但据此,灵魂既是(促成了行为的)施动者,也是(被外在对象所影响的)受动者。这样,我们就有了一个例子来表明,"原因和原因之间"的联系编成了命运的织体。由此,宣称行为是命定的,就是在说这个原因(即品格)没有单独起作用,而是受到其他原因的影响。这就意味着,即使我们作为施动者来实现因果关系,我们也依然受到其他原因的影响。

既然正是外因的影响使我们的行为契合命运之纽带,那么,古代作家在批评廊下派命运观时,自然会认为它将得出一个不受欢迎的结论:我们"受到外因的胁迫"。② 有别于现代人不包容的态度,这份担忧并非针对因果决定(causal determination)per se[本身],而是指向外在影响。③ 但那些批评廊下派的人并不反对我们的行为

---

① 所以芝诺说,节制($\sigma\omega\varphi\rho\sigma\sigma\acute{\upsilon}\nu\eta$)促成了有节制的活动($\sigma\omega\varphi\rho\sigma\nu\epsilon\tilde{\iota}\nu$)(司托拜俄斯《物理学与伦理学读本》1.138.20 =《希腊化哲人》55A3)。相反,像 Long 和 Sedley 那样,Frede 将 $\sigma\omega\varphi\rho\sigma\nu\epsilon\tilde{\iota}\nu$ 理解成"'具备节制'所需的条件",从而以为 $\sigma\omega\varphi\rho\sigma\nu\epsilon\tilde{\iota}\nu$ 与原因即节制的德性之间的联系,只具有"理论上的必然性"。然而,我认为 $\sigma\omega\varphi\rho\sigma\nu\epsilon\tilde{\iota}\nu$ 指的是那些体现出节制的活动,因此芝诺是在运用 logos[逻各斯](它显现在灵魂之中)对活动所起的标准的因果作用。

② 普鲁塔克,《论廊下派的自相矛盾》23.1045b;参照亚历山大,《〈论灵魂〉附录》174.28-30,《论命运》185.18-19。伊壁鸠鲁在致美诺厄克俄斯(Menoeceus)的信中表达过类似的担忧,他说"这帮哲人的命运观"就像是"情妇"($\delta\epsilon\sigma\pi\acute{o}\tau\iota\varsigma$),我们将"受其奴役"($\delta\sigma\upsilon\lambda\epsilon\acute{\upsilon}\epsilon\iota\nu$)(《名哲言行录》10.133-134;比较普罗提诺,《九章集》3.1.2)。这里我不同意 Boys-Stone(1996,页81)的看法。

③ 我们可以很容易假定,这里所说的"前因"对结果起到因果决定的作用(对此参见 Frede 1980,页234-235)。但正如克律希珀斯给出的例子(西塞罗《论命运》42-43)所表明的,以及 Hankinson 所指出的(1996,页199),所谓前因

受外在因素所决定(因为事实上,外因和内因共同决定了行为)。①[89]同时他们也相信,可供我们选择的各种可能性是存在的。② 然而,由于廊下派的因果关系是施动者与受动者之间的相互作用,所以那些人担心人类会因为受到外在力量的能动作用(agency),而从施动者变为"受动者"。探讨廊下派对此的回应,已超出了本章的论述范围。就我们现在的目标而言,我们足以看到这个反对意见完全针对命运的某个方面,并且我已经证明,该方面是 heirmos 这一隐喻所造成的。因为,一个原因是廊下派的 heirmos 的一部分,就是说它受到其他原因的作用。

参考文献

Bobzien, S. (1998) *Determinism and Freedom in Stoic Philosophy* (Oxford: OUP).

——(1999)'Chrysippus' Theory of Causes', in K. Ierodiakonou(ed.), *Topics in Stoic Philosophy* (Oxford: OUP), 196 – 242.

Borret, M. (1967 – 1976) *Origène, Contre Celse: Introduction, Texte Critique, Traduction et Notes* (Paris: Éditions du Cerf).

Boys-Stones, G. (1996) 'The Ἐπελευστική Δύναμις in Aristo's Psychology of Action', *Phronesis*, 41: 75 – 94.

Bury, R. G. (1968) *Sextus Empiricus*, with an English translation (4 vols. Loeb Classical Library. Cambridge, Mass. : Harvard UP).

是外在的物体,是促成活动的最初原因(比如那个推动圆筒以使之运动的人)。

① 然而,Boys-Stone(1996,页 81)认为这是在驳斥外因决定我们的行为这点,从而断言这个针对廊下派命运论的反对意见并不恰当。但他之所以持有这样的看法,是因为他假定廊下派的原因之链是起决定作用的条件系列。

② 对此,Bobzien(1998,页 276 – 290)有详细的解释,我在一篇文章中也有讨论(2003)。但萨勒斯认为,关于这里所说的可供我们选择的各种可能性是否存在,古代作家有过争论(2005,页 51 – 68、78 – 81)。

Edelstein, L., and Kidd, I. G. (1972) *Posidonius* (Cambridge: CUP).

Frede, M. (1980) 'The Original Notion of Cause', in M. Schofield, M. Burnyeat, and J. Barnes (eds.), *Doubt and Dogmatism* (Oxford: Clarendon Press), 217–249.

Hahm, D. (1985) 'The Stoic Theory of Change', *Southern Journal of Philosophy*, 23 suppl. : 39–56.

Hankinson, R. J. (1996) 'Cicero's Rope', in K. A. Algra, P. W. van der Horst, and D. T. Runia (eds.), *Polyhistor: Studies in the History and Historiography of Ancient Philosophy* (Leiden: Brill), 185–205.

——(1998) *Cause and Explanation in Ancient Greek Thought* (Oxford: OUP).

Laurand, V. (2005) 'La Sympathie universelle: Union et séparation', *Revue de Métaphysique et de Morale*, 4: 517–535.

Long, A. A., and Sedley, D. N. (1987) *The Hellenistic Philosophers* (2 vols. Cambridge: CUP).

Meyer, S. S. (1999) 'Fate, Fatalism, and Agency in Stoicism', *Social Philosophy and Policy*, 16(2): 250–273.

——(2003) 'Review of Susanne Bobzien, Determinism and Freedom in Stoic Philosophy', *Philosophical Review*, 112(3): 405–409.

Pease, A. S. (1920–1923) 'M. Tulli Ciceronis De Divinatione', *University of Illinois Studies in Language and Literature* (Repr. New York: Arno Press, 1979).

Salles, R. (2005) *The Stoics on Determinism and Compatibilism* (Aldershot: Ashgate).

Sandbach, F. H. (1989). *The Stoics*, 2nd edn (London: Duckworth; Indianapolis: Hackett).

Sharples, R. W. (1983) *Alexander of Aphrodisias on Fate: Text, Translation and Commentary* (London: Duckworth).

——(1991) *Cicero, on Fate and Boethius, The Consolation of Philosophy*, ed. with an introduction, translations, and commentaries (Warminster: Aris & Phillips).

Todd, R. B. (ed.) (1990) *Cleomedes, Caelestia* (Leipzig: Teubner).

——and Bowen, A. C. (2004) *Cleomedes' Lectures on Astronomy: A Translation *of The Heavens with an Introduction and Commentary* (Berkeley, Calif. :University of California Press).

  Valk, M. van der (ed.) (1971 – 1987) *Eustathii Thessalonicensis Commentarii Ad Homeri Iliadem Pertinentes* (Leiden: Brill).

第二部分

元素、宇宙演化和宇宙大火

第四章 克律希珀斯论物理元素

库珀(John M. Cooper)
(美国普林斯顿大学哲学系)

[93]本章的最终目的是检验、讨论并阐释司托拜俄斯公元5世纪编撰的读本中一段难以理解的文摘。这段文摘声称记叙了——似乎是仅有的记叙——克律希珀斯对有关术语στοιχεῖον或元素(即物理元素)的三种不同应用所作的区分。① 司托拜俄斯认为该文段特别给出了克律希珀斯"关于实体所出的诸元素"(περὶ τῶν ἐκ τῆς οὐσίας στοιχείων)的意见,尽管他说克律希珀斯这里遵循的是其学派领导人芝诺的主张。② Hermann Diels 辨识出这一选段是狄都谟斯公元前1世纪晚期的著作《物理学说读本》(Epitome of Physical Doctrines)中的一段文摘(Diels 编录的辑语21)。③ 下文中我会提供这

---

① Ioannis Stobaei Anthologii Libri Duo Priores, C. Wachsmuth 编(Berlin: Weidmann, 1884),第一卷第十六章, 1. 129 – 130。

② 这里的短语ἐκ τῆς οὐσίας[实体所出]令人意外。实体常被认为是其各元素所出的,或是这些元素所发展出来的(正如廊下派对元素的正式定义所表明的,见下文105页引用的《名哲言行录》7. 136)。而ἐκ[从……而来]在这里的用法似乎颠倒了人们能够设想的事物发展顺序。我以为,我们这里应当将这个介词理解成是在表达这样一个事实:在思考实体的元素时,我们是在从事一种抽象活动;实体以被构造的整体呈现自身,只有从分析开始,我们才能得出实体的元素的概念。

③ H. Diels, Doxographi Graeci(Berlin: De Gruyter, 1965;初版于1879)。这个文段作为辑语413 收于 H. von Arnim,《早期廊下派辑语》(Leipzig: Teubner, 1903),第二卷; A. A. Long、D. N. Sedley,《希腊化哲人》(Cambridge: CUP, 1987),其中将该文段的大部分内容作为文本47A。

一选段的译文,并在附录中提供 von Arnim 给出的原文。原文并非没有问题,我会在相关脚注中指出我翻译时认可并遵从了主要的编者们对文本所作的调整。无论原文呈现的是狄都谟斯连续的一段文摘,或者甚至呈现的是司托拜俄斯(或司托拜俄斯借助的某位编撰者)对狄都谟斯(乃至对狄都谟斯和另一位作者)不同段落的某种汇编,① 我都建议以原文目前的样子待之,认为它是在连贯地记叙[94]克律希珀斯的宇宙论—宇宙生机论。② 我们会看到,细致阐释这个被如此解释的文段,能够揭示出它在哲学上丰富而有趣的宇宙论观念,而这些观念将有力地支持这种解释方式。

让我先对这个文段作一概览。狄都谟斯记叙道:克律希珀斯首先赞成术语"元素"用以指称传统希腊的四种基本材料,火、气、水和土,并认为这些元素在实际世界中是所有其他材料即各种合成物的唯一基础,也为所有实物的质料性构成打下基础。正如狄都谟斯改述或引用克律希珀斯本人的论述时说,根据元素的第一种用法,火与其他三种元素并列,这四种元素同等重要。在阐述第二种用法时,他说只有一种元素,且仍可以"火"($πῦϱ$)名之:这第二种用法把火作为一种或唯一的卓越($κατ' ἐξοχήν$)而自足的($αὐτοτελῶς$)元素。文摘开始部分简单提及并讨论的显然只是这两种用法(稍后我会回头检验其中的讨论),之后狄都谟斯宣称,"因此,克律希珀斯认为用三种方式称呼元素"(行14),像是在作总结陈词。我们看到,狄

---

① 这个文段在 $λέγεσϑαι$("被叫作",行13)、$τϱιχῶς$("用三种方式地",行14)和 $γεγονέναι$("存在",行21)这些地方确实有一些生硬的转折(行码见附录)。关于我们对司托拜俄斯创作方法所知道的或能合理推测到的一些信息,有一份有用的概述,见 D. E. Hahm,"The Ethical Doxography of Arius Didymus",收于 W. Haase 编,*Aufstieg und Niedergang der Römischen Welt*,36/4(Berlin and New York:De Gruyter,1990),页 2938 – 2943。

② 原文是题为"论万物的本源和元素"一"章"(第十章,Wachsmuth)的最后一部分内容,之前是些从宇宙生机论诗人、前苏格拉底哲人、柏拉图、亚里士多德以及伊壁鸠鲁等人的著作中摘来的宇宙论方面的文段。

都谟斯在接着总结文摘时确实明确区分了对术语"元素"的三种应用。在文段的结尾,首先呈现的两种应用至少可能是——但我认为它们事实上就是——我适才描述的那两种,只不过颠倒了我的描述顺序:根据第一种应用,元素是指传统的四元素,而根据第二种应用,只有火(或某种被称作火的事物)才是一种元素。然而,学者们并不认为狄都谟斯解释的第三种应用(κατὰ τρίτον λόγον λέγεται στοιχεῖον εἶναι...[第三种称法则将那样一种事物称作元素,它是……],行19)容易掌握,它与该文摘先前的其他任何内容之间的关系亦难以辨认。但克律希珀斯(或狄都谟斯)的陈述似乎显明了一件事,那便是如同第二种应用的情况一样,根据第三种应用,元素也只有一种——然而并未指明此元素为何。

在仅有的两份重要论述中,我发现其作者甚至都没有看到该文段对第三种应用的明确阐述。① Josiah Gould 认为我们所获悉的只能是,此文段重新描述了"火",根据第二种应用,这"火"是唯一的[95]元素;而 Michael Lapidge 只满足于说,"第三种定义从文本中消失了"(页271)。表面上看,Long 和 Sedley 确实看到了文本分别明确阐述过三种用法,他们在相关古希腊原文的一个注释中告诉读者(卷二,页278),文段结尾所列三种用法分别呼应文段开始部分

---

① Josiah Gould, *The Philosophy of Chrysippus*(Leiden:Brill,1970),页119 - 120;M. Lapidge, "Ἀρχαί and Στοιχεῖα:A Problem in Stoic Cosmology", *Phronesis* 18 (1973),页240 - 278。此外,我们还可见 H. Diels, *Elementum*(Leipzig:Teubner, 1899),页38 - 39。在 Diels 看来,我所谓的第三种用法事实上等同于第二种用法:他作出了折中的假设,狄都谟斯在匆忙的汇编中疏忽了第三种用法。Diels 想象在文摘的结尾,即在我所录原文第21 - 24 行(见附录),狄都谟斯以一小份附录的形式提供了元素的三种进一步的"定义"(各抄本至少有两处文本损坏)。依我看(见下文),文段继续展示的是我所说的第三种用法,即第三种应用。Diels 始终在谈克律希珀斯的"定义",这使其陷入误解。文段所谈的是对元素的使用或曰应用;这些"定义"或可在第21 - 24 行中找到,但它们是在阐明第三种应用时给出的(见下文页109)。

中一定程度上互不相同的内容,尽管(按我在上文中的概括性解读)开始部分只提到并简单讨论了两种用法。我会在下文中解释(见我在第 107–109 页上的各译注),他们对三种用法呼应的段落的分配并不都有道理,实际上甚至存在重复计数。然而我相信他们的如下看法是正确的:狄都谟斯打算通过在文段开始部分解释前两种应用(至第 14 行),来为其辨识出克律希珀斯第三种应用的理据奠立基础。尽管正如我认为的,文段开始部分只是明确提到两种用法,但狄都谟斯仍有理由作出显然是总结性的宣称,即"因此,克律希珀斯认为用三种方式称呼元素",从而开启文段的最后部分。一旦我们像狄都谟斯随后的解释那样来理解第三种应用,我们就能看到文段先前的论述事实上已为它的出场作好了准备。

在开始进一步处理这一极为有趣的文本所引起的难题(包括文本上的一些难题)之前,我需要作些准备工作;这些工作占了本章的大部分篇幅。尤其是,我需要解决两个问题。首先,在廊下派的理论中,元素(无论以何种方式来应用该术语)和第一本源($\alpha\varrho\chi\alpha i$)之间的区别是什么。其次,克律希珀斯如何构建世界实体所历经的过程或阶段的理论(我将论证克律希珀斯的这一理论要比芝诺同样的理论在哲学上精确得多)。他认为,世界实体(被视为一个整体)从原初状态(即在经历 $\dot{\varepsilon}\kappa\pi\acute{\upsilon}\varrho\omega\sigma\iota\varsigma$ 或宇宙大火之后的状态,也可以说是在世界的形成过程开始之前的状态)①被转变成(甚或自行转变成)四种质料性元素火、气、水和土生成之后(从而为随后形成世界实际包含的合成材料和实物提供了完备的质料基础)的状态。

---

① "也可以说是在……之前":确切地讲并非如此,因为依据廊下派理论,时间是衡量变化的一种尺度,当 $\dot{\varepsilon}\kappa\pi\acute{\upsilon}\varrho\omega\sigma\iota\varsigma$ [宇宙大火]结束之时,所有变化均止息且尚未重新开始。见 Long、Sedley,《希腊化哲人》第 51 章。但我不同意 Long 和 Sedley 在该书第一卷第 311 页的推论,他们从"神在廊下派笔下的宇宙的所有阶段持续施动"这一事实推出,时间甚至在世界秩序的终结与新生之间持续存在。因为,活动并不必然暗示某事物或某事物中有什么变化。

我将论证,在对术语στοιχεῖον[元素]的第三种应用中,克律希珀斯想以唯一的στοιχεῖον[元素]来意指原初状态下的世界实体。(我将论证,我们可以从文摘中推断出)这个实体不是一种可以被称为"火"的东西(但芝诺哲学时常缺乏精确性,因而他事实上称之为"火")。① 相反(从我们不久会考察的[96]斐洛的一段话中可知),克律希珀斯称之为一种"闪"光(αὐγή,"flash" of light)。接着我将论证,对元素的第二种应用——用于指某种确实值得以"火"名之的事物——涉及原初的世界实体所历经的过程中的第一阶段,据芝诺和克律希珀斯二人(乃至整个廊下派)所言,这实体在这一阶段自行转变,最后在某个时候,实际世界中存在的四种质料性元素最终得以形成。某个实体配享"火"之名,根据克律希珀斯的第二种用法,它也是仅有的元素,但它明显不是质料性元素火,甚至不是最纯粹的实例中的火元素,即不是廊下派所说的太阳所由之组成的火。显然,该实体只有到了后来的某个阶段才出现,即在形成实际中的世间万物所由之构成的诸物理元素的过程中出现,其中,当太阳被构造出来时,该实体成为实际世界的主导部分和控制部分。我们可以称之为"原始火"(我们希望克律希珀斯曾以这样一种语言技巧来处理之)。随后我将解释原始火作为某种实体——一团燃烧着的、似火的实体——如何不同于寻常的火,甚至不同于最纯粹形式的火。②

因此,我们有三种称呼元素的方式,正如狄都谟斯笔下的克律希珀斯所承诺的:根据第一种方式,实际世界中的火、气、水和土是彼此同等重要的元素;根据第二种方式,原始火是仅有的元素;而根据第三种方式,仅有的元素是那个原初实体或"闪"光,正如犹太人

---

① 此外见下文页 104。

② 我在下文中提供这一阐释时,得出了一些我已在某本著作中提出但只作了大致描述的观点,见 *Knowledge, Nature, and the Good*(Princeton:PUP,2004),"Stoic Autonomy",页 221 注 33。

斐洛指出的(见页 103 以下),当世界被完全燃烧($ἐκπυρωθέν$)时,只有这个原初实体存在着。

以上是对司托拜俄斯那段文摘内容非常扼要的阐释,具体论证见下文。但在详细检审这段文摘之前,我需要作些准备工作。我得强调,在摆出铺垫性的材料时,我受到如下想法的指引:我想看看如果我们完全照其目前的样子严肃地对待狄都谟斯这个文段关于克律希珀斯元素论的记叙,克律希珀斯的宇宙论和宇宙生机论会是个什么样子。因此,让我首先论述廊下派有关第一本源($ἀρχαί$)的理论,这第一本源有别于元素($στοιχεῖα$)。接着我会解释本源和元素之区分的依据和重要性,我相信这一点整个廊下派都相当细致地考察过。

至此我希望有一点是一目了然的,那就是柏拉图《智术师》中爱利亚客人(the Eleatic Visitor)和泰阿泰德(Theaetetus)讨论了某些哲学化的"神"与某些非哲学化的"巨人"之间的战争,正如那位客人指出(246a1,5),这场所谓的战争针对"是者"($τὸ ὄν$, that which is)或"本是"($τὴν οὐσίαν$, being)问题,而芝诺紧扣这段文本并加以批判性的解读,从而发展出廊下派的本源理论。那位客人想要知道 $τὸ ὄν$[是者]或 $τὴν οὐσίαν$[本是]到底是什么。换言之,其他存在或已经存在的任何事物因为"是者"或"本是"才实际存在或已经实际存在,而为了弄清楚什么是"是者"或"本是",我们能够说些什么?为此这位客人自己提出了一项建议[97](247d8-e1),该建议应该会被非哲学化的"巨人们"所接受,因为他们认为物体和本是乃同一种事物(246b1):这项建议是,是者或已经存在的事物是任何有能力或力量($δύναμις$)去施动($ποιεῖν$)或受动($παθεῖν$)的事物。既然柏拉图笔下的巨人们相信物体和本是乃同一种事物,那么我们可以称他们为形体论者。而形体论也是芝诺及其之后的整个廊下派最基本的哲学信条(相比柏拉图笔下的巨人们,廊下派甚至以一种更加彻底的方式成为形体论者)。① (相反,许多人把廊下派描述成"唯物论

---

① 爱利亚客人胁迫巨人们(无论如何,巨人们没有仅仅因为要表明本是

者",而我即将表明这是极其错误的做法,因为它会导致众多理解上的困难。)因此,正如我们能够从关于廊下派第一本源($ἀρχαί$)学说的记叙中看到。芝诺及其之后的整个廊下派接受了爱利亚客人的那项提议。拉尔修这样记叙廊下派的这一学说(《名哲言行录》7.134):"他们主张,在全体事物($τῶν\ ὅλων$)中存在着两种本源,一种施动,另一种受动($τὸ\ ποιοῦν\ καὶ\ τὸ\ πάσχον$)。"对廊下派而言,每一种本源都是物体,也就是说,它们可(1)作三维延伸并(2)产生阻力,因为对廊下派而言,此乃物体的应有之义。①本源[98]产生阻

和物体是同一的,就完全不愿意论证并讨论相关问题,而一味(brutishly)强调他们的感觉,特别是触觉)承认灵魂确实存在,像德性和邪恶这样看不见摸不着的属性也存在(246e9-247c2)。泰阿泰德解释道,承认第一项并没有给巨人们带来麻烦:他们大可以说灵魂是物体或物体性的。但关于承认第二项,泰阿泰德认为它使巨人们陷入困境,他们既羞于说德性和邪恶不是本是,也羞于说它们是物体(247b9-c2)。客人同意这一点,但他指出粗野的(brutish)巨人们不会羞于强调,某事物如果确实已经存在,就必是一种能够"用手紧握"的东西。芝诺及其之后的廊下派事实上遵循了这一思路,主张属性是物体;众所周知,克律希珀斯认为德性和邪恶能被看见,至少能被完美的人即"智"者所见。见普鲁塔克,《论廊下派的自相矛盾》1042e-f。

① 关于每种本源的形体性,见西塞罗《学园派》,1.39,以及 Long 和 Sedley 的论述,《希腊化哲人》第一卷页 374。亦见拉尔修,《名哲言行录》7.134(阅读中我接受各抄本中的$σώματα$[物体]一词,而非编者们修订后的$ἀσωμάτους$[无形体的],后面这个词会使我们以为拉尔修曾说本源是无形体的;我接受 Michael Frede 给出的理由,认为即使拉尔修也许真的写为"无形体的",我们依然能够确信廊下派事实上将本源视为物体;见"La Théologie stoïcienne",收于 Jean-Baptiste Gourinat 编,Les Stoïciens[Paris:Vrin,2005],页 213-232,见页 215-216)。我文中翻译的廊下派对物体性状的定义($τὸ\ τριχῇ\ διαστατὸν\ μετὰ\ ἀντιτυπίας$),见伽伦《论无形的属性》,引自《早期廊下派辑语》2.381,页 127,6-7,以及普罗提诺,《九章集》6.1.26.21-23(比较亚历山大里亚人克雷芒的论述,载于《早期廊下派辑语》2.359,实际引自柏拉图的《智术师》)。这一定义似乎还出现在廊下派另一项源自伊壁鸠鲁的迥然不同的物理学理论中,该理论认为本是不同于虚无(nothingness)或虚空(emptiness),因为它能够产生阻力(见卢克莱修,《物性论》

力意味着它们占据空间;它们是物理存在,占有空间(即使别的物体能够占据同一块空间,见下一个段落)。与几何学中的立体图形不同,本源不仅仅布满或限定某个空间范围。①两种本源中的任何一种都是已经存在的事物,都是 ὄν[是者]——它们是 ὄντα[是者(复数)],这点是其他任一被或用它们构造的事物也成为 ὄντα[是者(复数)]所需要的。②

---

4. 419 – 444,被 Long 和 Sedley 引来作为文本 5B)。但对伊壁鸠鲁而言,阻力意味着其他任何本是都没有能力穿过某个给定的本是(这一特征完全与原子有关),而鉴于廊下派关于物体的充分混合(through-and-through intermixture)的理论(见下文页 98),我们发现他们并不这样认为。故此我们需要以另一种方式来理解我在正文中表明的廊下派关于物体性状的定义。诸如公元前 2 世纪的阿波罗多若斯等廊下派哲人,有理由对该定义明显的伊壁鸠鲁起源感到不快,而仅仅将物体定义成可作三维延伸的事物(见《名哲言行录》7. 135);正如普罗提诺在反对某段引文时清楚表明的,这样的定义非常怪异。我们之所以无法认可,是因为它明显也会使得几何学中的立体图形成为物体。据我理解,补上 μετὰ ἀντιτυπίας[产生阻力]完全是为了避免这一后果。正如 Gábor Betegh 提醒我的,我们还要记住宇宙乃至所有本是(无论这些本是是否处于连宇宙都不存在的环境中)有别于四周的真空(void),真空对伊壁鸠鲁而言正是物理学中的虚无和虚空,它既不产生阻力(根据伊壁鸠鲁哲学)也不被任何事物所占据(根据廊下派哲学)。

① 廊下派认为(不同于柏拉图《蒂迈欧》中的观点),神在其上起作用的质料本身(廊下派所谓的消极本源)不具有通过施加某些"必要条件"(necessities)来限制神之创世力量(神是积极本源)的特性(甚或准特性)。神能够随心所欲地塑造质料,能够凭己所好地赋予任何质料以任何属性。只有神自己的完美理性才能限制他实际赋予某质料以某属性。见 Frede,"La Théologie",页 221 – 222。因此,作为物体典型特征之一的"阻力",不可阐释成是在暗示作为一种物体的质料以某种方式强迫或限制了神。因为,神和质料虽然占据同样的空间,但不像几何学中的立体图形,它们并不只是布满某个空间,在共同占据同样的空间时,它们还得面对对方并与之磨合。以上便是我们对这里的"阻力"概念的阐释,也是唯一合理的阐释。

② 关于两种本源都是 ὄντα[是者],见普鲁塔克,《驳廊下派的一般观念》1073e,ὄντος τὸ ποιεῖν τι καὶ πάσχειν[是者是一种能够施动或受动的事物]。

两种本源(稍后我会述说它们具体的特性)是彼此不同的物体。尽管其中任何一种本源都可作三维延伸,甚至与另一种本源在完全相同的空间内同作延伸,并对(也只对)这种本源产生"阻力",但彼此仍完全不同,是两种物体。廊下派认为这是可能的,因为物体的本性决定了这两种物体能够在完全相同的空间内充分混合,形成一种"混合物"。不管你把这种混合物切割得多小,两种物体都存在于每一小块混合物中,并占满每一小块区域。我们能够通过其中每一种物体的作用发现它存在于任一小块区域,无论这区域是多么得小,这表明两种物体存在且无处不在。① 事实上据廊下派所言,积极的本源与消极的或受动的本源以我们适才发现的方式彼此完全混合。我们看到拉尔修在那一段话中继续说道:"受动的本源是无定性的实体(ἄποιος οὐσία),即质料;而施动的本源是存在于质料中的理性,即神。"这里我们看到,也许还会感到奇怪:尽管两种本源都是ὄντα[是者],但根据廊下派的术语,其中只有一种本源即消极本源可称作οὐσία(本是或实体)。神或理性尽管是一种不同于质料的物体,但是存在于质料中(而不是质料存在于神或理性中,两者也从未分离)。这两种基本的[99]ὄντα(本源)的结合所产生的结果是,一个实体(οὐσία)本身"已然"是个实体,因为无定性实体在那结合中受到形塑。② 这种结合产生出一种质料性实体,因为那无定性实体(也)是质料。所以,这种质料性实体是质料——但这种质料里存在着神或理性。特别是因为有理性存在其中,且只因有理性存在其中(因为任一事物都不能从远处直接对其他事物产生作用),

---

① 至于廊下派有关"混合物"(κράσεις, blends)的理论,尤见阿弗洛底西亚的亚历山大,《论混合物》3-4(摘自《早期廊下派辑语》2.473)。亚历山大一开始便强调这个有关"混合"的理论在宇宙层面上的应用:相比这一最根本的应用,关于水和酒的混合等现象的解释都是对有关"混合"的物理学理论的粗浅应用。

② 见卡尔基狄乌斯,《论柏拉图〈蒂迈欧〉》291(引自 Frede,"La Théologie",页219),以及 Frede 的讨论。

这种质料才能以各种有效的方式被激活,从而成为有定性的实体。因此,神是ὄν[是者]但不是οὐσία[本是或实体];在某种实体的生成中,尤其是在那第一实体的"生成"中,准确地说是在第一实体的基本构成中,实体的质料确实受到了形塑,而其中的神却没有被形塑(或转变)。第一实体是在世界被燃烧之后唯一存在的东西,它就像本源那样不仅仅是一个物体;它是某种质料性物体,某种质料性的实体。两种本源——理性和无定性的质料,即原初质料——总是相互结合在一起,并一起构成了这种永恒的第一质料性实体。

因此,这种实体在最"开始"就已经存在,它由其他两种作为本源的物体构成;理性在原初质料内存在,并对它产生作用,因而构成了第一实体。所以,不管我们在哪里找到一种质料性实体,我们都能在那里找到那两种作为本源的物体:神或理性,具有基本的、无限的作用力;以及无定性的实体或质料,具有基本的、无限的接受作用的能力。而且,这种质料性实体(这种混合了神或理性的质料性实体)自己也总是且必然通过某种方式受到了定性。它里面怎么会没有积极的本源或理性呢?(下面我将会讨论,单就第一实体而言,它到底通过何种方式受到了定性——后来在形塑宇宙的过程中,第一实体或其衍生的各种实体通过更加多样的方式得到了定性。)然而哪里有实体哪里就有无定性的实体,即那消极的本源。当然,同样的情况也发生在理性上。这里我们有三种物体,所有三种物体占据着同一个位置:一种是质料性实体,它有定性,但它是因为神或理性存在于质料中而得以形成的;一种是无定性的实体或原初质料;另一种则是理性。质料性实体(质料性物体)由其他两种物体构成,它是一种物体(神或理性)存在于另一种物体(原初质料)中而产生的。①

---

① Michael Lapidge(且不仅只有他一人,例见 Robert B. Todd, "Monism and Immanence: The Foundations of Stoic Physics",收于 John M. Rist 编,*The Stoics* [Berkeley and Los Angeles: University of California Press, 1978],页 137 – 160,见

[100]现在较为重要的是要清楚,后两种物体(质料、神或理性)不像前一种由它们所构成的物体那样,它们是非质料性的物体。理性在直接意义上来看是非质料性的物体,尽管它可以作出三维延伸并占据空间,本质上也拥有作用力,但它不是一种质料性的事物。理性在质料之内,但它里面没有质料。无定性的实体或质料也可以三维延伸并占据空间,但与理性不同,它本质上所拥有的是接受作用的力量。它当然既是物体也是质料,但不是一种质料性物体。那是因为对廊下派来说,所有质料性物体都由质料组成,但只是作为其中一种成分。另一种成分是理性。原初质料就是无定性的质料,它本身没有以任何质料作为组成成分。相反,实际世界中的合成材料则是质料性(material)物体,这只是因为它们里面事实上存在着更低级的质料性物体,它们都是由这些组成的;我们甚至将会看到,四元素中的任何一种也都由某种质料性物体组成。廊下派对纯粹的物体(包括两种本源)和质料性的物体之间所作的这种区分非常重要。依据他们的定义,纯粹的物体可做三维延伸并产生阻力。而质料性物体需要满足进一步的条件,那就是里面要有质料存在。这就是廊下派为何无法被称作唯物论者的原因,应该像柏拉图的巨人那样,被称为形体论者。对廊下派来说,存在着不是质料性物体的物体(即两种本源)。质料性物体的构成无一例外都是因为两种本源同时在场,且一种本源影响了另一种本源。

总而言之,当无定性的实体作为基本的构成部分而实际出现在

页 139 – 140)表明,他在自己另一篇有启发性的文章里从根本上误解了廊下派的本源理论,"A Problem in Stoic Cosmology", *Phronesis* 18(1973),页 241 – 243 等处,文章中说本源不过是同一个实体的"两个方面",它们"名义上分离但实际上同一"。如 Long 与 Sedley 正确指出,它们不仅仅是"同一个物体在概念上的不同方面"(《希腊化哲人》第一卷页 273);某种只在概念上有所区分的东西(a λεκτόν[一种可言说的东西])是无形体的,而根据廊下派理论,这意味着它完全缺乏因果效力。

原初的质料性实体中,并将自己基本的受动功能赋予这个质料性实体时,它依然是一种完整而实际的存在,也依然具有无定性。类似地,当另一个本源即理性也作为那原初的质料性实体的构成部分,并将自己的施动功能赋予这个实体时,它本身也依然是存在的,并依然具有积极性。于是这个原初实体就(通过注入了理性)能够对自己(作为完全消极的质料)施加作用。积极本源继续无所不在地存在,因为两种本源尽管可能会相互混合,事实上却是不同的物体。我们必须注意到,当消极本源被称为无定性的实体或质料时,就像我已经指出的,这绝非否认它有某些属性:它有三维延伸的属性,有产生阻力的属性,因为这些本身就是物体的典型特征。而不管消极本源有哪种进一步特征,这种特征都只来自于该本源中均匀而无差别地布满着的神的思想(我在下面会回到这种观点上来)。我们只是否认它还有任何其他属性,特别是否认它有颜色、形状、质地、硬度等传统范畴中的任何属性,而且由于缺乏这样的定性,它无法用自己各种可能的属性来构成植物或动物。[101]因此,廊下派的原初质料非常明显地不同于亚里士多德学派归在亚里士多德名下的原初质料:后一种版本的原初质料(被错误地归在亚里士多德名下,且自身无法逻辑自恰),是一种不具备任何特征的事物。廊下派的原初质料确实有某些实在的属性,它只是缺乏以这些属性为原初基础的其他性质。当然,神或理性通过其特殊而有差别的思想,构想了各种特定材料的存在方式,从而将那些附加的属性添加到了这些材料中去;于是原初质料就必然缺乏这些属性。廊下派思想里,原初质料不是一种逻辑上不能自洽的概念。

至此就是廊下派对本源和元素所作的区分。本源是纯粹的物体,而元素总是(不管何种用法)质料性的物体。通过这些质料性物体,可以生成其他更为复杂的质料性物体。

现在让我转向我的第二个问题。世界的实体将自己从其原初条件中脱离开来,转向另一状态,在那里,通常理解的元素——火、气、水、土——开始产生。那么克律希珀斯是如何解释这一过程或阶段的呢？首先我们需要更进一步思考，这种实体在以某种方式发生"转向"之前是什么样子。拉尔修告诉我们（7.137），廊下派（他没有指明哪些廊下派哲人）所用的术语"世界"（κόσμος），有时指

> 神本身，也就是所有实体［即作为整体的、所有单纯的质料］所出的（ἐκ）特别有定性的个体，他是不可毁灭的和非生成的，是创造世界秩序的工匠，按照一定的时间周期，为自己消耗尽所有实体，又在另一时期从自己那里生成出它们。①

在阐述廊下派物理学理论稍前一点的地方（7.136），拉尔修再次没有具体指明哪些廊下派哲人，或许暗指大多数或所有廊下派哲人。其中，他讲述了神或理性：

> 在一开始，他完全独自存在，将所有实体通过气转变为（τρέπειν）水，正如精子（τὸ σπέρμα）被生产性质料（ἐν τῇ γονῇ, in generative matter）环绕，同样，作为世界的生殖思想或理性（σπερματικὸν λόγον）的他也待在湿气后面，在随后的生产阶段里制造出适合于他想法的质料。接着他首先生产出四种元素，火、水、气和土。②

［102］我会在下面更进一步讨论这段话。首先，在一开始神独自存在，为自己消耗尽所有实体，这是什么意思？这似乎不是指神

---

① 亦见普鲁塔克，《论廊下派的自相矛盾》1052c，他援引克律希珀斯的某些著作来解释，神周期性地为自己消耗尽所有实体（所有质料）。

② 对精子周围环绕的γονή到底是什么，这段文本交代得不是很清楚。Long 和 Sedley 似乎正确（第二卷页 272）拒绝了 Lapidge 的想法（"Stoic Cosmology"，收于 J. M. Rist 编，The Stoics［Berkeley and Los Angeles：University of California Press 1978］，页 166），他以为指的是子宫（womb）。（Lapidge 似乎太过受到自己的一个观点的牵绊，认为在芝诺看来这里的湿气指的是雌性本源，与

或理性是当时存在的唯一物体,以某种形式为自己消耗尽所有质料;也就是说,文本不是要说明,在一开始理性为自己,或者说为作为非质料性物体的自己,吸收了 ἄποιος οὐσία [无定性的实体]或原初质料。我们已经看到,两种本源被说成是相互联系的:神或理性这种物体存在于另一种物体即原初质料之内。这么来看,评论者们的

宙斯射出的雄性精子匹配。他根据芝诺可能有的动物繁殖理论,想象子宫是精子射入的地方。)而 Long 和 Sedley 说,这个词指涉子宫的用法相当稀少,且如果这么理解的话,它就无法准确呼应文中提到的湿气了。Long 和 Sedley 跟随 David Hahm (*The Origins of Stoic Cosmology* [Columbus: Ohio State Univerisyty Press, 1977], 页 60), 将它译为"精液"(seminal fluid), 亚里士多德生物学著作中有许多类似的词汇(见 H. Bonitz, *Index Aristotelicus* [Berlin, 1970], 页 160)。但这样一来,他们将 σπέρμα 翻译成"精子"就有欠妥当,尽管这本身是正确的译法:至少我们的"精子"一词主要用来指精液,而不是它里面的东西(亚里士多德的那些类似的词汇实际上表明,他经常交替使用 σπέρμα 和 γονή——与我们对"精子"这个词的用法一致)。如果我们将 γονή 翻译成"精液"的话,我们就应该把 σπέρμα 译为"精虫"(spermatozoa)而不是精子,或至少应该明确强调,这里的"精子"所指的是它的第二层意思(*OED*)。事实上,亚里士多德确实有些时候说动物的 σπέρμα 是一种不同于 γονή 的东西,也就是说,它是精子,在其中能够发现 γονή 或 γονή 所蕴含的力量。但我不确定廊下派的繁殖理论是否遵从亚里士多德的说法。无论如何,在亚里士多德的理论里,精子是生产过程的施动者,精液本身则不是新生动物所由之而出的材料;但廊下派这里所说的是这样一个类比,将原生湿气中的宙斯比作某种繁殖液体中的"精子",宙斯对作为质料的原生湿气产生作用,并从中生产出四大元素。于是这个有意作出的类比可能依赖于这样一种繁殖理论,它假定雌性动物子宫中产生的某种湿气是一种被精子所进入并环绕精子的东西。(但请参见 Hahm 在其著作页 61 的讨论,他严重依赖于对金嘴狄翁文本[收于《早期廊下派辑语》2.622]所作的一种寓意化的神话学解释,亦见他在页 68 – 76 的讨论)。于是我倾向于把 γονή 更加直接地理解为"生产材料"(generative material), 既可以理解为雌性所产生的某种湿的东西,又可以(跟随 Long 和 Sedley)指作为精虫载体的精子本身。(我认为,那个类比里预设的繁殖理论所指的究竟是什么,并不是太重要。但那里通过类比非常清楚地说明了宙斯作为湿气中的生殖思想——当然,他是从自己那里创造出这种湿气。这才是这里最重要的一点。)

如下看法是正确的:廊下派的理性或神,以及质料,从不与另一方分离而单独存在;理性或神总是布满在质料中,即便在前宇宙环境下也如此。① 神独自的存在必须意味着,在开始的那一刻,所有存在着的是神或理性,它们遍及原初质料之中。这也就是说,所有有定性的实体(不是所有实体,即不是原初质料本身)都被吸收进神或理性之中。接着还可以说,神或理性的积极本性中保留了持续思考自身并产生思想的能力,所有这些思想[103]能够在实际世界中有效引入质料的所有属性,从而构成实际存在的、种类不一的实体,但神不会为了赋予实体以特定的性征,而用这些思想对某些特定质料采用任一不同的作用形式;他因而不用任何这些特定的属性来影响质料。

理性一定在质料中用某种方式影响质料以构成原初实体,那么,理性是用何种方式影响质料的呢?如我所说,神在前宇宙阶段出现在原初质料中,由此所产生的质料性实体又有什么样的特征?芝诺似乎毫不犹豫地回答道,这种原初实体是火。这是因为具有培育和创造力量的热(heat)来自于实际世界里的太阳。原初实体就是这种有养育与创造性的卓越实体,②因此可能对芝诺来说,还可

---

① 但重要的是,不要将廊下派哲学体系里的这一事实与另一种观点混淆。另一种观点认为,在廊下派看来,神总是布满在(某些)质料性物体中,比如布满在"有技艺的"(artistic)、"有手艺的"(crafting)或"有计划的(designing)火"($\pi \tilde{v} \rho\ \tau \varepsilon \chi \nu \iota \kappa \acute{o} \nu$)中,或布满在 $\pi \nu \varepsilon \tilde{v} \mu \alpha$(气息)中。神将"有计划的火",或将 $\pi \nu \varepsilon \tilde{v} \mu \alpha$[气息]作为宇宙中他唯一的载体,因为有计划的火是一种纯粹状态的元素火,而 $\pi \nu \varepsilon \tilde{v} \mu \alpha$[气息]则是两种质料性元素——火与气——的合成物。因此,当世界被完全燃烧时,它们并不存在,至少在克律希珀斯那哲学上缜密而连贯的相关理论里不存在(关于克律希珀斯的观点,见我在附录中提供的原文,行19-21)。

② 优西比乌斯笔下的阿里斯托克勒斯说(《早期廊下派辑语》1.98),对芝诺而言火是 $\tau \grave{\alpha}\ \check{o} \nu \tau \alpha$[是者]的 $\sigma \tau o \iota \chi \varepsilon \tilde{\iota} o \nu$[元素]。芝诺将术语 $\sigma \tau o \iota \chi \varepsilon \tilde{\iota} o \nu$[元素]应用到原初实体的描述中,这有助于证明克律希珀斯在我们的司托拜俄斯文段里的做法是正确的,即他将这个术语的第三种用法和其他两种用法进行了明确的区分。

能对大部分廊下派宇宙论的阐释者来说,这种实体是一种巨大的、创造性的、养育性的、燃烧着的火。廊下派说(如我们在埃提俄斯文本里读到的,收于《早期廊下派辑语》2.1027)"神是一种有手艺的火($πῦρ\ τεχνικόν$),它有条不紊地推动着世界的创生,它里面包含着所有生殖思想,根据这些思想,各种不同的事物得以产生",这里他们明显是在说原初实体,并将原初实体描述为某种火(有手艺的火,与消耗性或毁灭性的火相反),①依据廊下派理论,这种类型的火构成了太阳与众星。但这样的描述显然与廊下派的宇宙创生论不符,在宇宙创生论里,这种实体因为需要而首先产生。即使$πῦρ\ τεχνικόν$是火元素(最纯粹)的一种形式,但如我们所见,在廊下派理论中,四元素是创世秩序里较晚出现的。如果上述那种论述应当理解成与廊下派的宇宙创生论相一致的话,那么我们就得倒推式地理解所有与原初实体有联系的"火"的描述,也就是要预设,当宇宙形成时,神或理性作为质料性实体存在于宇宙之中。在这种宇宙中,神是$πῦρ\ τεχνικόν$,并作为神圣"气息"($πνεῦμα$)的一部分,而神圣"气息"是神或理性在控制世界的构成和活动时所用的直接载体。

斐洛给了我们一个明确而有说服力的证据,用以证明克律希珀斯充分意识到了这里的谬误,即错误地认为原初实体实际上是一种巨大数量的火元素,甚至是有手艺的火,且在他之前,克勒昂忒斯也可能持有这一谬论。斐洛告诉我们,"当被燃烧时②······世界必然

---

① 芝诺区分了两种类型的火,见司托拜俄斯的记述,收于《早期廊下派辑语》1.120。

② 这里的希腊文为 $τὸν\ κόσμον\ ἐκπυρωθέντα$。在斐洛的讨论里很明确,这里指的是,当世界完全在火中被消耗后,即当四元素中的土,接着是水,然后是气,次第被火消耗并转化为火的过程已经完成时,所存在的东西是什么。斐洛没有提到,在被燃烧时世界是个什么样子,他所用的不定过去时本身只是要表明,大火的进程已经结束时"它"(只能这么称呼)的样子。在与廊下派争论时,斐洛指出并坚决主张,他们必须且应该承认,每一种火都需要燃料,于是一旦土、水、气这三种元素都被消耗后,火就熄灭了。斐洛给出这种说法(并准备

会[104]改变,它要么变成烈焰($\varphi\lambda\acute{o}\xi$),要么成为闪光($a\mathring{v}\gamma\acute{\eta}$):克勒昂忒斯认为它会成为烈焰,克律希珀斯则觉得会成为闪光"。①现在我得说,闪光是火的产物(在这种情况下,神或理性在宇宙大火的进程中就是通过这种火,来为自己消耗尽所有有定性的实体)。但我们没有理由规定,一旦闪光产生出来之后,某种持续的、消耗其他事物的火会维系它的存在——如克勒昂忒斯在定义烈焰时所表明的。只消想一下,我们所看见的所有星星,从当代天文学理论来看,其实都已经完全死去,只是它们的光还持续到达地球。② 因此我认为,

提出不同的意见)时,他所面对的问题是,一旦火真的熄灭,宇宙大火燃尽之后,存留下来的还有什么。

① 见斐洛,《论世界的不灭性》90(=《早期廊下派辑语》1.511,《希腊化哲人》46M)。然而,我们应该读读这段讨论的整个上下文(节85 – 93)。作者(推测是斐洛,尽管作者之名尚有争议)首先(节86)假定火可以有三种形式,他在克勒昂忒斯的烈焰和克律希珀斯的闪光之外又加了一种形式,即燃煤($\check{a}\nu\vartheta\varrho a\xi$,live coal)产生的或燃煤中的火。这种分析暗示出,甚至闪光也是火的一种形式,但这或许不是克律希珀斯的分析:我们必须知道,作者思考廊下派的观点时其目的在于完全反对它们。他更倾向于亚里士多德对世界的不可创造性与不可毁灭性的解释,或者偏爱柏拉图主义者的观点,即世界通过造物主的意志得以创生,但不可毁灭,而是永恒持续的(见节7 – 19)。作者试图通过强调甚至光也是火的一种形式,来拒绝廊下派的宇宙大火和宇宙重生论,他指出:当宇宙完全燃烧后,大火之火最终熄灭了,再没有火、没有炽热的东西,可以作为宇宙重生基础,甚至(他论证到)都没有光(节85,93)。如我后面会指出的(正文的倒数三段),我们的司托拜俄斯文本显然没有认为,克律希珀斯将火等同于他的第三种用法中的作为唯一元素的闪光。接下来我想要解释,斐洛是出于论战的原因而坚称闪光是火的一种形式。我推测,克律希珀斯自己并不这么认为(且我将表明这样推测是合理的)。但如果克律希珀斯确实认可这种归类,连宇宙大火之后依然存在的闪光也作为火的一种形式,那么对他来说,关键的一点(斐洛没有考虑到)就在于,这样人们就可以正当地称其为火,而不需要它通过其他事物的大量燃烧来维持自身的存在(尽管当宇宙大火完成后,这般理解的闪光必须如此才能作为唯一实体而继续存在)。更多见上一个注释。

② 显然克律希珀斯不会想到任何这样的例子。但即使没有理论将光解

克律希珀斯有某种严肃的、好的哲学观点,不仅能够反对芝诺松散地将原初实体视为巨大数量的元素火(即通常[105]认为的四元素之一)的某种最纯粹的形式,甚至还能反对克勒昂忒斯认为原初实体是单纯火焰的说法,最终,克律希珀斯倾向于将原初实体理解成一种闪光。

于是,这种闪光,在克律希珀斯看来是某种质料性实体唯一而完整的特征,这种质料性实体是宇宙循环开始之前,积极本源单纯地在消极本源上出现时所产生的。当世界被完全燃烧时,神或理性以这种方式影响原初质料,以产生并维系这种闪光(且那时没有任何其他事物存在)。闪光是原初的实体,从闪光中,通过后来的"转变"(τροπαί; turns, turnings),新的实体得以产生——如我们所知的以一种规定好的秩序产生(见《名哲言行录》7.136,引用见上文页101)。这些转变的最终结果就是(重新)构造了当时实际存在的世界。当我们进一步检验司托拜俄斯的文摘时,我们很快会发现,根据狄都谟斯所告诉我们,且克律希珀斯所赞同的στοιχεῖον[元素]这个术语的第三用法中,这种原初实体、这种闪光被视为唯一的元素。它被算为一种元素而非一种本源(ἀρχή),因为它是这样一种事物(质料性实体),能够通过后来的转变,"从自身中"(ἐξ οὗ)让"生成的事物进行其第一次生成,并最后又复归于它",这是拉尔修在

释成一种通过光源发出并穿越空间的事物,光在光源消失后依旧存在的基本观念也容易为普通人所接受,甚至被古希腊哲人们接受。光尽管由火所导致(在希腊人看来,火是光的来源),但它似乎明显可以独立地存在。这全是克律希珀斯本该去思考的东西,既然他努力想要找到一种恰当的方式来描述原初实体。当然,他没有想到寻常的光(如我们所知,这种光存在于宇宙中,对此他有自己的一套理论);这大概可以解释为何他选择用"闪光"而非"光"来表达他对于原初实体像什么的看法。在宇宙大火(也就是说是最后的宇宙之火的最后一次活动)之后,这种"闪光"就逃脱了,靠自己存活,但它一直位于世界万物的基础部分之中。我们可以设想,闪光更像是那种可以独立于其源头的东西。

《名哲言行录》7.136 中代表廊下派给出的 στοιχεῖον[元素]定义。与之相反的是，没有任何生成的事物，会从这两种本源——神或理性，以及无定性的质料——中生成。两种本源组成原初实体、闪光，但这种实体并非从两种本源中生成。因为两种本源是永恒的和非生成的，且总是相互混合，则原初实体本身也是永恒的和非生成的。于是，原初实体的闪光，在克律希珀斯为我们所提供的创世论中，是最早一种配享"元素"之名的事物，因为它是符合廊下派对"元素"定义的最早的一样事物；如上面所引述，它是这样一种事物：从自身中让生成的事物随后进行其第一次生成，并最终又复归于它。神和无定性的质料并不符合这一定义，因此，它们不是元素，如廊下派理论所实际规定的，它们只是本源(ἀρχαί)。①

那么，按规定，到底什么是这种原初实体所产生的转变呢？这些转变又会引出哪些新的实体？拉尔修给了我们一种完整但浓缩的解释，但我们必须把两小段文本拼在一起看才能看出其中的意义。一段是上面所引用的《名哲言行录》第七卷第 136 节，另一段则在几页之后的第 142 节。每段文本中都包含了某些另一段里所没有但又重要的内容。第 136 节告诉我们，最初神或理性完全单独存在，如我已经解释过的那样。然后神将整个实体(即[106]原初的闪光)"通过气转变为水"。第 142 节里则对这第一系列转变加入了"从火经过气转变为湿气"的内容。②（从第 136 节的"转变为水"

---

① 这种分析表明 M. Lapidge 的看法是错误的，他认为由于克律希珀斯将 πνεῦμα[气息]作为一种宇宙力量引入廊下派，廊下派就被迫放弃了 ἀρχαί[本源]和 στοιχεῖα[元素]之间的区分("A Problem in Stoic Cosmology"，页 227)。廊下派永远只承认两种本源为 ἀρχαί，且克律希珀斯从未说过，πνεῦμα(在他看来 πνεῦμα 不是一种元素，只是火和气这两种元素之间的混合)具有任何削弱那种区分的倾向。

② 下面是《名哲言行录》7.142 里的希腊文本(刊于《希腊化哲人》46C，但我接受 Wachsmuth 的读法 ἐξαεροῦν，"转变为气"，这是某个抄本中的读法；其他抄本则读作 ἐξαραιοῦν，"变薄")，再下面则是其翻译。

到第 142 节的"转变为湿气"的转换,我认为并不重要,①但我们将会看到,第 142 节里增加的"从火"非常重要。)第 136 节接着告诉我们,神"待在"这种湿气或水"后面",作为"世界的生殖思想";也就是说,他待在他具体的构造计划后面,首先生成的是四元素——这种产生了实际世界里所有事物,然后(如第 142 节所补充的)通过将

γίνεϑαι δὲ τὸν κόσμον ὅταν ἐκ πυρὸς ἡ οὐσία τραπῇ δι' ἀέρος εἰς ὑγρόν, εἶτα τὸ παχυμερὲς αὐτοῦ συστὰν ἀποτελεσϑῇ γῆ, τὸ δὲ λεπτομερὲς ἐξαερωϑῇ, καὶ τοῦτ' ἐπὶ πλέον λεπτυνϑὲν πῦρ ἀπογεννήσῃ εἶτα κατὰ μίξιν ἐκ τούτων φυτά τε καὶ ζῷα καὶ τὰ ἄλλα γένη.

当实体从火经过气转变为湿气时,世界就开始生成了;接下来,湿气中稠密的部分凝结而最终成为土,而稀薄的那部分则变成了气,气在变得更稀薄的时候就产生了火。接下来,通过这些东西的相互混合,出现了植物、动物以及其他的自然物种。

我们一定会将这段话和司托拜俄斯的话(见《早期廊下派辑语》1.102)作比较,他声称自己逐字引述了芝诺的话。两者的比较支撑了我更倾向的读法 ἐξαερωϑῇ[转变为气],因为不这样的话,《名哲言行录》不会像《早期廊下派辑语》1.102 那样直接告诉我们,某些湿气变薄而成了气:

τοιαύτην δὲ δεήσει εἶναι ἐν περιόδῳ τὴν τοῦ ὅλου διακόσμησιν ἐκ τῆς οὐσίας, ὅταν ἐκ πυρὸς τροπὴ εἰς ὕδωρ δι' ἀέρος γένηται, τὸ μέν τι ὕδωρ, ἐκ δὲ τοῦ ἀτμιζομένου ἀέρα γίνεσϑαι, ἐκ τινος δὲ τοῦ ἀέρος πῦρ ἐξάπτεσϑαι....

当实体出现了从火经过气再到水的转变时,整个宇宙必定有下面那种周期性秩序:一部分水沉淀下来构成了土,而其余的水里有一部分保留为水,另一部分则蒸腾生成了气,且从某些气中又让火得以产生……

注意《早期廊下派辑语》1.102 里很明确地说过(Diel 跟随狄都谟斯而声称道),某些湿气依旧保留为水,或保留并变成水。《名哲言行录》里却没有提到这一句,或许是有意为之。

① 节 136 里有提到,水是一种从实体转变而来的东西,但接着的论述则将"水"替换成了"湿气",τῷ ὑγρῷ。

这些元素进行不同比例的混合,产生"植物、动物以及其他的自然物种"。①（如第142节告诉我们的）这种构造工作产生于神将那种湿气进行"转变",让湿气的某些部分在不同的领域里因凝结而创造出土;而湿气的其他部分则因变薄而首先成为气,接着变成火;剩下来的那部分湿气,它们既不凝结也没变薄,因此就产生了第四种元素,即水。

由此我们就得到了两套相继出现的"转变"形式。第一种是,原初的闪光从某种叫作火的东西,经过某种叫作气的东西而转变（或自行转变）成某种叫作湿气的东西（见第142节;或某种叫作水的东西,见第136节）。第二种我们所找到的转变,则是湿气继续进行转变而构造了实际世界的四种质料性元素。很明显,第一套转变里提到的火、气以及水或湿气,还不可能属于任何形式[107]的四元素,因为四元素是后来构造了世界及其组成部分的东西。如果那里提到的事物被称作"火"、"气"和"水",那么这些称呼一定有某些其他意义。我们可以说,且我一开始就认为,这些是原始火、原始气和原始水,只是分别因为炽热、轻盈和湿润而有点像火、气和水（见下文页109）,但缺乏这三种实际质料性元素所具有的确定性结构。（要注意,在第一套转变里没有出现原始土;即便是任何像土的东西,也只在作为质料性元素的土本身从湿气中生成之后才会出现,湿气则被认为含有神的生殖思想。）

在这种解释下,原初实体是神所利用的第一种质料性形式,它转变为那种叫火的东西（即原始火）,而那种东西就是神或理性所用的第二种质料性形式。这种原始火作为"生殖思想"保留在湿气

---

① 在普鲁塔克所记述的一段文本（《论廊下派的自相矛盾》1053b,稍前于此,他引用了克律希珀斯《物理学》第一卷,讨论见下文页111【原书】）中可以看到,克律希珀斯在他的《论天意》第一卷中描述了一种神的状态:那时神是（原始）火,后来转变成湿气,在湿气中神只是一个灵魂;但他在湿气中还是那种拥有湿气这具身体的灵魂。

里,于是神作为原始火就从湿气中构造了寻常的四元素。

我们现在可以转向司托拜俄斯对克律希珀斯解释元素三种称法所作的摘录(《早期廊下派辑语》2.413)。① 下面是译文(括号中的数字表示附录中的希腊原文的行数):②

> 来自于克律希珀斯。关于实体所出的元素,③他或多或少地声称,他的如下观点与其学派领导人芝诺一致。他说有四种元素,火、气、水和土,从中可以构造出一切事物,包括动物、

---

① 重要的是要知道,这里并不是指"元素"($\sigma\tau o\iota\chi\varepsilon\tilde{\iota}o\nu$)这个词有三种含义。每一种称法或用法里,称得上是元素的东西都被认为符合同一个定义:如我们所见(《名哲言行录》7.136),在廊下派看来,元素是万物首先所出最后又复归于之的东西。三种元素用法之间的区别取决于,什么可以称得上让其他事物得以生成的"第一"质料性物体。在思考这种生成过程时,有一种观点认为,"第一"质料性物体是四种简单的物体(土、气、火与水);另一种观点认为是宇宙创生开始前的原初质料性物体;还有一种观点则认为是宇宙创生最初阶段中的原始火。这三种不同的解释框架将不同的事物作为万物最初或最低的质料性构成,对此我们该作何理解?见我在下文里对各种说明的评述。

② 我们会看到,我在附录里原样给出了 von Arnim 所刊的希腊原文。在脚注里我会详尽地指出并解释,文本中有哪些他或其他编者的修订是我所能或不能接受的,还有我所利用的哪些抄本与 von Arnim 的文本有所出入。因此,我翻译时利用的原文不是附录中 von Arnim 所刊的那篇(为了读者之便),而是包含了我在注释他的文本时指出的那些更正。

③ 实际上,狄都谟斯要弄清楚的元素,只在他将告诉我们的前两种用法而非第三种用法里才是实体"所出"的。在前两种用法中,元素通过原初实体的转变而最终产生。之后我们得知,在第三种用法里,这种实体本身就称为(某种)元素,这时元素当然就不是实体"所出"的。我们已经解释过,这种元素不是任何事物"所出"的,虽然它由神和原初质料组成,但它不是从这些事物中生成的。文本一开始,"实体所出"这个术语明显反映了将元素应用于质料性原料的平常用法,然而克律希珀斯那种对原初实体的革新性认识同样用了"元素"这一称呼。虽然克律希珀斯对此进行了理性证明,但确实拓宽了我们对元素范畴这个概念的理解。

[108]植物和整个世界及其所包含的所有东西,而这一切又会消解为四种元素。但那种叫作**卓越**元素的东西之所以称为元素,是因为它作为源头,通过自身的变化($ἐξ\ αὐτοῦ\ πρώτου$)而构造了其余元素,而这些元素最后又都会消散或消解成它,但它却不(6)可以消解或复归为其他任何元素。根据这种说法,火被称为自足的"元素",因为它与其他元素不在同一等级。① 但

---

① Long 和 Sedley 的分析(第二卷页 278)引出了这种说法($λόγος$),他们所正确看到的东西也正是刚刚前面被介绍和简单讨论的东西(在我附录所刊的原文中的第 4 - 6 行,我的翻译为"但那种叫作卓越元素的东西……消解或复归为其他任何元素"),这联系着狄都谟斯在第 14 - 21 行中所复原的三种用法中的第一种。但 Long 和 Sedley 进一步规定,火在他们对第一种用法的理解里是廊下派所说的"唯一"元素,这时他们似乎认为克律希珀斯是在引出他的第三种用法。不管怎样,与萨勒斯的一场有益的讨论,使我现在清楚如何理解他们带有评注的相关翻译(他们在第二卷里注释相关原文时,没有提供一个合适的语境来解释他们对克律希珀斯的理解,且他们在第一卷里的注解在这点上也不甚清晰)。接着,对他们来说,"第二种用法"(在狄都谟斯一开始所复原的次序里,是第一种)是对"元素"的总体描述(第二种"解释")或定义,认为元素是一种"其他通常认为的元素由之构成并最终分解成的东西",而在将火规定成(在廊下派看来)符合这种描述的东西时,他们发现了第三种"用法"。Long 和 Sedley 似乎还发现,克律希珀斯在第一种用法(按照一开始的次序)里将土、气、火和水规定成"元素",从而进一步对"元素"给出了总体性的描述(或"解释"),这在他们的译文中(见带括弧号的说明,"[i. e. (1) above]","[即上面的(1)]"),或者在原文第一行半的位置可以找到。(那么我猜想,他们一定持有这样一种总体性的看法,元素是一种来自于"实体"的东西,因而通常的四元素可算为元素;对我来说这没什么意义。)或许,"[即上面的(1)]"是个笔误,里面的"(1)"应该改成"(2)",而他们原本想要把第一种应用本身——其中术语"元素"指通常的四元素——作为第一种"用法",而没有对元素这个术语换一种"解释"。但不管他们的阐释是上面中的哪种,里面都把应用与定义或总体描述混淆了(我设想克律希珀斯有可能会对此感到愧疚,所以我不想因为这种混淆而拒绝他们的解释)。但在第一个选项中(即他们真正记入括弧号中的就是"(1)"而非"(2)"的解释),如果第二种"解释"被当作克律希珀斯用法中的一种,而其中的规定又是他的另一种用法,那么相应的第一种

根据第一种说法，①火却连同其他元素一道，构造了其他事物：在构造性变化（constructing change）中所产生的第一个转变是火变成了气，第二个转变则是气变成了水（11），第三个是进一步的变化，水一旦被构造出来，就能以类似的方式成为土。在另一个方向，从那种事物（即土）中消解和消散，第一次的消散出现于它变成水，第二次则从水变成气，第三且最后则变成火。（所有[109]炽热的东西就叫作火，轻盈的叫作气，以此类推。）②因此，克律希珀斯认为用三种方式称呼元素：第一是将它称作火，因为其余元素都通过它的变化而得以构造出来，而后又复归于它；第二种方式（16）则把四种元素分别称作火、气、水和土（因为元素之间都由某种、某些甚或所有其他元素所构造：四种元素通过合成而构造了动物和地球上其他事物，比如火和气两种元素构造了月亮，而一种元素则构造了太阳，太阳

解释——引出了对四元素的鉴定——就应该算为克律希珀斯的附加"用法"，也就是说有四种而不是三种用法。事实上，将 Long 和 Sedley 的第二种"解释"以及它对火的规定结合起来，共同构成克律希珀斯的术语"元素"的三种"用法"（或我所说的三种应用）之一，这似乎是种不错的选择。（见《名哲言行录》7.136 以及我在上文中对廊下派的"元素"的唯一定义所作的讨论；我们在别的地方没有听说过还有其他像 Long 和 Sedley 所设想的那样的"解释"或"诸解释"。）因此，这种"称法"及其对火的规定联系着狄都谟斯所复原并列出的三种用法中的第一种（在先前的呈现次序中则是第二）。（见下面三个注释。）

① 第一种称法在这里明显指的是上面提到的第一种论述，也就是火、气、水和土是元素。也明显是下面第 15－19 行中所列出并讨论到的那种用法，即狄都谟斯所复原并罗列的三种用法中的第二种。

② 我认为，括号中的解释主要是为了表明，原始火尽管是炽热的（若你愿意这样认为），但实际不是火，且原始气和原始水分别是轻盈的和湿润的，可它们不是（那种每个人都已熟悉的寻常元素）气和水——然而，这些原初实体因为分别具有炽热等特性，所以值得拥有火等名称，正如克律希珀斯已经做的那样。

是纯火,只能由一种元素所构造);第三种称法①则将那样一种事物称作元素,它是以某种方式最早构成的,(20)能从自身中有条不紊地创生出万物,直至世界的终结,并在那时[即世界的终结]又有条不紊地将万物复归于它。克律希珀斯说有一种对元素的解释,认为元素是最容易通过自身来运动的东西,②同时又是本源和理性,还拥有永恒的力量,能够让自身向下转变和向上转变,周而复始地现身各处,既为自己消耗万物(24),又在另一个方向中以某种井然有序的(orderly and methodical)方式从自身中重新构成万物。

我一开始就说过,我们通过这一文本来理解克律希珀斯所区分

---

① 对 Long 和 Sedley 来说,(我所列出的)第三种用法,其随后的表述限于我附录中的原文第 19 – 21 行——他们不但没有刊印或翻译,甚至只字未提第 21 – 24 行的内容。因此,他们认定这种用法只由某种对"元素"的总体描述所构成(见上文页 108[原文]),这里的"从自身中有条不紊地创生出万物",在他们看来是对那总体描述的一种转述,而只需它就能阐明第三种用法。就我在后面正文中的观点来看,第三种用法的表述一直延续到选文的结尾,从而更好地阐明了这样的用法;且那句话绝不是在转述那种总体描述(实际上据我理解,在狄都谟斯所复原的三种用法中,总体描述适用于解释第一种用法里被称作元素的东西,而断不能解释第三种应用方式里那被算作"元素"的东西)。第三种用法的表述所讨论的不是原始火(或如 Long 和 Sedley 所称的,简单的火,它是四元素的基础),而是原初实体,正如第 21 – 24 行的论述所实际表明的。我的分析涵盖了第 19 – 24 行,我不认为那四行左右的内容是在对克律希珀斯整个元素论题进行另一种或另一套不同的论述,以致可以将其砍掉,这就极大地支持了我而非 Long 和 Sedley 对第 19 – 21 行所作的阐释。

② Diels(*Elementum*,页 39)从这里发现,关于什么东西才是元素有三种界定,而事实上其中的第一种界定现在被狄都谟斯添加到了前面有关元素的三种应用方式的讨论之后。但很明显,接下来的材料与这三种应用方式里的第三种有关,也就是与我文本第 19 – 21 行里的解释有关。因此我认为最好将这句话("它是最容易通过自身来运动的东西")与随后的材料结合起来,即与"元素"的第三种应用方式联系起来。

的元素三用法中的第一种时没有困难：这种用法里四种元素具有同等的地位。这是四种质料性实体，从中构造出所有其他材料和所有在实际世界中出现的实物，并且最终所有这些事物都被毁灭而消解成这四种实体，接着新的材料或实物又从这作为先前材料或实物的质料性构成的元素性物体中重新构造出来。[110]这四种元素就是火、气、水和土。这种用法可在我的希腊语文本第 2 – 3、15 – 19 行中找到出处和解释。

我们已经深入检验了克律希珀斯所解释的两套转变，通过这两套转变，原初实体最终产生出四种元素。但在第 9 – 13 行（在我的翻译中则是："在构造性变化中……第三且最后则变成火"）中，我们容易看出里面关于第二套转变的描述可能并不是我们所期待的那样。其中说道，神作为生殖思想而存在于第一套转变最后所产生的湿气里，最初从湿气中创造出质料性元素土，然后依次形成质料性元素气和火，又从残留的湿气中生成水。我们甚至在那里找到了完全针对第一套转变的概要解释。第 9 – 13 行概述了从原始火经过原始气再到原始水的转变，它导致了（第二套转变中的第一步）某些原始水凝结成真正的土——实际存在的世界中的第一种质料性元素。我们现在知道，下面跟随的是湿气通过变薄而形成真正的气和真正的火，而从湿气产生的原始水的残留中生成真正的水，但关于这些内容段落里并没有提及。在第 9 – 13 行里，除了提到土，并没有描述或提及第二系列的转变。如我所说，取而代之的是第一套转变的解释。第一套转变从原始火开始：我们发现，"在构造性变化中所产生的第一个转变是火变成了气"。①

我们同样还可以看到，在文本开头克律希珀斯第二个提到的用

---

① 于是我们可以看到，《名哲言行录》第七卷第 136 节里只有"经过气转变为水"，而第 142 节则是"从火经过气转变为湿气"，这一扩充非常重要。如我们在司托拜俄斯文本里所看到的，这显示了这些变化从原始火开始。

法里,某种称为"火"的东西是唯一的元素,是卓越而自足的元素,①亦即第一套转变中的原始火。这产生了一些值得简单探讨的问题。确实,当原初实体开始自行转变时,最早生成的事物是原始火,且廊下派对元素的定义强调,不管任何一种用法,元素都应该是那种万物最初所从出的东西(于是根据[原始]火—[原始]气—[原始]水的序列,寻常元素首要的源头是原始火)。但我们如何在第二种用法里把(原始)火理解为唯一的元素(那种寻常元素所从出的唯一元素)?这里似乎意味着,原始火是寻常的火、气、水和土的唯一构成元素。或许有人质疑,在第二种用法里,为什么我们要将火作为它所产生的事物的唯一构成材料?[111]为什么不是原始气或(甚至)原始水(即湿气)?拉尔修告诉我们,世界的生殖思想待在湿气后面,它首先通过创生出四种真正的质料性元素,从而按照自身的意图为世界的创生制造了质料。难道第二种用法里,原始气以及原始水或湿气不该被当成元素——使这种用法里有三种元素而不是第一种用法里的四种?为什么狄都谟斯告诉我们的克律希珀斯实际所认为的元素只有一种?

在处理这些问题之前,我们首先需要注意到一个事实:在我所引用的拉尔修对第一套转变的描述中(7.136 和 142),有湿气的存在,然后由此开始创生出四元素;拉尔修认识到这种观念不仅克律希珀斯有,在芝诺乃至其他廊下派哲人那里也有出现。比如在第136 节中,拉尔修对我引用过的一段话进行了总结:"芝诺在《论整全》(*On the Whole*)中,克律希珀斯在他的《物理学》第一卷中,阿尔喀德谟斯在《论元素》(*On Elements*)这部著作中,都谈论过它们[即四元素]。"除了这些作者外,在我从第 142 节里引来的那段关于宇宙的创生和毁灭的文本中,拉尔修还附加了珀赛多尼俄斯、克勒昂

---

① 对第二种用法的提及和解释见我的希腊语文本第 4–9 和 14–15 行:"但那种叫……同一等级"与"第一是……又复归于它"。

忒斯与安提帕特若斯的著作。① 事实上，我在第 106 页援引了一段和第 142 节所类似的内容（《早期廊下派辑语》1. 102），也来自司托拜俄斯，那里开头写着"芝诺如下那样自我声明"：里面根本没有提到克律希珀斯，也没有提及上述其他任何作者。当然克律希珀斯在设定他自己的第一套转变时想要遵从的是芝诺，他也想在第二套转变上遵从他。但我们必须准备好用克律希珀斯那真正不同于芝诺的观点来理解克律希珀斯。他本人或许相信自己的观点正是芝诺脑中一直存有的那种观点，但我们已经知道，克律希珀斯拒绝了任何关于原初实体就是火的观点，他既不认为这种实体是寻常的火元素，也没有暗示它会以某种方式燃烧，这在第 142 节里能够体现出来；而我们可以期待有其他"精确的界定"。在第 136 节里，拉尔修谈到转变时，只用了"元素"一词来联系通常的四元素。这似乎让人以为，他在展示第一套转变时提到的气和水，这两种能够通过进一步转变形成四元素的东西，它们本身就属于这后来形成的四元素。或许这真实地反映了芝诺自己的单纯。他没有想到，严格来说，在第二套转变完成之前，不存在元素性的气和水，更不存在什么火。如我们所见，芝诺没有像克律希珀斯费心思所做的那样，将原初实体识别为闪光，而认为它是寻常的火元素的某种形式，甚至是火最纯粹的形态。因此，正如我已经表明的，芝诺或许在将原初实体称作火时过于草率和天真，认为它接着会经过气转变 [112] 成水或湿气，并像种子那样存留在湿气中，使湿气凝结而创生出元素土，或使其变薄而生成元素气和火，其余的湿气则是——或变成——元素水。

　　如上所述，克律希珀斯清楚这没有多大道理可言。因此在他自己的版本里，他就必须作出如下澄清。如我们所见，原初实体实际

---

　　① 值得注意的是，普鲁塔克援引或转述了克律希珀斯《物理学》的第一卷（《论廊下派的自相矛盾》1053a =《早期廊下派辑语》2. 579），从而确证了《名哲言行录》第 142 节所详述的内容能够代表克律希珀斯的观点。

上是一种闪光,而不是火;对世界的形塑,首先是原初实体转变为原始火,原始火接下来经过原始气转变为原始湿气,这时(另一套转变)原始湿气因为凝结和变薄而生成四元素。四种元素或称基本的质料性物体组成了实际世界中的所有材料。此外克律希珀斯还希望将术语"元素"应用到另一种情况中,从而区分第一套转变和第二套转变。他声称(在我们的狄都谟斯文摘里)只有在一开始的转变中产生出来的物体(即作为原始火的神),才可以算作那第二种应用方式里的元素。很明显,他的想法是这样的,任何配享"元素"之名的东西必须是万物由之创造的原料,就像我之前提出的那样。那些在这些转变中产生的东西,最终就是通常认为的四元素。即使这些元素来自原始的水或湿气的凝结和变薄,我们也不能说它们由水或任何如水的东西所创造(在最严格的意义上说,它们和其他所有事物当然由原初实体所创造)。在原始火的转变中,原始水只是一种预备性的短暂过渡,以便让四元素可以产生。同样的还有原始气。芝诺的洞见在于强调火的力量和能量,火是所有实际宇宙中的材料和所有实物的基础。这种真知灼见规定了,在解释世界的形塑时,我们要考虑到原始火,也只有原始火,才具有那种力量和能量,只有它才是四元素的质料性基础。神作为原始火,确实遍及在寻常的四元素之中,并根据不同的质料性构成(取决于密度上的变化)而创造了四元素。

我们应该按以下方式来构想原始火、原始气和原始水。原初实体首先自行转变而创造了原始火,这是一种被建构成具有质料性本质的原料,拥有培育和生产的力量,能够对世界随后阶段的形塑发挥作用。也就是说,原初实体为自己赋予了完成此项任务所需要的属性。因此,它通过给予自己实现宙斯的创世计划所需的炽热和培育的特征,"变成"了火一样的东西。这种新的实体无法在任何严格的意义上被称为"火",如我已经观察到的那样;但它又确实配享这样的称呼,因为它具有创生和维系世界的力量。① [113] 这种

---

① 故此,那段文摘在阐述到这里时,也就是在第 13 行中,原始火的概念

"火"（又通过为自己赋予湿润的特征）产生了湿气,并作为"世界的生殖思想"而"待在湿气的后面"（见《名哲言行录》7.136,引用见上）——首先作为它即将运用生产力量而产生的四元素的生殖思想。这种"火"留在所有的四元素里,且必须作为它们所由之创造的东西保留在其之内,以便这些元素能有不同的生产和构造力量（如火与气）,或者或多或少地拥有某种被动的接受构成的能力（如土与水）。根据廊下派的理论,它们必须具备这些力量或能力,否则就不能在构成世界时发挥出自己的作用。原始气只是原始火产生原始水的过程中必经的阶段（"火"需要以原始气这种密度更大的阶段过渡,以变成原始水）。原始水本身也只不过是原始火（与原初实体）在向下"转向"世界的创生时的暂时阶段。原始火需要原始水作为居存物,以让自身的生产力量有依靠场所,当它开始进行生产活动时,它会凝结这种材料的一部分（导致了土的产生）,并且使其另一部分变薄（导致了气和火的出现）,同时从其残留的部分中创造出真正的水。因此,如我所说,原始火,且只有原始火（三种原始材料之一）,在那第二种用法中算得上是唯一的元素:它完全通过自己而产生了质料性世界中的四元素。

让我们现在看看克律希珀斯对术语"元素"的第三种应用方式。这种用法出现在我的希腊语文本的第 19–24 行（在我的翻译中是"第三种称法……从自身中重构万物"）。关于这种用法我们需要注意的是,其中谈到何物为元素时有两个让人惊讶的事实。第一,根据这篇文本,前两种对元素与诸元素的用法里都有某种叫作"火"的东西,但让人相当惊讶的是,第三种用法里面没有提到火。第二,我们应该注意到其中所用的与格词 ὁδῷ,我将它翻译为"有条不紊地"(methodically),它在第三种用法的表述中出现了三次（而

第一次被引入。在其中,狄都谟斯或克律希珀斯指出,自己所用的术语"火"指的是任何一种像火一样的东西（同样,"气"和其他元素也有相似用法）。

在其他两种用法里一次都没有用到)。前两次里,它修饰了第三种用法里非特定的事物由那种元素"生成"并"复归"于那种元素的过程。事实上在我们文摘的开头,狄都谟斯所述的诸元素的前两种用法都相似地谈到从元素中"构造"并"消解"成元素,但里面我们都没有发现"有条不紊地"这个引人注目的限定词。甚至在 ὁδῷ 第三次出现时,我们看到"又是本源和理性,还拥有永恒的力量……既为自己消耗万物,又在另一方向中以某种井然有序的方式从自身中重新构成万物"。我们检验过的一些文本中描述道,当世界被燃烧时,神完全独自存在,他消耗尽所有实体(《名哲言行录》7.137,136),并接着又从自身中生成出所有实体;而另一篇文本(埃提俄斯所作,收于《早期廊下派辑语》2.1027)中称,当世界被燃烧时,神"有条不紊地推动着[114]世界的创生"。所以毫无疑问,在元素的第三种应用方式中,克律希珀斯有意赋予作为原初实体的神以元素的称号——也就是说元素是一种原初质料,但神或理性贯穿其中。狄都谟斯在第 9—10 行里的论述让我们认识到了这第三种用法("在构造性变化中所产生的第一个转变是火变成了气")。我在上文已经证明,这指的就是从原始火开始的第一次转变。如果我们有心,应该再读一读克律希珀斯的观点,他说原始火是作为世界重构第一步的某种实体而存在的,而不是当世界被燃烧时存在的原初实体本身。这就清楚表明,待在原始火后面的是原初实体或闪光。

在第三种元素的称法中,原初实体,作为宇宙创生时其后的万物所由之创造的绝对首要的原料,是唯一的元素,这点很有说服力。通过第一个有条不紊的转变,而(似乎)不是通过一种构造性的变化(一种 κατὰ σύστασιν 变化),原始火从原初实体中生成。① 因为原

---

① 狄都谟斯所说的"转变"既指从原始火经过原始气变为原始水的过程,也指从原始水中生成寻常的四元素,他称之为"构造性变化"(见第 4—5 行的 συνίστασθαι κατὰ μεταβολήν [通过……变化而得以构造出来],第 10 行的

始火创造了元素火、气、水和土(根据它们不同的硬度,并通过"构造性"变化实现的),所以我们大可以说,在某种意义上,原初实体是最基本的质料性物体,世界上所有事物最终都由它构成。于是,鉴于廊下派将元素定义成一种"从自身中使生成的事物进行其第一次生成,并最后又复归于它"的东西(《名哲言行录》7.136),那么,我们完全可以给原初实体以元素的称号。

在此,我们必须时刻注意廊下派关于物体的充分混合的理论。无处不在的两种本源[115]彼此遍在于对方之中,同样地,它们也遍在于那无处不在的原初物体之中,而当世界创生及寻常四元素生成之时,任何元素都是无所不在的,同时各地又有其他一些不同的物体,包括原始火以及原初实体。虽然我们在司托拜俄斯的文段(行

τῆς...κατὰ σύστασιν...μεταβολῆς [构造性变化],以及第 15 行的 συνίστασθαι κατὰ μεταβολήν [通过……变化而得以构造出来])。但关于从原初实体到原始火的第一个转变,狄都谟斯没有用这种方式说明。他只说,原初实体本身是"被构成的"(σwέστηκεν, constituted)——它不是被构造的(constructed),否则就意味着有一个生成(coming-into-being)的过程,而这种实体是永恒的——以便自始至终有条不紊地进行创生,而后又有条不紊地回到自身(行 20 – 21);且它会"让自身向下转变"(行 23)。狄都谟斯没有称这种向下转变是一种构造性变化。这或许表明,第一个转变所产生的原始火在他看来不是从原初实体中构造出来的,而是与原初实体有另一种关系,即便它从原初实体中产生并最终复归于原初实体。或许这种语言上的差异并不重要,或许也很重要。第一个转变(第一个"向下转变")产生了原始火。在接下来的向下转变里,先是原始火转变并进行某种构造性变化,产生了其他的原始元素,其中原始水是最后生成的,而后原始水又变化并构造出寻常的土、气、火和水。但从原初实体到原始火的向下转变,实际上是在现已开始形成的宇宙内部产生出最初的材料。克律希珀斯的观点或许是,整个构造性变化由此开始,因为所有构造过程必须在宇宙内部,或在开始形成的宇宙内部,从已经到位的材料着手。只有原始火到位了,构造过程才能开始。这意味着,尽管原始火和其他所有事物一样,在质料性方面源自原初实体,但它不是从原初实体中构造出来的,而是产生出来以作为各种被构造质料的必要条件。

16 – 19) 里看到,太阳只由火这一种元素所创造,月亮由两种元素即火和气组成,但大部分质料性事物则通过所有四种元素以不同比例混合而成。所以就大多数质料性事物而言,它们各自的组成部分都通过所有四种元素以这样或那样的比例混合而成,里面还有原始火、原初实体(在克律希珀斯的两种用法里,它们都被算作元素)、理性和原初质料(当然,它们在元素的任何恰当的用法里都绝不能算作元素,只能算作是本源)。①

附 录
(《早期廊下派辑语》2.413)
司托拜俄斯《物理学与伦理学读本》卷一,
页 129.1 – 130.20 Wachsmuth

[116] Χρυσίππου. περὶ δὲ τῶν ἐκ τῆς οὐσίας στοιχείων τοιαῦτά τινα

---

① 感谢萨勒斯教授对本章的撰写所给予的鼓励,它最初呈交给"廊下派的神和宇宙"的主题会议。此次会议于 2006 年 7 月 3 日至 5 日,由墨西哥国立自治大学哲学研究所承办。我从那次会议的深度讨论里获益良多,并特别感谢 David Hahm、英伍德、贝纳杜伊和萨勒斯教授,他们讨论时提出的问题非常值得我去思考。除此之外,作为本书的编者,萨勒斯教授对本章的前一个版本做出了独到的书面评论,通过回应他的评论,本章的许多内容都得到了提升,在此表示感谢。我还要感谢 Katerina Ierodiakonou 教授,他于 7 月下旬在雅典大学方法论、历史与科学理论系安排了一次不同寻常的盛夏研讨会。在那里我有幸将我的观点呈献给一大群眼力高明的希腊等国家的古代哲人研究者及其学生。我还要特别感谢 Michael Frede,他对本章提出了几个精彩的批评和建议,让我的思想得到了很大提升。最后,我感谢 Panos Dimas 教授及他在奥斯陆大学的同事和学生们,我在 2006 年 9 月交给他们这篇文章时,他们为我进行了一场有启发又有帮助的讨论。同时,还要感谢布达佩斯的中欧大学的哲学系,2009 年 1 月我向那里递交了这篇文章并收获了更进一步的讨论。我要特别感谢 Dimas 教授和 Gábor Betegh 教授,正是他们的提问和建议,才让我这篇文章的最终版本有如此大的提升。

ἀποφαίνεται, τῷ τῆς αἱρέσεως ἡγεμόνι Ζήνωνι κατακολουθῶν, τέτταρα λέγων
εἶναι στοιχεῖα ⟨ πῦρ, ἀέρα, ὕδωρ, γῆν, ἐξ ὧν συνίστασθαι πάντα καὶ ζῶα ⟩①
καὶ φυτὰ καὶ τὸν ὅλον κόσμον καὶ τὰ ἐν αὐτῷ περιεχόμενα καὶ εἰς ταῦτα
διαλύεσθαι. τὸ δὲ ⟨ πῦρ καὶ ⟩ ②κατ' ἐξοχὴν στοιχεῖον λέγεσθαι διὰ τὸ ἐξ
αὑτοῦ πρώτου τὰ λοιπὰ συνίστασθαι κατὰ μεταβολὴν καὶ εἰς αὐτὸ ἔσχατον
πάντα χεόμενα διαλύεσθαι, τοῦτο δὲ μὴ ἐπιδέχεσθαι τὴν εἰς ἄλλο χύσιν ἢ
ἀνάλυσιν. [συνίστασθαι δὲ ἐξ αὑτοῦ τὰ λοιπὰ καὶ χεόμενα εἰς τοῦτο ἔσχατον
τελευτᾶν. παρὸ καὶ στοιχεῖον λέγεσθαι, ὃ πρῶτον ἕστηκεν οὕτως, ὥστε
σύστασιν διδόναι ἀφ' αὑτοῦ καὶ αὐτὸ τῶν λοιπῶν χύσιν καὶ διάλυσιν δέχεσθαι
εἰς αὐτό.]③ κατὰ μὲν τὸν λόγον τοῦτον αὐτοτελῶς λεγομένου τοῦ πυρὸς
στοιχείου. οὐ μετ' ἄλλου γάρ. ④ κατὰ δὲ τὸν πρότερον καὶ μετ' ἄλλων

---

① 我(同时还有 Long 和 Sedley)接受 Diels 对这里的补充。原文这里明显有些部分丢失了(各抄本里这句话在语法上似乎都说不通);四种通常元素的完整举列在下面第 17 - 18 行中可以找到,同时第 17 - 18 行还阐明了动物和其他所有地球上的事物如何由诸元素组成,这些都证明了 Diels 所补入的具体内容是合理的。

② 这里的补入来自 Usener(Heeren 修订时有πῦρ但没有καί),Diels 从之,而 Long 和 Sedley 则认为没有必要,并会扭曲文段的结构。我遵从 Long 和 Sedley 的观点,不接受在此的任何修订。这句话里,狄都谟斯或克律希珀斯在解释某种事物为何值得被称为卓越的"元素";在下面第 8 - 9 行,我们得知,这种事物就是"火"(也就是原始火,如我在正文里所讨论并解释的那样)。Usener 和 Heeren 的补充太过轻率。

③ Wachsmuth 发现原文这里有一个读者所加的旁注(他进一步发现《物理学与伦理学读本》页 154. 24 以下里也有一个类似的旁注)。我接受他这种删改。这句话看上去只是在重复第 4 - 6 行已经说过的内容,尽管措辞稍有不同。

④ 短语οὐ μετ' ἄλλου γάρ在各抄本里似乎跟着第 9 行的πρότερον,这显然不通。最早有这种改动的是 Heeren,而他的版本被 Diels、Wachsmuth、von Arnim 以及 Long 和 Sedley 的版本所转印。第 9 行的κατὰ δὲ τὸν πρότερον,后接不定式εἶναι(τὸ πῦρ应理解成它的主语),并与κατὰ μὲν τὸν λόγον τοῦτον相对,但最后这个短语的独立属格结构看上去是一种错格;Diels 一开始怀疑,在那个被转置的短语中,我们是否应该将γάρ改为γίγνεσθαι,因为这样一来就有一个不定式跟着上

συστατικὸν εἶναι πρώτης μὲν γιγνομένης τῆς ἐκ πυρὸς κατὰ σύστασιν εἰς ἀέρα μεταβολῆς, δευτέρας δ' ἀπὸ τούτου εἰς ὕδωρ, τρίτης δ' ἔτι μᾶλλον κατὰ τὸ ἀνάλογον συνισταμένου τοῦ ὕδατος εἰς γῆν. πάλιν δ' ἀπὸ ταύτης διαλυομένης καὶ διαχεομένης πρώτη μὲν γίγνεται χύσις εἰς ὕδωρ, δευτέρα δ' ἐξ ὕδατος εἰς ἀέρα, τρίτη δὲ καὶ ἐσχάτη εἰς πῦρ. ἔγεσθαι ⟨δὲ⟩ ①πῦρ τὸ πυρῶδες πᾶν καὶ ἀέρα τὸ ἀερῶδες καὶ ὁμοίως τὰ λοιπά.

[117] Τριχῶς δὴ λεγομένου κατὰ Χρύσιππον τοῦ στοιχείου, καθ' ἕνα μὲν τρόπον τοῦ πυρός, διὰ τὸ ἐξ αὐτοῦ τὰ λοιπὰ συνίστασθαι κατὰ μεταβολὴν καὶ εἰς αὐτὸ λαμβάνειν τὴν ἀνάλυσιν. καθ' ἕτερον δέ, καθὸ λέγεται τὰ τέσσαρα στοιχεῖα, πῦρ, ἀήρ, ὕδωρ, γῆ (ἐπεὶ διὰ τούτων τινὸς ἢ τινῶν ἢ καὶ πάντων τὰ λοιπὰ συνέστηκε, διὰ μὲν τῶν τεττάρων, ὡς τὰ ζῷα καὶ τὰ ἐπὶ γῆς πάντα συγκρίματα, διὰ δυοῖν δέ, ὡς ἡ σελήνη διὰ πυρὸς καὶ ἀέρος συνέστηκε, δι' ἑνὸς δὲ ὡς ὁ ἥλιος, διὰ πυρὸς γὰρ μόνου, ὁ γὰρ ἥλιος πῦρ ἐστιν εἰλικρινές), κατὰ τρίτον λόγον λέγεται στοιχεῖον ***②εἶναι ὃ πρῶτον συνέστηκεν οὕτως, ὥστε γένεσιν διδόναι ἀφ' αὐτοῦ ὁδῷ μέχρι τέλους καὶ ἐξ ἐκείνου τὴν ἀνάλυσιν δέχεσθαι εἰς ἑαυτὸ τῇ ὁμοίᾳ ὁδῷ. Γεγονέναι δ' ἔφησε καὶ τοιαύτας ἀποδόσεις περὶ στοιχείου, ὡς ἔστι τό τε δι' αὐτοῦ εὐκιν- ητότατον καὶ ἡ ἀρχὴ ⟨καὶ ὁ σπερματικὸς⟩③λόγος καὶ ἡ ἀΐδιος δύναμις φύσιν ἔχουσα τοιαύτην, ὥστε

述独立属格,以和下一个从句中的不定式相对,并解决错格问题。在我看来,这种解释虽然很极端,但很吸引人;不过,Diels 在其附录(页 854)中又指出,在《物理学与伦理学读本》页 144.6 W 以下(另一份关于廊下派的记述,Diels 记作狄都谟斯辑语 19)也有独立属格和不定式从句相对的情况,并总结道,γάρ 一词不需要改动。无奈,我只能遵从他这种做法。

① 语法角度来看,这里需要补上某个连词;这个附加是 Heeren 的提议,而后被其他编者所接受。我同样接受这种修改。

② Wachsmuth 发现这里有缺损,von Arnim 附之。我认为不对。各抄本的原文无需更动也足够清楚。这里我支持 Long 和 Sedley。

③ 这里明显需要添加东西;文中所刊的补入出自 Usener 的提议(von Arnim 同意这条附加)。Meineke 和 Diels 更为谨慎而有理地建议,只需要添加

αὐτήν①τε κινεῖν κάτωπρὸς [γῆν] ②τὴν τροπὴν καὶ ἀπὸ τῆς τροπῆς ἄνωπάντῃ κύκλῳ, εἰς αὐτήν τε πάντα καταναλίσκουσα καὶ ἀφ᾿ αὐτῆς πάλιν ἀποκαθιστᾶσα τεταγμένως καὶ ὁδῷ.

参考文献

Arnim, H. von (ed.) (1903 – 1905) *Stoicorum Veterum Fragmenta* (Leipzig: Teubner), vols. 1 and 2.

Cooper, J. M. (2004) ' Stoic Autonomy ', in J. M. Cooper, *Knowledge, Nature, and the Good* (Princeton, NJ: Princeton University Press), 204 – 244.

Diels, H. (1965/1879) *Doxographi Graeci* (Berlin: De Gruyter).

——(1899) *Elementum* (Leipzig: Teubner).

Frede, M. (2005) ' La Théologie Stoïcienne ', in J.-B. Gourinat (ed.), *Les Stoïciens* (Paris: Vrin), 213 – 232.

Gould, J. (1970) *The Philosophy of Chrysippus* (Leiden: Brill).

Hahm, D. E. (1977) *The Origins of Stoic Cosmology* (Columbus: Ohio State University Press).

——(1990) ' The Ethical Doxography of Arius Didymus ', in W. Haase (ed.), *Aufstieg und Niedergang der Römischen Welt*, vol. 36.4 (Berlin and New York: De Gruyter), 2938 – 2943.

Lapidge, M. (1973) ' Archai and Stoicheia: A Problem in Stoic Cosmology ', *Phronesis*, 18: 240 – 278.

καὶ ὁ。我遵从 Meineke 和 Diels 的观点。(Long 和 Sedley 只将司托拜俄斯的这段文本刊印到第 21 行的ὁδῷ为止，所以他们在这里并没有贡献；他们忽略了最后几行的重要性。)

① 各抄本这里都写为γῆν；Wachsmuth 修改了一下：这很合理且在这里有了合适的意义。我接受这种修订。

② Hirzel 率先提议删除这个词，Wachsmuth 从之。我也接受 Hirzel 的删改。各抄本里这整个从句传抄得很混乱，某些抄本把τροπὴν和τροπῆς写成了τροφὴν和τροφῆς，这无疑是错误的。

Long, A. A. and Sedley, D. N. (1987) *The Hellenistic Philosophers* (Cambridge: Cambridge University Press).

Todd, R. B. (1978) 'Monism and Immanence: The Foundations of Stoic Physics', in J. M. Rist (ed.), *The Stoics* (Berkeley and Los Angeles: University of California Press), 137 – 160.

Wachsmuth, C. (ed.) (1884) *Ioannis Stobaei Anthologii Libri Duo Priores* (Berlin: Weidmann), vol. 1.

第五章　克律希珀斯论宇宙大火和宇宙不灭性[1]

萨勒斯（Ricardo Salles）

（墨西哥国立自治大学哲学研究所）

[118]本章述及克律希珀斯的如下主张：宇宙"不能被认为是会灭亡的"（οὐ ῥητέον ἀποθνήσκειν：普鲁塔克《论廊下派的自相矛盾》1052C =《早期廊下派辑语》2.604 =《希腊化哲人》46E，下文中有引用）。我将要论证，这个观点对我们理解早期廊下派的宇宙观具有重大的意义，因为它反映了该学派内部克律希珀斯和克勒昂忒斯关于宇宙大火（ἐκπύρωσις）的两种观念的激烈交锋。他们都承认宇宙大火的存在。宇宙将完全被火所消耗，它将一直燃烧到所有可燃物质燃尽。同时，他们也都主张宇宙大火是一种周期性现象，继之而来的是一个新宇宙的产生以及早先存在的各个实物的重建。那时，整个宇宙将恢复至先前形态，但在某一时刻又会重新开始新一轮的大火，如此循环往复。作为宇宙大火和万物永恒轮回观念的共同支持者，克律希珀斯和克勒昂忒斯不同于那些否认或至少是怀疑宇宙大火永恒存在的其他廊下派哲人。[2] 克律希珀斯和克勒昂忒斯之

---

[1] 本章的初稿曾在2005年9月递交给墨西哥城的泛美大学哲学系和墨西哥国立自治大学的哲学和文学系。稍后的版本曾在2006年7月呈交给墨西哥国立自治大学承办的"廊下派的神和宇宙"主题会议。在此，我非常感谢所有与会者的评议。

[2] 尤其是塔索斯的芝诺（Zeno of Tarsus）、巴比伦的第欧根尼、帕奈提俄斯、波厄托斯。见西塞罗，《论神性》2.118，优西比乌斯，《福音的预备》15.18.2（《早期廊下派辑语》3 塔索斯的芝诺5），以及斐洛，《论世界的不灭性》76-78（《早期廊下派辑语》3 巴比伦的第欧根尼27）。

间的重要分歧在于大火是不是宇宙周期性毁灭(destruction)的必要条件,换言之,宇宙是否在每一次大火中周期性毁灭?克勒昂忒斯的回答是肯定的。就其本性而言,大火之火即烈焰能够毁灭它的燃料,所以大火将毁灭整个宇宙。但这种毁灭不是永久性的,因为宇宙将开始新的演化,创生出一个完全相同的宇宙。[119]虽然毁灭可能只是暂时的,但它毕竟存在。在第 3 节我们将看到支持克勒昂忒斯这一观点的一些有力证据。但克律希珀斯反对这一观点。在他的构想中,宇宙并不会在大火中周期性地"灭亡"——当然如果它是不死的,也就不会周期性地毁灭,因为宇宙是一种动物,动物只有死了才算毁灭。① 大火之烈焰的确会毁灭复合物,比如植物和动物,但这并非作为整体的宇宙的毁灭,因为克律希珀斯认为那并不是宇宙的最基本构成即四种元素的毁灭。我认为,这两个廊下派哲人的冲突,根植于他们关于火这种元素如何作用于其他元素这一问题的不同看法。

在第 1 节,我将重建克律希珀斯的论证。其特点在于建基于克勒昂忒斯的前提之上,这些前提在克勒昂忒斯看来是他自己的宇宙论的原则,或者至少与其宇宙论高度一致。这样一来,克律希珀斯的论证恰恰揭示了克勒昂忒斯宇宙论中存在的张力,也就是后者实际上无法前后一贯地主张宇宙将在大火中毁灭。第 2 和 3 节致力于探讨克勒昂忒斯所给出的某些论题如何可能造成这种张力。在第 4 节,我将解释来自克律希珀斯和克勒昂忒斯基本理论的分歧如何导致了这种不一致性。在附录部分,我将解释克律希珀斯关于宇

---

① 见克勒昂忒斯的论述,收于西塞罗,《论神性》2. 32:animantem esse mundum[宇宙是一种动物];以及克律希珀斯的论述,收于普鲁塔克,《论廊下派的自相矛盾》1053B(《早期廊下派辑语》2. 605,《希腊化哲人》46F)。亦见《名哲言行录》7. 139(关于安提帕特若斯)和 142(关于克律希珀斯)。我之所以使用"动物"而非"生物"(该词也是ζῷον的标准翻译),因为在廊下派哲学中,并非所有的生物都被赋予了灵魂,比如植物。见《早期廊下派辑语》22. 708-713 中关于廊下派植物学说的证据。

宙不灭性的论证同其他两种廊下派论证之间的区别。

1. 普鲁塔克《论廊下派的自相矛盾》1052C 中克律希珀斯的论证

普鲁塔克在《论廊下派的自相矛盾》中常常援引克律希珀斯以挑起论辩。以下引文是某个稍长段落的一部分，这个段落试图解释的是，克律希珀斯所辩护的一些论题如何一起产生了既有又没有"宙斯的滋养品"这样一种矛盾的观念。根据 1052D 的记述（Cherniss 译，稍有改动）：

> 他是自我矛盾的，不仅因为在前述段落[1052B-C，引自克律希珀斯的《论天意》]中，他声称除了宇宙和宙斯之外其他众神都有滋养品，而在稍后的段落[位于 1052C-D]中他[120]又认为宇宙也有滋养品，他[在 1052D]主张宇宙从自身获取滋养以成长。

《论天意》中有一段话论证了宇宙的不朽性，普鲁塔克以此声称对于克律希珀斯而言，存在宙斯的滋养品：

> 在《论天意》第一卷中，他说宙斯不断生长直到所有的事物在他的成长中被消耗殆尽："因为死亡是灵魂从躯体中分离（separation），宇宙的灵魂不仅没有分离，而且继续生长直到完全吸收了它的质料，所以宇宙不能被认为是会灭亡的。"

这个论证需要假定宇宙是一种动物，而该前提隐含在宇宙具有灵魂和躯体这个观念中。以此为始，论证似乎是这样的：(1) 对于任何动物而言，死亡就是灵魂与躯体分离，并且 (2) 在大火中，宇宙的灵魂吸收或者消耗(consume)①它自己的躯体或质料(ὕλη),但是(3)A 被 B 消耗或者吸收,与 B 和 A 分离,是两个不同的过程。所以,在大火中,宇宙是不会灭亡的(因此不像克勒昂忒斯所称的那样,宇宙是不会被毁灭的)。在前提(3)中,完整的论证需要这样的论点作为证据加以支持,即,论证中所设想的分离和消耗的过程能够彼此区分,不同于前者,后者能够维持动物作为一个整体而存在。我将这一问题留待第 4 节,而现在集中讨论前提(1)。

宇宙的灵魂是什么?它的躯体又是什么?在廊下派中,宇宙灵魂是以热的形式存在的火。对此有明确的推理。恒星放射出的热作用于宇宙,类似于灵魂作用于动物。它使宇宙聚合在一起并使之持续。② 在廊下派的专门术语中,火作为热是宇宙聚合的原因(συνεκτικόν αἴτιον),正如灵魂是[121]动物自身聚合的原因。如果宇宙的灵魂是热,那么它的躯体或者质料又是什么?一般而言,廊下派的质料是接受聚合动因所施加的作用的事物。在抽象概念的最

---

① 有个抄本(g)认为是εἰς αὑτὴν καταναλώσῃ,普鲁塔克在那段引文稍前的一段话中把它当作动词来使用。Cherniss、Long 和 Sedley 根据其余抄本将其读成εἰς αὑτὴν ἐξαναλώσῃ,我从之。这两个动词大致具有相同的含义("完全吸收"),见 LSJ s.v.。比较《名哲言行录》7.136 中的 ἀναλίσκω [消耗](ἀναλίσκων εἰς ἑαυτὸν τὴν ἅπασαν οὐσίαν[为自己消耗尽整个实体]),库珀在第四章引用并讨论了这个词。[校按]"《名哲言行录》7.136"应改为"《名哲言行录》7.137"。

② 在《论神性》2.28,西塞罗如此构想:"宇宙自身将它的持久维系归因于一个或与此类似的实体",也就是热(calor):mundum etiam ipsum similiparique natura in tanta diuturnitate servari. 因为廊下派所谓的结合的原因这一观念随他们的影响力扩及同时代,见著名的克雷芒《杂缀集》8.9.33.1 – 2 Stählin 等。(《早期廊下派辑语》2.351,《希腊化哲人》55I 1 – 2),普鲁塔克,《论廊下派的自相矛盾》1053F(《早期廊下派辑语》2.449,《希腊化哲人》47M1)和阿弗洛底西亚的亚历山大,《论混合物》223.25 – 36 Todd(《早期廊下派辑语》2.441,《希腊化哲人》47L)。关于老学园派的宇宙灵魂作为宇宙结合力的观念,见 Sedley 2002,页 63,和库普瑞娃撰写的第六章。

深层次上,它是积极本源或神的作用的最终接受者。① 在宇宙论层次上,这一作用的接受者是宇宙万物由之所出以及由之组成的实物:土、水、气和火——火的形式包括我们在动物中发现的各种特殊的热,以及可能对动物具有有益作用的烈焰。②

最后,前提(1)和(2)表达了克勒昂忒斯的观点。第一个前提为《论神性》2.23(引文见下一节)中的克勒昂忒斯所证明,我也将依次在第3、4节为(2)和(3)提供证据。我首先审视克勒昂忒斯如何举证认为热确实是使宇宙凝聚的动因,从而是宇宙的灵魂。

2. 作为宇宙凝聚动因的热

虽然这一论点被许多廊下派哲人所接受,但其充分展开是在《论神性》2.23 - 32 中,当今的廊下派研究者普遍将其视为克勒

---

① 见《名哲言行录》7.134(《早期廊下派辑语》2.299 - 300,《希腊化哲人》44B),亚历山大,《论混合物》224.32 - 225.3(《早期廊下派辑语》2.310,《希腊化哲人》45H),和恩披里柯,《驳学问家》9.11 - 12(《早期廊下派辑语》2.301)。这种二元论可能源自老学园派,比较辛普利基俄斯,《论亚里士多德〈物理学〉》26.11 - 13(关于忒俄弗拉斯托斯),以及西塞罗,《学园派》1.6.24 - 7.29,对这些文本的讨论见 Sedley 2002,页 42 - 43,和古里纳撰写的第二章。

② 见《论神性》2.25 - 28。在 2.25,四元素说在如下文句中提及:"宇宙的所有部分(而我将只限定在最重要部分)由热所支持和维系"(Omnes igitur partes mundi[tangam autem maximas]calore fultae sustinentur)。请注意,在这一理论中,热和烈焰都被宇宙的热所维系。尽管在 2.40 - 42(我在第 3 节将详细讨论这段文字),烈焰被认作一种破坏性的事物,但在 2.25 - 28,它被认为可能最终 slutarema inpertit et vitalem calorem[产生出能够带来活力的有益的热](27)。我相信这两处文段彼此完全一致,因为我们应牢记于心的是,烈焰对于它的燃料是具有破坏性的,而对接收它所发出的热的事物却未必如此。见本章第 3 节。

昂忒斯宇宙论的一种论述。① 该论述出现在第 23–28 节。以下内容是我援引与这一讨论有更直接联系的某些原文部分（Long 和 Sedley 译）。

> 事实上，所有经历孕育和成长的生物在它们自身都有热能（power of heat），没有这种热能，它们就无以孕育和成长。对于炽热的或似火的所有事物而言，它们都被自身的运动所激起和作用。但孕育和成长中的事物是被一种确定和有规律的运动所激起和作用，只要这种运动一直在我们之中进行，只要我们的感觉和生命一直维持着，但如果热冷却或消失，[122] 我们自身也就死亡和灭绝了……因此每一种生物，无论是动物或植物，都是依靠附着于体内的热而活着。这样，我们必须明白，热元素自身具有一种极其重要的能量，这种能量遍及整个宇宙……由此推出，既然宇宙的所有部分以热维系，宇宙自身也是由某种类似的元素长久维系着——这更是因为，这种炽热的或似火的实物在本质上以一种包含生殖繁衍能力的方式扩展，因为包括扎根于土地的植物在内的所有生物都需要它带来诞生和成长。

我们所说的热最终来自太阳。上述论证试图证明这种热使得宇宙凝聚成为一个整体。由于论证结构晦涩难懂，以致有些学者推测，要么是西塞罗遗漏了其中的关键部分，要么就是所留下来的文本存在缺漏。② 一种可能的重建可以如下进行：(1) 对于任何一种生物，使其结合成一体的原因在于遍及其全身的内在的热，且 (2)

---

① 关于这些章节的克勒昂忒斯式特征，见 Solmsen 1961；Hahm 1977，页 272 注 1；《希腊化哲人》第二卷页 279；以及 Besnier 1996，页 154（页 153–164 提供了对整个文段的非常详细和有用的结构分析）。

② 有关讨论，见 Hahm 1977，页 267–273。

热遍及宇宙的所有部分,尤其是那些最基本的部分。(3)假如 A 遍及 B 的各个部分,A 即弥漫整个 B。因此,由(1)和(2),推导出(4)热是宇宙的任何部分自成一体的原因,并且,由(3)推导出(5)热也是宇宙结合成整体的原因。①

  让我们集中看一下(1)和(2)。如我在前一节中所述,根据廊下派的因果理论,事物结合成一体的原因也是其存在的原因。只要这种原因停止作用,实物自身的存在也即终止。换言之,只有 C 的活动与 S 的持久存续同时存在,C 才是 S 结合成一体的原因。因此,(1)的一个必要条件就是生物的持久存续与其体内的热同时存在。这种共存性在上述引文中已有论证:生物内在的热消失而不再存在于它们体内时,生物肯定就死亡了。

  [123]2.25 – 30 主要致力于对(2)的构建。事实上,证据很明显地集中于宇宙最重要的(或"最大的":maxima)构成部分,这就是土、水、气和火(其形式包括我们在生物中发现的各种特殊的热,以及作为热源的烈焰)。假设它们在极大程度上是宇宙之中所有其他事物的组成部分,那它们引起特别关注的原因也就十分清楚了。如果非基本实物都是由它们所构成,那么除了四元素和生物以外,所有的非生物也充满着热。援引一个关于水的例子(节 26,Rackham 译,稍有改动):

> 与之类似,水也包含一种热的混合物,这首先表现于它的液态本质:水既不会因冷冻结成冰,也不会凝结成雪或冰霜,除

---

① 其他文本认为,克勒昂忒斯主张太阳是宇宙的统治性本源,或者说是 ἡγεμονικόν(优西比乌斯,《福音的预备》15.15.7[《早期廊下派辑语》1.499,《好战者狄都谟斯辑语》(*DG*)465.5 – 6]和《名哲言行录》7.139[《早期廊下派辑语》1.499,《好战者狄都谟斯辑语》332.23 – 25]),这个理论似乎是(5)与如下观点的一个逻辑性结论:太阳的火是宇宙的最终热源,且某物的 ἡγεμονικόν 是其结合成一体的原因。这两个观点在克勒昂忒斯那里均有呈现。尤见《论神性》2.29 – 30。对于这个问题富有启发的讨论见 Besnier 1996,页 156 注 1。

非它能够在热的混合物的液化和融化作用下成为流体。正因为如此,湿气若暴露于北风中或来自其他方位的霜中就会固化,但当被温暖时它仍可以软化,从而随热蒸发。大海在狂风粗暴的搅动之下会变得温暖,由此可以很清楚地认识到这个巨大的流体包含有热。因为,我们不会假设大海变暖是由于某个外部热源的作用,而是由于大海最深处的激烈运动,就像我们的躯体由于运动而变得温暖一样。

这种论证或许可以通过以下方式进行解释。反对克勒昂忒斯的一个理由可能是,水并不包含热,因为水能够变为冰或霜。冰和霜是宇宙中最冷的事物,而它们又来源于水,所以很难相信水中含有热。针对这种非难,上述论证提出了很强的反对理由。根据克勒昂忒斯,水只有被平衡分布于某一个表面时才能结冰。而且这一平衡分布需要水处于流态或液态,这就需要热,因为只有热才可以保持水的流动。在这里,克勒昂忒斯认为热是水本身所固有的。这一结论有两个补充原因:

(1)虽然大量水的温度升高可能需要外部热源,比如某种形式的风,但外部因素的作用仅仅是搅动起水本身已经包含的固有的热。

[124](2)从液态到固态的转换,例如冰冻,可能决定于外部因素,但当外部作用减弱或消失时从固态返回到液态是一种自身(idem)运动的过程。

因此,克勒昂忒斯的那个论证显得是种巧妙的解释。它揭示了作为证据举出的确切事实,该事实是水充满着热这个理论为真的一个必要条件。为了变为冰或霜,水必须以液态存在,但为了达到这一状态,水本身必须包含一种热。

3. 克勒昂忒斯的宇宙大火理论：它前后一致吗？

我已经说明了克勒昂忒斯所说的热是宇宙结成一体的原因，从而也是宇宙的灵魂。我现在转向其宇宙大火理论并且说明它暗示宇宙灵魂消耗其自身躯体的原因。

在克勒昂忒斯的物理学中，正是使宇宙结合成一体的火或热造成了宇宙的逐渐变干。这种干燥化趋势的发生源于太阳使宇宙结合的过程所具有的本质。太阳由海洋蒸发的水汽所滋养（《论神性》2.40；比较 3.37）。尽管这些湿气的大部分会以雨水的形式重返地球，但一些不可避免地将被太阳以及其他恒星的火所消耗，① 正如以下援引的《论神性》2.118 中所言（Rackham 译）：

> 但恒星本质上似火，它们以大地、海洋和江河的水汽滋养成长。随着陆地和水面受到太阳的加热，水汽就上升了。当被这些水汽滋养和更新后，恒星及整个以太将它们送返地球，它们又会回到原点。在这一过程中，没有任何减损，或者只有微量水汽被恒星之火和以太之烈焰消耗。

宇宙的逐渐变干最终引起了大火，正如紧接着的原文所表明的：

> 我们学派的哲人认为（尽管他们说帕奈提俄斯有过不同的看法），最终的结果是整个宇宙将被点燃。因为，当所有的水在被吸干以后就不能向上输送湿气，而湿气一旦消耗殆尽，[125] 空气将不会流动，地球也将无法得到滋养，如此一来，除了火，

---

① 我曾细致解释过这个问题，见萨勒斯 2005。对这一理论的起源的讨论，见阿尔格拉 2004，页 178 注 16。

将不存在任何事物。(笔者自译)

虽然主要观点清晰——宇宙大火产生于火对水的消耗①——但理论细节模糊不清。以下我将提供一种可能的理论重建。我们可以推测,根据这一理论,湿气和太阳放射出的热之间存在某种可比性。就像湿气升向太阳又循环至地球一样,太阳放射出的热不仅不会损失,而且会以同样的循环过程返回太阳。假如我们更进一步认为热通过空气(也可能通过风)返回太阳,那么宇宙大火就必定发生。因为,空气不含有湿气就无法运动(如上述引文中明确说明的),一旦宇宙中的湿气消耗殆尽,则无法返回太阳而滞留在地球上的热将逐渐增多,由此点燃剩下的一切。随着燃烧的开始,宇宙大火最终出现了。② 火已在热的形式下耗尽水,可如今它将在烈焰的形式下耗尽另外两种留存的元素:气和土(毋论任何包含它们的物质以及整个宇宙)。因此,如果我们返回最初的问题——克勒昂忒斯会接受宇宙大火消耗元素这样的前提吗?——答案是肯定的。

这里,克勒昂忒斯显然认为这种消耗毁灭了整个宇宙。对此,我们可以给出充分的证据。首先,恒星之火对水的逐渐消耗包含着某种减损,这比仅仅性质上的变化更为根本(水逐渐"消失":intereat);其次,更重要的是,在《论神性》2.41中西塞罗指出,对于克勒昂忒斯而言,"我们日常所需的火本身就具有毁灭性,它会消耗掉

---

① 比较阿弗洛底西亚的亚历山大,《论亚里士多德〈天象学〉》(*In Meteor.*)61.34–62.11(《早期廊下派辑语》2.594),他也将如下观点归给廊下派:太阳造成的干燥引起了宇宙的毁灭。

② 这一特别观点和克勒昂忒斯在司托拜俄斯《物理学与伦理学读本》1.153.7–22(《早期廊下派辑语》1.497)中的观点有明确联系。在宇宙大火中,所有事物都被"点燃"(ἐκφλογισθέντος τοῦ παντός)。亦见斐洛,《论世界的不灭性》90–91:μεταβάλλειν εἰς φλόγα[转变成烈焰]。这并非暗示太阳之火本身就是烈焰(这不可能是根据《论神性》2.41–42,而是来自2.118)。它只是意味着太阳之火——无论是热或烈焰——点燃了宇宙并转化为烈焰。

任何事物,在它所到之处,它将搜寻并击溃任何东西"(Atqui hic noster ignis, quem usus vitae requirit, confector est et consumptor omnium idemque, quocumque invasit, cuncta [126] disturbat ac dissipat)。在这段话中,克勒昂忒斯提及烈焰,而非与烈焰尖锐对立的热,是"至关重要和可敬的,它保护所有事物,哺育它们,促进它们的成长,支持它们并赐其以洞察力"(vitalis et salutaris omnia conservat, alit, auget, sustinet sensuque adficit)。然而在宇宙大火时期,当热吸干所有现存的水时,它点燃(即,成为烈焰)剩下的一切:omnis mundus ignesceret。因其本质,烈焰最终毁灭了其他所有事物。就此而言,克勒昂忒斯的大火确实对整个宇宙具有毁灭性。①

在下一节,我将解释消耗怎样完全不同于分离。与后者相比,前者包含了一个消耗与被消耗的转变过程。这种对比非常鲜明,因为两个实物之间的分离包含了它们之间的变异:假如一物转变为另一物,则前一物就会消失。我们也许因此可以总结说,如果在大火中宇宙的灵魂消耗掉它的躯体是真实的,那么我们就不能认为大火毁灭了宇宙:作为一种动物,宇宙的毁灭应该需要灵魂和躯体的分离,但如果说宇宙的灵魂消耗掉它的躯体——这点为克勒昂忒斯所承认——在大火中就不会有这种分离出现。

从根本上讲,克勒昂忒斯学说中的这种张力,似乎由两个对立的关于大火的宇宙学知识之间的冲突导致。其中一个建立在热和烈焰作用于其他元素的观点之上。在这一过程中,前者消耗后者,后者被前者毁灭。以这一方式,后者停止存在,被前者取代。从这个角度看,大火毁灭了宇宙,因为它毁灭了宇宙的最基本成分。另一直观性知识则建立在宇宙是生物,以及灵魂和躯体分离即是死亡

---

① 由于他将宇宙视为神(《论神性》2.30: deum esse mundum[宇宙是神]),因此似乎可以合乎逻辑地从他关于大火毁灭了宇宙的理论中推出,神本身是可毁灭的。对这一问题的讨论,见 Long 1990,页 284-286,阿尔格拉,2004,页 177-187。

的观点之上。根据这个观点,宇宙的死亡和毁灭,不是需要火对躯体的消耗,相反,是火从躯体之中的移除。直观来看,大火无法毁灭宇宙,因为它没有涉及宇宙作为生物招致死亡所需要的条件。

这种张力如何能够消解?一种途径就是通过论证其他元素在转化成火时并没有遭到毁灭。倘若情况确实如此,那么就没有进一步的理由认为火毁灭了宇宙的最基本成分,而这种毁灭性就是上述张力一开始就会出现的原因。我在下一节将论及,克律希珀斯提供了这一新的解释。

4. 克律希珀斯论元素的转化

[127]我们在这节将看到,不同于克勒昂忒斯的元素学说,克律希珀斯的元素论认为元素转化并不包括任何事物的毁灭,而仅是火的密度的变化。

普鲁塔克在一段话中记述了克律希珀斯关于宇宙不朽的证明(《论廊下派的自相矛盾》1052C),火对元素的消耗不同于灵魂和躯体的分离,后者标志着死亡。虽然这种有意的区分没有在这段话中明确展开,但有别于分离的消耗可能包含着一种转化。当 A 被 B 消耗(而非 A 分离于 B),A 即转化为 B,这一论点可以追溯到克勒昂忒斯那里。普鲁塔克在《驳廊下派的一般观念》1075D 中记述道,克勒昂忒斯认为在宇宙大火中当太阳消耗尽所有其他事物时,它"吸收自身,并且将自己转化为月亮和其他众星辰"(ἐξομοιῶσαι πάντα [即 τὴν σελήνην καὶ τὰ λοιπὰ ἄστρα]ἑαυτῷ καὶ μεταβαλεῖν εἰς ἑαυτόν)。在克律希珀斯的学说中,消耗和转化之间的联系,由《论廊下派的自相矛盾》1052C 中提出的消耗和滋养之间的联系暗示出来。因为滋养过程是将事物转化为被滋养的生物,并且这种转化导致了被滋养生物的成长。① 然而,我们将要见到,克律希珀斯与克勒昂忒斯决定性

---

① 这个在普鲁塔克《论廊下派的自相矛盾》1052C-E 中亦有暗示。

的不同,在于克律希珀斯学说中的这一转化并不包含毁灭。

在克律希珀斯元素理论中,气、水、土到火的转化是一个中心议题(这是在某些前苏格拉底哲人那里发现的重要线索,比如,阿纳克西美涅斯[《前苏格拉底哲人辑语》13 A 5 – 7]和赫拉克利特[《前苏格拉底哲人辑语》22 A 5])。根据这一理论,火比其他三种元素更为基本。它是最严格意义上的元素,因为气、水和土,不仅由其制成,而且由其所出。尤其是,这三种元素是不同程度的压缩或冷凝的火。因此,三者中的任何一个还原至火的转换只是火自身的释放,在这一过程中,没有任何实质性的毁灭。克律希珀斯元素理论的这一方面在司托拜俄斯《物理学与伦理学读本》1.129.7 – 11 及 18 – 24 中有论述,但我的解释与库珀在第四章(页 107 – 115)中的方式并非完全相同。① 这里,我将援引 Long 和 Sedley 编译的文本:

> 火之所以被称作最卓越的元素,是因为它首先通过转变而形成了其他元素,还因为每一事物最终分散和融解成它,它却不能分散进或融入其他事物之中……第一步将发生的就是通过压缩,由火变为气,紧随其后的,是转变为水,第三步则是根据同样的方式,水通过更多的压缩而成为土。反过来,由土分解扩散,第一步扩散成水,第二步是由水转变为气,第三步即最后一步是变为火。

请注意,根据以上文本,水和土分别是被压缩的气和水,但文本

---

① 虽然我同意库珀提出的一些核心观点(像我在"导论"中解释的一样),但我们并不以相同方式解释这段话第一行($τὸ\ κατ'\ ἐξοχὴν\ στοιχεῖον$[最卓越的元素])提及的"元素"这个词的使用情况。根据库珀,这种使用指的是前宇宙阶段的火(即"原始火")。然而,以我的观点,它指的是寻常的火:如我在此解释的一样,寻常的火通过压缩,成为寻常的气、水和土(并且通过变薄恢复为火)。换言之,我认为那段话只是在描述克律希珀斯关于寻常的而非前宇宙阶段的元素相互转化观点。

中并没有明确提出两者均为被压缩的火的观点（只有气被如此明确提及）。但我们没有强有力的理由认为克律希珀斯否认了压力的传递性，即如果水是被压缩的空气，空气是被压缩的火，水则最终是被压缩的火。若果真如此，由于土是被压缩的水，土也最终必定是被压缩的火。因此这段引文似乎是绝好的证据来证明克律希珀斯相信土、水、气事实上都是被压缩的火。

该文本没有区分火的两种形式，但我们可以假设，对于克律希珀斯而言，热和烈焰是两种不同形式的火，密度上彼此区别，热较烈焰密度更大。从密度最大的元素（土）到最稀薄的火（烈焰），这一完整进程如下所示：

土→水→气→火1（热）到火2（烈焰）①

这整个理论可以解释在克律希珀斯的学说中，气、水和土在宇宙大火中为什么没有被摧毁。如果我们紧跟克律希珀斯的元素理论就会得出，宇宙的躯体就是它似火的灵魂被压缩的一部分。火部分压缩成气、水以及土，这解释了宇宙的灵魂和[129]躯体在宇宙演化中的不同。但是当元素在宇宙大火中被解压或变薄，从而重新转化成最稀疏的火即烈焰时，这一区别也就消失了。②

这一宇宙大火概念建立于克律希珀斯所自取材并发展了的芝

---

① 在克律希珀斯观点中，任何事物若要转化自身成为"火2"，是否就必须先转化为"火1"（例如，土，不能直接转化为空气，但必须先转化为水），这是一个开放性问题。在宇宙大火这一特殊时期，答案可能是"不"。如果我们相信克律希珀斯继承了克勒昂忒斯的一个观点，认为热引起了土的燃烧，那么，他并不主张热是土向烈焰转化时的一个中间步骤，而是作为转化的原因。

② 一旦其他元素完全转化为烈焰，烈焰（我认为与克律希珀斯所说的大火之火一致）将要燃尽。在这一灭绝中无论留下的是什么，都将是原初实体，新的宇宙将从中脱胎而出。见导论和第四章。

诺的元素理论。① 然而,一种完全不同的元素概念出现在对克勒昂忒斯特殊的元素观进行记叙的如下文本中:西塞罗,《论神性》2.23-28(我们已在第2节探讨过),和司托拜俄斯,《物理学与伦理学读本》1.153.7-22(=《早期廊下派辑语》1.497,只有这份文献记叙了在宇宙论问题上,克勒昂忒斯不同于其他廊下派哲人的立场,尤其是芝诺的立场。比较1.152.19-153.6=《早期廊下派辑语》1.102)。在这两个文献中,并没有气、水和土由火所出的观点,更没有提到它们的相互转变只是火在密度上的变化。事实上,司托拜俄斯认为,在克勒昂忒斯的学说中,宇宙演化始于大火遗留下的一团火开始从宇宙外层向其中心增长(αὔξεσθαι)之时,这时开启了新的宇宙演化。② 考虑到其本质,这种增长并不像克律希珀斯所说的,是火通过逐渐压缩转变为其他元素时带来的;也不同于库珀在解释克律希珀斯宇宙生机论时(见第四章)所认为的,是宇宙演化中"原始水"孕育四元素时引起的。根据西塞罗《论神性》2.41,克勒昂忒斯理论的重点放在气、水和土包含火的观念上。火由内作用于它们并给它们以内聚力,而且从长远来看,还将不可避免地消耗它们。在这一理论中,四种元素似乎是不同并且均不可相互还原或转化的基本实体。请注意,克勒昂忒斯关于四种元素是彼此相互作用的不同实体的观点,从逻辑角度来看同克律希珀斯的观点是一致的。克律希珀斯认为一种元素比其他三种元素更基本,后三种是前一种被压缩的形态。为表明这一兼容性,让我们思考一下火使水结合的作用。从克律希珀斯的观点来看,这种作用是一团未被压缩的

---

① 如司托拜俄斯在《物理学与伦理学读本》1.129.3-4,即在那段引文所属章节的开始部分中明确指出的。

② 关于残余之火的概念,见斐洛,《论世界的不灭性》89;ἔφασαν ὅτι μετὰ τὴν ἐκπύρωσιν, ἐπειδὰν ὁ νέος κόσμος μέλλῃ δημιουργεῖσθαι, σύμπαν μὲν τὸ πῦρ οὐ σβέννυται, ποσὴ δέ τις αὐτοῦ μοῖρα ὑπολείπεται[他说在大火之后,由于新的宇宙将被创造出来,火就不会彻底熄灭,其中一部分应当保留了下来](斐洛并没有说明这一观点是哪个廊下派哲人提出的)。

火作用于另一团被压缩的火之上。然而,这点并没有得到我们掌握的克勒昂忒斯文献的支持,因此很有可能,克勒昂忒斯并没有觉察或发展出芝诺—克律希珀斯式模型与自身的模型之间的兼容性。①

5. 结　语

[130]克律希珀斯将廊下派关于宇宙大火的概念变得更为积极,这并不新奇。在他的理论中,毁灭和宇宙大火这两个概念不再彼此相连。② 我已经证明,若将这一演变作为宇宙不灭论证的一部分,就可以很好地理解它,它同时也表明了克勒昂忒斯宇宙论的张力。如其所做的,克勒昂忒斯并未主张:(1)大火毁灭宇宙;(2)火就是宇宙的灵魂,并且(3)在大火中,宇宙灵魂没有从其躯体中分离。这三个论点构成了非一致性的三元组,因为(2)和(3)的结合暗示了宇宙在大火中并未毁灭,而这却否定了(1)。克律希珀斯的宇宙不灭性概念的哲学基础是他的元素论。宇宙的不灭性需要其基本物质成分的不灭性,并且这些成分不会因为被大火之火消耗而毁灭。原因在于,这种消耗事实上是宇宙基本成分转化为了火,而这一转化无非是火在性质上的改变:火从压缩状态转向一个完全解压状态。克勒昂忒斯和克律希珀斯似乎用了非常相似的措辞来形容宇宙大火:前者认为在大火中"除了火,其他任何东西都不会留存"(relinqui nihil praeter ignem:西塞罗,《论神性》2.118),后者认为在大火中,宇宙将会"彻头彻尾地烈火般燃烧"(*διόλου πυρώδες*:普鲁塔克,《论廊下派的自相矛盾》1053B,《早期廊下派辑语》2.605,

---

① 有趣的是,某种事物可使自身结合在一起的观点,在刚刚提及的例子中有暗示,并为克律希珀斯所验证。见普鲁塔克,《驳廊下派的一般观念》1085C-E(《早期廊下派辑语》2.444)。

② 关于克律希珀斯对宇宙大火积极性的证明的充分讨论,见 Mansfeld 1979,页174-183。亦见 Mansfeld 1981,页304-309。

《希腊化哲人》46F）。不同在于，克勒昂忒斯基于自己关于火的概念，主张宇宙大火时期所有事物均被毁灭，而克律希珀斯的观点则明显不是这样。

至此，最后一个问题是，在大火时期只有宇宙的灵魂存在，那宇宙自身又怎么可能坚持得住呢？根据克律希珀斯的理论，一旦宇宙的躯体变成其灵魂，其灵魂就将以一种无实体的状态存在，直到新的宇宙演化开始，但宇宙自身并不会死亡。可它怎么做到的呢？这一问题迄今并未在我们考察过的文献中有任何的提及。从"无实体的宇宙灵魂存在"到"宇宙自身存在"的推理似乎还需要一项论据，即宇宙的同一性是由其灵魂确定的，而不是由它的躯体或者是灵魂与躯体的结合来确定的。在廊下派中可能有证据证明[131]这一论点，①但这里我将绕开这一问题，以留待其他场合讨论。

附 录

[132]廊下派至少还有两个对宇宙不灭性的证明值得我们思考。在接下来的内容中，我将对它们作一简要分析，并指出它们之间以及它们与克律希珀斯在普鲁塔克著作中的证明之间的本质区别。②

---

① 根据优西比乌斯的观点（《福音的预备》15.20.6，《早期廊下派辑语》2.809，《希腊化哲人》53W），"廊下派"相信"当我们的灵魂与躯体分离时，我们本身依然存在"（διαμένομεν ἡμεῖς ψυχαὶ γενόμενοι τοῦ σώματος χωρισθέντες）。相关理论即，我们的身份只由或主要由我们的灵魂所确定，该理论是某个传统的一部分，可以追溯至(托名)柏拉图《阿尔喀比亚德》(*Alcibiades*, 129D-131B)和亚里士多德《尼各马可伦理学》(*NE*, 9, 10, 1168b31-1169a3, 1177b26-1178a22, 以及库珀[1986, 页 144–180]对这些篇章的评注）。

② 除了这两个文本之外，亦见芝诺（收于《早期廊下派辑语》1.108 斐拉尔戈里俄斯[Philargurios]）和克律希珀斯的论述（收于优西比乌斯，《福音的预备》15.18.2，《早期廊下派辑语》2.596，《希腊化哲人》46K）。关于其他这些文本，我在本章中并不予以讨论，但它们似乎记叙了与此相同的证明。

在对《物理学》的评注中(《论亚里士多德〈物理学〉》1121. 12 - 15 Diels =《早期廊下派辑语》2. 576)，辛普利基俄斯将某种观点归于整个廊下派以及一些前苏格拉底哲人：

> 有些人断言宇宙是永恒的，但它并非一直相同，而是在一定时期的不同时间中有所差异，所以宇宙有生有灭，正如阿纳克西美涅斯，赫拉克利特，第欧根尼以及后来的廊下派所主张的。

我打算关注的观点是宇宙在某种意义上既是永恒的，也是可毁灭的(和可生成的)。假设在后一种情况下，毁灭由宇宙大火造成，那么从辛普利基俄斯发表的理论出发，在不同意义上，既可以说大火毁灭宇宙，也可以说大火没有毁灭宇宙。根据这段引文的解释，宇宙"并非一直相同，而是一定时期的不同时间有所差异"。通过分析问题中的非同一性——数值或性质上的——该问题至少可以通过两种方式来阐述。从数值上解读，一旦毁灭现有宇宙的大火平息，一个新的宇宙就将诞生，新的宇宙将在数值上不同于现有的，但是性质上与其同一。换言之，现有宇宙和新宇宙实为完全一致类型的不同符号。根据这一观点，即使其符号是可毁灭的，宇宙在类型上却是永恒的。另外从性质上解读，新的宇宙将从数值上等同于现有的，但又有某些性质上的不同。它们符号同一，并且从一个宇宙轮回到另一个，这一符号改变了宇宙的一些性质。据此，作为一个符号的宇宙是永恒的，尽管它的一些性质在大火中丧失并且在新的轮回中被不同性质替代。

关于这两种解读是否与廊下派原本的意图相匹配，辛普利基俄斯的文本态度模棱两可。但无论我们如何解释这个文本，这一理论为宇宙不灭性引证的理由都完全不同于克律希珀斯在普鲁塔克《论廊下派的自相矛盾》1052C 中的说法。此外，克律希珀斯[133]实际上会拒绝这两种解释中的任何一个。因为对他来说，已有证据证明在宇宙永恒轮回中,宇宙在数值和性质上均是同一的。① 因此,尽管上述理论对宇宙不灭有所证明,但这个证明应该完全有别于普鲁塔克著作中的证明。而且,它应该无法得到克律希珀斯的认同。

我们显然可以认为第二个证明属于克律希珀斯。虽然他并未明确表述过(至少不是完整表述),但仍可以从拉尔修对廊下派所作的某种区分——即区分了"宇宙"这个术语所具有的三个不同含义——的记叙中提取(《名哲言行录》7.137－138 =《早期廊下派辑语》2.526 =《希腊化哲人》45F)。这一区分被拉尔修归于整个廊下派,但还有文献直接认为属于克律希珀斯(司托拜俄斯,《物理学与伦理学读本》1.184.8－12,《早期廊下派辑语》2.527,《好战者狄都谟斯辑语》465.14－17),这强有力地暗示了该区分是其创新之处(也有证据表明珀赛多尼俄斯借用了这个创新;比较《名哲言行录》7.138 =《珀赛多尼俄斯》14)。以下为拉尔修的文本:

> 他们通过三种方式谈及宇宙:〈第一,〉它是神本身,而神是由所有实体组成的有特性的个体,是不灭的和非生成的,是宇宙秩序的创造者,按照固定的时间周期,为自己消耗尽整个实体,继而又将它们从自己那里产生出来;第二,他们还将宇宙视为宇宙秩序本身;第三,它是前面两者的结合。

这段引文中暗示了某种对宇宙不灭性的证明:(1)有一种观点认为,即使宇宙秩序被大火周期性地破坏,但从某种意义上讲,宇宙并非宇宙秩序本身,而是神,而宇宙秩序由神所创并消解成神;(2)神是不灭的;因此,(3)从一定意义上说,宇宙自身是不灭的。

---

① 关于数值上的同一,见阿弗洛底西亚的亚历山大,《论亚里士多德〈前分析篇〉》(*In Ar. A. Pr.*) 180.33－36 Wallies(《早期廊下派辑语》2.624)。关于性质上的同一,见涅美希俄斯,《论人性》111.20－112.3 Morani(《早期廊下派辑语》2.625)。

这个论证在一些重要方面同普鲁塔克著作中的证明相似。特别是,它们显然运用了相同的术语 ἀνάλωσις[消耗]来说明火如何作用于宇宙。正如在普鲁塔克著作中(ἐξανάλωσις, κατανάλωσις),这是一个火耗尽它(ἀναλίσκω)的过程。而且,就像辛普利基俄斯记录的论证,这个论证也拓展了一个重要的观点,即"宇宙"这个词汇可以在不同意义上使用。其中之一,就是它带来了不灭性(和不可生成性)的内涵。但这个论证与其他两个也有明显的不同之处。不像辛普利基俄斯那里的论证,在说明宇宙的不灭性时,不是通过引用类型—符号的区别,而是通过引用神:因为在某种意义上,宇宙同神一样是不灭的。这也是这个论证与普鲁塔克著作中的论证之间重要的不同点,后者支持宇宙的不灭性但没有诉诸关于神的观念。普鲁塔克记载的论证的关键在于,它将火视为宇宙的灵魂而非宇宙的质料或躯体。这并非借助关于神的观念,而是通过宇宙与动物之间的类比:它们各自的统一端赖于火。

[134]总之,我们不应认为辛普利基俄斯、拉尔修和普鲁塔克是在记叙同一种论证。他们记录的证明所期望的结论是一致的,即宇宙在大火中是不灭的。但他们著作中为了证明这一结论所根据的基础则不同:普鲁塔克记载的论证是基于物理学(元素转变),辛普利基俄斯的是逻辑学(区分类型和符号),拉尔修的是神学(神和宇宙的同一)。此外,辛普利基俄斯记叙的论证几乎不是克律希珀斯的。

参考文献

Algra, K. (2004) 'Eternity and the Concept of God in Early Stoicism', in G. van Riel and C. Mace (eds.), *Platonic Ideas and Concept Formation in Ancient and Medieval Thought* (Leuven: Leuven UP).

Besnier, B. (1996) 'La Nature dans le livre II du *De natura deorum* de Ciceron', in C. Levy (ed.), *Le Concept de nature à Rome: La Physique* (Paris: Presses de l'Ecole Normale Superieure).

Cooper, J. (1986) *Reason and Human Good in Aristotle* (Indianapolis, Ind.: Hackett).

Hahm, D. (1977) *The Origins of Stoic Cosmology* (Columbus, Ohio: Ohio State UP).

Long, A. A. (1990) 'Scepticism about Gods in Hellenistic Philosophy', in M. Griffith and D. Mastronarde (eds.), *Cabinet of the Muses: Essays on Classical and Comparative Literature in Honor of Thomas G. Rosenmeyer* (Atlanta, Ga.: Scholars Press).

——and Sedley, D. N. (1987) *The Hellenistic Philosophers* (2 vols. Cambridge: CUP).

Mansfeld, J. (1979) 'Providence and the Destruction of the Universe in Early Stoic Thought: With Some Remarks on the "Mysteries of Philosophy"', in M. J. Vermaseren (ed.), *Studies in Hellenistic Religions* (Leiden: Brill).

——(1981) 'Bad World and Demiurge: A "Gnostic" Motif from Parmenides and Empedocles to Lucretius and Philo', in R. van den Broek and M. J. Vermaseren (eds.), *Studies in Gnosticism and Hellenistic Religions* (Leiden: Brill).

——(1999) 'Theology', in K. Algra et al. (eds.), *Cambridge History of Hellenistic Philosophy* (Cambridge: CUP).

Salles, R. (2005) 'Ekpurosis and the Goodness of God in Cleanthes', *Phronesis*, 50(1): 56 – 78.

Sedley, D. (2002) 'The Origins of Stoic God', in D. Frede and A. Laks (eds.), *Traditions of Theology* (Leiden: Brill).

Solmsen, F. 1961: 'Cleanthes or Posidonius? The Basis of Stoic Physics', *Medelingen der Koninklijke Nederlandse Akademie van Wetenschappen, Afdeeling Letterkunde* 24.

第六章　从漫步派思想而来的廊下派主题?

库普瑞娃(Inna Kupreeva)
(苏格兰爱丁堡大学哲学系)

[135]有关亚里士多德与廊下派之间在自然哲学上的关系问题颇为复杂且备受争议。这涉及到早期廊下派是如何对待亚里士多德这样一个众所周知的议题。两者在论证方法上的各种密切关系表明,廊下派在表达他们自己的理论时,确实利用了亚里士多德的理论遗产;①但是,诸如廊下派著作中对亚里士多德的直接引用这样的证据并不能找到,由此我们又似乎可以合理地怀疑他们之间的联系。② 从后亚里士多德的漫步派,尤其是希腊化与后希腊化时期的该学派中,产生了一组相互关联却互不相同的议题,我们对此掌握的历史与文学上的证据,不及我们对罗马帝国时期的各个学派掌握的证据多。在学述概要中,廊下派与亚里士多德的立场常常离得很近。③ 学者们也指出两者在术语运用以及论据方面也有某些相似之处。④ 我们有证据表明,廊下派的某些成员受到了亚里士多德物理学说方面的影响。⑤ 另一方面,这两个学派在古代晚期的各种争论也保存完好。我们听说过阿弗洛底西亚的亚历山大反对廊下

---

① 该观点在 D. E. Hahm(1977)开创性的著作中得到了很好的说明。
② 该观点得到了 F. H. Sandbach(1985)的有力辩护。
③ 参照《我的学说》(*Propr. Plac.*)15.1 Nutton;《论自然官能》1.5.12;亚历山大,《论天意》3.12 Thillet。
④ 见下文页 140 – 141、150、154 – 155。
⑤ 《论混合物》3.216.9 – 15 Bruns。

派的激烈言论,公元二世纪末,他开始在雅典教授亚里士多德哲学——他对廊下派的抨击针对以下几个理论:混合说,决定论,形体论形而上学与心理学,元素理论,宇宙大火说。① 我们还听说,廊下派哲人克勒俄梅德斯就反驳亚里士多德派的"虚无"一说提出了各项论据。②

在这一章里,我只会针对几个文本做一个初步的概述,这些文本可以表明漫步派与廊下派之间在本源学说上存在密切的关系。我们的目的是弄清楚,在本章所考察的问题中,这些相似在何种程度上意味着某种真正共享的立场。本章的讨论依据材料而非主题进行编排。我首先从安提俄科斯的论述讲起,其论述关乎西塞罗《学园派》1.24–29 里"老学园派"之物理学;[136]接下来的第二节里,从漫步派哲人克里托拉俄斯的"物理学"辑语入手,意在考察这些是否有可能提供一定的基础,以论证安提俄科斯对漫步派之物理学有所吸收。第三节着手处理漫步派传统的廊下派化问题的"可疑"案例:克赛纳尔科斯反对第五物体(the fifth body)的论据,以及西顿的波厄托斯和大马士革的尼科拉俄斯关于"原初质料"概念的应用。在第四节中,我将考察阿弗洛底西亚的亚历山大关于以上内容的类似讨论。

1

关于"调和"廊下派与漫步派,阿斯卡隆人安提俄科斯(约公元前130—68年)的声明很可能是目前已知的最早论述之一。他重新创立了"老学园派"的哲学体系,该哲学体系为包括漫步派在内的三个学派所共享。西塞罗《学园派》1.6.24–29 中有个众所周知的

---

① 关于这些争论有几个详细的研究,参见 Todd 1976;Sharples 1993;Moraux 2001。关于亚历山大学园曾在雅典一说,见 Chaniotis 2004 中的资料。

② Bowen and Todd 2004。

文段,常为最近的一些文学作品拿来探讨。① 这个文段里有部分"物理学"内容,取自(瓦罗对话录里呈现的)一个关于安提俄科斯哲学体系的摘要。这个摘要的特色在于为我们理解安提俄科斯对"怀疑论"学园派的反驳提供了一部分学述背景。他的论证很复杂,且以"逻辑学"(或者说认识论)作为主战场。② 然而,那部分物理学内容也起到了一个非常重要的作用,因为一个共享的宇宙论框架会使得廊下派在运用认识论方法时显得更加自然。很显然,西塞罗作了很大的努力,来精确地呈现安提俄科斯这一方的论证。③

瓦罗在西塞罗的对话中代表安提俄科斯的立场,他说安提俄科斯的哲学体系的源头可以追溯到第三代掌门人珀勒蒙领导下的老学园派思想,珀勒蒙曾教授过基提翁的芝诺。芝诺的确对这种哲学体系"进行了改造",不过从内容上看,这种改造并不具有任何破坏性的目的。④ 实际上,与其伦理学与逻辑学相比较,"珀勒蒙"的物理学说受这种改变的影响似乎最小。在《学园派》1.39 中,瓦罗提到这个学说中仅有两点是为芝诺所反对的。第一点跟第五元素的存在性有关;第二点是关于芝诺的形体论论点,即无形体的东西不可能具有因果效应。下文会马上就这两点进行讨论。关于这个物理学说是否真的归属于珀勒蒙的问题,最近由 D. N. Sedly 作了详尽的考察,他主要基于对该学说与《蒂迈欧》物理学的各种相似性进行分析,并得出了肯定的结论。⑤ 以下文本可能是[137]西塞罗笔下的安提俄科斯从廊下派或者漫步派的资源中引入的,我会集中讨论该文本的特征。我将文本全文引录如下。

---

① Görler 1990;Sedley 2002;古里纳为本书撰写的第二章。

② 安提俄科斯本人的论战背景反映在,他反对斐洛"罗马书"(Roman Books)中的学园派史(对此可见 Brittain 2001,页 169 – 254)。

③ 《致阿提库斯》(*Att.*)13.19.5,引用和讨论见 Griffin 1997,页 16;亦见 Görler 1990,页 123 – 126;Brittain 2006,页 xxxv-xxxviii。

④ 《学园派》1.35。

⑤ Sedley 2002;比较 Frede 2005,页 217 – 219。

(1)24 关于自然,他们说:他们将其分成两个部分,一部分是积极的,另一部分则像是能被制作的东西,屈从于前一部分。他们认为力量属于积极的部分,而被称作质料的东西就在那受动的部分中;然而,由于任何质料若不被某种力量连结在一起就不会存在,而若质料不存在,则力量也不复存在,所以,质料与力量存在于彼此之中(正如不存在任何不能被限定于某处的事物那样)。不过,此二者所组成的就是他们所说的物体或者某类属性……。

(2)26……因此,这些属性中的某一些是原初的,另一些则从这些原初的属性中派生而来。原初的这些属性种类单一,也很简单,派生出的那些属性则很多样化,可谓种类繁多。因此,气(我们在拉丁语中也使用这个词)、火、水和土是第一位的,从中派生出各种有灵魂的事物,以及那些源自土的东西。因而,前种[属性]被称为本源和(从希腊语翻译过来的)元素;其中气和火拥有运动和生产的力量,其他两种,即水和火,拥有的则是接受或承受作用的[力量]。亚里士多德认为还有第五种,星辰和心灵就是由之所造的,它非常独特,完全不同于我上面提及的那四种。

(3)27 但是他们认为,所有不具有外形,且缺乏刚刚提及的这些属性(为使该词更为人熟悉,更加常见,我们还是不断重复使用它吧)的基本事物,乃是某种可称为质料的东西;万物以质料为模子,精制而成,质料可以接纳万物,它的任何一部分都可以经受任何一种改变,即使质料消亡了,也不是归于无,而是成了各个部分,这些部分仍可以切分且能无限地分割,因为本质上不存在不可分割的最小部分,所有运动中的事物都被可无限分割的间隔推动着。

(4)28 由于我们命名为"属性"的力量以这样的方式运动,由于它完全转向了这种方式,于是他们相信质料本身是同时运动的一个整体,那些被生产出来的属性被称为"定性"。从而,在具有内部凝聚力且连续性的整个自然中,一个宇宙从这些定性中生产出来了;在这个自然之外,既没有质料的任何部分,也没有物体,相反,世界上的所有事物[138]都是自然的一部分,这些部分受有感知能力的自然掌控,因为自然里寓居着完美的推理、同一和永恒(由于不存在更有力量的东西能使得自然消亡);

(5)29 他们说这个力量是世界的灵魂,是心灵和完美的智慧,他们称之为神。它对所有服从于它的东西来说是天意,首先向天体做出规定,然后再规定地上那些为人所关切的东西。他们也称它为必然性,因为任何东西都被这种力量确立在那命定的、不变的纽带一般的永恒秩序之中。有时候,他们又称它为偶然性,因为这种力量创造了许多东西,而由于这些东西的起因晦暗不清,同时我们又无知,因此我们对这些东西预料不到、措手不及。

1. 积极的(包括"力量")和消极的(包括"质料")这对本源,实际上早在忒俄弗拉斯托斯总结柏拉图的自然哲学时就已经形成了。① 但这段话里的用语同样很接近于廊下派。② "力量"这个词(即 δύναμις)在某些后来的记载中指的是积极的本源。③ 不过,这段话并没有明确告诉我们本源是否具有形体。从芝诺的"异议",以

---

① 辑语 230 FHSG(= 辛普利基俄斯《论亚里士多德〈物理学〉》25. 5 – 15 Diels);Sharples 1995,页 67 – 73,比较 Sedley 2002,页 63。

② 比较《名哲言行录》7. 134。

③ 《早期廊下派辑语》2. 311(= 恩披里柯《驳学问家》9. 75);2. 444(= 普鲁塔克《驳廊下派的一般观念》1085C);2. 1044(= 亚历山大《论混合物》225. 18 Br.)。这种用法亦参[亚里士多德]《论宇宙》(*De Mundo*),6,以及 Moraux 的讨论(1984,页 37 – 48)。

及从这段话对合成物概念的介绍方式来推测,这两个都不是有形体。① 另一方面,他们认为这两种本源无法脱离对方而存在,也就是无法脱离一个形体性实体而存在:这作为一种较弱意义上的非形体论,或许会打击到一些柏拉图主义思想家。② 使用"力量"这个词或许起源于柏拉图的《智术师》246A,里面 $δύναμις$ 这个词被用于确保"诸神"和"巨人"之间讨论时有一个必要的折中用语。③ 安提俄科斯的统一[139]方案在根本上同时顾及了"诸神"和"巨人",则这个词的使用可能有所意图。④

宇宙这个整体被其积极本源连结在一起,而这种本源被定义为神。这种论述稍后会出现(在(4)和(5)里),但对宇宙整体的哲学解释却一直没有明确统一(有三种可能的不同解释:廊下派一元论,柏拉图的二元论,还有亚里士多德的本源"多元论")。重要的是,我们发现神被等同为积极本源,而该本源是自然的一个部分。这切合了廊下派的内在性神学,但亚里士多德可能会认为,第一不动的推动者(the first unmoved mover)是一种超越性本源。⑤

2. 这段话没有表明,那些最初的属性到底以何种方法从积极和消极的本源中派生出来。四元素是根据四种元素性属性而设置

---

① 如果我们将 iam 看成是对前面那个从句的转折的话。

② 实际上,Brittain(2006,页 xxxii) 提到,安提俄科斯可能同时接受了芝诺的两处修正,其中一处与最初的那两种本源的形体性有关。

③ 《智术师》247D8-E4。讨论见 Brunschwig 1988 页 64 – 76,和库珀撰写的第四章(页 99 – 101)。毫无疑问,《智术师》中的这段话和安提俄科斯之间在本体论上并没有真正的可比性;而只能在这两个截然相对的立场之间建立起所用术语上的共同点(感谢萨勒斯向我提出了这个问题)。

④ 这里可以与《名哲言行录》7. 134 那个著名的文本问题联系起来。《苏伊达斯辞书》将《名哲言行录》7. 134 各主要抄本中的"物体"($σώματα$)读作"非形体的"($ἀσωμάτους$)(参照 Todd 1978;Frede 2005;库珀一文,页 97 – 101)。

⑤ 关于宇宙中原动者的地位的详细讨论,见 Sharples 2002,页 4 – 12。在《学园派》2. 121 中,西塞罗说话像一个斐洛主义怀疑论者,他指出漫步派的斯特拉托拒绝将神放在创世者的位置上。

出来的:这种说法接近于廊下派观点(很可能也是柏拉图的),但亚里士多德的派生方法里并没有这种说法。① 同样没有明确说明的是,从简单属性中如何生成出复杂属性,我们只知道,复杂形式是由简单形式以某种方式组成而来的(ex his ortae.... gignuntur[从中派生出……东西])。不过至少有一点很明显,关于这个问题有分别来自三个学派的三种不同说法(廊下派的彻底遍及和张力,柏拉图在《蒂迈欧》里所提到元素固体的混合,亚里士多德《论生成和消灭》1.10 里的混合物),但三者之间的差异却没有得到厘清。我们可以从文本接下来的论述推断出,这一生成过程一定在目的论上存在某种秩序。

将"第五元素"理论只归给亚里士多德(而非归给[柏拉图]、司彪希珀斯[Speusippus]、俄普斯的斐利珀斯[Philip of Opus])。② 在理解芝诺对第五元素的反对所具有的效力时,这就产生了一个问题:如果"第五元素"理论是珀勒蒙(或"老学园派")理论的修正,我们就不清楚亚里士多德何以称得上是这种理论的唯一支持者。如果只有亚里士多德对其进行了修正,那么我们则不清楚为什么同样的修正也出现在关于"老学园派"的上下文中。而且,这段话中将以太解释为星辰和心灵的材料,这在亚里士多德现存的文本里也没

---

① 参照《名哲言行录》7.136 – 137(=《早期廊下派辑语》2.580);伽伦《希珀克拉特斯的元素论》(*De Elem. Ex Hipp.*)。我们完全没有发现柏拉图对元素的几何学建构(在《学园派》1.6 里瓦罗有提到柏拉图的这种建构)。关于和《蒂迈欧》49D-E 的联系,见 Sedley 2002,页 58 及脚注 36。据亚里士多德称,每一种元素都有两种属性(《论生成和消灭》2.4),但其中的一种是"主导"属性。

② 参照[柏拉图],《厄庇诺米斯》(*Epin.*)981B-C;司彪希珀斯辑语 122 Isnardi =[扬布里柯],《数论的神学沉思》([Iambl.] *Theolog. Arithm.*);[柏拉图]的其他相关论述,收于克塞诺克拉特斯辑语 264 – 266 Isnardi Parente = 辛普利基俄斯《论亚里士多德〈物理学〉》。或许有人会问,《学园派》1.39 里面提到的芝诺的众前辈(superiores)当中是否有除了亚里士多德外的其他人。

有足够基础。① 将贡献归给亚里士多德,可能是为了标明安提俄科斯的言论和[140]几乎同时代的亚里士多德主义之间的差异,而犯下的一种年代错误。我们不久会看到以太理论源自克里托拉俄斯及其追随者。西塞罗对亚里士多德心理学的知识不仅仅基于他散失的显白著作;同时还来自后亚里士多德的漫步派的著述和记载,后者或许为西塞罗理解自己当时的漫步派学说提供了视角。② 虽然这段话中没有陈述安提俄科斯自己对"第五实体"的态度,但他可能支持廊下派—柏拉图的主流立场。③ 芝诺反对第五元素的态度不仅体现在这儿,也作为次要的技术问题出现在其他地方。④ 但后期亚里士多德传统思想里却不是这样的态度。⑤

3. 我们发现在廊下派文献里,质料被描述为一种无形式的、无定性的、接受改变的基质。⑥ 比起亚里士多德,"原初质料的各个部分可以经受改变"的观点更契合于柏拉图对容器的描写和廊下派的

---

① 经常有人认为这部分内容来自亚里士多德佚失的对话《论哲学》(De Philosophia,辑语 27 Rose)。参照 Untersteiner 1963,页 266;Moraux 1963,页 1222;Gigon 没有将这部分文本包括进他所编的辑语集。关于对《论哲学》"无所不包"的解释,具体的反对意见可见 Hahm 1982,比较 Furley 1989a,页 204 – 211。见下文页 149 – 150。

② 参照 Görler 1989;Furley 1989a;Sharples 2001,页 169 – 173。

③ 参照 Brittain 2006,页 xxxii。

④ 《论至善与极恶》3.12 – 13。

⑤ 参照亚历山大,《论混合物》10,以及下文页 151 – 156 和 161 – 164。

⑥ ἄποιος[无定性的],《名哲言行录》7.134(《早期廊下派辑语》1.85[芝诺],493[克勒昂忒斯],2.300;3.12[阿尔喀德谟斯]);恩披里柯《驳学问家》9.11(= 2.301)普罗提诺 2.4.1(= 2.320),辛普利基俄斯《论亚里士多德〈物理学〉》227.23(= 2.326);ἀσχημάτιστος[无形式的],奥利金《论演说》(Orat.)(= 2.318);伽伦《论疗法》(Meth. Med.),2.7.10.155 K.(= 2.322);2.326。柏拉图的理解见 Sedley 2002,页 55 – 56;对廊下派质料概念的阐释,见 Frede 2005,页 219 – 222;库珀一文,页 96 – 102;以及古里纳撰写的第三章。

质料理论。① 当有几次亚里士多德似乎要运用原初质料这个概念的时候,他并没有把原初质料当作一个集合概念来用,而是说它是一种相对于个别实体或某种特定的变化过程而言的事物。② 无限可分性这一论题在廊下派这里得到了充分证明,亚里士多德也对其做过解释(quae intervalla item infinite dividi possint[被可无限分割的间隔]中的 possint 指的应该是专门意义的潜能)。③

4. 积极本源被说成"以这样的方式"运动,"这样的方式"可能指它贯穿整个质料的能力。ultro citroque 可视为一种中性的、最普遍意义上的向各个方向的运动,或是气息的两种交互运动。④ 这种对积极本源穿过质料运动的描述当然与廊下派的思想相吻合。

这个段落的结尾确实与《蒂迈欧》有着更多联系:造物主用所有材料创造了宇宙,而宇宙是永恒的。⑤ 正如西塞罗在《学园派》的某处提到的,芝诺肯定不会放弃永恒这一主题,而会对它进行某些改造。⑥ 但考虑到这个段落的总结以"调和"作为总体[141]目标,则安提俄科斯可能准备视廊下派的这种理论为与其他两派的理论基本一致:根据廊下派思想,世界在每一个大年轮回(big annual cy-

---

① 《蒂迈欧》50A-C,[狄都谟斯]辑语 27,463.5 – 13 Diels。

② 《形而上学》7.3,1029a10 – 30;《论生成和消灭》2.1,329A24 – 32;比较 Charles 2004。最近的讨论见阿尔格拉 2004;Broadie 2004;Charles 2004。

③ 见《希腊化哲人》50,比较《早期廊下派辑语》482 – 491。这一点作为廊下派的思想遭到了极大地攻击,见[伽伦],《论无形的属性》109 – 161 Giusta(但请比较 Sedley 2002,页 67)。"被可无限分割的间隔"所推动的运动,这一理论与亚里士多德的理论有某种密切联系,亚氏理论后被斯特拉托所发展。参照辑语 82 Wehrli,Sorabji 1983,页 377 – 379。

④ 对此可见 Brittain 2006,页 98 注 25;Rackham 翻译为:"向前和向后的振动"。参照《早期廊下派辑语》2.451(= 涅美希俄斯《论人性》18.6 Morani)。但请比较 Sedley 2002,页 67 注 59。

⑤ 《蒂迈欧》32C-33B,41B。

⑥ 《学园派》2.119;参照 Donini 1982,页 79;Furley 1989a,页 203。

cle)后都会毁灭,但轮回过程本身是无限的。① 文本又一次抹平了从西塞罗的哲学见习期(Lehrjahre)之前就业已成熟的、三个学派对永恒问题的处理方式上的差异。②

5. 天意的学说在廊下派与柏拉图主义者之间有不一样的论述。③ 到了漫步派这里则变得更为复杂。亚里士多德没有对天意说过任何话,他接受的是自然目的论。他的继承人,忒俄弗拉斯托斯和斯特拉托则怀疑自然目的论的学说;西塞罗在《学园派》(42)里提到,斯特拉托在文献中拒绝天意的说法,并让他代表"斐洛主义"学园派向安提俄科斯主义者鲁库卢斯发言。④ 有一种天意说认为,天意存在于天上,而非存在于月下领域;从那可能是克里托拉俄斯的文献中,我们看到这种思想属于亚里士多德。⑤ 另一种天意论则在物种(而非个体)层面上涉及了月下世界的天意,这种思想直到阿弗洛底西亚的亚历山大那里才出现。⑥ 亚里士多德的学说中,天上有着严格的必然性规则,而月下领域则存在着偶然性和某种(假定的)必然性。将"必然性"和"偶然性"同时作为"天意"的同义词,这种用法虽然便捷,却是对亚里士多德思想的错误整合,可能都不能正确描述传统意义上的天意。西塞罗《学园派》中的这段文本清楚地表明,安提俄科斯挑拣了亚里士多德主义中特殊的一面,来为他的历史调和提供佐证,却将其他那些与他史料编纂计划不相符的亚里士多德派学说弃之不顾。安提俄科斯为了说明并加强在

---

① 参照 Mansfeld 1979;Long 1985,页 26 – 31;萨勒斯,页 126 – 129。
② 参照 Furley 1989a,页 201 – 204。
③ 见 Reydams-Schils 1999。
④ 《学园派》2. 120 – 121;参照忒俄弗拉斯托斯,《形而上学》(*Metaphysics*)10a22 – 11a12;斯特拉托辑语 32,33,35(Wehrli)。讨论见 Berryman 1996。
⑤ Sharples 2002,页 23;Mansfeld 1992,页 134 – 152,以及下文引用的克里托拉俄斯辑语 15 Wehrli。
⑥ Sharples 2002,页 18 – 36;《论天意》的各种译本:H. -J. Ruland(1976),S. Fzzo and M. Zonta(1999),P. Thillet(2003)。

特定问题上的立场,还采用了其他古代作者的论战性著作中常用的说明性方法,即通过学述性的前奏或插曲,以展现他的立场如何有着广泛的智识背景。在目的论、诸神的作用和心灵的本性这些主题上,廊下派和亚里士多德学派常常被人视为共同反对伊壁鸠鲁派学说的理论同盟。① 在论战性的文本里,比起他们所要携手面对的共同敌人,这对"同盟"学派之间现有的、众所周知的差异就变得不那么重要了。[142]总体而言,这段文本所勾勒的"老学园派"的哲学体系,看上去更加符合廊下派而非亚里士多德的思想。这或许是因为芝诺和珀勒蒙之间确实关系密切,又或者得益于安提俄科斯的改编。②

联系"标准的"亚里士多德学说,安提俄科斯的理论背景中一些观点需要得到澄清。积极本源被描述成内在固有的而不是外在超越的。元素理论与标准的亚里士多德观点有所不同(亚里士多德认为每个元素都由两种属性组成)。亚里士多德并没有明确把质料作为一种不具备属性的无形体消极本源来使用。③ 作为这种本源之性质的有形体或无形体的力量(在亚里士多德和廊下派解释里,这种本源都无法依自身而存在)仍然需要进行进一步研究。积极本源的运动在物理上产生内聚力,这种内聚力似乎又构建出宇宙的统一性;如果我们试着将这个模型用到亚里士多德笔下的宇宙上,那唯一可能充当这个积极本源角色的东西就是第一物体(天体),它们的运动尽管没有贯穿宇宙,仍引发了月下世界的所有进程。世界的永恒性问题(有种观点认为,这三个学派至少拥有三种不同解

---

① 这一技巧也被伽伦(见库普瑞娃 2004;Tieleman 2007)和阿弗洛底西亚的亚历山大(见 Todd 1976;Sharples 1983;Mansfeld 1988)所用。西塞罗同样有所运用,例见《论神性》(见 Furley 1989a,页 203 – 204)。关于学述技巧在广大古代作者中的运用,见 Mansfeld 1990。

② 见西塞罗对安提俄科斯的描述,《学园派》2. 132;参照 Görler 1990。

③ 可以证明,这在亚里士多德的哲学体系里并不是一个必然矛盾,但这是题外话(阿尔格拉 2004,页 92 – 94)。

释)却没有凸显出来。"天意"明显不是一个从亚里士多德的哲学词汇中得来的词。① 但那种坚持三个学派之间可"调和"的思想认为,亚里士多德学派坚信天意的存在。现在的问题在于,这种亚里士多德主义是否只是一种有倾向的学述建构的结果,以及当时的亚里士多德学派是否发展出了什么学说能够证明这些特殊性。

2

在这一节中,我会考察法塞利斯(Phaselis)人克里托拉俄斯的几条宇宙论辑语。克里托拉俄斯是吕克昂学园的领导人,其活跃时期比安提俄科斯早了两代人的时间。② 厄皮法尼俄斯曾提到克里托拉俄斯:

> 亚里士多德是尼各马可(Nicomachus)的儿子,有文献记载他原为斯塔基拉(Stagira)的马其顿人,也有其他文献认为他是色雷斯人(Thracian)。他说有两种本源,神和质料,月球以上的事物属于神圣天意的作用范围,月球以下的事物的存在则没有受到规定,而是被某种非理性的驱动所偶然地支配。[143]他说有两个世界,上面的和下面的,上面的世界不会腐朽,下面的世界则有朽。他还说,灵魂是身体持续的活动(endelekheia)……而法塞利斯人克里托拉俄斯相信亚里士多德的观点。③

文本中总结的思想可以追溯到克里托拉俄斯,虽然在那里这点

---

① menomai 在亚里士多德文集中的几次出现都是非技术性的。

② 关于克里托拉俄斯的年表,见 Olivier 1895 页 6; Wehrli 1969(第二版),页 63-64; Dorandi 1999,页 37。关于他在希腊化漫步派历史中的位置研究,见 Sedley 1989,页 117-118。

③ 辑语 15 Wehrli = 厄皮法尼俄斯《驳异端》3.31(592.9-14,19 Diels)。

不是很确定,但不失为一种可能的推测。① 文本主要论述的思想和安提俄科斯的总结并没有太大差异。两种本源被描述成"神和质料",这使我们想到西塞罗的瓦罗,他也谈到力量(神)和质料。② endelekheia 这个词可能是 entelekheia 的误写。这到底只是抄写上的错误,还是对原始文本(不管是什么原始文本)的一种解读,我们已经不得而知,③但关于这段话的漫步派起源,这个词已经是我们所能找到的最好的证据。将宇宙分成两个不同部分的这一思想,可以解释为亚里士多德对月下区域和天上世界的区分:月下领域是生成的和有朽的,天上世界则不会毁灭。我们在前一节可以看到,如果安提俄科斯的总结中确实也包含了漫步派,那么漫步派就应该坚信某种可能是在那些竞争学派的压力之下发展出来的天意理论。厄皮法尼俄斯在这一点上与西塞罗或安提俄科斯的意见一致,明显不同意这种理论的实质内容。

对克里托拉俄斯宇宙论最为详尽的记述,来自斐洛的《论世界的不灭性》,这里面有他对世界永恒性的论证。④ 这些论证很能引起我们兴趣,因为其中呈现的漫步派立场与柏拉图《蒂迈欧》和廊下派的立场都不同。⑤ 我们可能从中窥见漫步派立场所处的智识环境,虽然我们已很难知晓克里托拉俄斯在这些文段中所用材料的

---

① Wehrli 1969;Sharples 2002。

② Wehrli 认为,这里的记述或许是厄皮法尼俄斯没有区分漫步派和毕达哥拉斯学派的结果。据他来看,这应该是对宇宙二分法的解释。关于将厄皮法尼俄斯作为思想资源的批评,见 Sharples 1998,页 104 注 296。

③ Wehrli(前揭书)质疑厄皮法尼俄斯的文本(这或许是对的)。另一方面,比较西塞罗,《图斯库卢姆清谈录》1.22(见 J. E. King[前揭书]的注解)。感谢萨勒斯提出了此点疑问。

④ 关于这处文本的原创作者和结构的问题,见 Runia 1981,页 105 – 112。

⑤ 关于斐洛这部论著里这三个学派的立场的地位,见 Runia 1981,页 112 – 121。

确切数量。① Wehrli 所刊出的第一个论证如下：

> 而克里托拉俄斯，他是崇敬缪斯(Muses)的人之一，漫步派哲学的拥护者。他用如下理由支持宇宙永恒性的学说："假如宇宙曾经生成，那地球也一定曾经生成了；但假如[144]地球是生成的，那么人类必定也同样如此；但人不是生成的，他是一种永恒的存在，正如我们将会表明的。因此宇宙也是永恒的。"②

跟着这段辑语所提到的人类永恒性的证据被另一种观点所拒斥，这种观点认为人类不是永恒的，而是被生成的存在。③ 这种反对意见的来源并不完全清楚，④但应该注意到，忒俄弗拉斯托斯有一番反对世界永恒性的论证，结构上与之形成对应："假如世界是永恒的，那么人类就一定是永恒的；但实际上世界不是永恒的，很明显它最近的源头是技艺。"⑤在斐洛的记述中，忒俄弗拉斯托斯的论证是在反驳其对手们那不可能的假设。在上述论证之后的文本中，克里托拉俄斯则将焦点放在不可能的结果上，这种不可能的结果由如

---

① Wehrli 只刊出了两个论证；Olivier 1895,页16 - 18,列出了五个(或许四个,这得看怎么解释了)；同时 Arnaldez(1969)指出第74章开头出现了第三人称(克里托拉俄斯)，这或许使我们能够添加一些从第74至75章而来的材料。斐洛的记述可能有所篡改：学者们指出,有时很难确定这些修辞散文到底来自克里托拉俄斯还是作者。不过,我们或许可以从这些展示同类学说的文本中追踪到一些关键内容。
② 辑语 13 Wehrli(斐洛,《论世界的不灭性》55)。
③ 章 56 - 69。
④ Arnaldez(1969)通过参阅恩披里柯《驳学问家》9.28 而认为是源自廊下派(恩披里柯记述了当时最近的廊下派的论证,他们证明初民们是地球上所生的；其上下文语境是关于人对神的概念的起源)。
⑤ 章 130 - 131(论证),145 - 149(忒俄弗拉斯托斯的反驳),这些作为忒俄弗拉斯托斯辑语 184(FHSG)的一部分而得到重刊。

下反对意见所导致,那就是人类(或生命有机体)是地球上所生的。① 这一证据的结尾引出了一个亚里士多德(也是柏拉图)的论点,即只有通过生物物种的不断繁衍,人才能获得不朽。② 值得注意的是,这与同一文献中所载的忒俄弗拉斯托斯的论证存在着连续性。这一证据所确立的总体立场并没有严格与亚里士多德的区分开。

Wehrli 所引述的第二个论证如下:

> 克里托拉俄斯还用如下的论证来继续他的攻击:"如果某生物之所以健康是因为它自己,则它本来就是没有生病的;同样地,如果某生物之所以醒着是因为它自己,则它本来就是醒着的;倘若确实如此,那么,如果某东西是它自身存在的原因,则它本来就是永恒的;但宇宙是它自身存在的原因,因为它是其他万物存在的原因。因此,宇宙是永恒的。"③

[145]此番论述篇幅实在太小,以致我们无法从中找到其确切的哲学背景。④ 疾病在文中出现得较早,举其为例是为了证明某种内在原因引起的毁灭。⑤ 斐洛也引述了《蒂迈欧》32B5-C1,里面柏

---

① 这一论证能够反驳卢克莱修(5.795 – 836)的思想;参照 Sedley 1998 页 166 – 185,那里在忒俄弗拉斯托斯和卢克莱修之间建立了可能联系。

② 见第 69 章(Cohn)的总结部分。没有确切证据(也没有二手证据)证明这段总结来自克里托拉俄斯本人。有些话也许借自斐洛(参照 Arnaldez 对第 63 章的讨论),但此番论证能很好地解释辑语 13 里的简明叙述,且可立即接上克里托拉俄斯所作的下一番论证(= 辑语 12 Wehrli)。Sharples 1997,页 160 正确对比了亚里士多德在《论生成和消灭》2.10 里的推论,但天体运动显然并没有被克里托拉俄斯引来作为一种因。

③ 辑语 12 Wehrli。

④ Olivier(1895,页 17)认为,斐洛省略了他所依据的文献的部分内容。

⑤ 章 20。

拉图解释道,宇宙中元素之间相互平衡的结构导致宇宙不受疾病和衰老折磨。① 克里托拉俄斯的第二个论证有可能意在 ad hominem[凭借个人偏好],强调柏拉图在《蒂迈欧》里的推论,声称后者强大到足够证明宇宙的永恒性,而不是只能证明宇宙不可毁灭。但克里托拉俄斯自己到底是不是这一方案的原创,我们不得而知。②

另外,这番论证的特定背景不甚明确,它似乎以这些主要观念为分析基础:

(1)如果 x 是它自身状态 P 的原因,那么它就处在状态 P 中。
(2)如果 x 是它自身存在的原因,那么它就存在。
(3)宇宙[永远]是它自身存在的原因。
(3′)因为宇宙是任何其他事物存在的原因。
(3″)也就是说,宇宙是它任何状态存在的原因。
(4)所以宇宙[永远]存在,也就是说是永恒的。

这些观点似乎显示,一件事物要成为自身状态的原因,就必须处在那个状态中。与此相反的例子则是由外部原因造成的状态,此时的事物不需要处在那种状态中(比如,当健康状态是由药物获得的;或醒着是由于闹钟响了)。关于世界和它的状态,(3′)和(3″)似乎提出了一项假设,世界整体永远是任何进程的原因,所以它是自身任何状态的原因,且是自身存在的原因。③ 这段论证中的假设看上去确实存在问题,因为这里没有说清楚什么能够保证所有进程或状态得到永久的供给,而世界的存在取决于进程或状态的存在。④ 或许可以把它作为对"世界的毁灭来自世界组成部分的毁

---

① 章 25。ἄγρυπνον 这个术语或许意为活动的状态。
② 它可能来自斐洛(参照 Runia 1981,页 83 – 84)或忒俄弗拉斯托斯(参照 Sedley 1998,页 172)。
③ 这里明显可以比较《蒂迈欧》32C-33B。
④ Olivier(1895,页 17)将这称为"本体论的论证";Arnaldez(1969)引用《斐多》(*Phaedo*)105C 作为类比。

灭"这一论点的回应,因为世界中的任何进程,甚至毁灭的进程都由世界本身作为原因(所以世界永远是从局部毁灭,而不是从整体毁灭)。要明确克里托拉俄斯的对手们是谁也并不容易。不能排除廊下派作为他的对手的可能性。① 但另一方面,据记载,与他[146]同时代或几乎同时代的廊下派并没有完全恪守宇宙大火理论。②

当然,这一切并没有使我们得知很多关于克里托拉俄斯的宇宙结构分析的细节。我们只能推测,克里托拉俄斯认识到了亚里士多德宇宙学说里的主要观念(第一不动的推动者所用的因果关系的类型与机制,天体及其与不动本源之间的关系),至于他对这众多有争议的解释到底持什么态度,却不甚明确。③

辑语 16 认为克里托拉俄斯和推罗人狄俄多若斯(Diodorus of Tyre)有过这样的观点:"[神]是从无感觉的以太中[而来]的理智。"④介词 ἀπό 即"从……中"(from),用在这里有点问题。Olivier 将这解释为理智——也就是亚里士多德的神——拥有质料性的构造。⑤ 但这也可能更为一般地指向理智在宇宙上层的活动的起源,由此似乎表明了从恒星领域的向下运动,但文本太过简略,一些细

---

① 正如他们可能也是忒俄弗拉斯托斯的对手(参照 Runia 1981;Sedley 1998)。比较 Olivier 1895,页 17 – 19。

② 巴比伦的第欧根尼(《早期廊下派辑语》3.27);西顿的波厄托斯(《早期廊下派辑语》3.7)。

③ 参照 Sharples 2002,页 14。同时还要注意到斐洛对克律希珀斯关于 Dion 和 Theon 的例子的批判:例子是被重新阐述过了的,其中将 Dion 比作整个宇宙,而 Theon(Dion 没有一条腿的部分)则比为他的"统治"部分(灵魂)。克律希珀斯(通过截断 Dion 一条腿的)思想实验会导致整个宇宙可以不需要其统治部分而存活(斐洛,《论世界的不灭性》50 – 51)。

④ 辑语 16 Wehrli(司托拜俄斯《物理学与伦理学读本》1.1.29b = "埃提俄斯"1.7.21)。参照 Sharples 2002,页 14;Mansfeld 1992,页 134 – 139。

⑤ Olivier 1895,页 44 – 46。Olivier 认为廊下派对漫步派的影响可能要早于对克里托拉俄斯的,但同时认为克里托拉俄斯自己在物理学说上对廊下派没有让步(与在伦理学上相反)。

节问题只能靠推测。唯一没有争议的是,文本参考了亚里士多德《形而上学》12.9 里的思想之神(thought-god)。

宇宙结构的问题与天意的问题密切相关。辑语 15(Wehrli)可以证明,在有文献记载的后亚里士多德传统的思想家中,可能是克里托拉俄斯最早认为在宇宙上层里有着天意,而在月下区域则没有。① 他的观点似乎比"安提俄科斯的"看法更为严苛,后者觉得神圣天意仍旧通过某种方式掌控着月下世界,只是掌控程度弱化了。其他许多漫步派文献中也有相似的论述,认为月下世界有种"弱化的"天意。比如[亚里士多德]《论宇宙》(6)称,最高的神通过中介物掌控月下世界,②就像波斯国王那样,虽然自己不参与任何国家事务,但仍通过任命代理者来行使权力。③ [147]但这个类比的政治特性反而难以"充分"阐释这种神圣存在的分离或"超越"。实际上,亚里士多德在《形而上学》12.10(1075a13 - 15)里用军队的比喻时也有类似的问题。另一方面,我们还可以对比反廊下派的作者们在批判廊下派的神学理论时所用的政治性比喻:积极本源的形体性以及关于它的充分贯穿的学说,使宙斯同普罗透斯(Proteus)、同所有较低等的自然事物构成了对比。④

由于原始文献匮乏,我们极难确定这两种后亚里士多德漫步派的天意学说之间的关系。在辑语 37 里,克里托拉俄斯把宇宙的神当成一个政治隐喻来使用。这段辑语基于两份记述,辑语 37a 来自普鲁塔克的讨论(见《政事要则》),即一个公共人物是否应该直接

---

① 关于这一学说源于克里托拉俄斯,主要的证据是上文中厄皮法尼俄斯的那段记述;但这种学说在很多后期学述文献中也被认为来自亚里士多德(讨论见 Mueller 1994;Sharples 2002)。正如我们在后面会看到的,阿弗洛底西亚的亚历山大关注了对这种学说的某些版本的辩护。

② 《论宇宙》397b25 - 30。比较亚历山大,《问题集》48.5 - 8 Bruns。

③ 《论宇宙》398a6-b28。讨论见 Moraux 1984,页 37 - 48;Sharples 2002,页 25 - 26;Fazzo 2002,页 185。

④ 比较[伽伦],《论无形的属性》(20 Giusta)。

介入他所负责的琐屑事情，还是说他只需要操心最重要的事情，而与其他所有事情保持庄严的距离。普鲁塔克记述了克里托拉俄斯的观点：

> 但还有其他人认为，伯利克勒斯（Pericles）的举止更为庄严、杰出，其中一人是漫步派的克里托拉俄斯，他声称雅典舰船"萨拉米尼亚号"（Salaminia）和"帕拉洛斯号"（Paralus）不需要为所有事情出海，而只因某些必须且重要的任务而出动，同样，治国者应该也让自己忙于最重要、最有意义的事，如同宇宙的王那样，
>
> 神只管大事，
> 而把所遇之小事交给偶然，
>
> 欧里庇得斯就是这么说的。（《政事要则》811C10-D7，Fowler 译）

这里的类比所产生的效果跟《形而上学》12.10 和《论宇宙》中的完全相反。这部分辑语是政治性的，最高的神被引来作比政治家。特别是对欧里庇得斯的引用，字里行间似乎支持了厄皮法尼俄斯的记述。辑语的第二部分则出自《伯利克勒斯传》（Life of Pericles），里面所赞同的天意论似乎不如前面那么严苛：

> 他［伯利克勒斯］避免经常露面和傲慢无礼，貌似与民众保持一定距离地接触，既不对每一个问题都发表言论，也不总是在集会上主动发言，克里托拉俄斯说他就像"萨拉米尼亚号"战舰那样，让自己关心大事情，而派他的朋友、同志作为他的发言人去留意其他事。（《伯利克勒斯传》7 = 克里托拉俄斯辑语 37b Wehrli）

这里没有"神的"例子:要么这里面克里托拉俄斯没有给出这个例子,要么普鲁塔克因为体裁上的原因把例子省去了。

[148]如果这整段辑语和辑语15都可回溯到克里托拉俄斯那里,①那就可能意味着厄皮法尼俄斯所归纳的"二元论"形态的天意,和用人类的代理者(治国者、将军)来类比说明的"弱化的天意"之间是一致的。这或许暗示了,月下区域在某种(也许很低)程度上含有天意。② 我们不知道克里托拉俄斯自己有没有什么好的办法来协调这两种可能的天意论。但他的调和(如果有的话)想必不会是把廊下派的天意学说进行简单调整,使之尽可能地适应于亚里士多德的框架。③ 漫步派对政治和军队的比喻的使用,似乎显示了他们在讨论天意时有一个转变,从关注对目的论的批判,转向了证明第一本源先对月下区域产生因果影响。④ 而厄皮法尼俄斯的天意论可以反映出第一种倾向。⑤ 对亚里士多德立场的相似解释可

---

① Ian Mueller 对欧里庇得斯那句话的来源提出了一个疑问(1994 页155 注42)。实际上,欧里庇得斯的这句话(有一个微小的改动)也在普鲁塔克的《论制怒》(*De Cohibenda Ira*)464A 里出现过,里面也是围绕极为相似的道德主题。很难确定普鲁塔克的引用来源:他的每次引用似乎都是凭着记忆(他对克里托拉俄斯的引用亦如此)。但克里托拉俄斯并非不可能引用欧里庇得斯(见 Olivier 1895,页27-28,里面讨论了克里托拉俄斯那里的相关主题,以及这条欧里庇得斯辑语的可能来源)。他们都把该引文置于政治语境中,这或许也可以表明他们利用了同样的文献。

② 不同观点见 Sharples 2002,页23 注109。

③ Morauxz 在分析《论宇宙》(6)时指出,使用廊下派的语言和意象并不意味着作者试图"廊下派化"漫步派的理论;相反,作者要做的是强调亚里士多德学说的独特性(Moraux 1984,页38-39、78-79)。而学述概要里那些"强烈的"表述或许是原始著作里强调某些内容的结果。

④ 尤其参见上述关于世界永恒性的第二个论证(页144-145)。

⑤ 亚里士多德在某些关键文本中所强调的天上和月下两个世界之间的严格区分(《形而上学》12.8;《论生成和消灭》2.11),或许也具有这种倾向。

见于其他一些原始文献;我们很容易就能看出这种解释如何服务于论战目的。① 第二种天意论则可被另一种不同类型的论战性学述所采纳,比如被安提俄科斯采纳。然而,这种张力看起来很明显是源自亚里士多德的哲学体系本身。②

我们已经看到,瓦罗在《学园派》1.26 认为亚里士多德曾提出第五元素是创造众星和心灵所需的质料。③ 亚里士多德的众多著作里并没有对这种理论有明显的论述。④ 另一方面,廊下派确实相信,灵魂来自于多种形态的火,而这火也是天上领域中的美好实体。⑤

[149]根据德尔图良(Tertullian)的描述,克里托拉俄斯圈子中的漫步派哲人相信,环绕着宇宙的以太是某种形式下人类灵魂的存在来源:

---

① 参照阿提库斯辑语 3,里面对比了亚里士多德和伊壁鸠鲁的立场。
② 参照 Sharples 2002,页 23–24。
③ 见上文对《学园派》1.26 的引述(对其更多的提及和讨论见 Moraxux 1963,页 1212–1222)。
④ 见 Hahm(1982)和 Furley(1989a,页 204–211)对《论哲学》的讨论;参照下文页 152。
⑤ 《早期廊下派辑语》2.1021(=《名哲言行录》7.147),1.124(=肯索里努斯《论生辰》[Cens. De Die Nat.] 4.10);1.126(=瓦罗《论拉丁语》[Ling. Lat.] 5.59),2.423(=奥古斯丁《上帝之城》8.5);克勒昂忒斯(《早期廊下派辑语》1.504);Mansfeld 1992,页 139–140,比较库珀一文,页 103–107。Mansfeld(1992,页 139 注 17)发现《学园派》1.39 里关于芝诺拒绝第五元素的记载非常奇怪,因为里面的论点很接近芝诺自己的理论。如果这份记载是有根据的,那么芝诺批评的主要对象就不是灵魂的以太构成,而是亚里士多德的以太的本质,即它是无感觉的且不与其他元素混合。根据廊下派的理论,这种类型的以太不可能既作为灵魂的材料而又不会造成理论中的前后矛盾;而芝诺或许想要让自己远离这种第五元素的概念(尽管廊下派元素学说中的 πῦρ τεχνικόν 有着不同的本质)。

> 我并不仅仅指那些用可见的物体性成分造出[灵魂]的人……比如克里托拉俄斯和他的漫步派用了某种第五实体,如果它确实会因为围绕着物体所以就也是种物体的话。我所指的还有廊下派,虽然他们几乎是在用我们的话说,飘动和精神是紧密联系的,则灵魂就是精神,但他们还乐于说服我们,灵魂就是物体。①

对此马克若庇乌斯(Macrobius)表示附议:"漫步派的克里托拉俄斯[说],灵魂是由第五实体组成的。"②

人类的灵魂由天上的实体所组成,这种观点可以视为标志着一种"廊下派化的"态度。③ 但我们也已指出,解释这种描述可能还得基于亚里士多德文集中的文本。根据传统的解释,《论动物的生成》(GA)2.3 中那个关于 νοῦς θύραθεν[外在的理智]的、有时被标上星号的段落,指明了神圣理智对人类灵魂的直接影响。④ 同样,《欧台谟伦理学》(EE)8.2 中那段有关正确欲望的来源的艰深文本,一般认为是指明了我们灵魂里的神圣元素。⑤ 我们注意到,克里托拉俄斯和漫步派被德尔图良与廊下派思想分离开来,德尔图良认为克里托拉俄斯和漫步派是比廊下派更忠实的"形体论者",但他们那神圣物体的形体性比廊下派的更难以捉摸,因其神圣物体不是一种

---

① 德尔图良《论灵魂》[An.]1.5 = 克里托拉俄斯辑语 17 Wehrli。
② 《西庇阿之梦》(In. Somn. Scip.)1.1420 = 克里托拉俄斯辑语 18 Wehrli。
③ 参照 Mansfeld 1992,页 139–140;上文页 148。
④ 《论动物的生成》2.1,731b24-32al。不带夸大的现代解读,见 Freudenthal 1995,页 37;Caston 1999,页 215–216;关于精子的质料,见 Rashed 2007,页 287–291。
⑤ 《欧台谟伦理学》8.2,1248a16–33,参照 Sharples 2002,页 11–12;van der Eijk 2005,页 32–41。

物体内的精神。①

根据西塞罗在《论预言》里的叙述,克拉提珀斯(Cratippus)曾是安提俄科斯的学生,后离开学园派而求学于漫步派,他教诲说,人类灵魂部分地拥有某种神圣的起源。②

> 人类灵魂在一定程度上来源于某种外在于它的事物。因此,我们就能理解,人类灵魂之外有一种神圣的灵魂,而神圣灵魂唤起了人类[150]灵魂。此外,人类灵魂里被赋予感觉、运动和欲望能力的那部分与身体活动密不可分,然而负责思考和理性的那部分则在去除了身体的束缚时才最为活跃。(《论预言》1.70,Rackham 译)

能显示这一观念的最自然的相关文本,当然就是《蒂迈欧》,但关于神圣灵魂和人类灵魂的状态问题还是需要得到一些澄清。在这种灵魂论里,没有给以太这个物体以任何位置,也没有建构出更加确切一些的宇宙论框架。我们很难弄清楚克拉提珀斯原初的思想,所以若从中得出结论,说这种思想与当时漫步派的理论相适应,未免太过鲁莽。但依据这一引述的段落,我们至少可以认为,这种适应问题并不会决定性地影响克拉提珀斯对新学派的效忠,这始于西塞罗,因为他相信世界灵魂,同时算得上是一个正儿八经的漫步派哲人。③

---

① 文本关于廊下派的评述或许仅仅指向术语层面(在德尔图良看来,原本该用 πνεῦμα[气息]这个词),但整个的记述可能还部分地基于医学传统。关于德尔图良的思想来源,见 Waszink 1947,页 22* – 44*;最近的见 Polito 2006,页 316 – 321。这种描述并没有再次引起厄皮法尼俄斯的 endelekheia 和其他的争论。

② Moraux 1973,页 223 – 256。

③ 早期学者试图阐明克拉提珀斯的自然预言理论来自廊下派思想,而这遭到了 Moraux 的反驳(1973,页 242 – 256)。

对克里托拉俄斯辑语进行非常简单的审视后发现,某些具有"廊下派化"特征的思想与《学园派》1.26-29 里安提俄科斯调和后的思想相似(两种本源、对某种天意论的恪守、灵魂由以太构成),这些思想在几乎同时代的漫步派学说里也有出现。然而,它们真正的理论背景似乎来自于漫步派的传统议题,并反映了亚里士多德传统中的一些问题。克里托拉俄斯所论证的世界永恒性原则就具有这种特征,因为他所恪守的这一原则乃由忒俄弗拉斯托斯等早期漫步派哲人提出。

3

在这一节中,我将讨论克赛纳尔科斯反对第五物体的论述,还有安德若尼科斯(Andronicus)之后的某些漫步派(波厄托斯和大马士革的尼科拉俄斯)的文献里所使用的原初质料概念。安德若尼科斯常被人提到的事是他编订亚里士多德文集。① 他的编订工作的细节已经难以考证,Barnes 正确地提醒我们,不能将安德若尼科斯的工作看成一种可能是持续且复杂的思想进程中的唯一一座里程碑。但在某种程度上,安德若尼科斯的工作仍可算得上是一座能够带来便利的里程碑,因为它标识出了一群漫步派哲人致力于解决"我们的"(或至少 nostratic[吾族的])亚里士多德文本在注释和理论上的问题。也有迹象表明,那一代的漫步派中有些哲人受到了廊下派哲学的影响。②

---

① 关于安德若尼科斯及其编本,见 Moraux 1973,页 45-141;Barnes 1997,页 21-66。关于波厄托斯和克赛纳尔科斯可能是安德若尼科斯学生的提议,见 Moraux 1973,页 197。

② 关于克赛纳尔科斯,见 Moraux 1973,页 211-212;Gottschalk 1987,页 1120;关于波厄托斯和安德若尼科斯,例见 Sorabji 1999,页 103-105。

第五元素

[151]塞琉西亚的克赛纳尔科斯在其论著《驳第五实体》(*Against the Fifth Substance*)里批评了亚里士多德的以太理论。① 他有时被描述为一个"名义上"的漫步派而实际上的廊下派,我们至少可以说,他是个深受廊下派哲学影响的哲人。② 在辛普利基俄斯的记录中,克赛纳尔科斯反对亚里士多德,与此同时,阿弗洛底西亚的亚历山大对其作出了回应。辛普利基俄斯的记述中,在两个或许有所重叠的主题下有两套关于《论天》(*Cael.*)1.2 的论述(268b11-269a18 和 269a18-32),而这两个主题在辛普利基俄斯文体的其他地方也有出现。③ 下面的论证就出自辛普利基俄斯:

(1)亚里士多德把简单线条分为直线和圆形,这是有问题的;圆柱形螺旋线同样是简单的线条(引自辛普利基俄斯,《论亚里士多德〈论天〉》(*In Cael.*)13.22–28,14.14–21)。

(2)每一种简单物体都只会一种简单运动,这种观点是不正确的:当物体仍旧在变成完整元素的过程中时,它们有亚里士多德所说的直线型简单运动;一旦它们达到了其自然位置,成了完整的元素,它们中的一些(就是气和火)就能做圆周运动(21.33–22.17 = 42.10–14)。

(3)有两种版本:(3′)一种复合的物体或许一般倾向于做一种简单的运动(亚历山大)(23.24–26)。(3″)有无数的复合运动,但没有无数的复合物体(辛普利基俄斯)(23.11–15)。

---

① 对这部论著的辑语的编订和充分研究至今阙如。关于文本源流的富有助益的讨论见 Rescigno 2004,页 73–80。

② 见上文页 150。

③ 对其中某些论证的讨论见 Falcon 2001,页 150–174;Hankinson 2002/2003;Sorabji(2007)对所有论证进行了综述。

(4)甚至在亚里士多德看来,每一种中间元素(水和气)都会两种自然运动;所以,火并非不可能有两种运动(一种直线向上,另一种圆周运动,这得视它所处的位置而定)(23.31-24.7)。

(5)圆周运动的物体不可能是简单物,因为它的不同部分以不同的速度(在赤道上和在两极上)运动(24.21-27=42.8-10)。

(6)亚里士多德在(ad hominem[凭借个人偏好])用数学论证方法证明他的物理学论点时,犯了一个方法论上的错误(25.11-13=42.7-8)。

(7)亚里士多德有个证据认为圆周运动只可归给天体,这个证据是成问题的(50.18-24)。

(8)"一个东西只有一种对立面",这个原理是无效的:在亚里士多德的伦理学里,德性的对立面是一连串的邪恶(55.25-31)。

[152](9)亚里士多德将"光"定义为"浮在所有物体之上的东西",这是不全面的,因为这种定义与另一种定义相悖("向上运动的东西")(70.20-22)。

(10)在宇宙之外可能有虚空:克律希珀斯的定义可能需要调整以免遭到非议(286.2-6)。

这些论证源于辛普利基俄斯对亚里士多德那一文本的深入研究,尤其是他发现亚里士多德论证在技术层面上并不连贯。① 这一毁灭性的批判会在多大程度上产生出一种积极的理论,这是个不同的问题;我将试图对辑语所提供的这些条目进行非常简单的审视。

论证(1)主要利用了与当时差不多时代的某部几何学著作(佩尔伽的阿波罗尼俄斯[Apollonius of Perga]),里面讨论了圆柱形螺

---

① 值得注意的是,这里没有批判西塞罗《图斯库卢姆清谈录》1.22里提到的"心理学"论证,且涉及的内容没有超过《论天》的范围,除了在标题上用了第五元素的名。

旋线,且有时将它看作简单线条。① 该论证虽然没有明确要修改亚里士多德的自然运动概念,②但我们想知道,论证(9)里,克赛纳尔科斯是否因为对光的"静态"定义与它的"动态"定义有冲突而批评它,从而对亚里士多德的概念进行了实质性的修正。③ 论证(2)则由(4)或许还有(8)来支撑,它可以看成是在暗示克赛纳尔科斯所谓的一种貌似可行的元素运动理论:元素进行着亚里士多德所说的简单运动,直到它们获得了某些恰当形式(也就是达到了其自然位置),然后它们要么继续运动(另一种自然运动,这里指向火和气),要么静止(水和土)。④ 但不论如何,克赛纳尔科斯对亚里士多德论证的批评以及所给出的替代性思想,似乎都以对亚里士多德的深入、系统解读为基础,因为他假定,亚里士多德文集中的所有学说之间都完全一致。在(2)中,克赛纳尔科斯调用了亚里士多德的观点,当元素达到其自然位置时,它们就实现了其现实并拥有了恰当的形式。⑤ 气和火所做的是圆周运动,这一观念可以从亚里士多德《天象学》(Meteorology)里关于散发物(exhalation)的理论中找到,里面并没有将那导致这种旋转的原因——它们所邻近的那个天体的圆周运动——描述为非自然的。⑥ 在(4)中,克赛纳尔科斯为了推

---

① 对此的提及和讨论见 Hankinson 2002/2003,页 24;Rescigno 2004,页 172-176。我们或能在克律希珀斯那里找到一种类似的归纳倾向,他将各种基本运动归为两种,直线的和弯曲的,并说其他更多的运动都从这两种运动的组合而来(《早期廊下派辑语》492 = 司托拜俄斯《物理学与伦理学读本》165.15)。

② 比如可以按照斯特拉托的"挤压"(squeeze out)理论来修正,参见斯特拉托辑语 50-53。

③ 廊下派物理学里对"轻盈"和"失重"问题的论述,见 Furley 1989b;Hahm 1977,页 111-135;Wolff 1988。

④ 参照 Moraux 2001 页,199 注 10,页 211-212;Rescigno 2004,页 198-199。

⑤ 《论天》4.4,311a1-10。

⑥ 《天象学》1.3,340b32-41a12。

翻亚里士多德的"每一种简单物体都只会一种自然运动"的论点，又调用了亚里士多德关于"中间"元素（气和火）的自然运动的理论。① ［153］（8）中的论证则非常值得注意，因为它似乎假定亚里士多德文集中的各项学说之间是一致的，这种假定我们在后来的评论家如阿斯帕希俄斯（Aspasius）和亚历山大那里也能找到。论证（7）则看上去把火作为最外层的元素。为了显示圆周运动对以太来说是自然运动，该论证引用了克赛纳尔科斯未言明的反对意见，以支持亚历山大所表达——并解决——的困难。② 论证（5）非常强烈地批评了任何简单和未经混合的"层"的概念。尽管各元素层最终组成的图景看上去和廊下派所建构的宇宙差不多，但这并不能说明问题：柏拉图的宇宙里，元素分布也是这样的，而各层原本模糊的界限也受到了规定。③

看上去最"廊下派的"论证似乎是（10）。它直接反对亚里士多德在《论天》（1.9，297a11－17）里的论点，"天之上没有空间、没有虚空也没有时间"。（10）里的反对指向的是"虚空"，其上下文似乎

---

① 根据《论天》4.4 里的这一理论，气的本性是轻，也就是说向上运动，但它比火重；水则本性为重，也即向下运动，但比土轻。因此，可以认为"中间"元素拥有两种相反的自然趋向———一种"显性"而另一种"隐性"，可以说这只会相应地表现为它们的"极端状态"（也就是火与土）的自然趋向。

② 这种困境是这样的：假设火这一层的圆周运动不是一种自然运动；则火的自然运动就是向上运动；反过来则是火的向下运动，这同样也是背离自然的。所以，在自然（向上）运动的反面有两种运动，这是不合逻辑的。Moraux 1973，页201，其后是 Falcon 2001，页106－107，都将这种困境归给了克赛纳尔科斯；Hankinson（2002/2003，页50－51）和 Rescigno（2004，页234－235）则认为，这种困境是由亚历山大本人作为一种思想实验提出的。不论如何，克赛纳尔科斯其他的论证（2）、（4）和（5）都显示，他尝试通过将火的圆周运动证实为自然运动，来挑战亚里士多德的思想。

③ 参照 Falcon 2001，页157。同时还有亚里士多德《天象学》1.3，由干燥的和潮湿的散发物所构，成的各层之间并没有严格的界线（比如340b33－41a4）。

是克赛纳尔科斯论证并支持克律希珀斯的虚空概念。① 辛普利基俄斯援引了亚历山大对克律希珀斯的超宇宙虚空概念的批评。如果虚空存在,则它要么有限,要么无限。如果虚空是有限的,它就被某种物体所限制,这被廊下派所反对;所以它一定是无限的。而如果是无限的:

①从克律希珀斯自己对虚空的定义来看("虚空是一种间隔,具有接收物体的能力,但没有接收物体"),②

②虚空和物体是相关的,于是

③无限的虚空和无限的物体也必定是相关的(也就是说,正如虚空是一种可以接收物体的空间,那么无限的虚空就是能够接收无限物体的空间)。

④因此,如果虚空和物体之间的关系是廊下派所定义的那样,那么无限物体就必须存在,然而廊下派又否认物体的无限性。③

[154]然后,文本又援引了克赛纳尔科斯试图解救克律希珀斯理论的论述(很像是来自亚历山大):

> 克赛纳尔科斯将"具有接收能力的"(capable of receiving)转换为"易于接收的"(receptive),以期待用这种方式解决因关联性的使用所产生的悖论;但这种转换并不起作用。因为"易于接收的"无非就是"具有接收能力的",于是相关性依旧存在。(286.2–6 Heiberg)

此番论述在 Moraux 看来是非常明显的克赛纳尔科斯倾向于廊

---

① 对所谓的"阿尔库塔斯"(Archytas)论证的讨论见 284.28–286.27 Heiberg;Rescigno 2004 页 470–502。

② 引自辛普利基俄斯 285.32–35。

③ 285.27–286.2 Heiberg。

下派的证据。① 但克赛纳尔科斯的修正是不是始于支持克律希珀斯的思想,这个问题却不得而知。事实上,阿尔格拉提到,亚里士多德在《论天》(1.9,279a13-15)中否认宇宙之外存在着虚空,而这篇文本或许可以解读为反对亚里士多德的这一思想。② 如果是这样的话,那么将"具有接收能力的"替换成"易于接收的"就会形成另一个问题,即虚空被界定为具有接收物体的能力,然而按照亚里士多德的说法,实际上宇宙之外没有物体。因为我们都知道宇宙是什么样子,所以"具有接收能力的"就被当作一个可以实现的"开放式"可能性。"易于接收的"会是一种纯粹的或"反事实的"可能性,并使得虚空拥有内在的易于接收物体的力量,该力量本可以实现,但因为这种实现 de facto[在事实上的]不可能而最终没有实现。③ 因此,不管克赛纳尔科斯是否支持这一理论,他的修正都是为了解释虚空的定义,以使该定义无需顾及它所宣称的那种可能性是否可以实现的问题。而即使克赛纳尔科斯确实维护廊下派的立场,他也不可能像亚历山大所认为的那样,是在设法反对从"无限物体"的假设开始的 reductio[归谬法]。因为如果克赛纳尔科斯这么做了,他就得承认这种假设("无限物体")是一种"逻辑的可能性",然而(据亚历山大描述),克赛纳尔科斯的目标似乎是使该假设变得无效。④ 但他原本更有可能是在一个更一般的层面上来设定自己的目标(即定义虚空),而亚历山大在论证中征引并批评了克赛纳尔科斯对廊下派观点的调整。亚历山大这么做是为了显示,他(从

---

① Moraux 1973,页 203、209-210。

② 阿尔格拉 2000,页 171 注 25;比较 Rescigno 2004,页 483。

③ 阿尔格拉(1995)区分了"逻辑的"和"物理的可能性";Moraux(1973,页 202)将"反事实的"可能性作为"廊下派的"可能性。关于这一概念的逻辑学背景,见 Bobzien 1998,页 97-144。

④ 克律希珀斯的论述见司托拜俄斯(《早期廊下派辑语》2.503,尤其是 163.5-12 von Arnim),同时参照克勒俄梅德斯《论天体的循环运行》1.1(104-112)中的各项论证。

"无限物体"开始)的 reductio[归谬法]可以足够强大到抵御这种修正,而该修正或许能有效反对亚里士多德的论述。

Moraux 指出,(6)这条反对意见(亚里士多德用数学证据说明物理原因),可以理解为一条亚里士多德语境(指亚里士多德在《后分析篇》[*An. Post.*] 1.7 里对 μετάβασις εἰς ἄλλο γένος[转向另一个种]的批评)[155]下的 ad hominem[凭借个人偏好]的论证。① 接下来的文本记述里可能关注了与此类似的方法论。根据朱利安的《颂诸神之母》(Julian, *Oration upon the Mother of Gods*),克赛纳尔科斯表明了形式和质料在"第五物体"运动之下的生成,并批评了亚里士多德和忒俄弗拉斯托斯对自然进程的这些卓越本源的探究。

> 但某些敏锐的漫步派哲人,比如克赛纳尔科斯,说道:我们看到它们(即相互结合的形式和质料)的原因是第五圆形物体。亚里士多德在探查并劳心于这些事物时显得很可笑,同样的还有忒俄弗拉斯托斯。不管怎样,亚里士多德前后说的话有矛盾。他在找到无形体的可理解的实体之后就停止探寻了,没有劳心于该实体背后的原因,只认为它天生如此。因此,亚里士多德本应该承认第五实体也是天生如此,不必进一步探查其背后的各个原因,相反应该止步于它们面前;他更不必去探索第五实体的理解之道,因为按其本性,该实体是虚无,它有的只是一个空洞的假设。我确实听到,②克赛纳尔科斯说过这些事情。(朱利安,《颂诸神之母》8[5]3.17 – 34)

关于忒俄弗拉斯托斯的描述(辑语 158 FHSG),可以对比他在

---

① 这样一来,珀赛多尼俄斯(辑语 18 EK)从主题和方法角度对物理学和天文学所作的区分,看起来遵循了相同的总体性方法论。

② 对于这里的"听到",可能指的是对克赛纳尔科斯的私下阅读,见 Sharples 1998,页 94 注 257。

《形而上学》9b16 – 10a21 里对科学解释限度的方法论阐释。① 忒俄弗拉斯托斯指出,对自然的那些第一本源所展开的研究不可能是为了解释每一种本源,这会消解"解释"这一概念(因为其中的无限回溯)。这项工程太庞大以至于很难有意义。② 另一方面,对天体的天文学研究计划也会被地理学中对运动和位置的研究所限制,且这种限制相当大:天文学中对天体的研究以描述为基础,缺少真正意义上的解释。忒俄弗拉斯托斯似乎声称,要找到某种适切的方法论,从而根据本源的恰当活动来理解本源:就好像一个生物学学者去研究灵魂,只是因为灵魂是生物各种活动的本源那样,探究整个自然的人应该去研究第一本源,因为这有助于他解释天上的各种运动。③ 克赛纳尔科斯申斥亚里士多德和忒俄弗拉斯托斯,似乎是因为他们俩没有将同样的方法论限制应用到关于天上的"第五"元素的理论中。这段辑语中值得注意的是,克赛纳尔科斯想要让人觉得他是个前后一致的漫步派哲人,事实上,他是想在这个问题上做得比该学派的创立者们更加前后一致。

尽管克赛纳尔科斯与廊下派哲学关系密切(对第五实体的批评;对亚里士多德反对宇宙外虚空论述的批评),但似乎没有明显证据表明,他信奉任何一项明确属于廊下派的学说。[156]反之,他在批评 Aristotelem per Aristotelem["亚里士多德主义的亚里士多德"]时,似乎主要将矛头指向亚里士多德与忒俄弗拉斯托斯的文本,并指出了他们各自被视为整体的学说中前后不一致的问题。他的各项提议可算是试图修正二人的哲学体系,而不是想用其他不同的体系(比如廊下派思想)来替代它们。他对描述亚里士多德的灵魂定

---

① 最近有一份很好的讨论,见 Rashed 2007,页 262 – 268。
② 《形而上学》9b1 – 24。
③ 《形而上学》10a9 – 19。同时参照辑语 159 HSG(= 普罗克洛斯《论柏拉图〈蒂迈欧〉》35A)。

义时，似乎也在重新表现对亚里士多德的尊重。①

原初质料

原初质料这一概念似乎最有可能在漫步派和廊下派的哲学体系之间承担某种桥梁作用。② 然而我们会发现，亚里士多德并没有直接将这一概念整合进自己的解释里。在关于漫步派物理学的学述中，质料本源显示为某种与形式本源相对的东西。③ 其中最典型的是两段由司托拜俄斯所刊出的文摘，被 Diels 编作狄都谟斯的辑语 2 和 3，里面概括了亚里士多德关于本源的思想：

> 亚里士多德。既然自然在概念上是运动和静止的某种特定本源，那么不论质料还是形式，根据其真正的定义，都不可以运动。因为一个总是无形式的，而另一个是形式；前者尽管有物体的本质，但不是物体，而后者则完全是无形体的。他们说，质料不是物体，并不仅仅因为它们可能缺少物体的三维，还因为根据其真正的定义，它们同时缺乏物体的许多其他特征：形状、颜色、轻重等，几乎所有的属性和数量。若其具有这些特

---

① 参见埃提俄斯 388.16 – 20 Diels。我们想要弄清楚克赛纳尔科斯对亚里士多德的理智理论到底如何评价，但目前关于这种评价唯一明确的记载却非常粗略。据载，克赛纳尔科斯将潜在理智理解为某种在一定意义上和原初质料相同的东西（出自斐洛珀诺斯［Philop.］15.65 – 69 Verbeke）。Moraux（1973，页208）表明，克赛纳尔科斯不可能会认为是亚里士多德造成了这样的谬误，他必是为了论战的目的才将这个谬误置于对亚里士多德学说的批判性讨论中（参照亚历山大，《〈论灵魂〉附录》2.106.19 – 23）。

② 参照亚历山大，《论混合物》213.15 – 214.6；伽伦，《自然观能》1.12；《希珀克拉特斯的元素论》4.3 – 8。

③ "本源"自身的涵义成了讨论的主体。大马士革人尼科拉俄斯在汇编亚里士多德哲学读本时，首先精心列举了他在亚里士多德文集里所能找到的"本源"这个词的所有涵义。

征,那它们就属于某个种类并拥有一定的数量;但既然它们不具备这些特征,则它们就不会是物体,而只有物体性,因为它们是构成所有这些属性的一种基质;正如形式在与质料分离时乃是无形体的,同样地,当与形式分开时,质料也不是物体。因为物体的存在需要质料和形式的结合。①

下一段辑语(我没有全部引用)突出了形式的概念:

现在,形式与形象不同,也就是说,一个会深度贯穿,而另一个只停留在表面;一个就好像绘画所用的白色,[157]另一个则能赋予牛奶这种实体以形式;这种[本源]叫作"形式",因为它既赋予质料以形式,也向质料提供了[内在]结构。②

这里的"形式"指的是亚里士多德在物理学里讨论的形式—质料构造背后的那种本源。③ 它与形状的对比方式非常值得关注:形式"深度"遍及质料之中,也就是说它在物理层面给予了质料所有属性。这让我们想到廊下派哲学体系里关于积极本源运行方式的描述。④

辑语里将原初质料看作为"无形式和无定性的",这种看法没有在亚里士多德任何著述里出现过,但明显被那个时代的所有作者(还有后来的阿弗洛底西亚人亚历山大)所接受。

辛普利基俄斯的《物理学》评注给我们带来了早期评论者们一场关于质料和基质($ὑποκείμενον$)这两个概念的讨论。⑤ 讨论的议题

---

① [狄都谟斯]辑语 2.448.1 – 12 Diels(= 司托拜俄斯《物理学与伦理学读本》1.11.4)。
② [狄都谟斯]辑语 3.448.1 – 19 Diels。
③ 完整辑语的开头列出的同义词和尼科拉俄斯所定义的那些术语相似。
④ 我(2003,页 325 – 340)有讨论过某些相关议题。
⑤ 辛普利基俄斯,《论亚里士多德〈物理学〉》1.7,190a13 – 31。

就是匮乏($\sigma\tau\epsilon\rho\eta\sigma\iota\varsigma$)与基质之间的关系。如果基质只是潜在地存在，而潜在的东西处于匮乏状态，那么通过这种合理解释，基质似乎就是匮乏。① 为了避免得出这样的结论，我们需要假设基质是实际存在的，而又恰巧缺少它可以接收的形式。② 这必能解决亚历山大所抛出的问题，据载，他认为当基质碰巧有某种匮乏时，它就是某事物的质料，然而这样的一种基质（也就是由形式和质料合成的事物中的基质）并不具有匮乏。③ 辛普利基俄斯引用了波厄托斯的如下论述，其中似乎区分了变化之前的基质与变化之后形成的合成物中的基质：

> 如果某物是无属性和无形式的，那它就可称为"质料"；因为质料这种命名似乎是相对于随后出现的事物而言的；但一旦它接收了某种形式，它就不再称作"质料"，而称为"基质"；因为某事物一旦被叫作"基质"，就代表着它已经存在。④

亚历山大指出，波厄托斯没有区分"无属性和无形式的"质料与变化之前的基质或者说"前"质料（"antecedent" matter）之间的不同，这种基质或"前"质料碰巧缺乏相关的形式。值得注意的是，亚历山大在保留"无形式和无属性的质料"这一概念时，他说这与两种要义上的基质都不同，同时还修正了波厄托斯的分析。⑤ [158]
在亚历山大看来，原初质料既可以接受形式，也可接受匮乏（辛普利

---

① 辛普利基俄斯，《论亚里士多德〈物理学〉》211. 9 – 10。
② 辛普利基俄斯，《论亚里士多德〈物理学〉》211. 10 – 13。
③ 辛普利基俄斯，《论亚里士多德〈物理学〉》211. 13 – 15。
④ 引自辛普利基俄斯，《论亚里士多德〈物理学〉》211. 15 – 18 Diels。
⑤ 211. 13 – 15。Marwan Rashed 最近提出一项关于波厄托斯在那段话中的立场的不同分析。在他看来，波厄托斯的原初质料是实际中的物理存在（Rashed 2007，页 199 – 205）。这种分析也带来了某些问题。首先，即使是廊

基俄斯批评了这种看法,但他没有拒绝原初质料这一概念)。①

另一个有关原初质料的例子则出现在亚里士多德对这个概念的用法中,尼科拉俄斯在对亚里士多德哲学所作的《读本》(Epitome)里提到了这种用法。② 在总结亚里士多德的自然理论时(根据《物理学》2.1),尼科拉俄斯区分了特殊事物的质料与"无形式和无属性的质料":

> 1……ᵇ因为自然被叫作质料,而质料有两个种类:
> 2ᵃ特殊事物的质料。这种质料没有秩序($ὐνθμός$),[ᵇ它们或许是形状,]且与其他任何源于它们的事物相比,它们没有形式,并且它们包括所有人工质料和每种元素,比如火、水和其他剩下的元素。
> 3 另一种质料则是最高的,它们完全没有受到规定且没有形式。(Drossaart-Lulofs 译)

Drossaart-Lulofs 指出,这里对特殊质料的描述(其中古希腊文 $ὐνθμός$ 被转录成了古叙利亚语)可以对勘亚里士多德《形而上学》(卷五4,1015a7),里面将质料描述为 $ἀρρύθμιστος$[无秩序的]。并且

下派都无法对他们自己的形体性原初质料作出如此强烈的论述。再次,这似乎使得亚历山大的修正是为了在波厄托斯所搅在一起的两种概念之间建立某种合适的逻辑区分(211.18 – 19,这似乎是对亚历山大立场的结论性叙述)。我们没必要将这种模棱两可看作某种波厄托斯所特别信奉的理论的标志(尚不清楚波厄托斯以何种方式将原初质料同化为前质料)。亚历山大不仅仅说前质料总会伴有偶然的匮乏,他还说原初质料这种本源与任何特殊的前质料都有所不同,因为前者(不像后者)既可以拥有形式,也可以没有任何形式:于是这两者之间的区别就著重在"消极"和"匮乏"之中(不同观点见 Rashed 2007,页 205)。(很可能亚历山大在思考四种"简单物体"的共同质料。)

① 参见辛普利基俄斯 211.20 – 23 Diels。Moraux 2001,页 137。
② Drossaart-Lulofs 1965。

据他证明,尼科拉俄斯将 1015a8 里的 ὅλως πρώτη ὕλη[一般的原初质料]描述为"最高的无形式质料"。如果 Drossaart-Lulofs 是正确的,这意味着尼科拉俄斯忽视了亚里士多德的那些例证,里面清楚地说明了"第一质料"的用法一般而言具有优先性。①《形而上学》第五卷中的一系列含义解释里,并没有提到无形式和无属性的原初质料,但尼科拉俄斯在归类时没有忘记它,并在没有任何(或只有极少)文本证据的情况下就将它归作一类。

我们可以看到,希腊化时代的原初质料概念在"廊下派"这里用"无形式的""无属性的"来称呼,而这也被所有后亚里士多德的漫步派哲人所接受。但他们确实对这能否在亚里士多德的文本中找到印证抱有一定的怀疑。原初质料最终被漫步派认作一种四元素的质料,同时他们还[159]证明,亚里士多德概念中的原初质料毫无疑问"不是物体",即使它无法不靠物体而存在,这就与他们的对手廊下派的原初质料观相反了。② 另一种指称原初质料的说法是"无属性的"(ἄποιος),这一概念以及有形属性的专门概念在漫步派这里比在廊下派那里更强烈。③

4

在这一节里我想对亚历山大关于元素的某些讨论作一具体论述,这些讨论或许源于早期漫步派的传统,并反映了廊下派本源学说中的某些议题。

---

① 因此青铜是雕像最直接的质料,但水一般而言更为"优先",因为它是所有金属的质料。

② 亚历山大,《论灵魂》3.26 – 4.20,比较亚里士多德《论生成和消灭》1.5(320a27 – b17)对"可能物体"(possible body)的讨论。

③ Frede 已经证明,廊下派的 οὐσία[本是或实体]有空间维度(见 Frede 2005,页 222 – 223)。参照库珀一文页 97 – 98,以及古里纳撰写的第三章,关于漫步派的质料,见 Moraux 2001,页 229。

亚历山大在他的论著《论灵魂》开头总结了亚里士多德的本源学说。他认为本源就是自然物体的质料和形式，并展示了从这些本源中起源的四元素。这种展示没有出现在亚里士多德那里，但与安提俄科斯的"调和"之间存在某种类似。①

> 既然自然物体之间是不同的（即有些物体是简单的，而有些则是合成的），那么合成物体及其基质的质料本身就是形式和质料所组成的自然物体（因为每一个自然物体都是由这两者所组成的）。对简单物体来说，它们没有合成的基质，不然[物体]本身就会是合成的。如果它们的基质不是合成的，则基质就不是物体，因为每一个物体都由形式和质料所组成。(3.21–27 Bruns)

"无形式和无形状的"质料，对应"安提俄科斯"思想背景中的原初质料，在这里被更加专业地定义为构成元素之基础的质料：

> 于是，简单物体及其质料的基质本身就是某种缺少形式的简单自然，这些简单物体自身缺少形象（figure）、形式（form）和形状（shape）。因为它被认为是且确实是无形式的，所以那出现在它里面并被称为形式的东西使得它不再有那些匮乏；这种自然，我们可以称之为严格意义上的质料。(3.27–4.4 Bruns)

我们发现，"缺少属性"在亚历山大看来等同于"缺少三维"；亚历山大指出，原初质料并不会脱离任何元素形式而存在。②《论灵魂》里，原初质料的起源秩序与我们所找到的安提俄科斯的总结相

---

① 参照《学园派》1.25 和上文页 139–140 的讨论。
② 《论灵魂》4.9–22 Bruns。比较上文引用的西塞罗《学园派》1.24，其中"安提俄科斯"概述了作为消极本源的质料。

反:亚历山大将原初质料称为"严格意义上的质料",但起源于[160]元素。这似乎与亚里士多德对待元素里的质料的态度相一致。①

亚历山大确实解释了元素生成中形式所扮演的角色。就像自然形式通常是某事物的实质,同样地,混合比例合适的原初属性(热与冷,干与湿)也是元素的自然形式:

> 因为火是一种简单的自然物体,所以火的形式是热和干,还有在这些形式之后出现的轻盈。质料是这些形式的基质,虽在本性上不属于这些形式,但能同等地接收这些形式及其相反的形式(由于这种自然,也使得简单物体相互之间进行转换)。(5.4–9 Bruns)

轻盈这种属性在热和干这两种"中介"属性之后出现,②它是关于运动的本源,从而也是火的一种"力量",这解释了火的自然运动为何是向上的。"随后出现的力量"这个概念在亚历山大那里被用于阐释亚里士多德所定义的灵魂。灵魂被定义成在多种物体性结构之后出现的力量,它的质料性构成源于四种"简单物体"的结合:

> 因此,如果除了简单物体之外,还将存在某种合成的自然物体,那么它一定有更多的简单物体作为它的基础基质;这种混杂性源于形式的多样性,这些形式存在于这些简单物体之中,所以由此构成的物体是合成的。如果某物有一些不同的形式连同质料一起作为它的基础,则它的本质和形式一定会更多

---

① 参照 Rashed(2005)关于《论生成和消灭》(2.1,329a27–3)的论述。
② 参照《论生成和消灭》2.2,329b18–32。

样也更完满,因为每一种本质存在于作为它的基础的物体之中,①并将某种东西归给这些物体所完全共有的那种形式。这样一种形式在某种意义上是形式中的形式,且是完满中的完满。于是,我们不必对诸自然物体中存在多种形式感到吃惊,要知道这些形式的基础基质中明显存在着这种多样性的原因。因为作为其基础的诸物体中的多种形式,以及它们的不同混合,很可能导致了如此这般的多样化。②

结合物依特定的合成的"形式"而定,而后面这种"原则"又照每个物种来定。③ 通过这种方式,亚历山大发展出一套存在尺度,这套尺度和某些原始文献中的克律希珀斯思想类似。④ 但是,廊下派的存在阶梯所依据的原理在于气息张力的渐增,而亚历山大则是依据元素结合物中所表现出来的复杂性的增强。这种分析[161]在亚里士多德论著里似乎并没有得到证实。⑤ 另一方面,它很好地契合了罗马帝国时代那些关于亚里士多德物理学的学述性阐述,比如上文讨论过的"狄都谟斯"的物理学辑语。⑥

亚历山大在阐述元素的起源时从未提过第五元素,除了在末尾处简单谈到诸神的灵魂,其大意是,若这些灵魂果真被称作一种灵

---

① 亚历山大,《论灵魂》8.10 – 11:即每一种基础形式都在促成最后那种形式的出现。古希腊语这里的语法有些含糊不明,但不影响具体含义。

② 《论灵魂》8.5 – 17 Bruns。讨论见 Moraux 1942,页 30 – 43;Doini 1971;Accattino and Donini 1996;Caston 1997,页 347 – 353;Moraux 2001,页 354 – 359。

③ 《论灵魂》9.11 – 26 Bruns。

④ 《早期廊下派辑语》1.458(斐洛,《寓意解经法》2.22 – 23;《论上帝的不变性》35 – 36),比较《希腊化哲人》47。

⑤ 实际上,关于实体理论中引入元素的概念有时候在亚里士多德看来是成问题的,参照《形而上学》Z 16,1040b5 – 10。

⑥ 见上文页 156。

魂,那也只是一种同名异义的用法。① 现存的亚历山大辑语中对天体灵魂的讨论表明,这种同名异义指的是灵魂的功能不同。亚历山大强调,不同于廊下派思想,天体与月下生命在滋养和感知等功能上并没有相似性。② 同时他还说,"自然"这个词似乎不存在同名异义的问题(这就与"灵魂"一词的情况不同):天体的灵魂是它们的自然本性,就好比火的轻盈和土的沉重那样。③

在《论灵魂》关于元素的那种解释里,物理学似乎完全与神学相分离。但在这部论著的序言中,亚历山大却长篇大论地探讨为什么物理学实际上是最好的神学。④ 但是在其他漫步派著作里,我们确实发现有许多文本能够显示,亚历山大的元素理论中依旧存在许多对真正神学的关注。我将考察其中一些文本,它们讨论了神圣力量和宇宙元素之间的关系。

《问题集》2.3 的标题为"从神圣物体的运动中生成,并存在于神圣物体旁边有朽的、生成的物体里的那股力量是什么"。天体被认为是神圣天意的来源,而神圣天意在某种程度上照看着月下世界:亚历山大开始证明这一论点。问题又回到了希腊化时代的漫步派思想(如上讨论),天意仅延伸到月球这一层面。⑤

作者考虑到了两个解决方式,它们相应地基于对以太在宇宙中的功能的两种不同解释。第一种理论里,[162]神圣力量在四元素

---

① 《论灵魂》28.26 – 28 Bruns。

② 辛普利基俄斯,《论亚里士多德〈论天〉》54.6 – 12;Moraux 2001,页192。

③ 辛普利基俄斯,《论亚里士多德〈论天〉》380.29 – 381.2。讨论见 Accattino 1991,页45;Moraux 2001,页176 – 180、194 – 197、214。

④ 《论灵魂》1.1 – 2.25。

⑤ 亚历山大在《论天意》这部目前只有阿拉伯语版本的论著中,将这种思想作为亚里士多德的观点而加以引用:"那位哲人的解释非常明确,他说天意的存在只到月球的范围(ilâ nahwa falaki al-qamar)。"在古希腊语文献中,我们在克雷芒那里可以找到类似的准则(《劝勉集》[Protr.]5.66.4 – 5)。

形成之后,开始对月下世界的事物产生影响(48.22-24)。这一简短的规定不应视为任何关于宇宙开端的正当理解:"之前"和"之后"应该与那样一些合成物的历史有关,这些合成物的物理构造最终取决于热、冷、干、湿所结合而成的四种物体。而神圣力量在这种理论看来,则是第五种单独的物理性因素,它是一种 sui generis[独特的]类元素力量,能够进入到由四元素所组成的物体的构造里,并产生某些特殊的属性,比如精神属性:

> 简单物体也能促使那些从它们中生成的物体的生成,而神圣力量的影响也类似,因为简单物体基于与神圣力量的不同距离而在不同程度上分有这种力量。正是由于这种力量,简单物体里才不再是只有一种它们最愿意去做的运动的本源,它们还获得了某种从灵魂中产生的运动能力,这种运动的起源和生成来自于它们所分有的神圣力量。(48.29-49.4 Bruns,Sharples 译,有改动)

这段话似乎是一种对天体影响的类物理主义解释,或许与我们所讨论过的克里托拉俄斯的记述有所类似。① 但这段话在细节上更为深入:基于各自不同的元素构成,就有不同物体,神圣力量在这些不同物体上产生的影响也各不一样;那些构造得更好更纯粹的物体受到的影响更多,其他则要少一些。

下面是《论灵魂》中对这种解决方式的批评。在上述理论中,只有那些自然实体,那些由简单物体混合与变化而形成的实体会从神圣力量中获益,因为这种神圣自然只对某些特定的元素混合有影响。它对未经混合的简单物体不起作用——即便它们以并置的方式结合也是如此。因为神圣力量要产生作用,需要"化学反应"的介入。②

---

① 见上文页149。
② "所以,合成的物体,那种通过简单物体的混合和变化而生成的物体,

神圣物体被认为能够产生出精神力量,对此我们还知道一些细节。① 神圣力量对元素的影响是有所选择的。选择的范围依不同自然实体的元素构成而定,这大概是因为混合是神圣力量得以通过自然领域传播自身的主要方法。值得注意的是,神圣自然在此种过程中与物体性混合物混合在一起并产生了改变。② 这一过程和廊下派中的"充分贯穿"相似,后者的运行机制是积极本源作用于[163]质料。③ 但总的来说,这种天意计划不能描述成廊下派的,至少不能描述成我们所知的主流廊下派的思想,因为它把神圣本源排除在了元素生成过程之外。④《问题集》接下来的论述就拒绝了这种针对那个重要问题的解决方式,我们稍后会回到这一点上来。

亚历山大文集中似乎还有一篇文本调用了这种半吊子的物理主义漫步派理论,且这篇文本被学者们认为能够佐证上面那种解决方式而加以引用。在"论理智"这篇文章(《〈论灵魂〉附录》2)的最后一节里,作者告诉了我们一种漫步派学说,⑤ 认为神圣理智贯穿整个宇宙并永久地运行于"质料中,如一个实体实际运行在另一个

拥有一种力量,这种力量以某种方式混合并结合在那些拥有这种力量的物体所组成的混合物中。因此,合成物会变成更完满的物体,并分有更神圣的自然和本源。但有许多物体,在生成时由简单物体以组合和并置的方式进行合成,它们无法分有这种力量和自然,在这种组合与混合中,每一种简单物体依旧保有自己的自然本性。因为神圣力量对通过这种方式合成的物体的存在并不起作用,这些物体在组合前后是没有分别的。"(49.18 – 28,Sharples 译)

① 《问题集》2.3.49.4 – 14 Bruns。
② 《问题集》2.3.49.25 – 27 Bruns。
③ 这里我们或许会回忆起亚历山大的责备,他发现某些漫步派哲人被克律希珀斯关于混合物的学说给带跑了(《论混合物》3.216.9.15)。关于混合与并置之别的讨论,见《论混合物》2。参照 Hahm 1977;Frede 2005。
④ 见 Hahm 1977;Frede 2005。
⑤ 发展出这种学说是为了回应对亚里士多德的反对(可能由阿提库斯提出,参见辑语 7 des Places),亚里士多德的神是不动的,因此无法将自身的力量扩散到宇宙万物中去。见 Rashed 1997。

实体中那样"。①

> 从被混合的那个物体中,会生成火或其他某种类似的混合产物,从而能够为理智提供工具,而理智同样也是混合的——因为它存在于每一个物体中,且它本身也是物体——而这时,这种工具就可能被认为是理智,因为它在诸物体的这种混合之后出现,并具备一种合适的潜力,能够接收实际存在的理智。(112.11–16 Bruns,Sharples 译)

人的思想是神圣理智作用在人的思考能力(也即潜在的理智)上的活动。② 亚历山大说道,这种解释犯有某些典型的廊下派"错误":(1)神被认为属于最低等的存在者之列(大概是因为理智贯穿所有质料这样的说法);③(2)通过直接的神圣干预,天意进入到了月下世界的事物中;④(3)思考并不"全凭我们"(up to us)。然而我们将会发现,这种由某位不为我们所知的漫步派哲人提出的思想,除了在概念和用辞上与廊下派理论有着紧密联系之外,与廊下派并不一致:廊下派思想中,积极本源一视同仁地、"整个地"贯穿作为整体的质料;我们所分析的漫步派神圣自然所混合的却不是毫无例外的全部物体,而只是那些因为自己的元素构成而适合这种混合的物体。这种神圣本源并没有完全地贯穿宇宙。但亚历山大甚至不承认这种"有所偏袒的"混合(他也在《论混合物》里反对这种思想,该论著部分是[164]为了那些受廊下派论证所影响的亚里士多德学

---

① 《〈论灵魂〉附录》2.112.10 Bruns。
② 《〈论灵魂〉附录》2.112.23–25 Bruns。
③ 《〈论灵魂〉附录》2.113.12–14 Bruns。
④ 这一学说的支持者似乎相信产生于天上运动的天意,正如亚历山大所认为的那样。所以,这一在亚历山大看来也显得多余的廊下派观点,可能只会暗示出而非公开认可"有所偏袒的混合"的理论。

派哲人而写的)。他自己对于神圣影响的观点似乎简略地出现于针对《问题集》2.3 的第二种解决方式里。

第二种解决方式基于一种更加一贯的对宇宙的物理主义看法,其中声称,要为神圣天意提供比第一种解决方式更强有力的解释,因为根据第二种解决办法,神圣力量的行动更加具有贯穿力,且能涵盖整个宇宙。这位作者对神圣力量能贯穿一切的想法似乎与廊下派的一样强烈,但有一点不同:他心目中的神圣影响通过一系列的运动而传播到月下宇宙,而不是如廊下派那样通过"充分贯穿"来传播。① 作者指出,神圣物体事实上在运动中加热了引火物领域(the tinder sphere)(亚里士多德在《天象学》1.3 里也这样描述过太阳领域),于是它制造了原初属性:热与干。② 热与干及其对立面——冷与湿——一道形成了整个物理宇宙的属性基础。更进一步,"神圣物体"指的是所有天体的集合,因此元素的生成和变化就遵循着某种程度上的规则,这种规则依靠于天上世界的完美规则。这种秩序被传给了合成物,从而遍及整个宇宙之中。通过这种方式,神圣力量将那些最初的简单形式赋予质料,接着就生成了所有种类的合成的自然实体。我们又一次清楚地发现,

> 所有那些由更好更纯粹的物体混合而成的物体拥有更加完满的形式,但还有一些物体,它们自身中较少拥有这种物体,而更多地拥有消极和稠密的物体,从而也就拥有更不完满的形式。③

---

① M. Rashed(2007,页 285 – 293)认为这种传播"机制"是亚历山大研究路径的关键特征(因为它强调运动的传输作用)。
② 亚历山大在评注《天象学》1.3 时强调,天上世界虽然制造了这些属性,但并没有将其赋予月下世界。评注里亚历山大反驳了太阳"通过属性"产生热量的观点,他在里面用的推理技术与廊下派物理学的思想关系密切。见亚历山大,*in Netsc.* ,18.6 – 19.9 Hayduck。
③ 《问题集》2.3.50.23 – 27 Bruns。

在这第二种解决方式中,精神属性被解释为一种更好的物理构造,但我们必须理解,后者本身其实是神圣宇宙秩序的某种功能。因此天意被亚里士多德的神以一种"倾斜"的方式加以实施:它负责元素的生成和转变,而元素有规则的变化产生了有规则的合成物。亚里士多德的思想里,月下世界之进程的规则性依靠于天上世界的运转,亚历山大用天意论解释了这一点。① 与廊下派所谓的天意不同,亚历山大的天意最终落到了物种的层面,而非个体的层面。

结　论

[165]廊下派与漫步派的物理学当然有许多共同的特征:强烈的目的论观点、理性主义伦理、神学体系,反对传统的柏拉图形式说,且都相信存在着物理上的连续统一体。这基本上能够说明,两个学派的哲学体系存在着可比性与亲缘性。但从我简略的研究中可以发现,这些共同特征在他们深层的宇宙论思想里很难站得住脚。在这方面,他们每一项工作都存在差异:关于本源的学说、质料和元素的理论、看似相同的天意论。即便在希腊化时期,当狭义物理学还不是漫步派主要关注对象的时候,关于原始文献中某些相关核心原理和论证的理论背景,也似乎是该学派独特的议题,而不是某些学述里的哲学讨论所强调的两个学派共同的问题。希腊化漫步派的批判倾向(比如克赛纳尔科斯和第五元素)并不必然有拒绝他们整个哲学体系的意味,尽管基于这种批判而得以修正的体系,事实上与被批评的原初体系有很大不同(某些差别甚至可能是不可调和的)。

相比我们所知的其所有其他前辈来看,亚历山大或许是与廊下

---

① 在亚历山大对《天象学》2.3(257b32－258a3)的评注里,亚里士多德说海的蒸发过程一定是有序的,亚历山大对此的评论见83.6－9。

派思想关系最紧密也最具批判态度的一名哲人。说他最紧密的原因在于,他或许全然意识到了廊下派与漫步派之间共享的价值;而说他最具批判态度,则是因为他特别热衷于说出两学派之间的所有思想差异,不管是通过体系化的阐述还是通过对亚里士多德的注解。他没有告诉我们太多关于他所拥有的廊下派原始文献的信息,但他很了解这些文献,它们不仅是他批评的对象,也可能是他论证与解注之技术的来源。亚历山大与廊下派之间在论证和用词上的结构相似性可以相当令人惊异:《问题集》2.3 从四元素中开始的自然阶梯,还有神圣力量的全面活动,只是众多例子中的两种。但这两个例子同样突显了亚历山大研究路径的不同之处:自然阶梯在亚历山大那里以一种漫步派的方式呈现,且拥有某种例证性作用;而神圣天意在他那里通过提供自然以质料性架构而遍及于自然之中。被称为 Vitelli 辑语 2 的文本非常有意思,①可以用作对安提俄科斯在三个学派之间所做调和的一个后期的犯有年代错误的脚注。在辑语中,亚历山大回应了名叫赫拉克利德斯的廊下派哲人的批评(他在亚历山大的时代或更早些的时期获得了雅典的廊下派哲学教席)。② 从标题上看,赫拉克利德斯明确攻击了亚里士多德的第五物体学说:

> 这个亚历山大在《驳赫拉克利德斯》(*Against Heraclides*)这部论著中评论了亚里士多德关于第五实体的论证;其中他据理反对某个批判亚里士多德的廊下派[166]哲人,后者说亚里士多德对诸神和灵魂不朽的看法与柏拉图的不同。(辑语 2.1 – 4 Vitelli)

---

① 以 Vitelli 命名,因为他是第一位阐述并发表此辑语的人(G. Vitelli 1902;英译见 Sharples 1994,页 89 – 94)。

② 关于这个赫拉克利德斯,我们还有碑文中的证据:IG II^2 3801(比较 IG II^2 3989);见 Oliver 1977,页 164 – 165;Sharples 1990,页 93 – 94 以及注 80,82。

亚历山大在充满修辞色彩的开头之后说：

> 显而易见，比起亚里士多德，廊下派更加不同意柏拉图的思想。因为柏拉图认为最初的那位神是无形体的，并说它栖息在自我沉思和思考之中，且某些次要的神掌管着其他事物的生成与存在，而亚里士多德同意这种说法；[柏拉图]还说，灵魂是某种有形体的且不会腐朽的实体，且亚里士多德同样证明了关于此的每一条[说法]。相反，他们[廊下派]却把神看成物体，并假设这个物体能穿过所有事物；他们甚至说，灵魂也是物体，且是可腐朽的，某些灵魂会随着[身体]腐朽而很快腐朽，其他灵魂则存活下来，直到出现那极度荒唐的宇宙大火为止。（辑语 2.8 – 18 Vitelli）

廊下派对亚里士多德的指控和亚历山大对廊下派的不满，都利用了廊下派与漫步派哲学体系之间的相似性。这里最值得关注的是，赫拉克利德斯的批评和亚历山大的回应似乎都继承了一些柏拉图的思想，且这明显不与他们对柏拉图哲学体系的改进相冲突，这种改进必是两个学派都会去做的。①

参考文献

Accattino, P. (1991) 'Alessandro di Afrodisia e gli astri: l'anima e la luce', in

---

① 我十分感谢墨西哥国立自治大学那场会议的所有与会者，特别是阿尔格拉、贝纳杜伊、库珀、David Hahm、萨勒斯和英伍德。还有我的评论人 Alejandro Tellkamp，他对我论文的评议非常有帮助。萨勒斯全力组织这场会议并提供了编辑上的帮助。英伍德、萨勒斯与其他匿名读者都为我写了评论，使我避免了许多错误和不明晰；而剩下的，当然就是我自己的责任了。

Atti della Accademia delle Scienze di Torino, Classe di Scienze Morali, Storiche e Filologiche, 122:79 – 94.

——and Donini, P. L. (1996) *Alessandro di Afrodisia: L'anima* (Rome and Bari: Laterza).

Algra, K. (1995) *Concepts of Space in Greek Thought* (Leiden: Brill).

——(2000) 'The Treatise of Cleomedes and its Critique of Epicurean Cosmology', in M. Erler and R. Bees(eds.), *Epikureismus in der späten Republik und der Kaiserzeit* (Stuttgart: F. Steiner), 164 – 189.

——(2004) 'On Generation and Corruption I. 3: Substantial Change and the Problem of Not-Being', in F. de Haas and J. Mansfeld(eds.), *Aristotle; On Generation and Corruption: Symposium Aristotelicum* (Oxford: Clarendon), i. 91 – 121.

Arnaldez, R. (introd., notes) (1969) *Philo: De aeternitate mundi*, trans. J. Pouilloux(Paris: Editions du Cerf).

Barnes, J. (1997) 'Roman Aristotle', in J. Barnes and M. Griffin(eds.), *Philosophia Togata* (Oxford: Clarendon Press), ii. 1 – 69.

Berryman, S. (1996) 'Re-Thinking Aristotelian Teleology', Ph. D., University of Texas, Austin.

Bobzien, S. (1998) *Determinism and Freedom in Stoic Philosophy* (Oxford: OUP).

Bowen, A. C., and Todd, R. B. (eds.) (2004) *Cleomedes' Lectures on Astronomy* (Berkeley, Calif.: University of California Press).

Brittain, C. (2001) *Philo of Larissa* (Oxford: OUP).

——(ed.) (2006) *Cicero on Academic Scepticism* (Indianapolis, Ind.: Hackett).

Broadie, S. (2004) 'On Generation and Corruption I. 4: Distingui shing Alteration', in F. de Haas and J. Mansfeld(eds.), *Aristotle; On Generation and Corruption: Symposium Aristotelicum* (Oxford: Clarendon), i. 123 – 150.

Brunschwig, J. (1988) 'La théorie stoïcienne du genre suprême', in J. Barnes and M. Mignicci (eds.), *Matter and Metaphysics: Fourth Symposium Hellensticum* (Naples: Bibliopolis), 21 – 127.

Caston, V. (1997) 'Epiphenomenalisms Ancient and Modern', *Philosophical*

Review, 106(3): 309 – 363.

——(1999) ' Aristotle's Two Intellects: A Modest Proposal ', *Phronesis*, 44 (3): 199 – 227.

Chaniotis, A. (2004) ' New Inscriptions from Aphrodisias (1995 – 2001) ', *American Journal of Archaeology*, 108: 377 – 214.

Charles, D. (2004) ' Simple Genesis and Prime Matter ', in F. de Haas and J. Mansfeld(eds.), *Aristotle*: *On Generation and Corruption*: *Symposium Aristotelicum* (Oxford: Clarendon), i. 151 – 170.

Donini, P. L. (1971) ' L'anima e gli elementi nel Alessandro di Afrodisia ', *Atti della Accademia delle Scienze di Torino*, ii. 105 (Turin: Accademia delle Scienze), 61 – 107.

——(1982) *Le scuole*, *l'anima*, *l'impero*: *La filosofia antica da Antioco a Plotino* (Turin: Rosenberg & Sellier).

Dorandi, T. (1999) ' Chronology ' in K. Agra, J. Barnes, J. Mansfeld, and M. Schofield(eds.), *The Cambridge History of Hellenistic Philosophy* (Cambridge: Cambridge University Press), 31 – 54.

Drossaart-Lulofs, H. J. (ed.) (1965) *Nicolaus Damascenus on the Philosophy of Aristotle* (Leiden: Brill).

Eijk, Ph. J. van der(2005) ' Divine Movement and Human Nature in Eudemian Ethics 8. 2 ', in Ph. J. van der Eijk, *Medicine and Philosophy in Classical Antiquity*: *Doctors and Philosophers on Nature*, *Soul*, *Health and Disease* (Cambridge: CUP), 238 – 258.

Falcon, A. (2001) *Corpi e movimenti* (Naples: Bibliopolis).

Fazzo, S. (2002) *Aporia e sistema*: *La materia*, *la forma*, *il divino nelle Quaestionesdi Alessandro di Afrodisia* (Pisa: ETS).

Frede, M. (2005) ' La Théologie stoïcienne ', in G. Romeyer Dherbey and J. -B. Gourinat(eds.), *Les Stoïciens* (Paris: Vrin), 213 – 232.

Freudenthal, G. (1995) *Aristotle's Theory of Material Substance* (Oxford: Clarendon).

Furley, D. J. (1989a) ' Aristotelian Material in Cicero's *De natura deorum* ', in W. W. Fortenbaugh and P. Steinmetz(eds.), *Cicero's Knowledge of the Peripatos* (New

Brunswick, NJ: Transaction), 201 - 219.

——(1989b) 'Lucretius and the Stoics', in D. J. Furley, *Cosmic Problems* (Cambridge: CUP), 183 - 205.

Görler, W. (1989) 'Cicero und die "Schule des Aristoteles"', in W. W. Fortenbaugh and P. Steinmetz (eds.), *Cicero's Knowledge of the Peripatos* (New Brunswick, NJ: Transaction), 246 - 263.

Görler, W. (1990) 'Antiochos von Askalon über die "Alten" und über die Stoa. Beobachtungen zu Cicero, *Academici posteriores* 1, 24 - 43', in P. Steinmetz (ed.), *Beiträge zur Hellenisctischen Literatur und ihrer Rezeption in Rom* (Stuttgart: Steiner), 123 - 139.

——(1997) 'Cicero's Philosophical Stance in the Lucullus', in B. Inwood and J. Mansfeld (eds.), *Assent and Argument: Studies in Cicero's Academic Books* (Leiden: Brill), 36 - 57.

Gottschalk, H. (1987) 'Aristotelian Philosophy in the Roman World', in W. Haase (ed.), *Aufstieg und Niedergang der römischen Welt*, II. 36. 1 (Berlin: de Gruyter), 1079 - 1174.

Griffin, M. (1997) 'The Composition of the Academica: Motives and Versions', in B. Inwood and J. Mansfeld (eds.) *Assent and Argument: Studies in Cicero's Academic Books* (Leiden: Brill), 1 - 35.

Hahm, D. E. (1977) *The Origins of Stoic Cosmology* (Columbus, Ohio: Ohio State University Press).

——(1982) 'The Fifth Element in Aristotle's *De philosophia*: A Critical Re-examination', *JHS* 102: 60 - 74.

Hankinson, R. J. (2002/3) 'Xenarchus, Alexander, and Simplicius on Simple Motions, Bodies and Magnitudes', *BICS* 46: 19 - 42.

Kupreeva, I. (2003) 'Qualities and Bodies: Alexander against the Stoics', *OSAP* 25: 296 - 344.

——(2004) 'Aristotelian Dynamics in the 2nd Century School Debates: Galen and Alexander of Aphrodisias on Organic Powers and Movements', *Bulletin of the Institute of Classical Studies*, suppl. 83, 1: 71 - 95.

Long, A. A. (1985) 'The Stoics on World-Conflagration and Everlasting Recurrence', *Southern Journal of Philosophy*, 23 suppl. :13 – 37.

Mansfeld, J. (1979) 'Providence and the Destruction of the Universe in Early Stoic Thought', in M. J. Vermaseren(ed.), *Studies in Hellenistic Religions* (Leiden: Brill), 129 – 188.

——(1988) 'Diaphonia: The Argument of Alexander in De Fato Chs 1 – 2', *Phronesis*, 33:181 – 207.

——(1990) 'Doxography and Dialectic: The *Sitz im Leben* of the *Placita*', in W. Haase(ed.), *Aufstieg und Niedergang der römischen Welt*, II. 36. 4 (Berlin: de Gruyter), 3056 – 3229.

——(1992) *Heresiography in Context: Hippolytus' Elenchos as a Source for Greek Philosophy* (Leiden: Brill).

Moraux, P. (1942) *Aléxandre d'Aphrodise Exégète de la Noétique d'Aristote* (Liège and Paris: Vrin).

——(1963) 'Quinta Essentia', in *RE* 24:1171 – 1263.

——(1973) *Der Aristotelismus bei den Griechen: Von Andronikos bis Alexander von Aphrodisias* (Berlin: de Gruyter), i.

——(1984) *Der Aristotelismus bei den Griechen: Von Andronikos bis Alexander von Aphrodisias* (Berlin: de Gruyter), ii.

——(2001) *Der Aristotelismus bei den Griechen: Von Andronikos bis Alexander von Aphrodisias* (Berlin: de Gruyter), iii.

Mueller, I. (1994) 'Hippolytus, Aristotle, Basilides', in L. P. Schrenk (ed.), *Aristotle in Late Antiquity* (Washington, DC: Catholic University of America Press).

Oliver, J. H. (1977) 'The Diadoche at Athens under the Humanistic Emperors', *AJP* 98/2:160 – 178.

Olivier, F. (1895) *De Critolao Peripatetico*, diss. (Berlin: Schade).

Polito, R. , (2006) 'Matter, Medicine, and the Mind: Asclepiades vs. Epicurus', *OSAP* 31:285 – 335.

Rashed, M. (1997) 'A "New" Text by Alexander on the Soul's Motion', in R. Sorabji(ed.), *Aristotle and After* (London: Bulletin of the Institute of Classical Studies, suppl. 68), 181 – 185.

——(ed., trans., comm.) (2005) *Aristote: De la génération et la corruption*

(Paris: Les Belles Lettres).

——(2007) *Essentialisme: Aléxandre d'Aphrodise entre logique, physique et cosmologie* (Berlin: de Gruyter).

Rescigno, A. (ed.) (2004) *Alessandro di Afrodisia: Commentario al De caelo di Aristotele: Frammenti del Primo Libro* (Amsterdam: Hakkert).

Reydams-Schils, G. (1999) *Demiurge and Providence: Stoic and Platonist Readings of Plato's Timaeus* (Turnhout: Brepols).

Runia, D. T. (1981) 'Philo's *De Aeternitate Mundi*: The Problem of its Interpretation', *Vigiliae Christianae*, 35: 105 – 151.

Sandbach, F. H. (1985) *Aristotle and the Stoics* (Cambridge: CUP).

Sedley, D. N. (1989) 'Philosophical Allegiance in the Greco-Roman World', in J. Barnes and M. Griffin (eds.), *Philosophia Togata* (Oxford: Clarendon), i. 97 – 119.

——(1998) *Lucretius and the Transformation of Greek Wisdom* (Cambridge: CUP).

——(2002) 'The Origins of Stoic God', in D. Frede and A. Laks (eds.), *Traditions of Theology* (Leiden: Brill), 41 – 83.

Sharples, R. W. (1983) *Alexander of Aphrodisias On Fate* (London: Duckworth).

——(1990) 'The School of Aristotle?', in R. Sorabji (ed.), *Aristotle Transformed* (London: Duckworth), 83 – 111.

——(ed.) (1992) *Alexander of Aphrodisias: Quaestiones 1. 1 – 2. 15* (London: Duckworth).

——(ed.) (1994) *Alexander of Aphrodisias: Quaestiones 2. 16 – 3. 15* (London: Duckworth).

——(1995) 'Counting Plato's Principles', in L. Ayers (ed.), *The Passionate Intellect: Essays on the Transformation of Classical Literature* (New Brunswick, NJ: Transaction).

——(1997) 'The Peripatetic School', in D. Furley (ed.), *From Aristotle to Augustine* (London: Routledge), 147 – 188.

——(1998) *Theophrastus of Eresus: Sources for his Life, Writings, Thought and Influence. Commentary*, iii/1 (Leiden: Brill).

——(2001)'Dicaearchus on the Soul and on Divination', in W. W. Fortenbaugh and E. Schütrumpf (eds.), *Dicaearchus of Messana: Text, Translation and Introduction*(New Brunswick, NJ: Transaction), 143 – 173.

——(2002)'Aristotelian Theology after Aristotle', in D. Frede and A. Laks (eds.), *Traditions of Theology*(Leiden: Brill).

Sorabji, R. R. K. (1983) *Time, Necessity and the Continuum* (London: Duckworth).

——(1999)'Aspasius on Emotion', in A. Alberti and R. W. Sharples(eds.), *Aspasius: The Earlierst Extant Commentary on Aristotle's Ethics*(Berlin: de Gruyter), 96 – 106.

——(2007) 'Time, Place and Extracosmic Space: Peripatetics in the First Century B. C. and a Stoic Opponent', in R. W. Sharples and R. Sorabj(eds.), *Greek and Roman Philosophy 100BC-200AD*, vol. 2 (London: Institute of Classical Studies), 563 – 574.

Tieleman, T. (2007)'Methodology', in R. J. Hankinson(ed.), *The Cambridge Companion to Galen*(Cambridge: CUP), 49 – 65.

Todd, R. B. (1976)*Alexander of Aphrodisias on Stoic Physics*(Leiden: Brill).

——(1978)'Monism and Immanence: Foundations of Stoic Principles', in J. Rist(ed.), *The Stoics*(Berkeley, Calif.: University of California Press), 137 – 160.

Untersteiner, M. (ed.)(1963)*Aristotele Della filosofia*(Rome: Storia e Letteratura).

Vitelli, G. (1895)'Frammenti di Alessandro di Afrodisia nel cod. Ricard. 63', *Studi Italiani di Filologia Classica*, 3: 379 – 381.

——(1902)'Due frammenti di Alessandro di Afrodisia', *in Festschrift Theodor Gomperz*(Vienna), 90 – 93.

Waszink, J. H. (ed.)(1947)*Tertulliani de anima*(Amsterdam: J. M. Meulenhoff).

Wehrli, F. (ed.)(1969)*Die Schule des Aristoteles: Texte und Kommentare*, Heft 10(Kritolaos und seine Schüter)(Basel: Schesabe).

Wolff, M. (1988)'Hipparchus and the Stoic Theory of Motion', in J. Barnes and M. Mignucci(eds.), *Matter and Metaphysics*(Naples: Bibliopolis), 471 – 545.

第三部分

廊下派宇宙学—神学中的伦理与宗教

第七章 宇宙本性重要吗?[①]

——关于廊下派伦理学之宇宙论面相的一些思考

波耶利(Marcelo D. Boeri)

(智利安第斯大学哲学研究所)

1. 导言:为宇宙论伦理学留出空间

[173]宇宙论伦理学是一种令人迷醉的理论。它预设了宇宙本性和我们自己的本性之间存在着某种共同之处:宇宙本性存在着一种理性结构(或者它就是宇宙理性),而我们的本性——根据克律希珀斯的观点,是宇宙本性的缩影,因为我们的本性是宇宙本性的一部分——也同样拥有这种结构。这一理论还推测,只要宇宙本性中存在着某种能作为道德行动公理的准则,那我们的实践生活就和宇宙本性有所关联,而人类理性作为宇宙理性的一部分,与宇宙理性同出一源,因此它能够看透宇宙理性并从宇宙理性的视角考虑事情。宇宙论伦理学同时也是这么一种研究:它强烈地依靠人类理性能力去了解整个世界体系,同时假定人类在这一体系中拥有其特殊

---

① 本章最开始的底稿曾投给 2006 年 6 月墨西哥国立自治大学举办、萨勒斯所组织的关于古代哲学的第三次研讨会。另一份底稿曾在 2007 年 4 月提交给布朗大学(哲学与古典学系)。感谢 Deborah Boedeker、Mary L. Gill、Pura Nieto、Kurt Raflaubb、Glenn Rawson 对本文提供的批评与建议,特别要感谢 David Konstan。同时我还要感谢本书的匿名判官萨勒斯和贝纳杜伊提供的批评性建议。这篇文章最终版的完成,得到了国家科技发展基金(项目编号 1085103,智利)的资助。

地位。当今许多人都倾向于同情生态学家的运动；廊下派为了得到平顺的生活（a smooth flow of life）而推荐与自然一致地生活，对那些意欲支持生态学家方案的人来说，这看上去应该是一种吸引人又合理的观点。然而，廊下派所说的与自然一致地生活，并不仅仅是在支持一种生态[174]运动。要成为一个追随自然的廊下派哲人，个人需要尽力去认识宇宙运行的方式，并探寻人类作为宇宙自然中享有特权的部分所应该占据的位置。它同样要求个人将自己视为整体的一部分，把自己所遇之事理解为整体生命中的一个特定事件，即便个人一生中所遇到的特定事情或处境从短期来看似乎造成了麻烦或痛苦。

近些年来，人们关于廊下派伦理学是否依赖于宇宙本性说的问题展开了讨论。一些学者坚持认为，廊下派伦理学不应该涉及宇宙本性（从而也不依赖于天意宇宙论[providential cosmology]；我将称这种解释为"非正统观点"）。① 其他学者则激烈地维护宇宙视角在廊下派伦理学中的重要性和合理性（我将称这种态度为"正统观点"）。② 为了某些原因（接下来我会详细说明），我倾向于相信后一种观点为正确解释，不仅因为压倒性数量的文本已明确说明宇宙本性应该被考虑在内，同时也由于廊下派的哲学"整体论"。这种"整体论"的哲学概念总是认为哲学的所有部分（伦理学、物理学与逻辑学）都彼此互相关联，某种程度上，任一部分都无法与其他部分割裂开。这种哲学思考路径让人们得以理解宇宙论伦理学这个理论，并解释了廊下派用宇宙本性的思想来规定人类目的是合理的（见

---

① 特别是 Engberg-Pedersen 1986，页145-183，见页149-150；1990，页40-42；Annas 1993，页160-165；最近的是 Irwin 2003，页346，以及 Annas 2007。

② 代表此种观点的学者有 Long（1996a，页134-155，见页135-147；1996b，页85-106，见页101-103）、英伍德（1985，页212-215）、库珀（1999，页427-448，见页439-444）、Betegh（2003，页272-302，见页274、276、290-293、298-299）。

《名哲言行录》7.87–88)。实际上,如果哲学的所有部分都相互关联,任一部分都无法与其他部分割裂开来考虑,那么,在伦理学领域找到属于宇宙论的成分就不是新奇事(至少对于廊下派来说如此)。不过这种论断中的古怪之处在于,它导致某些杰出的廊下派哲学解释者(比如 Julia Annas)推测宇宙论伦理学这个理论本身很难值得相信,因其"确实导致我们……去接受诸如'只有恶的才是坏的''遗憾这类感情全是错误的'这类违背直觉的结论"。① 然而,这类显得悖谬的论点却恰恰是廊下派所明确支持的;如果真是这样,则我们必须在阐释廊下派伦理学时尽力避免陷入休谟主义假设。不然的话,一具现代头脑就很难恰当评估这些听上去违背直觉的观念的内容,而这对一具古代廊下派式的头脑来说实现起来却并不难。② 但是我们必须记住,很多廊下派论点确实就算对古代哲人来说都显得非常怪诞;[175]不过我们可以合理地推测,这是因为廊下派的思考起点及其一般假设,事实上都与那些觉得廊下派的特定观点奇怪的柏拉图学派和亚里士多德学派哲人不同。不管廊下派论点听上去有多么违背直觉或不符常理,这种不符常理,或提出那些以一般观念(借用普鲁塔克的表述)来看显得奇怪的信条,都从来不是评价一种哲学理论的合理标准。

现在,廊下派看上去确实支持这样一种论断:要达到一种幸福的生活、一种真正的人类生活,个人需要了解宇宙的运行方式,还要了解人类作为宇宙自然中享有特权的部分所应该占据的位置。然而我认为廊下派远没有解释清楚,对宇宙的理解以何种方式对人的

---

① Annas 2007 页,69–70。

② 另一种解释路径除了参考 Annas 的上述著作外,还可参见英伍德在本书第八章中的论述。不过英伍德的观点稍有差别,因为他尽管坚持鲜少有人——既有古代的也有现代的——"认为,学习宇宙论对我们处理个人的不幸有什么实际帮助",但他同样支持廊下派哲学里物理学研究有相当大的理智上的必要性这一严肃观点(尤见页 203;强调为他所加)。

理性行为和过一种理性生活——亦即过符合自然的生活——起到帮助作用。在这一章,我想要考察宇宙本性说与伦理学的上述相关性问题,将之与廊下派对现实的总体观念联系起来。我将论证并支持宇宙视角与早期廊下派伦理学具有相关联系的看法,另外我还想表明宇宙思想和廊下派伦理学息息相关,理由在于廊下派对哲学进行了体系化的理解。据我所知,从未有人质疑过宇宙本性说在晚期廊下派那里(爱比克泰德、特别是奥勒留)的重要地位。大致来看,在爱比克泰德和奥勒留那里,哲学首先是指出人类和宇宙之关系这一基本问题,且最终通向一种伦理性验证,这一验证的主题就是人类生活与宇宙的相关性。① 这种廊下派思想从宇宙事件的过程回溯到一种具有伦理目标的"宇宙意志",并认为人类必须服从于宇宙意志,因为人类意志是宇宙意志的一部分。我在本文中想要论证,爱比克泰德和奥勒留这两人在谈论宇宙本性在伦理学中的地位时,都遵循着某种由老廊下派提出并深化的学说。②

---

① 我正在思考如奥勒留《沉思录》9.1这样的文本,在里面,不正义会被解释为一种亵渎行径,因为宇宙本性($\dot{\eta}\ \tau\tilde{\omega}\nu\ \ddot{o}\lambda\omega\nu\ \varphi\acute{\upsilon}\sigma\iota\varsigma$)构造出理性动物事实上是为了他们能"根据彼此所应得的"($\varkappa\alpha\tau'\ \grave{\alpha}\xi\acute{\iota}\alpha\nu$)而相互帮助。奥勒留论证道,所以,若有人僭越自然意志($\tau\grave{o}\ \beta o\acute{\upsilon}\lambda\eta\mu\alpha\ \tau\alpha\acute{\upsilon}\tau\eta\varsigma$),他就对最高神明犯下了亵渎罪。此外,奥勒留在处理说谎的问题时指出,故意说谎者与无意说谎者也都犯了亵渎罪:前者错在通过欺蒙而行不义之事,后者则错在他与宇宙本性不协调($\delta\iota\alpha\varphi\omega\nu\epsilon\tilde{\iota}$),也与宇宙本性相冲突($\mu\alpha\chi\acute{o}\mu\epsilon\nu o\varsigma$),从而屈服于无序($\grave{\alpha}\varkappa o\sigma\mu\epsilon\tilde{\iota}$)。所有这些行径中,道德缺失都被看作对宇宙本性的一种悖逆。

② 当然,宇宙论伦理学主题对我们拥有休谟式头脑的人来说,听上去有一点奇怪。但是,就如 Betegh(2003)所展示的,还有最近 Carone(2005,尤见页 53-78)所更为全面地说明的,在柏拉图这里这个问题确实得到了严肃对待。对我来说,廊下派明显发展了柏拉图这方面的理论并且承认了他的某些假设,比如将理性看作我们身体中的一种神性(见柏拉图,《蒂迈欧》90a2-4,里面主张我们的灵魂"最重要的"部分[$\tau\grave{o}\ \delta\grave{\epsilon}\ \delta\grave{\eta}\ \pi\epsilon\rho\grave{\iota}\ \tau o\tilde{\upsilon}\ \varkappa\vartheta\rho\iota\omega\tau\acute{\alpha}\tau o\upsilon\ \pi\alpha\rho'\ \dot{\eta}\mu\tilde{\iota}\nu\ \psi\upsilon\chi\tilde{\eta}\varsigma\ \epsilon\ddot{\iota}\delta o\upsilon\varsigma$]是我们的$\delta\alpha\acute{\iota}\mu\omega\nu$[守护神],也是神给我们的礼物;亦见 90c5-6:能让"$\delta\alpha\acute{\iota}\mu\omega\nu$[守护神]良好地居住在自己身体里的人拥有全然的幸福")。在第八章前面

[176]这里有必要特别说明一下我所称的"正统观点"。比如,尽管我同意正统观点中的一般结论,但我不支持 A. A. Long——正统观点的拥护者之一——相当极端的看法,即廊下派的伦理学根植或寄生于廊下派物理学。①在理解廊下派伦理学时,Annas 给出了几条拒绝这类基础论(foundationalism)的理由,其中主要的理由是,若伦理学依赖于物理学,则这两个哲学的组成部分之间就是不对称的(前者是 explanandum[解释对象],后者是 explanans[解释前提]),从而使得哲学里的所有部分无法混合成为"完整的图像",在这个图像中任何一部分都不比其他部分更优先(preferred, προκεκρίσθαι)(《名哲言行录》7.40)。② 但也正因为这一理由,我们必须承认宇宙论伦理学的命题在廊下派对现实的假设上是合理的,而我也会论证这一点。③ 我这一章将分为两个主要部分:第一部分(第 2 – 3 节)探讨了某些文本证据,以表明我所称的"非正统观点"中的一些假设是错误的。第二部分(第 4 – 5 节)则集中关注廊下派宇宙论伦理学里某个最可能成问题的地方:廊下派伦理学的某些原则是如何与宇宙本性关联起来的,或者换句话讲,这些伦理学原则如何以某种方式与我们对宇宙本性的知识相联系。

部分,英伍德总结道,"我们可能就不会认为廊下派在物理学的地位问题上存在某种统一而普遍的看法"(见页 206)。尽管我和他一样,都觉得很难确定廊下派是否对物理学在伦理学中的地位有着统一或普遍的看法,但我这一章可以算是解释廊下派物理学在伦理学中可能的地位的一个小小尝试。

① Long 1995c,页 179 – 201;1968,页 341,引用见 Annas 2007,页 66。
② Annas 2007,页 66 – 67、74 – 75。
③ 这在某种程度上也是 Anaas(2007,页 67 – 68)所考虑到的,但本章在辩护"正统观点"的一种稍有差别的形式时,引入了将哲学作为混合体这一廊下派理解,从而与 Long 的思路有所不同。

2. 部分与整体:转向整体的视野

让我们首先完整引述三个著名文段,里面着重强调了早期廊下派哲学里伦理学与宇宙本性的关联:

(1)但既然动物还拥有驱动官能,那么它们通过使用这一官能寻找对它们来说是恰当的(τὰ οἰκεῖα)东西,接受驱动的管理这对它们来讲就是自然的。而既然理性作为一种更为完美的管理方式被赋予理性存在者,那么根据理性而正确地①生活[177]对它们来讲就会变成自然的,因为理性成了驱动的工匠。② 为此,芝诺第一个在其著作《论人性》(On the Nature of Man)中说,人的目的是与自然一致地生活,③也即根据德性而生活,因为自然引领我们朝向德性。克勒昂忒斯……珀赛多尼俄斯以及赫卡同(Hecaton)也有这样的主张。此外,如克律希珀斯在《论目的》(On Ends)第一卷中所说,根据德性而生活等同于根据对自然所发生之事的经验而生活,因为我们的自然乃整体自然的一部分。因此,与自然一致地生活(τὸ ἀκολούϑως τῇ

---

① 库珀(1999,页439 注30)提到副词ὀρϑῶς[正确地]的位置很不明确,他认为这个词也许与τὸ κατὰ λόγον ζῆν[根据理性而生活]或γίνεσϑαι[会变成]连在一起(我支持前一种处理)。

② 这是廊下派关于οἰκείωσις[属己]的研究的一个经典文段(《名哲言行录》7.85 – 86)的最后一节。须注意,οἰκείωσις这个词并未在这个文段中出现,尽管其动词οἰκειῶ的不同形式(οἰκειούσης,οἰκειῶσαι)有出现过。

③ 根据司托拜俄斯的证言,芝诺应该说过人的目的是"一致地生活"(living in agreement),而克勒昂忒斯,作为芝诺的继承者和廊下派的领袖,则将这一表述扩展为"与自然一致地生活"(living in agreement with nature)(见司托拜俄斯,《物理学与伦理学读本》2.75.11 – 76.8,Wachsmuth编;收于《希腊化哲人》63B)。

φύσει ζῆν)就成了目的,它也是根据个人的自然与整体的自然(κατά τε τὴν αὑτοῦ καὶ κατὰ τὴν τῶν ὅλων)而生活,不做普遍法(the universal law, ὁ νόμος ὁ κοινός)惯常所禁止的事情。这普遍法就是那遍及万物的正当理性,并等同于那管理、主宰一切存在事物的宙斯。而一个幸福的人,他的德性和顺畅的生活就是这样的:他做的所有事情,都是以每个人的守护神(guardian sprit; δαίμων)要与宇宙整体的管理者的意志(will, βούλησις)相协调(συμφωνία)为依据①……克律希珀斯认为,人在生活上所应该依照的自然既指共同的自然,也特指人的自然。但克勒昂忒斯仅承认人都应该遵循的共同自然,却没有承认那特殊的自然。(《名哲言行录》7.86 - 89;Long 和 Sedley 译,《希腊化哲人》57A 和 63C)

(2)他们还说,与人类相关的德性整体,以及幸福在本质上都是一种持续(ἀκόλουθος)而一致的(ὁμολογουμένη)生活。芝诺这样描述人的目的:协调一致地(in concordance, ὁμολογουμένως)生活,就是根据一种单一而和谐的(σύμφωνον)理性去生活,因为那些生活在[与理性]冲突中的人是悲惨的。(司托拜俄斯,《物理学与伦理学读本》2.75.8 - 76.1,Wachs-

---

① 也许这里可以将βούλησις翻译为"意愿"(wish)。实际上,对廊下派来说,βούλησις是欲望(desire)的一个特殊类型,也就是"合理的欲望"(εὔλογος ὄρεξις;司托拜俄斯,《物理学与伦理学读本》2.87.21 - 22;这点上廊下派似乎追随了亚里士多德;参照《论灵魂》414b2,432b5-6,433a26-7)。亚里士多德认为欲望与灵魂的理性部分联系起来,就很明确是βούλησις[意愿];当与灵魂中非理性部分联系起来,就成了ἐπιθυμία[渴望]或θυμός[激情]。对廊下派来说,βούλησις[意愿]是圣贤之人所经历的那种欲望(事实上,它就是三种εὐπάθειαι[好的情感]里除了χαρά[愉悦]和εὐλάβεια[谨慎]之外的那一种),因为圣贤的灵魂整体得到了理性化的建构。相关证据见《名哲言行录》7.116(《早期廊下派辑语》3.431;《希腊化哲人》65F),和普鲁塔克,《论廊下派的自相矛盾》1037f - 1038a(《早期廊下派辑语》3.175;参照《希腊化哲人》53R),后者认为圣贤的理性与法律(推测为普遍法)相同。

muth 编;笔者自译)

(3)除了从宙斯和宇宙本性($κοινὴ\ φύσις$)中,要在其他地方找到正义的开端或起源都是不可能的。一切正义的事物在那里必能寻得其开端,如果我们要谈论善与恶的话……要是想学习善恶、德性或者幸福的理论($λόγος$),没有什么方法能[比]从宇宙本性和宇宙($κόσμος$)分配出发更为恰当($οἰκειότερον$)了……关于善恶的理论必须与它们相关,因为除此之外善与恶再无其他更好的开端或基准,而从事物理学推测($φυσικὴ\ θεωρία$)也仅仅是为了[178]辨别($διάστασις$)善与恶的目的。克律希珀斯认为,这样一来物理学理论就变得位于伦理学"之前同时也是之后",但这种循环关系完全是令人费解的:如果说物理学必须排在伦理学后面,那么没有后者,前者的任何部分都不可能被掌握。(普鲁塔克,《论廊下派的自相矛盾》1035c-d,Cherniss 译)

我们或许有理由认为,那些声称宇宙本性对伦理学有着显著作用的解释依赖于文段(1)。该文段呈现出廊下派自然主义(naturalism)和廊下派宇宙论伦理学的直接意义,因为文中表明了为何人的实践生活既需要物理学也需要神学。为了知晓宇宙(或自然)的运行方式,物理学就显得很重要;但廊下派还主张,宇宙在某种意义上就是由整个实体所组成的、特别有定性的($ἰδίως\ ποιόν$)神本身,所以神学也很重要。① 除此以外,对廊下派而言,神学作为物理学的一个分支之所以重要,是因为行动者必须努力理解宙斯的意志,并让自己的守护神服从这种意志,以便拥有一种"平顺的生活"。文段(2)中则提到,德性在本质上是一种持续而和谐的生活,这意味着廊下派既要强调内在的一致(与自我保持一致或和谐),也要强调

---

① 《名哲言行录》7. 137;司托拜俄斯《物理学与理伦理学读本》1. 184. 8 ss. Wachsmuth 编 =《早期廊下派辑语》2. 527。

外在一致(与宇宙整体保持一致或和谐)。克勒昂忒斯在他的《宙斯颂》(*Hymn to Zeus*)中特别强调了这一观点。① 诚然,"宇宙本性对伦理学有着显著作用"的论点似乎也为珀赛多尼俄斯所持有。实际上,他似乎认为,只有 φυσικός [自然哲人]才能把握宇宙的结构并且成为严格意义上的 αἰτιολογικός [逻辑学家],因为只有这种人才是唯一知晓宇宙所有部分之间的关联方式。② "珀赛多尼俄斯在阐释柏拉图的《蒂迈欧》时说道,正如光被发光的视觉所捕捉,声音被空气般的听觉所捕捉,同样地,宇宙整体的本性(ἡ τῶν ὅλων φύσις)应该被与这种本性相近的理性所捕捉(ὑπὸ συγγενοῦς τοῦ λόγου;笔者自译)。"③如珀赛多尼俄斯另外一段话里所表明的,与宇宙整体的本性相近的理性明显是同样"相近的守护神(συγγενὲς δαίμων),并拥有与那种统治着整个世界的[守护神]所相似的本性"。④ 在上下文中,[179]珀赛多尼俄斯所致力展示的是:情感状态被认为是种"不和谐"的存在、"缺乏同质性"(ἀνομολογία),它的起因在于人类事实

---

① 见《宙斯颂》第 20 - 21 行:"你将所有好的事物与坏的事物都如此整合在一起(συνήρμοκας),这样就有一种对它们所有而言的永恒的理性本源(λόγος)。"(英伍德和 Gerson 译)我所了解的关于克勒昂忒斯《宙斯颂》最为详细和最近的研究为 Thom 所作的一篇文章(2001,页 477 - 499)。

② 辑语 254(=《名哲言行录》7. 132 - 133),Theiler 编;另见辑语 18(= 辛普利基俄斯《论亚里士多德〈物理学〉》291. 21 - 292. 31),EK 编。

③ 辑语 85,EK 编。

④ 辑语 187. 7 - 8,EK 编。Alesse 论证道,珀赛多尼俄斯所谓的同质性就是与灵魂最优部分(即理性部分)的一致性,因为同质性反映出了我们身上的神圣元素。因此珀赛多尼俄斯所理解的道德目的将保留廊下派对一致性的观点,但他在理解这种一致性上不同于早期廊下派(见 Alesse 1994,页 256 - 257)。即便我们接受 Alesse 的观点,承认珀赛多尼俄斯的理论重点在于灵魂的理性部分,但大部分时候珀赛多尼俄斯所说的同质性,可以用到作为正确行为的榜样的神明身上。不过我并不赞同 Alesse 的论点,因为她的解释忽视了珀赛多尼俄斯所强调的"宇宙整体的本性与那跟我们关系密切的理性"(收于辑语 85,EK 编)之间的对照。

上并不听从他们的守护神,即人类灵魂中与宇宙理性相近的理性。开俄斯的廊下派哲人阿里斯通有意证明物理学问题非我们所能解释,这些问题对我们而言不可理解,且毫无裨益。① 帕奈提俄斯声称预言是不真实的($ἀνυπόστατος$),且暗暗质疑天意的因果力量,②于是他也会质疑宇宙共感,从而也质疑宇宙本性对伦理学的作用。如果说阿里斯通和帕奈提俄斯都怀疑物理学的相关性和充满天意的宇宙的本性的相关性(也就是物理学和宇宙本性同伦理学之间的相关性),那是因为这些命题受到了廊下派某些成员的支持和辩护。可见,此二人的质疑并不重要。既如此,我们就有了早期廊下派(芝诺、克勒昂忒斯与克律希珀斯)和中期廊下派(珀赛多尼俄斯)的证据来表明,廊下派关心并强调宇宙本性与伦理学的相关性。

下面是文段(1)中几个必须注意的地方。

①如果对非理性的动物来说,合乎自然的事物就是合乎驱动的事物(因此它们"必须"根据驱动而生活),③而对人类来说合乎自然的事物则是理性的事物,那么,为了拥有一种真正的人类生活,人类就应该理性地生活,因为这是一种实现其内在本性的生活方式。

---

① 优西比乌斯,《福音的预备》15.62.7–11(《早期廊下派辑语》1.353)。

② 《名哲言行录》7.149(证言139,Aless 编);厄皮法尼俄斯,《论信仰》(*De Fide*)9.45(证言134,Alesse 编 = 辑语68 Van Straaten 编)。关于用来形容预言的词$ἀνυπόστατος$的含义,见 Alesse 1997 页270,她论证了这个术语通常用在怀疑论的反驳中,并说明了帕奈提俄斯为何用$ἐποχή$来指称预言。这大概意味着对帕奈提俄斯来说,预言并不是一种存在物(existent,$ὄν$),而是一种现存的术语(subsistent item,$ὑφιστάμενον$)。

③ 这种表述隐含了一种误导,因为动物依照自己的驱动而活是一种自然现象(不是一种要求或责任)。毫无疑问,动物的本性并不与人类的本性拥有相同的规范特征(在完成某种职责的方面来看),因为根据驱动而活是动物自然会做的事,里面并不包含任何动物的主动成分,似乎它们觉得必须做某事。但就动物来看,我们也许可以在广义的规范上来理解"必须",而不假定这种"必须"是指符合某种实际的规范,可以说这是因为"根据驱动而生活"也是一种自然所安排并确立的活动。感谢贝纳杜伊提醒我去澄清这一观点。

②既然我们的人性与理性相一致,且生活是一种实践活动,那么对人类来说,依照自然生活很可能就是依照德性生活。实际上,德性是我们在实践层面上所能获得的最好的东西。

③我们就像其余生物那样,拥有一种实现我们自身本性的倾向;那就是为何自然能引领我们朝向德性,因为我们要成为有德性的[180]行动者,就得实现我们自身的本性(这一观点的解释可见儒福斯辑语 17 Hense,下面第 3 节会简单讲到)。这里关于"自然驱使我们朝向德性"这一说法,我将会简要提到另一与之相关的问题,该问题被证明与某种非正统观点有关。那就是,恩披里柯和司托拜俄斯这两位廊下派伦理学的重要记述者,都对宇宙本性不以为意。① 但值得注意的是,至少在司托拜俄斯对廊下派伦理学的摘录中,在讨论伦理学时有两次显著地提到了自然本性(也许就是"宇宙本性"的意思)。司托拜俄斯很可能通过援引公元前 1 世纪的廊下派哲人狄都谟斯,来论证所有德性的目的都在于过与自然一致的生活($τὸ\ ἀκολούθως\ τῇ\ φύσει\ ζῆν$,相同的表述还可见文段(1)中关于宇宙本性的内容),因为人类从本性上看拥有探寻恰当事物的倾向($ἀφορμαὶ\ παρὰ\ τῆς\ φύσεως$)。每一种德性都是对恰当事物的合适表现($τὸ\ σύμφωνον\ πράττουσα$),可让行动者与自然保持一致地生活。② 据我所知,理解这一段落最自然的方式就是将它当作"目的公式"("与自然一致地生活")稍微修改后的内容。我们能够断言人类从本性来看拥有探寻恰当事物的倾向,因为本性可以作为一种关于恰当事物的标准。这标准既是我们自己的本性——这本性可以反映宇宙本性——同时也是宇宙本性,而我们的本性就是宇宙本性的一

---

① 参照 Annas 1993,页 160 注 4。
② 司托拜俄斯,《物理学与伦理学读本》2. 65. 11 – 17(Wachsmuth 编)。虽说"所有这些德性的目的"听上去有些奇怪($Πασῶν\ δὲ\ τούτων\ τῶν\ τὸ\ τέλος$,65. 11 – 12;由 Long 指出,1983,页 63 注 12),但这一表述的意义很可能在于,德性练习使得人可以依照自然生活。

部分,并依赖于宇宙本性。这一观点在当时的希腊哲学里并不新颖,廊下派那里就有;而柏拉图在论证部分的力量和属性可以参照整体来解释(这一关系并不能逆推)之时,也运用了此处这种整体与部分的观点。即使柏拉图并未明确主张整个宇宙对道德来说是一种标准,但他确实强调了宇宙是一个参照点,从那里各组成部分可以获取自身的价值与实在(见《斐勒布》29b – 33a;同时比较《蒂迈欧》90b1 – d7)。最后,柏拉图本人也许激发出了那个廊下派论点:人类从本性上看拥有探寻恰当事物的倾向。实际上他在《斐勒布》21b6 – 8 中提出,若有人选择了不是真正好的东西,此人这样做就是不情愿的(出于疏忽或必需),他不会反对生来便值得选择的东西。柏拉图借以暗示,个人有一种朝向真正好的事物的倾向,这种倾向与他的理性一致。

④如果依照自然而生活意味着既依照个人本性,也依照宇宙整体的本性而生活(如克律希珀斯所说,这是因为我们的本性[181]是宇宙整体的本性的一部分),且如果我们必须遵循普遍法的指示而行当行之事,那么通过告诉我们应该做什么和不该做什么,普遍法(也就是宇宙本性)就成为我们行动的一个实践性标准。非正统的观点试图证明,奥勒留和爱比克泰德的晚期廊下派中确实有称我们是一个更大整体里的普通部分。① 可文段(1)清晰显示出,②对"我们是更大整体的一部分"这一事实的强调,已经在克律希珀斯那得到了昭示;如果伽伦的记述(收于珀赛多尼俄斯辑语 187,EK)是可信的,那么这一强调也可见于珀赛多尼俄斯处,而他则是在晚

---

① Annas 1993,页 162。

② 引用和评论见 Annas 1993,页 160。但她没有对克律希珀斯"我们的本性是整体本性的一部分"这一论断进行细致评论;她只是说,这个论点对晚期廊下派来说已司空见惯,而在早期廊下派伦理学里,那些直接从"我们是更大整体中的一部分"的观点派生而来的论述策略,则处于一种"明显缺席"状态(页 162)。但实际情况似乎恰恰相反,因为文段(1)的部分内容可以认为是从克律希珀斯那而来。

期廊下派很早之前了。奥勒留和爱比克泰德那持续将我们视作"整体中的部分"的这一观点,可以视为受了克律希珀斯学说的启发而来的思想,这似乎更说得通。

⑤最后,如果每个人的德性与幸福体现在与其守护神以及与那宇宙管理者的意志相一致地做每一件事,且如果我们可以有效地实现这种一致或和谐,那么,对廊下派来说,似乎就意味着人类有可能分享神的完美理性与幸福。① 如果确实如此,那么人就自然而然地能从宇宙视角理解所有事件。这一论点在晚期廊下派中有出现,②但明显也在一些早期廊下派哲人那有所提及。如果普鲁塔克确实可信,那么克律希珀斯就是真说过,某些表面上的恶如果能进一步得到检验,就也可以视为善。所以当城邦人口过多时,人们就搬到殖民地去或与人开战;所以克律希珀斯似乎主张"神会为开始毁灭而创造时机"(普鲁塔克,《论廊下派的自相矛盾》1049b;Cherniss 译);但这种毁灭被视作整体的"家计",因为它最后可带来相关利益。我们接着要去做的就是从部分的视角转到整体的视角;这就是宇宙的管理的含义,并且正如文段(1)所展现的,要将个人的守护神(即每个人自己的理性)带入与[182]宇宙管理者的意志相一致的状态。用爱比克泰德的话来说,这是"由人类和诸神结合而成的系统"(《阿里安俄斯记录的〈清谈录〉》1.9.4),是所有相互对立的东西(比如德性与邪恶,丰足与饥馑)都指向宇宙和谐的理性结构(1.12.16)。③ 但转向整体的视角问题也可以回溯到克勒昂忒斯那里(《宙斯颂》第 11–22 行),这证明了向整体视角的转向是最初由

---

① 廊下派既未说人类可以分有神的理性,也没说人可以像诸神那样幸福。他们说的其实是,圣贤之人的幸福与宙斯神圣的幸福并无二致;克律希珀斯似乎已经表明,"短暂的"($ἀμεριαία$)幸福与宙斯的幸福并无二致,并且宙斯的幸福并不比智慧之人的幸福更值得选择($αἱρετωτέρα$)或更可敬(见司托拜俄斯,《物理学与伦理学读本》2.98.19–99.2;Wachsmuth 编)。

② 奥勒留 8.46,5.8。

③ 相似观点见奥勒留 5.8,2.17。

早期廊下派哲学所构想的原则,并由晚期廊下派哲学加以发展和深化。①

文段(1)同时显示了为何廊下派的观点——准确地说是克律希珀斯的——里没有对我们的本性和宇宙本性进行明显区分;同时还解释了为何我会认为廊下派没有将普遍法作为疏离于或外化于我们的东西,②而是将它作为我们理性存在者的某种专属物。在文本(1)中(尤见《名哲言行录》7.85 – 86),scala naturae[自然阶梯]开始于植物而结束于人类,理性作为人类特殊部分而出现,让人类能够控制其驱动,于是添加到我们身上的理性就"成了驱动的工匠"(《名哲言行录》7.86)。我认为这可以理解为,人类有可能节制他们的驱动并延缓某些肉欲的满足。实际上这就是合乎理性的行动,因为我们身上的理性就像是宇宙,是一种秩序的标志,而让人延缓欲望的满足或干脆将非理性的欲望加以移除,就是理性的特殊标志。理性,如同我们驱动的工匠,塑造着这些驱动并帮助行动者避免发展出"过度的驱动"。

3. 早期与晚期廊下派论整体的视角

我们已经看到,克律希珀斯声称我们是宇宙自然的微观部分,且如果我们是宇宙自然的一部分,那么我们的本性一定也与宇宙本性相近。③ 我认为,我们与宇宙本性相近这一观点可以从前面引述

---

① Annas 在证明"我们是更大整体的一部分"这一论点(以及"我们应该转向整体视角"的建议)属于晚期廊下派时,并没有考虑到克勒昂忒斯的《宙斯颂》。

② 如 Annas 所思(1993,页 160 – 162)。这一层面上我赞成库珀的意见,"宙斯的或自然的法律就是我们的法律,也就是人类本身的法律";"一旦我们认识到并严肃对待自身的理性……我们就应该看到自己是受这法律约束的"(2004,页 212 – 213)。

③ 关于这一观点在柏拉图那里的先例见柏拉图的《蒂迈欧》,里面论证了我们是多个整体(33a),而宇宙是一个整体(32d),且我们和动物都是宇宙的一部分(32c)。

的文段(1)中推论出；但关于廊下派的神和宇宙观念的另一重要文献也明确表示,在人类和宇宙理性秩序之间拥有某种特定的亲缘关系。[183]当优西比乌斯根据廊下派的观点区分 κόσμος 这个词的不同含义时,他说(可能引用了公元前1世纪的廊下派哲人狄都谟斯的观点),宇宙可以理解成诸神与人类的居所(οἰκητήριον),是由诸神和人类以及那些为这二者而产生的事物所构成的结构(σύστημα)。优西比乌斯接着论证道,正如城邦被认为具有双重含义,既指居所也指由其中的居民和公民一起构成的结构,同样地,宇宙也像一个城邦,由诸神和人类组成,诸神拥有领导权,人类则服从领导。但在诸神和人类之间"有一种互惠的共同体(reciprocal community；甚至是"亲缘关系",κοινωνία),因为他们共同拥有理性,也就是自然法(natural law)"(κοινωνίαν δ' ὑπάρχειν πρὸς ἀλλήλους διὰ τὸ λόγου μετέχειν, ὅς ἐστι φύσει νόμος)。①

在我看来,不管是文段(1)还是上面引述的优西比乌斯的文段,里面都能非常清晰地看出,在奥勒留和爱比克泰德的晚期廊下派中,有某些原则明显地建立了起来。在奥勒留和爱比克泰德的宇宙本性之于伦理学的观点里,有三条彼此相关的论断特别值得我们注意,而这三条论断都已经出现在那些记述早期廊下派哲学的文献中:①我们的本性是宇宙本性的一部分;②人类本性和宇宙本性具有特定的亲缘关系;③在每个人的守护神与宙斯的意志之间,一定存在某种一致或和谐(συμφωνία)。奥勒留多次提到我们的本性(作为部分)依赖于宇宙本性,但关于奥勒留这一论述的标志性文本是这样的:

---

① 狄都谟斯语,收于优西比乌斯,《福音的预备》15.15.3–5(《早期廊下派辑语》2.528;《希腊化哲人》67L),引用和评论见 M. Schofield 1999,页66–67。如果 Schofield 是正确的(并且我觉得他是),那么假设优西比乌斯的推论来自于克律希珀斯就是合理的(页67)。神和人之间具有亲缘关系的观点就其特征而言依然是柏拉图的(见柏拉图,《高尔吉亚》[*Gorgias*]508a1)。

应该永远记住这些：什么是整体的本性，什么是我自己的本性，我自己的本性如何与整体的本性相关，它又是怎样的整体里的怎样的一部分(ὁποῖόν τι μέρος ὁποίου τοῦ ὅλου οὖσα)。还应该记住，没人能够阻止你永远遵循自然行动和说话，因为你是自然的一部分(τὰ ἀκόλουθα τῇ φύσει, ἧς μέρος εἶ)。(2.9；笔者自译)

奥勒留论证道，倘若特殊的自然和宇宙自然是相同的，那么二者一定保持一致；这里也清楚地反映出个人的守护神和宙斯意志之间的和谐或一致的主题。① [184]我们身上的神的主题——就其特征而言是一个柏拉图式的问题②——同样出现在爱比克泰德那里，他认为宙斯给每个人都安排了一个导师(ἐπίτροπος，就是个人自己的守护神，也是个人的护卫者)。我这里想要再次强调的是，考虑到上面引用的段落，我们有足够理由推测这种思想并不是由爱比克泰德或奥勒留所原创；对我来说，这一主题更为合理的解释路径是，假设他们参考了像文段(1)那样的文本后，吸收了早期廊下派的论点。双方不仅在用词上非常接近，且在主要论证上也类似：①宇宙本性和特殊本性有共同之处，甚至实质上就是相同的；②如果宇宙本性是理性的，并且反映出秩序，那么我们就应当理性并反映出秩序；3)我们的理性是宙斯赐予我们的"天赋"，是居住在我们里面的某种"内心的神祇"(δαίμων)，它必是我们的统治者与护卫者。③

现在让我们转向文段(3)，该文段明确强调了克律希珀斯将宇

---

① 奥勒留5.3："径直地往前走，遵循你自己的本性和宇宙本性(ἀκολουθῶν τῇ ἰδίᾳ καὶ τῇ κοινῇ)；这两者是同一条道路。"亦见4.23："世界啊，我与你那伟大和声中的每一个调子(Πᾶν μοι συναρμόζει)保持一致"(M. Staniforth 译)。

② 柏拉图，《斐多》107d；《王制》(Republic)617e；《蒂迈欧》90b-d；亦见上文页175。

③ 参照奥勒留5.27。

宙本性作为考察道德事务的一个开端,也强调了个人拟处理善恶事务时引入物理学的重要性。于是当研究伦理学时,物理学看上去就像是一门重要的学科。Annas 引用了这一文段,并像 Brunschiwig 那样论证了"这段引文出自物理学而非伦理学的论著",从中她推论出宇宙本性在伦理理论中具有某种作用,虽然并不是作为其一部分而存在。① 但是这并不能解释,为何克律希珀斯对宇宙本性和物理理论都给以重要强调,将它们看作认识好坏、德性及幸福的开端。在关于廊下派伦理学的最新论文中,Annas 继续认为,这个文段不能证明廊下派物理学对其伦理学来说起基础性作用(如本章开头所论述的那样,我认为这一观点是合理的)。但她在文中强调普鲁塔克在截取段落时事实上不顾上下文的背景,并且她要我们想象克律希珀斯实际上是为了教学目的才在自己的著作里将物理学与伦理学相互结合。若是如此,我们或许可以肯定"对廊下派伦理学既有的展示都不是真正的展示"。② 在我看来,Annas 已经相当成功,她让我们明白到,必须相信廊下派哲学是一幅"完整的图像"(她的表述),而不是认为伦理学严重地依赖于物理学。不管怎样,我认为普鲁塔克的文段不仅仅是在表明各哲学主题的一种纯粹的呈现顺序。对 Annas 而言,里面对廊下派物理学的强调只应理解成是为了呈现其伦理学;换句话说,这只是一种呈现廊下派伦理学的方法,让人在思考诸如(1)、(2)和(3)这样的文本时不必进行过多推论。现在,让我们开始考察文段(3),将其视为克律希珀斯[185]正在尝试将重心放在论述伦理学的某种特定的呈现顺序。这里克律希珀斯只是在强调物理学思想乃理解德性(在克律希珀斯的文本里是正义)所需的必要条件,因为探究物理理论是为了区分善和恶。那就是说,如果伦理学从物理学视角来呈现,那么,强调宇宙本性就不会再被看成把握德性或其他伦理学内容的唯一途径。宇宙本性只是一

---

① Annas 1993,页 164(强调为她所加)。
② Annas 2007,页 79、82-83、85。

个重心,即它是呈现伦理学所需的某个哲学部分本身的重心。Annas 则将重心放在论述廊下派伦理学和现代伦理理论之间有着鲜明区别这一事实,前者利用了物理学思考与天意,后者却公开摒弃它们。① 但即便按照她自己的论证,我们也应承认廊下派伦理学的呈现强烈地依赖于宇宙视角,且对廊下派来说这完全是合理的;这就是说,即便同意 Annas 的说法,即基于物理学来对伦理学进行呈现只是呈现伦理学的众多方式之一,我们也必须承认这对廊下派来说是一种非常合理的呈现伦理学的方式,且与其他呈现方式一样合理。如果真是这样的话,我们大概就能够得出结论:至少在将物理学解释路径作为呈现廊下派伦理学的途径之一时,使用物理学的思考和天意确实是允许的。可实际上,这一点并不被任何这样的现代解释路径所接受,现代解释路径在处理伦理问题时,甚至拒绝考虑宇宙的天意视角。我在 Annas 的阐释里看到的一个主要问题是,她(而不是廊下派)在处理廊下派伦理学时,将现代解释途径作为唯一合理的路径。于是在她的观点中,那一重视宇宙论解释路径的视角是必须摒弃的。她在研究中所要强调的一点是,尽管正统观点一开始强调廊下派伦理学必须从廊下派物理学的角度进行理解,并且给宇宙本性中的天意视角赋予了一个重要角色,但这观点最终讨论的仍是驱动、德性和情感等诸如此类的事物,它仅仅引入了所有特定的廊下派伦理学主题,而没有诉诸 pneuma[气息]或宇宙层面。② 这是 Annas 的论述重点,但她没有注意到,事实上只有顾及廊下派的宇宙论研究与其伦理学的相关性,才能让某些看起来违背直觉的廊下派原理(诸如"唯有邪恶是坏的"或"生命与健康,及其相反的死亡与疾病,既不是好的也不是坏的")变得可以理解。实际上,我们有时在一些不同的廊下派哲人那里发现,当他们在不得不解释那看起来违背直觉的论点,即痛苦、死亡以及这类事物都不是恶时,就

---

① Annas 2007,页 86。
② 同上,页 67。

会利用上述的相关性。① 除此之外,以公开摒弃任何物理学或天意思想的解释路径来解释廊下派伦理学,不能正确对待一个与正统观点密切相关的廊下派论点:[186]宇宙本性延及所有事物,也就是说任何生成的事物(不管是在整体宇宙里还是在其部分中)都必然是根据自然和自身的理性而生成的。② 另一方面,我未能在《论至善与极恶》第三卷里发现如 Annas 所坚称的,即西塞罗没有通过宇宙本性来呈现廊下派伦理学。③ 至少《论至善与极恶》3.73 这个段落里(我将会在下面做一简单的讨论),西塞罗在呈现廊下派伦理学时让宇宙本性扮演了重要的角色,所以西塞罗的这一段落与我所引用的文本(3)类似。

现在,即使我们遵循 Annas 的建议,推崇作为一个完整图像的廊下派哲学体系,从而承认物理学的某些组成部分与伦理学有所关联,④我们还是会怀疑这其中的可能性。至少有三个廊下派文献显示,廊下派认为有三种"最一般的"德性:逻辑学、物理学与伦理学。这些德性分属哲学的三个部分。⑤ 不过从我们的常识来看,将物理学算作一种德性听上去有点奇怪。物理学是某种类型的知识,但这

---

① 见普鲁塔克《论廊下派的自相矛盾》1049b(=《早期廊下派辑语》2.1177),里面记述了克律希珀斯的观点。

② 普鲁塔克,《论廊下派的自相矛盾》1050c,引自克律希珀斯(=《早期廊下派辑语》2.937)。亦见普鲁塔克 1050a:"没有任何特殊的事物,即便是最微小的事物,可以不按照宇宙本性和自身的理性而产生。"(Cherniss 译)我发现这类文段里并非没有洞见,事实上它们也支持了 Long 的解释。廊下派对这种统一性视角(或者说"共感")的强调,使得他们饶有兴致地将宇宙描绘为真实的生物,见梅耶撰写的第三章(尤见页 80 – 85,其中引用并讨论了一些相关的文段)。

③ Annas 2007,页 85 – 86。

④ 当然,她并未作此联系。

⑤ 西塞罗,《论至善与极恶》3.72 – 73;《名哲言行录》7.92;(托名)普鲁塔克,《哲人的学说》1.2。

并不足以让物理学成为一种德性,因为物理学不是关于善的知识。① 廊下派宣称,德性就是某种形式的知识(这种知识可等同于关于善的知识),它最为专门的含义是指"一致的意向"(consistent disposition, διάθεσις ὁμολογουμένη;《名哲言行录》7.89),或者说是"灵魂一致的意向,它在整个生活中与自身相处和谐"(文本(2))。一个有德性的灵魂必定拥有这种自我的和谐,因为据廊下派所言,德性就是灵魂被妥善安排以实现个人整个生活的"同质性"(ὁμολογία),而幸福事实上寓居于德性之中。换句话说,没有和谐或一致,就没有幸福;也就是说没有和谐就没有一种真正的理性生活。现在,即使拥有这种一致性生活的意愿相当强烈,也可以合理地假设,大多数人并没有过与自然一致的生活。如克勒昂忒斯所表明的,人是唯一能够不理会法律,并让自己的生活背离自己本性的生物。克勒昂忒斯声称,永恒理性——或者就是神,我们人类"通过命运的安排而模仿神"②——被"那些不幸的、邪恶的人所逃避和忽视,因为他们虽总是渴望拥有善的事物,却没有看到也没有听到神的共同法(common law);如果他们[187]运用理智(sensibly, σὺν νῷ)遵从这个法律,他们就会过上一种善的生活(βίος ἐσθλός)"。③ 类似

---

① 如 Menn(1995,页1)所强调的。

② 《宙斯颂》第 4 行,读作 θεοῦ μίμημα[模仿神],见《希腊化哲人》54I。关于这个文本上的难点,有一份说明非常著名也非常重要,见 Thom 2001,页 487 注 42。

③ 克勒昂忒斯,《宙斯颂》第 21 - 25 行(英伍德和 Gerson 译)。值得注意的是,人类作为宇宙自然中享有特权的部分,是唯一能够违反自然法则(the law of nature)的生物。但这享有特权的部分的反抗,某种程度上来说却是必要的,因为它彰显了宙斯恢复秩序的能力,这一秩序可以被理解为对立物之间的张力平衡(见《宙斯颂》第 18 - 21 行)。对于这几行的阐释,我跟随某些学者的观点,认为这几行诗的背景应该出自对赫拉克利特 coiunctio oppositorum[对立统一]的关注(Long 1996d,页 35 - 57)。克勒昂忒斯似乎把赫拉克利特的某些辑语逐字地引用进了他的《宙斯颂》(比较第 17 - 25 行和赫拉克利特 B 1,10,50 DK),除此之外,我没能看出为何当 λόγος[逻各斯](以赫拉克利特的方式来

地,塞涅卡指出,善只能出现于理性所在的地方,准确地说是得到完美发展的理性所在的地方。除非个人拥有完美的理性(ratio perfecta;《致鲁基里乌斯的道德书简》124.11),不然他无法表现他的善;行动者在实现理性的时候就会实现善(《致鲁基里乌斯的道德书简》124.8-9),并且,属神的善自然就是完美的,属人的善则能够通过实践与行动者的努力而变得完美,因为神的善是自然赋予的,而人的善来自于个人的用心(unius bonum natura perficit, dei scilicet, alterius cura, hominis;《致鲁基里乌斯的道德书简》124.14)。塞涅卡这最后一点观察显示,人实际所做的事情有可能不是他或她应该做的事。非理性的动物必定只遵循它们物种的"指令",而人类由于是理性的,并与神拥有相同的本性(虽然人类本性也与神的本性有所不同,因为人是有朽的),从而可以通过辨别什么对他们的本性最为恰当,并通过持续地调整自身行为,来"增强"自己的本性。

理解该词)包含善与恶时,κακοί[邪恶之人]的行为就不可能"缺少它"(Thom 2001 页 490)。克勒昂忒斯可能将赫拉克利特的 logos[逻各斯]带入了他自己的廊下派观点,在他的理解里,人类的 logos[逻各斯]包含着背离宇宙 logos[逻各斯]所立之规定的行为能力,也就是背离其自身本性而行动。另一方面,Thom 的观察没能解释克勒昂忒斯如何证明一切行动均合乎神的理性秩序(见《宙斯颂》第 15 行)。克勒昂忒斯暗示道,κακοί[邪恶之人]忽视普遍法所立之规定而行动,这事实上是宙斯有远见的计划里所预先安排好的。换句话说,邪恶的人所做的事也是宇宙秩序下的一部分。诚然,一切行为的展开都与神有关,除了邪恶的人因自身的愚蠢而做出的行动(《宙斯颂》第 15-17 行);但同时神也被描述为能给失序之事物安上秩序。在我看来,这好像就是在说,人类有可能背离理性秩序而行动,神有能力给失序之事物安上秩序,这是一对周期性活动,二者构成了这种秩序。另外,我们还需要考虑到,事实上正是神自己创造了一种生物(人类),这种生物既能抗拒宇宙的理性秩序,也能抗拒自己。因此理解这一问题的更为自然的方法,就是承认,在某种程度上,整体的某些部分与理性秩序发生冲突是必要的。克勒昂忒斯所思考的,很可能是柏拉图的观点,即恶不可能被根除,因为总得有某种东西与善相对(《泰阿泰德》176a5-6);这再一次是赫拉克利特的观点(在柏拉图和廊下派里都有涉及)。

廊下派对宇宙同质性的解释有三种路径：物理学、伦理学和逻辑学。实际上，λόγος[逻各斯]自身也有三种表现领域（这三种领域与哲学的三部分相符）：自然（从世界的理性秩序角度理解），语言（语言的核心功能似乎在于通过交谈来表达并解释存在事物，从而对现实进行表述并赋予其以意义，所以语言在λόγος[逻各斯]的展现中具有优先位置），[188]行动（当λόγος[逻各斯]将自身体现在智者这样完全理性的行动者身上之时）。廊下派以两种相互补充的方式来谈论"理性"和"理性的"。一方面，从宇宙论意义上看，所有事物的产生都合乎宇宙的理性安排，因为每一事物的出现都有统治并贯穿万物的神圣λόγος[逻各斯]指引。① 因此，或许对廊下派来说，所有自然之物都是理性的，所有理性之物也都是自然的。② 另一方面，还有一种人类学意义上的"理性"和"理性的"，其中认为从某一特定年龄开始，但实际上是从出生开始，③人类就有能力意识到他们分享了宇宙秩序。对人类来说，这种对宇宙秩序的共同拥有可能通过获知他们自身条件而来，那就是在某一时刻，行动者可以调整自身行为，达到他们所认为的符合一致生活的状态，进而产生一种有道德价值的行动。儒福斯提过一种解释，对理解这一点很有帮助。他向一个老人提问，为了应对变老应该作怎样的准备，老人回答："就做年

---

① 克勒昂忒斯，《宙斯颂》行7–8："这整个的宇宙……服从于你"；"与它一起，你指导着渗透万物的宇宙理性"，行12；"世上没有什么行为……神啊，是不需要你来指引的"，行15（Long和Sedley译）。

② 这一论断如上所述（页179）隐含了一种误导，比如植物就是某种自然之物，但人们看不出它在哪些方面拥有理性。然而，说一株植物或一只动物是"理性的"，并不在于它们拥有某种理性官能，而是由于它们事实上构成了宇宙的理性秩序的一部分。

③ 参照《柏拉图〈阿尔喀比亚德〉评注》(*Scholium to Plato's Alcibiades*) 1.121e；扬布里柯《论灵魂》(*De Anima*)，收于司托拜俄斯《物理学与伦理学读本》1.48.8，页317.21 Wachsmuth编（=《早期廊下派辑语》1.149）；《名哲言行录》7.55–56。

轻时做过的事:有条不紊地根据自然生活($τὸ\ ζῆν\ ὁδῷ\ καὶ\ κατὰ\ φύσιν$;笔者自译)。"为了理解这句话,儒福斯认为,人应该做的是知晓人类本性并非指向快乐(这也不是非理性动物的本性)。① 一种生物通过获得其自身的完美或卓越($ἀρετή$),从而根据其本性来行动,此时它就是根据自然而生活。现在,既然每个人的本性都引领他们朝向自身的德性或卓越,那就可以合理地认为,一个人根据自然而生活并不意味着他或她生活得快乐,而是说他或她活在自己的完美或卓越之中(辑语 17.89.12 – 90.1,Hense 编)。这一论证同时适用于理性和非理性存在者,并且表明,每个个体的卓越都是统治着它们各自生活的标准。该论证还说明了宇宙本性如何可以成为人类道德行动的标准:假设人类本性是宇宙本性的一部分,甚至在某种意义上就是宇宙本性,既然宇宙本性和人类本性都指向完美和卓越,[189]那么就可以推出,根据德性而生活(也就是适合于理性生物的完善与卓越)其实就是根据自然而生活。所以,为了过上一种理性生活,个人必须根据德性而生活,因为德性的练习展示了他或她最好的活动。而人类中最好的活动就是对其理性的练习。

  廊下派认为,"每当我们考察宇宙和宇宙中的事物时",我们就是在研究物理学。② 克律希珀斯坚持,物理学推测($φυσικὴ\ θεωρία$)仅负责对善与恶进行区分,这似乎表明他更看重物理学与伦理学的相关性(如文段(3)所强调的)。如果真是这样,那么对伦理学,尤其是对致力于发展理性生活的人来说,物理学就成了一块非常重要的知识领域。当然,Annas 会反驳道,即使我们一开始将廊下派伦

---

  ① 儒福斯说道,即便是一匹马也不会认为它仅仅因为能吃、能喝、能交配这一事实就实现了自己的目的,它还要做符合一匹马的举止的事情(辑语 17.5 – 8,Hense 编)。这个论点看上去是在反对伊壁鸠鲁的原则,即快乐是目的(亦见《名哲言行录》7.85 – 86)。

  ② (托名)普鲁塔克,《哲人的学说》1.2;《早期廊下派辑语》2.35;《希腊化哲人》26A。

理学看作是依赖于廊下派物理学的,并给宇宙本性中的天意视角赋予一个重要角色,我们最后讨论的仍是诸如德性、邪恶、情感等这些伦理学中特定的主题,并没有诉诸 pneuma[气息]或宇宙。然而我想要强调的是,若从整体的视角来看待廊下派哲学的所有部分,我们也许就能认为,他们证明了有一些属于物理学的主题或许会与我们对伦理学的理解相关。比如,德性是灵魂的状态(对廊下派来说是一种物体);但作为物体,它们则是那些无形体的结果的原因:正是有"审慎",才会出现(γίνεται)"审慎的"(司托拜俄斯,《物理学与伦理学读本》1.138.23－26,《希腊化哲人》55A)。此外,克勒昂忒斯似乎主张那种(πνεῦμα[气息]的)张力是火的效果,如果这种张力在灵魂中并找到了适合它的状态,它就被称为"力量"(δύναμις)。克勒昂忒斯继续证明,当这种力量面临着明显需要毅力(persistence)的状况时,它就是自制(continence);面临着需要耐力(endurance)的状况时,它就是勇气(courage)(普鲁塔克,《论廊下派的自相矛盾》1034D-E;《希腊化哲人》61C)。换句话说,理性行动者的德性意向,要从 pneuma[气息]中那种好的张力(εὐτονία)的角度来理解。① 实际上,这些文本例证并未表明伦理学根植于物理学这一论点,但它们可让人注意到因果关系论与 pneuma[气息]论在实践领域中的相关性。因果关系与气息论在廊下派物理学中都得到了恰当的讨论;不过它们并不只是得到了纯粹的物理学解释,而是确实同样延伸到了伦理学范畴上。这些段落也清晰地说明了廊下派在其伦理学中引入某些物理学问题时,为什么没有觉得不舒服。

可是这并不能阐明物理学如何是一种德性,尽管可以暗示出,为了考察宇宙与宇宙中的事物,[190]也就是为了研究物理学,我们

---

① 亦见伽伦,《论希珀克拉特斯与柏拉图的学说》(PHP)270.10－24;272.9－274.26,De Lacy 编。同样也可见于对两种基本感情状态的标准定义,比如痛苦("灵魂的一种收缩")与快乐("灵魂的一种膨胀")。收缩与膨胀都是 pneuma[气息]的运动。

必须拥有一种认知意向,以及关于那些支配着宇宙这个有序整体的本源的知识。西塞罗在《论至善与极恶》里的一段文本对澄清这一点很有帮助。西塞罗通过廊下派发言人卡图来说明,廊下派已合理地(non sine causa)将物理学称为"德性",这是因为一个人若要根据自然而生活(convenienter naturae),他就必须从整个世界及其管理(procuratio)中开始。卡图强调,没人可以真正判明(vere iudicare)善与恶,除非他知晓自然的整个计划或意图(ratio)①还有诸神的生活,以及人类本性是否与宇宙本性相一致(《论至善与极恶》3.73)。西塞罗的这段重要文本至少表明了三个观点:第一,清晰地说明了物理学是一种德性,因为物理学是一种聚焦于κόσμος[宇宙]的知识,而这类知识对那些关注德性生活的人来说也是一个出发点。第二,这种由物理学所组成的知识与行动者的实践生活相关联,因为至少它是为了理解善与恶的必要条件。因而,尽管物理学不是关于善的知识,但终归是一种有助于形成关于善的知识的知识;再者,即便物理学不被定义为"关于善的知识"也无关紧要。廊下派同样愿意认为辩证法是一种德性(《名哲言行录》7.46),当然对辩证法来说,这里的"德性"也不意味着"关于善的知识"。第三,这段文本虽再一次确认宇宙本性对伦理学有重要作用(这次是在西塞罗的《论至善与极恶》中),但并没有暗示不同于非正统观点的那种说法,即认为物理学只关乎我们对伦理学的理解。Annas 论证道,"如果宇宙本性是伦理学的第一原理",我们就应该会发现"那些特定的伦理学论点的直接源头完全在宇宙本性那里",但这恰恰是我们找不到的一点。② 但就我判断,西塞罗的那段文本显示出,对廊下派来

---

① 对 ratio 的这种阐释,见 Glare 1996:s. v. ratio, 10,"行动的计划或意图"。

② Annas 1993,页 165。在她最近关于廊下派伦理学的文章里,Annas 指出西塞罗的《论至善与极恶》第三卷不似《名哲言行录》7.85-89,它是一个没有利用廊下派的宇宙本性来呈现其伦理学的关键文本(Annas 2007,页 85)。

说物理学不仅仅关乎我们对伦理学的理解;他更将物理学作为处理伦理学时的一块必要的知识领域,并且正如我希望在下文中表明的,物理学为实践伦理学给出了一些基本的模型。因此,即使我们无法找到某些直接从宇宙本性里产生的特定原则,宇宙本性也在建立标准以根据具体状况来决定并采取行动方面起到了重要作用(见下文第4节)。

为了澄清宇宙本性对伦理学的作用,较为不错的入手方式可能是检视廊下派圣贤的生活。这是因为[191]廊下派圣贤可以视为一种完美而理性生活的典范,换句话说,他们完美地反映出了宇宙理性。诚然,许多对圣贤的描绘都令人吃惊地将他们刻画为一种完美的理性存在者,作为他们所例证的宇宙理性的好典范。① 圣贤身上这些令人惊异的属性,至少在理论上说明了他们是唯一一个真正依照自然而生活的人。当然宇宙自然并不会做出圣贤的任何这些活动,但它的目标是让作为整体的自然中所发生的一切都变得平衡而完美,而这就是"理性",准确地说就是一种宏观的理性之所是。廊下派那根据自然而生活的目标必须以"对事实和价值的判断具有矫正的能力"为前提,②这也是唯有圣贤可以做到的,因为他们是唯一

但就如我在前面所说,这一论断没能考虑到《论至善与极恶》3.73里对宇宙本性的关联。就像前面评述的那个普鲁塔克文段所表明的,我也会说,即使我们应该承认 Annas 对廊下派伦理学的呈现顺序的观察,这也不意味着宇宙本性就不与伦理学相关。至少在对伦理学的物理学呈现里,关于宇宙本性与天意的思考是与伦理学相关的。

① 所有对廊下派圣贤令人惊异的特征描述都合宜地呈现于司托拜俄斯《物理学与伦理学读本》2.111 – 112。

② Long 1996b,页94。除那些非凡的属性之外,我们也应该回忆起智者所拥有的其他三种特征:不轻率($ἀπροπτωσία$)、不急躁($ἀνεικαιότης$),以及无可辩驳($ἀνελεγξία$;《名哲言行录》7.47)。无可辩驳被定义成防止因为他人的论辩而使自己的论点陷入自相矛盾境地的一种力量,这让人想起柏拉图的说法,"真理从不会被驳倒"(《高尔吉亚》473b10 – 11)。

总是判断正确而不只是偶尔甚或随机正确的人。

但有人或许会想:这与物理学有什么关系？廊下派圣贤的心理意向于"正确理性",他们理解命运的原因纽带,因为他们理解宇宙因果关系的原理,从而能够解释所有的现象,并预测世界上所有的事件和特定事实。① 决定万物的是物理——因为它们是在持续的宇宙中一条持续的原因序列上的一部分——同时还有天意。故此,至少在理论上,如果一个人知晓因果影响的法则和神的行为方式,即如果一个人是廊下派圣贤,他就能够预测所有未来事件。若是如此,偶然事件就只不过是我们未知其原因的现象。② 爱比克泰德援

---

① 这个论证可以作为一种为了解释命运之存在的"现象学论证"。实际上,根据明显的经验事实,世界就是一个有机整体(参照阿弗洛底西亚的亚历山大,《论命运》192.8 – 13,Bruns 编,以及本书第三章)。从廊下派的观点来看,预言的成功似乎也是一种明显的经验事实(参照第欧根尼阿诺斯[Diogenianus]的论述,收于优西比乌斯《福音的预备》4.3.1 =《早期廊下派辑语》2.939)。正如第欧根尼阿诺斯指出的,克律希珀斯的论证看上去是一种循环论证,因为他试图从预言来证明命运的存在,但他将预言作为一种有效预测未来事件的方法来相信,从而又以命运学说为前提。亦见西塞罗,《论预言》1.34。

② 参照阿弗洛底西亚的亚历山大,《论命运》174.1 – 11,Bruns 编,以及西塞罗,《学园派》1.29。其他文段里提到依据前因预测未来事件,这在理论上是可能的(西塞罗,《论预言》1.127 – 128),但只有智者才能够做到。各种预言能力在司托拜俄斯那里被视为廊下派圣贤的一种特质(见《物理学与伦理学读本》2.67.13 – 19;114.16 – 21,Wachsmuth 编)。这两个文段里,预言都被定义成"对从诸神而来的征兆进行思考的知识"。廊下派对于宇宙因果关系的论点可以从一些文献得到很好的验证;参照第欧根尼阿诺斯的论述,收于优西比乌斯,《福音的预备》6.7.8.1 – 39(《早期廊下派辑语》2.925 和 998);普鲁塔克,《论廊下派的自相矛盾》1049f-1050d(参见《早期廊下派辑语》2.937),1056c。对这个论点以及其他相关方面的具体讨论,首先需要处理伦理学、逻辑学和物理学之关系方面的一些重要问题,所以这里无法进一步展开。关于这些方面的主题的具体探讨,请看波耶利 2001,页 728 – 750,以及波耶利和 Vigo 2002,页 32 – 51。

引了克律希珀斯的论证：

> 只要我还不知道结果，我就将永远做最合乎自然的事情，因为神自己就将我创造得具有选择（ἐκλεκτικόν）合乎自然之物的能力。如果我真的知道自己注定（καθείμαρται）[192]要在此刻生病，我就会凭着某种驱动想让自己此刻马上得病：因为如果脚有思想的话，它也会凭着某种驱动想让自己踩入污泥中的。①

这个类比明显是为了表明，理性存在者之于宇宙，就像脚之于人。它也强调了个人理性和宇宙理性之间的关系。如果一个人能够意识到自己身上注定要发生的事情，知晓神有远见的计划，那么作为他理性能力的一种积极实践，他可以 sub specie rationis dei [从神的理性视角]理解自身的痛苦处境。并且这种知识是关于宇宙的知识，也就是"物理学"。所以这段文本再一次显示出（与非正统观点相反），在克律希珀斯的廊下派哲学里，宇宙本性对伦理学起到了重要的作用。

在此我们所要面对的问题之一是，连廊下派自己都认为，成为一名廊下派圣贤是极其困难的。实际上，芝诺、克勒昂忒斯和克律希珀斯都明确地承认这一点。在相同的思想脉络上，具有创新意识的帕奈提俄斯在试图将廊下派圣贤的形象变得更加人性化的同时也承认了这一困难。② 廊下派圣贤是终其一生都在施展德性的人，

---

① 《阿里安俄斯记录的〈清谈录〉》2.6.9-10, R. Hard 译，稍有改动。对这篇文本更为有用的讨论，我推荐 Menn 1995, 页 23-24。

② "既然我们并不与完美且明显智慧的人一起生活，而是与这样一些人一起生活，即对于他们来说，如果拥有一些德性的影像，便是很美好的事情了，那么我认为我们也必须明白这一点：对任何人都不应该持完全忽视的态度，纵然有人仅仅表现出某种德性迹象。"帕奈提俄斯语，引自西塞罗《论义务》(On Duties), 1.46 (E. M. Atkins 编)。[校按]译文参考西塞罗，《西塞罗文集（政治学卷）》，王焕生译，中央编译出版社，2010，页 344，有改动；下同。

这种描述严重地迫使早期廊下派将伦理学(和政治学)呈现为绝对难以实践的理论:实际上,廊下派圣贤——有着不犯错的特性、拥有完美理性与绝对一致性(因为他们身上体现出与自然之间的完美 ὁμολογία[同质性])——是极其罕见的。① 如果普鲁塔克嘲讽克律希珀斯既没有把他自己也没有把任何他所相识的人或老师看作有德性的人,②那剩下的人类又如何呢? 我认为廊下派愿意宣称,即便常人也可实现这种理想,只要他们也是理性的存在者从而是宇宙自然某特定的一部分。至少廊下派的爱比克泰德这样宣称过。他在论证参与论辩的重要性时说,论辩与我们应该在生活中如何表现很有关系(《阿里安俄斯记录的〈清谈录〉》1.7.1);[193]他还说,这种参与似乎不只是针对某类人,而是可以面向所有人。对于问题"是否有可能成为完美的理性人?",我们应该至少有两种回答。一方面是肯定的回答:既然每一个人都分有相同的理性本性,那么鉴于我们都是人这一简单的事实,则我们都能够朝着正确的方向来发展我们的理性,从而每个人都能成为圣贤。另一方面的回答则是否定的,因为即便人类通常会发展其理性,那也不是每个人都可发展出廊下派意义上的"正确理性"。因此不是每个人都可成为廊下派圣贤。

我就伦理学和物理学的关系所作的评述也可能在某些方面遭到反对。举例来说,因为廊下派中哲学的所有部分并没有相互分离(《名哲言行录》7.40),则伦理学与物理学之间必定有某种紧密联

---

① 见司托拜俄斯,《物理学与伦理学读本》2.100.2,112.1-5(Wachsmuth 编)。

② 《论廊下派的自相矛盾》1048e(《早期廊下派辑语》3.662 和 668);塞涅卡,《致鲁基里乌斯的道德书简》42.1;亚历山大,《论命运》199.16-22,Bruns 编;恩披里柯,《驳学问家》9.133 和 433,里面他讽刺地说廊下派的芝诺、克勒昂忒斯与克律希珀斯把自己归在了卑劣人之列,而不是在智慧人中(又见恩披里柯,《皮浪主义述要》3.250,《名哲言行录》3.32,以及西塞罗,《学园派》2.145)。

系;而这种紧密的联系也在伦理学与逻辑学之间得到强调。这一观点或许会遭到某些人的反对。但我认为这并不会对我所论述的观点构成严重的挑战。首先,因为廊下派伦理学,或者更确切地说是廊下派的行动心理学(这在廊下派哲学里几乎不能与伦理学分隔开),在某些重要细节上预设了一些最初属于逻辑学的观点(比如关于λεκτά[言说]的理论)。其次,如上所述,辩证法(或逻辑学),就像物理学一样被视为一种德性,①且这种德性"包含了其他诸种德性"。② 这些德性是 ἀπροπτωσία("不轻率")、ἀνεικαιότης("不急躁")、ἀνελεγξία("无可辩驳")。我想简单讨论一下所列的前两种德性:"不轻率"和"不急躁"。"不轻率"这种德性被定义成"关于人应该何时赞同、何时不赞同的知识";③"不急躁"则被定义成"面对似是而非的(εἰκός)东西所表现出的强有力的理性(ἰσχυρὸς λόγος)"。④ 不急躁与不轻率都是与圣贤相符的卓越品质,凸显了圣贤从不犯错这一廊下派的观点。相反的是,那些没被训练成能够很好处理自己的各种印象的人,会急躁(προπέτεια)并急剧转入失序(ἀκοσμία)与轻率(εἰκαιότης)的状态。现在,尽管这两种德性是"辩证法的德性",它们也在廊下派的行动心理学中扮演了重要的角色(且对廊下派伦理学来说也是如此),可以用于检验一个有德性的人所应该拥有的心理状态。既然廊下派坚称自然理性和神圣 logos[逻各斯]内在于宇宙各个角落,则圣贤所表现出来的这些特定的辩证法的德性,就又是宇宙理性在行动者身上的体现,这类人理解宇宙的结构并依此将这种结构转化为自身的认知意向。

---

① 西塞罗,《论至善与极恶》3.72;《名哲言行录》7.46。
② 《名哲言行录》7.46(英伍德和 Gerson 译)。
③ 同上。
④ 同上。

4. 宇宙本性与伦理学的恰当研究对象

[194]当我们试图展示廊下派中宇宙本性对伦理学所产生的作用时，另一个复杂的问题则集中在廊下派伦理学的某些特定原则如何与宇宙本性相关上。例如，宇宙本性如何与这些论点产生关联：唯有德性是好的，唯有邪恶是坏的，而其他东西都是中性的；或者德性是被选择的(chosen)，而其他中性事物只是被选择的(selected)；或某些中性事物包含了一种值得选择的价值(ἀξία ἐκλεκτική)，而其他中性事物则包含了某种不值得选择的无价值性(ἀπαξία ἀπεκλεκτική)。我们经常追寻如生命、健康、快乐、财富、名声等事物（所谓的"更可取的中性事物"；preferred indifferents, προηγμένα），而像死亡、疾病、痛苦、贫穷（"不可取的中性事物"；dispreferred indifferents, ἀποπροηγμένα）则要避免。我们这么做是因为，生命、健康、快乐和财富自身尽管不是善，但我们追寻这些事物却是"自然的"，既然更可取的中性事物（准确地说是"本身就是更可取的中性事物"；δι' αὑτά）是"合乎自然的"（《名哲言行录》7.107）。甚至，更可取的中性事物包含了一种价值，这种价值能"促进生活的一致"（σύμβλησιν πρὸς τὸν ὁμολογούμενον βίον；《名哲言行录》7.105）。这一重要细节显示了，更可取的中性事物与幸福生活，也就是与一致的生活相关，因为它们有助于实现一致的生活。① 也许有人会猜想，在中性事物理论中有自然加诸人的理性的痕迹。实际上，选择拥有一种自然能力(εὐφυΐα)而不是不拥有这种自然能力，选择财富而不是贫穷、康健而不是不康健，这只是一种自然的从而也是理性的选择。人类这种会自然选择更可取的中性事物的意向同样表明，即使德性才是唯一真正的善，有德性的生活在某种程度上也需要获取那

---

① 这里提出了一个问题，不是真正善的事物如何能够有助于实现与自然的一致？我不会在此深入探讨这个话题。

些既不好也不坏的事物,这些事物包含着或没有包含内在的价值,以及包含着或没有包含行动者所附加的价值。实际上就如廊下派中的异端阿里斯通所观察到的,在某些特定的情势(circumstances)下,行动者可以选择不可取的中性事物而不是更可取的中性事物。正如恩披里柯所记载的,阿里斯通摆出两个相互关联的观点来反驳芝诺和克律希珀斯的中性事物理论。①称某些事物——诸如健康——为"更可取的"(preferred)就是在称它们是"善的"(good);因此善与更可取的中性事物之间的区别仅仅在称呼上。②德性与邪恶之间的中性事物并非有些在自然上($φύσει$)就是更可取的,而有些在自然上是不可取的;相反,它们依赖于情势($παρὰ\ τὰς\ περιστάσεις$)——情势随着时间的变化而变化——以至于那些被[195]认为更可取的东西不是绝对($πάντως$)更可取的,而那些被认为不可取的事物也不是必然($κατ'\ ἀνάγκην$)不可取的。① 阿里斯通的意图明显在于,他要否认德性与邪恶之间的中间物的价值能够依据其是否与自然相符来决定。如果圣贤能够通过判断而给予不可取的东西(例如生病)以价值,那么可以推出在阿里斯通的观念里,更可取的中性事物并不是合乎自然的。阿里斯通的批判没有影响到理论的主要部分,因为该批判承认中性事物既不有益也不有害,即任何中性事物都不是绝对有益的(参照《名哲言行录》7.102)。阿里斯通的批判主要在于,没有中性事物在自然上就是更可取的,因为在某些情势下圣贤事实上会选择生病(一种不可取的中性事物)而不是健康(一种更可取的中性事物),这同样也没有对正统观点造成影响。实际上,正统观点并没有说更可取的中性事物在自然上就是更可取的,即没有说它们会在任何情势下都绝对地($πάντως$)更可取。② 比如,廊下派的儒福斯倾向于认为,如果一个人到了老年能够不恐惧而自信地迎接死

---

① 恩披里柯,《驳学问家》11.64-67。
② 即没有说它们是绝对的从而也是一成不变地更可取,而是说我们会自然倾向于选择更可取的中性事物而非不可取的中性事物。

亡($τὸ\ προσδέχεσθαι\ τὸν\ θάνατον\ ἀφόβως\ καὶ\ θαρραλέως$),他就会赋予不痛苦而合乎自然的生活以重要意义。① 换句话说,即使个人自然地倾向于选择活着而非死亡,到了老年时死亡也会逼近,个人必须迎接死亡,将之作为生命的一个自然阶段。② 除此之外,圣贤这一形象还能评估阿里斯通观点中的易变性,即阿里斯通所认为的个人将会在某些情势下选择生病而非健康的事实。③ 圣贤是意识到理性秩序的人,他将理性秩序融贯于自己的特质中,且依此而成为唯一完全有资格去决定在既定情况下什么是善的或有益的人。

在我看来,我们有足够的理由认为,中性事物问题在廊下派的整个伦理学和特定的实践伦理学中都相当重要。如果阿里斯通的观察是正确的,圣贤将会在某个具体情形下选择某种不可取的中性事物而不是更可取的中性事物,那么,廊下派伦理学似乎就变得比廊下派哲学的古代反对者所想的更具有实践性。廊下派对中性事物的思考变得如此重要,以至于并入了两种关于目的的重述中。[196]实际上,拉尔修说道,巴比伦的第欧根尼主张"目的在于选择合乎自然的事物时思虑周详($εὐλογιστεῖν$)"(《名哲言行录》7.88)。帕奈提俄斯则认为"目的就是根据自然赋予我们的倾向($ἀφορμαί$)而生活"。④ 这两种情况下,我承认合乎自然的东西和由自然赋予我们的倾向一定是更可取的中性事物。一旦我们发展了自身的理

---

① 儒福斯辑语 17(页 92.14 – 17,Hense 编)。
② 这使人联想起柏拉图《克力同》(Crito)43b10 – 11 里苏格拉底的论述:"像我这年纪的人,因无可避免的死期来临而恼羞成怒,那就不成话了"(Grube 译)。[校按]译文参考柏拉图,《游叙弗 伦苏格拉底的申辩 克力同》,严群译,商务印书馆,1983,页 98,有改动。
③ 恩披里柯,《驳学问家》11.66。例如,有些人还非常健康并在僭主手下任职,但他们的理性也因此被摧毁。在这种情况下,健康不是绝对更可取的,生病也不是要绝对拒绝的事情。
④ 亚历山大里亚的克雷芒,《杂缀集》2.21,页 183(Stählin)(证言 53 Aless 编 = 辑语 96 Van Straaen 编)。Alesse 支持用"才能"(attitudini)来译

性,我们就能知道这些事物,因为我们的理性在某种意义上就是我们的自然。也是因为如安提帕特若斯所言,我们"根据一种优选理性"(κατὰ προηγούμενον λόγον)选择更可取的中性事物,①这种"优选的"或首要的理性就是我们发展了的理性,由此显示出了对一种真正的理性生活来说什么东西是合宜的。当一个成熟的人改变了他原本指向自我保存的本能驱动,代之以与更可取的中性事物相关的那种理性化驱动,这其中引导他进行改变的原因就是理性,以及理性对值得选择的价值的偏爱。"据此,在情势允许的情况下(διδόντων τῶν πραγμάτων),他就会选择这些而不是那些事物;比如选择健康而非生病、活着而非死亡、财富而非贫穷。"②我将这里涉及的"情势"作为一个重要因素,因为它迫使我们记住更可取的中性事物并不是每一次都是更可取的。对智者的审慎理性来说,决定何时这些更可取的中性事物会在实际上变得更可取,是一件必要的任务。

现在,我认为我们能够更好地开始理解,廊下派的宇宙本性如何与其伦理学中的某些基本原则相关这一问题。首先,如果我们重新注意到真正的善(德性)与"根据一种优选理性"而作为更可取之物意义上的善之间的区别,那我们就可以看到唯有德性才是真正的善,因为①德性是圣贤的灵魂状态(也就是能够将其本性与整体的

ἀφορμαί,并提到 Liddel et al. 1949: s. v. ἀφορμή(见 Alesse 1997,页 183)。关于这一翻译,她论证并解释道,这种ἀφορμαί"只在人身上显现,因为它们与理性本性相配","将它们(即ἀφορμαί)解释为本能的倾向、自发而自然的驱动并不完全正确。"当然,我并未将ἀφορμαί理解为一种本能的东西:纵然我们将它们当作理性存在者的自然倾向,那也不需要将它们解释为"本能的倾向"。它们只是从属于理性存在者的倾向。

① 或"基于一种支配理性""依照首要理性",英伍德的翻译(1985,页202,以及英伍德对司托拜俄斯的廊下派伦理学文摘的翻译,见英伍德和Gerson 1997,前揭)。

② 安提帕特若斯语,引自司托拜俄斯,《物理学与伦理学读本》2.83.13 ss,Wachsmuth 编。

本性统一起来的行动者的灵魂状态),①并且②因为善是有益的,而德性与有德性的行动同样是有益的(恩披里柯,《驳学问家》11.22—23;《希腊化哲人》60G)。其次,如果一个人实际上已将自己的本性与整体的本性统一了起来,他将[197]能够说,在某些特定的情势下,他必须选择"从生命中挣脱",或者就像儒福斯告诉我们的,将会不恐惧而自信地迎接死亡。从生命中挣脱和迎接死亡都是合理的行为,因为这么做能够有助于宇宙整体的管理,同时又可以保持宇宙的理性(再想想一个人在僭主手下任职,为了防止被僭主摧毁自己的理性而可以理性选择自杀的例子)。这同样也可以说明,行动者现在能够从一种宇宙理性的角度来思考事情,因为行动者在某种意义上就是宇宙理性。但是,个人当然不需要为了从宇宙理性立场看待事情而去自杀。我们换一种比较细琐但并非不怎么重要的角度讲,当一个人了解到,做正确的事就是行为节制或正义时,他可以选择自杀;这种理解既是理智上的也是实践上的,②保证了行动者将过一种真正的理性生活并在自己的行为中展现出宇宙整体的理性秩序。

5. 结　语

我们对支撑着理性统一性这个观念——一种在政治理论领域

---

① 在有些文段里,自然和理性是紧密关联的[与此同时,承认我们的本性事实上就是宇宙本性的一部分宇宙本性并非是疏离于或外化于我们的东西],如果我对这些文本里所理解的"自然"的解释是合理的(见上文第3节的结尾),那对我来说,《名哲言行录》7.89里所要求的一致或和谐就可能理解为既是自我的和谐也是与整体的和谐。

② 对这一观点的早期廊下派解释路径可见司托拜俄斯,《物理学与伦理学读本》2.63.11—12,Wachsmuth 编,以及《名哲言行录》7.126,130。而晚期廊下派的同样观点见儒福斯辑语6(页22.7—9,Hense 编)。在波耶利(页402—405)中可以找到关于这个问题的简单讨论。

让位于廊下派的世界主义(cosmopolitanism)的原则——的理论进行解释时,是从某些特定的系统假设出发,这种假设与一种基于新型理性概念上的哲学解释路径有所关联:整个宇宙都被理性所贯穿,以致于任何事物都能体现出宇宙理性,这一论点是古典时期的思想家们所陌生的。根据这种理性内在于宇宙系统的观点,人类成为了宇宙中享有特权的一部分,因为他们可以进行反思活动,并由此能够理解世界的结构。据廊下派共同的原则,其他所有人都参与了对我们的教化,而如果我们对其他人类同胞处于一种优先地位,那也只能是因为我们在品性上拥有更好的意向,也就是说一种有德性的品性。我们共同的起源和理性结构也证明了没有人会比其他人更高贵,除非有人对善的艺术具有一种更为正确与合适的意向(rectius ingenium et artibus bonis aptius)。塞涅卡论证道,这是因为世界(mundus)是"所有人独一无二的父亲,每个人的最初起源(prima origo)都可以追溯到它那里,不管它处于一种清晰还是模糊的状态"。① 这段话的上下文解释并发展了廊下派的论点,即人的区分——基于贵族头衔或与生俱来的特权——[198]是完全按照主观判别且依照传统的。对廊下派来说,正义源于自然(《名哲言行录》7.128),既然所有人生来便禀受了理性,那么他们在正确运用理性上就拥有同等的能力。塞涅卡再一次强调了我们"作为整体中部分"的境况,我们分享的理性是我们身上的神圣要素,也是神的一部分(《致鲁基里乌斯的道德书简》92.30;《早期廊下派辑语》2.637)。从其"社会"维度来理解的占有或亲密(appropriation or familiarization, οἰκείωσις)——也就是说在生命的最初阶段里,占有或亲密涉及生物个体对自身的"利己主义"关注,但随后通过一种"利他性变化",可以发展成对该物种其他成员的亲密——能够恰当地描述神或宇宙理性如何期待我们去爱我们的人类同胞。

廊下派的诸论点不管看上去有多违背直觉,都是对"正确理

---

① 塞涅卡,《论恩惠》3.28.1。

性"抱有合理信心的结果。正确理性就如哲学历史上的其他哲人所想的那样,能够保证一种渐进且持久的道德进步,最终这种进步会随着长期存在的军队与战争的废除而结束,同时这理性还能确保"世界公民权"成为可能,那时存在的将不是民族国家(National State),而是世界国家(World State)。这是启蒙运动对廊下派的世界主义和理性自然主义(rational naturalism)所做的一种转化。① 不论是上个世纪已然发生之事还是当今所正在发生之事,都不能让我们认为廊下派理想中的世界主义和理性治理是可能的。然而,这种局面并没有使廊下派那由理性存在者组成的世界共同体的理想变得无效,这些存在者在其中不愿意将痛苦与伤害加诸该物种的其他成员身上;不仅如此,它似乎反而强化了廊下派的这种理想。一位廊下派哲人将会愿意去论证,实际正在发生的事不会阻止他思考应该发生的事。一个廊下派哲人还会论证,如果一个人对其同胞继续表现得像个非理性动物那般,那是因为他拒绝承认我们都是那由理性存在者组成的共同体的成员,因此我们能够恰当地训练自己的品性,而一旦我们的品性经过了训练,我们就能够认识到,我们每一个

---

① 这里我首先想到的是康德。在《论永久和平》(Towards Perpetual Peace)里,他引用了一条拴在马车上的狗的例子(见塞涅卡的版本,《致鲁基里乌斯的道德书简》107.11)来进行政治讨论:fata volentem ducunt, nolentem trahunt,"命运引导愿意服从它的人,强迫不愿服从的人"(8.365, Kant's *Gesammelte Schriften*, Berlin: Walter de Gruyter & Co. 1990)。从康德的观点来看,自然是永久和平的保障,因为它的机械式进程拥有一种终结(finality, Zweckmässigkeit),可在不和睦(Zwietracht)中引出和睦(Eintracht),不管人所希望的是什么。当康德断言自然愿意这样或那样的事发生时,他非常具有廊下派风格,他的意思不是自然可以对人强加某种要做某事的职责——因为没有强制的实践理性也可以如此做到——而是自然做它要做的事,不管我们是否愿意。自然遵循着某种机械式的进程,但又具备目的论上的秩序,这听上去也十分廊下派。可即使廊下派赞成严苛的因果秩序,他们也没有将这种秩序描述为一种纯粹的机械系统。目的论的因素似乎在天意观中得到了清晰地勾勒,而天意可以等同于命运。

人身上的特性都独特地展现了我们和其他人所具有的人性。从较不乐观的角度来看,有人[199]也许会反击道,某种摧毁我们的人类同胞乃至世界的欲望,实际上也是我们本性的一部分。如果确实如此,那么我们强加给其他人的某些侵略行径、可怕的生理或心理痛苦(比如折磨),若称之为"非人性"行为,实际上是一种自相矛盾,因为的确只有人会做出这些行为。但一个廊下派学者可以总是如此回应:说这种侵略行为是对人类本性的独特展现,这种说法是一种错误信念,错误就在于,如果每个人都这般认为并付诸行动,那我们就会摧毁宇宙,也就是"秩序",这意味着作为整个世界的缩影的每一个人最终将会自己摧毁自己。廊下派的理想用奥勒留的话来说就是:

> 所有的事物都互相交织⋯⋯一切事物都经过安排,井然有序地组成同一个宇宙($\sigma \nu \gamma \kappa o \sigma \mu \varepsilon \tilde{\iota} \ \tau \grave{o} \nu \ \alpha \grave{\upsilon} \tau \grave{o} \nu \ \kappa \acute{o} \sigma \mu o \nu$)。要知道,宇宙是所有事物组成的统一体,神作为一,遍及所有事物。只有一种实在($o \grave{\upsilon} \sigma \acute{\iota} \alpha$)和一种法律,那就是对所有智慧的生物而言的普遍理性($\lambda \acute{o} \gamma o \varsigma \ \kappa o \iota \nu \acute{o} \varsigma$);也只有一个真理,因为在对类上和分有同一种理性的生物来说,达到完善($\tau \varepsilon \lambda \varepsilon \iota \acute{o} \tau \eta \varsigma$)的形式只有一种。(7.9;笔者自译)

参考文献

Alesse, F. (1994) *Panezio di Rodi e la tradizione stoica* (Naples: Bibliopolis).

—— (1997) *Panezio de Rodi: estimonianze*, ed., tr., and commentary by Francesca Alesse (Naples: Bibliopolis).

Annas, J. (1993) *The Moraliy of Happiness* (Oxford: OUP).

—— (2007) 'Ethics in Stoic Philosophy', *Phronesis*, 52: 58–87.

Betegh, G. (2003) 'Cosmological Ethics in the *Timaeus* and Early Stoicism', *Oxford Studies in Ancient Philosophy*, 24: 273–302.

Boeri, M. D. (2001)'The Stoics on Bodies and Incorporeals', *Review of Metaphisics* 54(4):723-752.

——(2005)'Socrates and Aristotle in the Stoic Account of *Akrasia*', in R. Salles (ed.), *Metaphysics, Soul, and Ethics in Ancient Thought;. Themes from the Work of Richard Sorabji* (Oxford:OUP),383-412.

——and Vigo, A. G. (2002)'Die Affektenlehre der Stoa', in A. Engstler and R. Schnepf(eds.), *Affekte und Ethik:Spinozae Lehre im Kontext* (Hildesheim:Georg Olms Verlag),32-59.

Carone, G. R. (2005) *Plato's Cosmology and its Ethical Dimensions* (Cambridge:CUP).

Cooper, J. M. (1999)'Eudaimonism, the Appeal to Nature, and"Moral Duty"in Stoicism', in J. M. Cooper, *Reason and Emotion:Essays on Ancient Moral Psychology and Ethical Theory* (Princeton:Princeton UP),427-448.

——(2004)'Stoic Autonomy', in J. M. Cooper, *Knowledge, Nature, and the Good:Essays on Ancient Philosophy*(Princeton:Princeton UP),212-213.

Engberg-Pedersen, T. (1986)'Discovering the Good:*Oikeiosis* and *Kathekonta*', in M. Schofield and G. Striker(eds.), *The Norms of Nature:Studies in Hellenistic Ethics*(Cambridge and Paris:CUP and Éditions de la Maison des sciences de l'homme),145-183.

Engerg-Pedersen, T. *The Stoic Theory of Oikeiosis*(Aarhus:Aarhus UP).

Glare, P. G. W. (ed.)(1996)*Oxford Latin Dictionary*(Oxford:OUP).

Inwood, B. (1985)*Ethics and Human Action in Early Stoicism*(Oxford:OUP).

——and Gerson, L. P. (1997)*Hellenistic Phulisophy:Introductory Readings*(Indianopolis and Cambridge:Hackett; 1st edn. 1985).

Irwin, T. (2003)'Stoic Naturalism and its Critics', in B. Inwood(ed.), *The Cambridge Companion to the Stoics*(Cambridge:CUP),345-364.

Liddel, H. G., Scott, R., and Jones, H. S. (1949)*A Greek English Lexicon*(Oxford:Clarendon Press).

Long, A. A. (1968)'The Stoic Conception of Evil', *Philosophical Quarterly*, 18:329-343.

——(1983)'Arius Didymus and the Exposition of Stoic Ethics', in W. W.

Fortenbaugh (ed.) , *On Stoic and Peripatetic Ethics*: *The Workds of Arius Didymus* (New Brunswick , NJ , and London : Transaction) , 41 – 65.

——(1996) *Stoic Studies* (Cambridge : CUP).

——(1996a) ' The Logical Basis of Stoic Ethics ' , in Long , *Stoic Studies* (Cambridge : CUP) , 134 – 155.

——(1996b) ' Dialectic and the Stoic Sage ' , in Long , *Stoic Studies* (Cambridge : CUP) , 85 – 106.

——(1996c) ' Stoic Eudaimonism ' , in Long , *Stoic Studies* (Cambridge : CUP) , 179 – 201.

——(1996d) ' Heraclitus and Stoicism ' , in Long , *Stoic Studies* (Cambridge : CUP) , 35 – 37.

Menn , S. (1995) ' Physics as a Virtue ' , *Boston Area Colloquium in Ancient Philosophy* , 11 : 1 – 34.

Schofield , M. (1999) *The Stoic Idea of the City* (Chicago and London : University of Chicago Press).

Thom , J. C. (2001) ' Cleanthes' Hymn to Zeus and Early Christian Literature ' , in A. Y. Collins and M. M. Mitchell (eds.) , *Antiquity and Humanity* : *Essays on Ancient Religion and Philosophy* (presented to Hans Dieter Betz on his 70th Birthday) (Tübingen : Mohr Siebeck) , 477 – 499.

第八章 为什么研究物理学?①

英伍德(Brad Inwood)
(加拿大多伦多大学)

[201]我的问题始于对苏格拉底的哲学活动的一种普遍看法。亚里士多德在两处著名文本中分别提到了这一看法(见牛津译本,稍有改动)。"然而,苏格拉底正忙着谈论伦理问题,而忽视了作为整体的自然世界……"(亚里士多德,《形而上学》A987b1-2)"在苏格拉底时代……人们放弃了对自然的探究,哲人们转向关注对人类有益的德性,还转向了政治学。"(《论动物部分》642a28-31)②西塞罗对苏格拉底也持有这样的观点,有三处著名文本可以佐证。在《图斯库卢姆清谈录》5.10里就有这么一句名言:"但苏格拉底是第一个将哲学从天上召唤下来、安置到城邦、甚至带到厅堂中的人,他命令哲学考虑生命和伦理、好事和坏事。"在《学园派》1.15中瓦

---

① 这篇论文在这一版成稿之前曾在其他几个场合宣读过,包括康奈尔大学(哲学系与古典学系)、蒙特利尔的康考迪亚大学(哲学系)、布朗大学(哲学系与古典学系)、爱丁堡大学(第十二期泰勒古代哲学讲座)和约翰·霍普金斯大学的"道德思想和政治思想研讨会"。感谢一些听众给予我的批评和建议。我还要特别感谢"廊下派的神和宇宙"会议的与会者们,他们为这篇论文提供的建议对我很有帮助。此次会议于2006年6月3至5日举行,由墨西哥国民自治大学的萨勒斯组办。萨勒斯是最早加入的,然后则还有阿尔格拉、贝纳杜伊、Gábor Betegh、库珀、David Hahm 和库普瑞娃。

② [校按]两处译文分别参考了亚里士多德,《形而上学》,吴寿彭译,商务印书馆,1959,页18;《论动物部分》,崔延强译,收于《亚里士多德全集》第五卷,中国人民大学出版社,1997,页14;有改动。

罗说：

> 我相信(且任何人都会同意)苏格拉底是第一个让哲学与隐藏的事物分开的人。这些事物原本被自然本身所遮蔽，苏格拉底之前的哲人们却对它们全神贯注。而苏格拉底将哲学引入日常生活中，从而让哲学可以思考德性和邪恶，以及更一般的好事和坏事。他认为[且这是重要部分]天远远超越我们的知识范围，或者(如果它确实可以被认知的话)它们与好的生活无关。

读过《苏格拉底的申辩》(*Apology*)和《斐多》的人都知道确定苏格拉底在历史上的真实地位有多难，但要弄明白他在古代主流思想中的地位却很简单。① 当我们将廊下派看作苏格拉底式的哲人时，[202]我们理解他们的路径就会变成询问如下问题：既然自然很难被知晓，且对人类幸福也确实没什么影响，那到底是什么让他们放弃苏格拉底的思想遗产，而埋头于对自然世界的研究呢？苏格拉底哲学又如何成为廊下派哲学的起点？这些问题事实上与基提翁的芝诺有关。拉尔修告诉我们，芝诺在二十出头从塞浦路斯(Cyprus)来到雅典时，他已经对关于苏格拉底的书产生了热情(7.31)；来到雅典后，他又被书店里色诺芬的《回忆苏格拉底》第二卷吸引住了(7.2–3,28)。受其吸引，他便向人问询，哪里可以找到像书上描写的这种人。书商向他指着著名的犬儒派哲人，忒拜的克拉特斯(Crates of Thebes)，并说，"跟随这个人去吧"。诚然，犬儒派更听从自然而非习俗的指引，但他们并不因此去研究自然世界。

脱离了这些背景，我的问题或许就听起来让人疑惑。为什么廊

---

① 即便考虑到色诺芬在《回忆苏格拉底》(Xenophon's *Memorabilia*) 1.4 与 4.3 里提到的"苏格拉底的"天定目的论(providential teleology)，情况也依然如此。

下派必须研究物理学?① 问出这个问题似乎很怪,因为答案看上去很明显。我们已经从众多文献中知道,廊下派认为拥有幸福就是要跟随自然。如果物理学是对自然的研究,那么除非我们愿意漫无目的地游荡,不然我们就必须知道我们正在跟随的是什么。所以,在这种朴素的观点里,物理学至少在工具性层面上看具有非常大的价值。② 我们研究物理学,因为不这么做的话,当我们在追寻幸福生活时,就不会知道我们在做什么——即不知道我们真正跟随的是什么。我们可以在这里与伊壁鸠鲁派作比较。伊壁鸠鲁(《主要学说命题》[KD]11-13)主张,我们只在认为研究自然有助于消除我们

---

① 在这个含糊的"必须"一词中我将反思两个问题,这就是我在本章时不时回到标题"为什么研究物理学?"时考虑的两个方面:研究的动机和正当性。显然这两个问题之间的联系很复杂,不能想当然。但是我确实认为,这两个问题其实是一回事。因为(虽然现在几乎不是这样,但至少在塞涅卡那里和古代的常识里如此)"为什么我必须做 X?"这个问题建立在一个假设背景之上:将有限而宝贵的时间花费在那些没有效用的地方是不理性且违背我们的利益的;对时间的有限性的关注在塞涅卡《致鲁基里乌斯的道德书简》里处处都有且在 117.32 处说得很清楚(见下)。倘若无法证明做 X 是正当的,势必会让理性行动者打消做 X 的动机。我和塞涅卡一样都假设,求助于人类理性,即便是暗中的求助已经是一种决定性的论证步骤,只要论证能够令人信服。

② 也许有人会问,"工具性"是否可以准确地概括这种动机的特征?但我认为这个词可以合理地把握我所关心的问题。比如思考下《名哲言行录》7.96、司托拜俄斯《物理学与伦理学读本》2.71-72 和其他一些关键文本(《早期廊下派辑语》3.106-109),里面皆可见到廊下派在"类似目标"($\tau\epsilon\lambda\iota\kappa\acute{a}$, goal-like)的善和"工具性的"($\pi o\iota\eta\tau\iota\kappa\acute{a}$, instrumental)善之间所作的区分。还有《物理学与伦理学读本》2.71,那里区分了产生($\dot{a}\pi o\gamma\epsilon\nu\nu\tilde{a}\nu$, produce)幸福的善和那些实现($\sigma\upsilon\mu\pi\lambda o\tilde{\upsilon}\nu$, complete)幸福并作为幸福的组成部分的善,显得特别丰富和意味深长。在这些学述性(doxographical)文本里关于诸多善之间的区分,与我这里要探讨的不同动机之间的区分并不相同;但"工具性价值"对廊下派道德理论来说并不陌生(或许某些高估了廊下派幸福论[eudaimonism]的重要性的人会觉得吃惊),这使我可以在这里运用这个术语。不管这是不是我表达那种对动机的区分的最好办法,但这是我目前所能找到的尽可能好的表述方式。

对死亡的恐惧和对[203]天体的疑虑(比起是一种自然现象,天体是否更像是复仇心重的诸神?)时,才应该研究自然(phusiologia)。如果一个廊下派哲人研究物理学仅仅是为了找到他或她的追随对象,以便让自己变得幸福,那么表面上看伊壁鸠鲁派也有类似的研究动机。二十年前,Nicholas White 在"廊下派伦理学中物理学的作用"里也关注了物理学的研究动机。① White 的探究试图搞清楚,人对自然应该持有何种信念才能让自己不受激情的支配,虽然他最后的结论并不那么令人振奋和信服。据认为,一个人在严肃地献身于自己所属的整体的至善后,他会变得自由,这并不意味着他不再经受世界上诸事件所引致的苦难,而是说他不再"介意这些苦难"。然而,将廊下派主要的哲学思想看作一套只为证明这种态度的理智工具,这荒诞且令人生厌;②不仅如此,如 White 所言,我们实际上没有证据表明,廊下派确实也对物理学持有这样的观点,(更糟糕的是)世人只能凭借想象来思考他们为什么想要用这种方式为其理论辩护。鲜有古代或现代人认为,学习宇宙论对我们处理个人的不幸有或可能有什么实际帮助——就算这是哲学研究的目的。所以,如果廊下派真的承认这就是他们埋头研究物理学的理由,这理由就显得相当单薄。正如 White 所总结的(页 72),"我们会看到,后期的廊下派哲人[我会说任何廊下派哲人]至少有一些余地去拒绝或避免去相信,他们从早期廊下派那儿沿袭下来的伦理学观点需要物理学理论的支持,在如此觉得时,他们也没有被迫承认因此就会丢弃廊下派的核心思想"。我既不准备研究 White 的论述也不打算全盘接受,但我们从前的假设,即廊下派哲学里物理学研究有相当大的理智上的必要性这种看法,就会因此而面临严肃的挑战。

　　由廊下派哲学的一些原始文献来看,形式则更为严峻。对廊下派来说,物理学不仅像伊壁鸠鲁派所认为的那样是哲学的某一部

---

① White 1985。
② 可以对比 Brennan 2005,第一章。

分,究其自身来说它还是一种德性。西塞罗是唯一对此观点提供了有用且一致论述的人,并且他认为自己记叙的是一种标准的廊下派看法(《论至善与极恶》3.73):①

> 物理学同样有理由被如此看待[即被当作一种德性],这正是由于,对想与自然持续一致地生活的人来说,他必须首先[204]关心作为整体的宇宙和天意对宇宙的照料。没人可以对什么是好、什么是坏作出正确判断,除非他知晓诸神的本性和生活,并知晓人的本性是否与宇宙的一致。没人可以……不了解物理学……而看出古代圣贤的训诫的重要性(且是非常重要的)……也没人能够不具备关于自然的详细知识而理解对诸神的虔诚,并认识到我们应该对他们报以多少感激。

这段话暗示了研究物理学的某种类似的特定动机。据西塞罗所言,人的伦理事业包括对神献上合适的感激,感激他对人类富有远见的照料,还包括深刻理解古代圣贤的智慧。至少,缺乏某些物

---

① Stephen Menn(1995)就这个一般性问题进行了长篇讨论。《名哲言行录》7.92 认为这一关于德性的说法也是一种变体观点(alloi de),但没有给出任何原理性的解释。根据(托名)普鲁塔克《柏拉图哲学》(*Doxography Graeci*,页 273)第一卷开篇的论述,逻辑学、伦理学和物理学都是德性,这是基于哲学(philosophy)的三分法。但这一点多少显得不连贯,因为 epistēmē[知识]的形式是 sophia[智慧]而不是爱智慧(philosophy)。(托名)普鲁塔克提出的原理与 Menn 的基本处理相冲突,前者相当合理地假设德性才是 epistēmē[知识]的形式。如果逻辑学、物理学和伦理学均被当作德性,以便佐证哲学的三分法(这里哲学被描述为 askēsis[实践],而与 epistēmē[知识]相对),那么对于这种实践如何能与构成了智慧或德性的知识进行关联,仍然需要更多的说明。(托名)普鲁塔克的论述令人疑惑。Menn 的讨论忽略了实践知识和理论知识的差异问题,而且太过仓促地推测知识体系——包括技艺知识——可以推动人举止合理;他还认为有 hormetic cataleptic presentations[作为驱动的可把握的表象]这种东西。

理学知识,人就会在自己的伦理事业上彻底失败,因此物理学是一种德性。如果这是将物理学视为一种德性的全部辩词,那么,西塞罗借由卡图之口①说出的这些观点,似乎完全符合那种对物理学的研究动机的工具主义解释。但如果我们将哲学的三部分(根据西塞罗这里所述都被视为德性)放在同一个等级来对待,上述判断就会变得令人疑惑。另一方面,关于自然世界的知识在理智层面具有卓越性(毕竟拥有正确理解所有事物的能力是一种卓越品质);从这个角度来看,则物理学就可以在某种非常不同的意义上来作为一种德性。② 可实际上,西塞罗认为物理学服务于伦理学所要完成的目标,这到底是不是廊下派的看法呢?

并不完全是。因为在《论至善与极恶》更靠前的部分,西塞罗自己就廊下派研究物理学的理由问题给出了一个非常不同的解释。在第三卷第17-18节卡图断言,人类在变得理性之前就已经倾向于自我保存和自我增强,同时他们还拥有某种指向学习和真理的基础性驱动(drive),这种驱动看似等同于oikeiōsis[占有],是我们发展自己的伦理本性的出发点。我们自然可以将这种基本的驱动与亚里士多德和其他人(尤其是像西塞罗这样的学园派哲人)所提出的人性概念进行比较:他们认为人性专为认识万物而设。③ 支撑这个观点的locus classicus[经典段落]或许就是《形而上学》第一卷的开头,那里说到所有人天生就有求知的欲望。亚里士多德将完全实

---

① 我强调这点是为了避免留给人们一种印象:这是西塞罗自己对这个问题最终而确定的看法。他的观点在我看来似乎更为复杂,在《论义务》里,他用自己的口气说道,有些时候他至少为了某项论述,会将理论智慧置于实践智慧之下,从而暗示出他持有不同观点。例见1.13-19和1.153-8.1.19,里面特别提到了过度运用理论智慧所产生的危险。

② Menn(1995)似乎并不认为物理学能够以这种不同的方式构成一种德性,但Nussbaum在她的评注里(1995,页36)简洁明了地表达了相反的观点。

③ 但见上文页204:西塞罗自己并没有始终如一地表达这一观点。这对一个学园派怀疑论者来说并不稀奇。

现我们的自然能力作为我们的 telos［目的］，且知识包括了对自然的本源和原因（archai, aitiai）及自然之上的东西的把握，所以，亚里士多德那种对人性的假设认为，对物理学和形而上学的求知至少是追寻完满幸福的一项标准的必要［205］条件。① 对自然的解释和因果分析也同时带给我们最大且最持久的快乐，因为最大的快乐随着我们最高能力的实践而产生。

西塞罗对这一人性观的认同，可以在他对廊下派哲学的其他讨论中得到证实。在《论义务》（1.11 – 13）中，当西塞罗指出四主德是人性的基石时（可以假定这里根据的是帕奈提俄斯版的廊下派哲学），他不仅强调了对自然世界的研究具有某些工具性价值，同时还生动地谈到人因为知识本身而内在地驱向求知（1.13）：

> 追求并探索真理是人类最重要的特性。因此，每当我们摆脱了各种不可避免的事务和忧虑的缠绕时，我们总是渴望能看见、听到、学习点什么，并且认为为了生活幸福，必须理解事实，不论是隐秘的事实还是惊现的事实。由此我们可以知道，一切真实、单纯、真诚的事物最符合人之天性。

人天生驱向理解自然现象及其背后的原因，这被称作"欲求能够看见真实"（veri videndi cupiditas）。西塞罗显然同意，对世界的研究不仅具有工具性价值，还有内在价值。我们或许会问，这是不是对"早期"廊下派观点的直接记录？是否受到了帕奈提俄斯或珀赛多尼俄斯的影响？帕奈提俄斯经常被认为是受亚里士多德和柏拉图影响的廊下派哲学之开山人物，而珀赛多尼俄斯是西塞罗的好

---

① 亚里士多德对幸福生活的必要成分的态度出了名地难以把握。或许只有最大与最完满的幸福才需要沉思永恒真理，而幸福（不是最大幸福）也许只是随着那些体现出非理智德性的活动而产生的。此处我对这个恼人的问题并不持任何立场。

友,且在廊下派化的地理学家斯特拉波看来(Strabo,《地理志》[*Geographica*]2.3.8),此人在因果解释的孜孜探求中深受亚里士多德的影响。

于是,廊下派对"我们为什么需要研究物理学"这个问题的回答到底是什么?是否有一个统一的廊下派观点能够阐明物理学与哲学中其他部分之间的关系?Julia Annas这位经常挑战传统智慧里物理学与伦理学的关系的学者,最近提醒我们要注意廊下派哲学内部的多样性,同时她声明,想要重新发掘廊下派在这个论题上的唯一观点或许是一种错误而狭隘的坚持。① 我由衷支持她的观点。我们应该想到,廊下派内部甚至对某些非常重要的主题都拥有许多不同意见。比如开俄斯的阿里斯通,他和克勒昂忒斯一样都是芝诺的学生。这个人拒绝系统研究物理学和逻辑学,"说前者超乎我们的能力,后者与我们无关,唯有伦理学与我们相关"(《名哲言行录》7.160),这令人想起西塞罗《学园派》里的苏格拉底。阿里斯通的自由思想使他被现代研究界打上了[206]"变节者"的标签——不过这个称号明显更应该颁给主张享乐主义的狄俄尼希俄斯(Dionysus),而不是强加给阿里斯通,因为我们可以证明,阿里斯通比廊下派中的其他许多人要更加接近作为该学派核心的思考对象苏格拉底(即重点关注伦理学而非物理学)。

然而,阿里斯通却没有被人承认为芝诺的继承人。这似乎让他得以暂时独立地授课(就像克勒昂忒斯成为廊下派领导人的那些年里克律希珀斯所做的那样,《名哲言行录》7.179),他那些热情的学生还被人称作"阿里斯通派"(《名哲言行录》7.161),就像芝诺早年的追随者被称为"芝诺派"(《名哲言行录》7.5)。② 尽管克律希珀

---

① 见 Annas 2007。廊下派是否存在着始终如一的正统观点,对此的否定性解释进一步参见 Ludlam 2003;Ludlam 紧凑的论证或许有时显得太过激,但至少能够突出该学派各个时期智识上的多样化。

② 这种一群学生以某个具有新颖思想的导师为中心而成一派的倾向,

斯曾反对克勒昂忒斯的观点,但他在早期生涯中似乎也专门挑战过克勒昂忒斯的对手阿里斯通的思想(《名哲言行录》7.182);古代传记资料里不仅记载有克律希珀斯对克勒昂忒斯的忠诚,还记载了他重新建构学派理论的成功努力(尤见《名哲言行录》7.179)。这就是阿里斯通版的廊下派哲学如何被污名化而沦为离经叛道之说的由来。而由此产生的意义,对我来说似乎仅仅在于,克律希珀斯至少暂时成功地攥住了芝诺的智识遗产。①但我们不能认为真的存在着统一的廊下派哲学。

如果情况确实如此,如果我们承认廊下派的创立者一开始就是犬儒派的具有"苏格拉底倾向"的追随者,可能我们就不会认为廊下派在物理学的地位问题上存在某种统一而普遍的看法。在某种程度上,芝诺是为了拓宽犬儒派狭隘的哲学视野,才最终转向研究自然的,②而阿里斯通维护犬儒的视野,并将之教授给了下一代学生。克勒昂忒斯虽然强调神学,但他并不认为神学比物理学的其他部分更重要,而克律希珀斯也为现代观念中对于"廊下派要教什么"的回答奠定了根基。但到了帕奈提俄斯和珀赛多尼俄斯这里,

---

即使在一个学派内都是长期存在的。西塞罗在《前期学园派》(70)里借卢库鲁斯之口讲到,安提俄科斯发展新颖理论的动机之一就是让他的追随者们成为"安提俄科斯派"。关于阿里斯通派,参照 Ioppolo 1980,页 23。关于一些哲人结成一派并忠于某个导师的普遍现象,见 Sedley 1989。

① 克律希珀斯似乎不仅从索里给雅典的廊下派带来了两个侄子,同时还带来了索里的希尔洛斯(Hyllus of Soli)(见 *Der Neue Pauly*, s. v. Chrysipp)。他成功地掌控了学校的日常教程,因为他的学生,塔索斯的芝诺与巴比伦的第欧根尼都成为了学校领袖,而塔索斯的安提帕特若斯也继任了自己的老师第欧根尼的职位。这么一来,克律希珀斯的理论变成廊下派哲学的经典就不足为奇了;他著作的繁多和头脑的聪明同他强大的组织能力相得益彰。

② J. M. Rist 论证道,芝诺这一在研究上的转变动机与学园派的珀勒蒙有关(1969,第四章);Rist 追随的是 C. O. Brink 的观点。最近 David Sedley 也强调了早期学园派对廊下派哲学创立的影响,这种影响确实可以与《蒂迈欧》之于廊下派宇宙论的重要影响相提并论(Sedley 2003,尤见页 10 – 13)。

从正统观念中产生的严苛束缚却变得宽松起来。晚期廊下派(儒福斯、爱比克泰德与塞涅卡)继续从之前廊下派笔下的犬儒派和亚里士多德那里获取某些思想上的灵感,[207]所以我们必须保持敏感,看到即便是廊下派学说中那些看起来非常关键的主题,他们给出的合理解释也都相当复杂多样。

因此,我便不再尝试对廊下派中物理学的地位问题进行整体分析,因为这似乎没有必要。① 相反,我将转向塞涅卡,他对这个主题的观点相当复杂,值得我们展开讨论。塞涅卡的解释路径至少有三处文本提到。(1)有时候,他从理论上明确回答了哲学的各个组成部分是什么、它们彼此的关系如何这两个问题,其中最为清楚的解释可见于《致鲁基里乌斯的道德书简》89–90。(2)而有时候,他又用实证而鼓励的语气来陈述人研究物理学的动机,在体现了这一点的多处段落中,《自然问题》第一卷的开篇最清楚也最吸引人,在这处文本里,塞涅卡虽然认为神学问题有更高的地位,但此种论断的基础似乎在于,他考虑到"人性和神性在本质上是相互联系的"这一廊下派观点,因此强调神在自然中的地位也同样是在强调人。(3)而貌似经常出现的是,塞涅卡将自己扮演成一个辩护者的角色:在细述物理学或"形而上学"的某些论题之时或之后,他会先停下来质疑自己的问题的有效性,然后再对自己的这种指控作出自己的辩护。我们通常主要借着这些文本来评价塞涅卡对物理学在哲学中的地位问题的完整思考,而库珀最近也颇有说服力地重述了塞涅卡的思考。② 在尝试着归纳出塞涅卡或者其他任何廊下派哲人关于物理学地位问题的观点的一般特征之前,我想对塞涅卡所给出的观点作更为完整和更好的梳理。

在第89封书简的开头,鲁基里乌斯(Lucilius)就问了哲学的构

---

① 廊下派关于物理学地位问题的一般立场,最近最好的讨论来自 Betegh (2003)。

② 库珀 2004。

成问题。① 塞涅卡让鲁基里乌斯确信这确实是一个值得问的好问题,所有追寻智慧的人都必须清楚这个问题(ad sapientiam properanti necessariam)。他说,研究部分能更容易地把握整体。"我希望哲学能够作为一个整体呈现在我们面前,就像我们所看到的宇宙那样,是一个整全的形象。"如果哲学可以被我们看作一个统一体,我们就会自发地热爱这种统一的哲学,而较少关注哲学的片面视角。但这种对哲学进行全景视角的思考,圣贤尚能做到,对我们来说却是无法获得的,所以我们不得不接受一种部分智慧的角度来认识哲学。塞涅卡将这种部分智慧的角度与另一种认识角度,一种认识自然世界即 secreta mundi[神秘世界]里不那么明显的特征的方式,作了一个类比(89.1 - 2)。② 然后塞涅卡向我们保证,他对哲学的划分不会过分细致——因为如果分得太细,对哲学的把握难度就不亚于完全不对其进行划分的时候(89.2 - 3)。他还认为,智慧不同于[208]哲学,即不同于对智慧的追寻(89.4 - 7)。塞涅卡认识到,关于这个问题不同学派理当有不同的解释,但他更加客观地记叙了某些廊下派哲人的观点,他们主张智慧与哲学之间没有区分。这些人将哲学定义为"研习德性",毫无疑问他们还认为,智慧是人的心灵的完美状态。那么,若我们追寻的目标是德性,而我们又显然无法在不可能拥有德性的前提下追寻它,那么,智慧和哲学就在广延上而非内涵上是等同的(89.8)。但塞涅卡主要表述的观点是哲学三部分——伦理学、物理学和逻辑学之间的关系。漫步派试图在哲学里增添政治学和家政学(economics),结果却是多此一举,因为二者都隶属于伦理学。伊壁鸠鲁派因为不承认逻辑学是哲学真正的一

---

① 我们还可以很好地从其他原始文献中找到这个话题。例见《希腊化哲人》(26)中收集的各文本。《名哲言行录》7.39 中说 ho kata philosophian logos[哲学学说]能够被划分,这一说法也可以在学园派的欧多若斯(Eudorus)那里找到(司托拜俄斯,《物理学与伦理学读本》2.42.8 - 13)。

② 关于这个问题可见我对《自然问题》的讨论,英伍德 2005,第六章。

部分而遭到了批判(89.9 – 11)。更值得我们关注的是库瑞涅派(Cyrenaics)(塞涅卡认为该学派试图拒绝物理学,而后又重新引入物理学作为伦理学的一部分)和阿里斯通。他们声称,物理学、伦理学乃至伦理学下面的 paraenetic[劝勉]部分①都是不必要的,而这种观点也遭到了严厉的批评(89.12 – 13)。

剩下的就是廊下派及柏拉图主义者所倡导的、为我们所熟知的哲学三分法(虽然塞涅卡并没有提到柏拉图主义者)。伦理学被分为三个子部分:第一部分是价值论(axiology),即万物的恰当价值,第二部分处理欲望(imptus)的规整,第三部分则处理行动事务,即在何时何种情况下做什么事(89.14 – 16)。通过与这种解释下的伦理学进行对比,物理学得到了相当快速的处理,而它的范围则显得非常局限:

> 哲学中的物理学部分分为两块,有形的和无形的。而这两块又分别分成不同的"层面",如果我会这么做的话。处理物体的主题拥有两个层面,分别处理施动的事物和从这些事物中所生成的事物——诸元素就属于被生成的东西。处理元素的主题则正如一些人所想的那样简单,但其他人认为这个主题还可划分,一边是质料和所有变化的原因,另一边是元素。(塞涅卡,《致鲁基里乌斯的道德书简》89.16)

这就是塞涅卡对划分物理学所说的一切——里面没有一个词提到宇宙学、天意、神学等思想。实际上在《致鲁基里乌斯的道德书简》89.17 关于逻辑学的再分里,塞涅卡曾谈到更多相关内容,但他突然停止了对鲁基里乌斯的详细回复(他说他不想把这封信变成 quaestionum liber[辩论者手册]),而在这封信余下的内容(89.18 – 23)中敦促鲁基里乌斯将自己首先投身于伦理学中更为实际的方

---

① 比较《致鲁基里乌斯的道德书简》94 – 95。

面。尽管塞涅卡在这封信的开头承认,鲁基里乌斯所询问的一个有些技术性的问题(哲学有哪些部分)是有价值的,但他在信件的结尾给鲁基里乌斯提了一个建议,"研究,不是为了知道更多,而是为了知道得更好"。这里给人的总体印象就是,当物理学从作为整体的哲学中抽离出来以后,它本身对人就没有那么直接的帮助了。哲学本身,而非它的某一部分,才是[209]关于人事、神事及其原因的知识(89.5,比较《致鲁基里乌斯的道德书简》90-93)。作为整体的哲学最终成了真正有价值的研究。伦理学可以从作为整体的哲学中进行有价值的分离,然而至少在这封书信里,塞涅卡认为物理学似乎无甚特定价值,除非将它作为整体哲学中的一部分来看待。真正对作为整体的生活有帮助的物理学,乃是"全景式"物理学(物理学的组成部分没有在《致鲁基里乌斯的道德书简》89.16得到详细列举),哲学本身被看作一个整体(正如作为整体的宇宙),被认为是关于诸神、人类以及整个系统如何协调的研究。

这一大致的印象在这封书简的姊妹篇即下一封书信中得到了强烈的支持。在《致鲁基里乌斯的道德书简》90.34-35中,我们发现智慧的作用就是用其他动物所不能够的方式来理解这样一种全景,即关于自然的真理。在这种对智慧的整体解释中,神学的和宇宙学的洞见似乎与物理学联系起来;其基础的认识论过程则与逻辑学相关联;而伦理学则被概括成,如果有人想要获得幸福,那他就必须认识到控制快感和个人自主的重要性。

这封信还很明显地表明,研究物理学——如果用这种方式相对孤立地看待它——在哲学生活中并不是一块特别吸引人或重要的部分。我们可以将哲学理解为一个整体——正如 Annas 或许会说的那样,一种完整的整体——而当我们这么看待哲学时,我们就对自然世界有这种理解:它确实于人有益,并让我们得以过上一种我们能够过上的幸福生活。但塞涅卡在第89封书简里把物理学单挑出来,写出了物理学研究的不足与局限。这种高度技术性的物理学似乎不会带来任何回报,而如果我们完整地研究哲学或在较大的背景下把握物理学理论,就会有所回报。只消思考一下第 89 和 90 封书简,我承认我不太能够理解塞涅卡为何要告诉鲁基里乌斯,说鲁基里乌斯对于哲学之组成的提问非常好。对我来说,塞涅卡随后并没有对自己那礼貌的回答给出充分的说明。

另一种看待物理学的视角出现于《论天意》那依然写给鲁基里乌斯的前言中。里面塞涅卡把鲁基里乌斯所问的这个狭隘问题,"为什么即便这个世界受天意的支配,好人还是会遇上坏事?"与一系列相关的更大问题区分开来(1.1)。因为鲁基里乌斯提出的问题视角狭窄,从上下文看并非必然指向更大的问题或物理学的其他方面,它太过具体了(1.2.4)。但塞涅卡承认,我们迟早需要一些明证,他甚至还认为,通过对一般性问题的研究(in contextu operis),那个特殊的问题能够得到更好的解决(1.1)。当塞涅卡说鲁基里乌斯只准备"从整全中撕下一小块"(a toto particulam revelli)时,他其实是带着批评的语气。塞涅卡指出了所有他不打算去研究的物理学方向,而他所研究的部分中,大都是关于人与神的关系问题(这或许是伦理学上的主题,[210]或者事实上也是一种更大的物理学和神学上的主题)。① 塞涅卡不打算讨论的、对解决当前那个狭隘问题而言并非必要的物理学论题包括:证明宇宙需要一个庇护者;证明天体的运动并非偶然,而是符合某种永恒法则的;证明原子论在用来解释我们所看到的世界之中的规律稳固性时,它那一套关于质料的偶然聚合的说辞行不通;塞涅卡同样没有讨论天象学的那一套标准主题(降雨、电闪雷鸣、地震、潮汐和许多海洋现象——这些听上去就像是《自然问题》所侧重的那些主题)。他说道,所有这些主题会留待另一个地方讨论,特别是,既然鲁基里乌斯并没有质疑神出于自己的远见和目的来给予世界以秩序这点,而仅仅在抱怨好人在

---

① 后来(5.6-7),塞涅卡特别指出,若要确切地处理人神关系,有必要掌握一些关于命运的学说(eo quidem magis quid scio omnia certa et in aeternum dicta lege decurrere)。对比《自然问题》第二卷里对命运的讨论。

这样的秩序下却遭到看似残酷的对待,那么,塞涅卡就更有理由这样做了。①

我们来考察一下塞涅卡在这里关于物理学的说法:他没有说,我们不需要为了过上完美的个人生活,就去对所有那些物理学论题提出论证,他只是说,这些论题对解决鲁基里乌斯在上面所问的那个狭隘问题而言是没有必要的。塞涅卡确实抱怨了这个问题有些过于狭隘,并明确提出他更喜欢通透的思考。接着他说,要对这类会烦扰并动摇任何思考者的问题作出真正有说服力的解释,需要对物理学说进行广泛的处理,这要求研究者对物理学有一个整全的理解,而不是仅仅撕下它的一部分来理解。如果我们问"为什么研究物理学?",显然有人会回答道:为了让我们心平气和地接受我们在世界上的位置,从而过上一种宁静幸福的生活。为了实现这样的生活,我们对物理学必须有一种全面并且事实上也是正确的理解,②但即便如此,这种回答也只是工具性层面的解释。如伊壁鸠鲁那样,塞涅卡将研究物理学解释为一种仅仅为了人类幸福而做的必要工作。塞涅卡显然也在《自然问题》第六卷中表明了这种与伊壁鸠鲁相似的动机解释,在那里他认为,细致探查地震及其原因,是为了解除人对死亡的恐惧。③

---

① 一些文段中也提到了低级物理学解释可以直接应用于道德领域。在《自然问题》4b13 里,鲁基里乌斯粗鲁地向塞涅卡讨要说法,因为当有"真正的"道德问题需要处理时,塞涅卡却花了很多时间在诸如解释下雪这类琐屑之事(ineptiae)上。塞涅卡辩解道,对霜、雪的本性的探索,可以用来申斥那些为了一己嗜欲而滥用本性的人。

② 见《自然问题》2.35,里面拒绝了这样一些学说:它们只能 solacia aegrae mentis[慰藉病中的心灵],并且也不正确。

③ 整个《自然问题》6.1-3 的主题是 scire ne timeas[认识真正的恐惧]。在第六卷第 1 节中,解释的动机据说为 solacium[慰藉](见 2.35)。整个第六卷及其论证中有种强烈的伊壁鸠鲁风格。同样注意第六卷第 23 节中 fortitudo et doctrina[力量与原则]的相互依赖,以及这一卷结尾处对惧怕死亡的攻击。

[211]我们将会看到,这并不是塞涅卡关于为何研究物理学这一问题的唯一解释(甚至也不是《自然问题》第六卷里的唯一解释,见下文对《自然问题》6.4.2 的论述)。但在继续探讨其他解释之前,我们首先得对这一动机的缺陷进行一些思考。如果研究物理学是为了从伦理上得到回馈,那可能有人会争辩道,我们能够用更少的努力获取相同的结果——也就是说就算不研究物理学,或是不那么透彻地研究物理学的细枝末节,我们也能够得到一样好的道德结果。在《致鲁基里乌斯的道德书简》89.13 里,阿里斯通的苏格拉底式研究就是如此争辩的,一般认为他批判了物理学(和逻辑学)里那些冗余部分——它们是 supervacua[冗余部分]。据塞涅卡的记叙,阿里斯通还对哲学的 paraenetic[劝勉]部分也做了相同的批评(《致鲁基里乌斯的道德书简》94.4 – 5,11)——阿里斯通显然为他对伦理学的狭隘关注拥有一套普遍的、正当化的解释技术。在第94 和95 封书简里,我们可以清楚地看出,塞涅卡对这种极简主义哲学观的认同是多么微乎其微——他甚至以某种方式把珀赛多尼俄斯的 aitiologia[原因论]研究放在了《致鲁基里乌斯的道德书简》95.65 中对道德 decreta[原理]所起作用的讨论里。然而在另一篇上下文有些不同的文本中(《论恩惠》最后一卷的开篇,很可能与那两封书简写于同一时期),塞涅卡似乎又对犬儒德梅特里俄斯那彻底批判所有物理学理论的行为有着不同寻常的认同。①

我们有必要更进一步看看德梅特里俄斯对哲学范围的看法。他声称,如果你只有一些哲学知识,但能够将它运用得又快又好,这

---

① 在《致鲁基里乌斯的道德书简》71.7 中塞涅卡回忆道,苏格拉底"让所有哲学都回到伦理学,并说最高的智慧就是区分好和坏";这既不是关于苏格拉底对伦理是否漠不关心的问题的一个极端观点,也不是塞涅卡在这个问题上走得和阿里斯通一样远的佐证。第71 封书简的余下部分阐明了对变幻多端的人类生活进行反思和分析的"全景式"物理学的重要性。尽管这封书信没有明确处理物理学与伦理学的关系问题,但信中详细说明了什么是塞涅卡所给的与之相关的最为普遍的观点。

比你研究了很多哲学知识却无法运用自如更有益处(《论恩惠》7.1.3)。他所指的这种 praecepta philosophiae[哲学名目]在《论恩惠》7.1.5 中指的是潮汐、人类生命中的七年周期、光学现象、生殖生物学、命运和星相术。塞涅卡赞同德梅特里俄斯的说法,即真理藏得很深(7.1.6);而我们被自然赐福,能够轻易获取科学知识上的精华。"除了那些仅仅给我们带来'发现'这一虚名的东西,没有什么东西是难以发现的。所有能让我们变成更好的人、变得幸福的事物,不是近在眼前,就是离此不远。"①这种为数不多的真理包括下面这些论断:真正的财富内在于我们自身的品格之中,不必对诸神和人类感到恐惧,死亡不是一种恶,对用生命追求德性的人来说,每一条通往德性的道路都是平坦的,获得圆满的关键就在于我们的社会性以及我们与诸神和天道之间的联系。塞涅卡说道,这些是"有用的和必要的知识,而我们的其余学问不过是闲暇时光的消遣而已。一旦我们的心灵退回到安全的避风港,它就会转而考虑那些使我们的智识增添机巧而不是变得有力的主题"(7.1.7)。②

[212]由此观之,为了获得幸福,我们只需要一些非常一般性的物理学真理,用以维系我们的道德进步——还有,通过研究自然,我们发现了人天生具有社会性,以及我们与诸神在本性上具有相似性。但我们不需要去了解整个物理学,不需要知道它的每个复杂的科学性细节。诚然,物理学有着切实且不可或缺的道德效用,但这种效用的范围是有限的。物理学中那些晦涩难解的部分实际上充满乐趣;③它们非常重要,但对我们的人格力量或对我们的幸福生

---

① [校按]译文参考塞涅卡,《强者的温柔——塞涅卡伦理文选》,包利民等译,王之光校,中国社会科学出版社,2005,页274,有改动;下同。
② 对比上文引用的《致鲁基里乌斯的道德书简》117.19。
③ 例见《致鲁基里乌斯的道德书简》106.3,塞涅卡认为对某种问题的辩护只可能基于它所带来的快乐而不是基于其道德效用:"我同样会将这个问题从已有的一系列相关问题中剥离出来,且如果还有与此类似的其他问题,即便你没有开口问,我自己也会向你道出。你问这类问题是什么?对有些事情的

活没有什么实际影响。这里或许夸大了塞涅卡对德梅特里俄斯观点的认同态度,但夸张的程度很低。可见,物理学研究的工具性动机在范围上是有限的。在幸福论的体系里,想要对任何东西进行追求,没什么比称得上是幸福的必需品来说更为强烈的追求动机了。然而,这一动机的作用总是容易被降至最低。德梅特里俄斯、阿里斯通甚至伊壁鸠鲁都论证了我们在物理学上的需求是有限的。而对那些认为物理学是一种德性的人,以及认为物理学是与伦理学同样重要的哲学的一部分的人来说,这种解释则是危险的、不可靠的。

但塞涅卡并不满足于这种解释。当我们问出"为什么研究物理学?"这个问题时,他还有另一种回应。塞涅卡有时认识到,物理学究其自身来说是值得研究的,因为它拥有一种将我们作为理性人的内在价值。物理学除了能够指导我们的道德生活,其本身就是值得研究的,因为它与我们的本性相符。这种物理学对我们的内在价值的观点,在《致玛西娅的告慰书》(Consolatio ad Marciam)的一个篇幅长得突出的部分中表达得非常明显。在第 17 – 18 节,塞涅卡处理了人类与自然世界的关系问题。人生是一条不确定且经常充满苦恼的道路,哲人却常能对生活的价值进行透彻追问。柏拉图笔下的苏格拉底曾忆起斐洛拉俄斯(Philolaus)的特殊劝诫,即我们不应该被世界的阴暗所打败而自杀。① 告慰书也不出意料地时不时强调这一主题。这里塞涅卡提出了一个问题:如果我们预先知晓这个世界的状况,知道这个世界包含了多少美妙又可怕的事情,我们还

认知,其中所产生的快乐甚于我们由此获得的益处,比如你正在问的问题:善是一种物体吗?"或许有人回忆起,克律希珀斯曾告诫我们不要过度地利用获取快乐作为纯理智研究的正当性依据:见《早期廊下派辑语》3.702 =《论廊下派的自相矛盾》1033d =《希腊化哲人》67X。

① 这与"死亡的信服者"赫格希阿斯(Hegesias 'the dearh-persuader')的观点相反(《名哲言行录》2.86,93 – 95)。

会不会选择继续活下去?① 他通过赞颂自然世界里我们可知并可体验到的奇景来说明这个问题:地理、植物、天文,我们利用理性研究所能探索到的各种自然奇景对我们有着巨大的自然吸引力(18.2—7),这种吸引力足以抵消"无数身心劫难:战争、劫掠、毒害、海难、恶劣天气以及爱者痛苦的渴望——还有挚爱之人的死亡,或许是安详地死去,又或许是受尽了[213]痛苦与折磨后才死去"。面对所有这些可能的不幸,我们同时观察并感受到自然世界的奇景,这些奇景鼓励我们,即使痛苦依然存在,还是想继续活下去(18.8)。这是物理学研究明显会带来的一个道德结果:得到关于自然世界的知识,会直接影响到我们关于生死的相关价值选择。但这并不是我们至今所熟悉的那种物理学之于伦理学的直接工具性应用;不同于从前那种简单的观点,这种新的看法的理由是,我们能够感知到对自然世界的沉思具有内在的价值。伦理以及能动者迟早都必须面对的道德决断,很大一部分取决于我们对知识所能产生的欣赏和享受,而这些欣赏与享受只可能从研究自然世界中而来。即便在《自然问题》那主要论述物理学的工具性作用的第六卷里,我们也可以发现这种比起工具性动机更为稳固的研究物理学的理由。比如在《自然问题》6.4.2,塞涅卡自问自答了这个关键性问题:

> 你问,什么会是我们努力的回报?最大的可能就是:开始对自然有了认识。且不管其中可能隐藏的巨大效用而单纯对它进行研究,这是一件再美妙不过的事情:人之所以被自然这种壮丽景象所迷住并珍视它,不是因为它带来的回报,而是因为一种惊奇感。

塞涅卡在《论闲暇》那著名的文段里也说出了研究物理学的类似好处。在第4节和第5节,塞涅卡描述了两种"共和国"和我们对

---

① 我曾详细讨论过这一问题,见英伍德2005,第八章。

它们效忠的不同类型。"巨大且真正公共的共和国"是这样一种地方:"包含了诸神和人类,在其中我们不是顾及这一隅或那一隅,而是以太阳运行的轨迹来衡量我们公民身份的界线";另一种共和国则是我们实际的政治国家(4.1)。有些人同时服务于这两种共和国,而有些人只服务于两者中的一种。

    我们即便在闲暇时也可以献身于这一更大的共和国,或者毋宁说我们在闲暇时才能更好地献身于它,所以我们最终致力于探究:什么是德性(它是一还是多);是自然还是技艺使人臻于善;是否有一种东西能够包举海洋、陆地以及其上的各种事物;神是否还四处撒播了许多此类的体系;万物由之形成的一切质料是连续紧密的,还是说质料是分离的从而让虚空缀满实物;神居住在哪里;他只是沉思着他的作品,还是说会照管它;他是从外面环绕着他的作品还是渗透在它的全体之中;宇宙是不朽的,还是说它只能算作易逝且短暂的事物中的一种。思考这些问题的人能为神做些什么呢?他确保神的作品不会没有见证人。(塞涅卡《论闲暇》4.2)①

就像西塞罗的巴尔布斯在《论神性》2.37–38中所宣称的那样,人类生来就是为了沉思并模仿宇宙;塞涅卡接着说,根据自然而生活(我们的 telos[目的])的人获得了一种生来就被设定好的活法,即沉思万物并付诸行动(《论闲暇》5.1)。这一观点也与《名哲言行录》7.130记载的早期廊下派的观点相似:有三种生活方式,理论的、实践的和理性的,而第三种生活是[214]人要去主动选择的,因为"自然创造的理性动物适合(epitēdes)行动与沉思"。爱比克泰德同样认识到了人类的这一双重功能(在《阿里安俄斯记录的〈清

---

① [校按]译文参考塞涅卡,《哲学的治疗——塞涅卡伦理文选之二》,吴欲波译,包利民校,中国社会科学出版社,2007,页70–71,有改动;下同。

谈录》》1.6.19 – 22)。

西塞罗在《论至善与极恶》第三卷中强调我们对自我保存以及对知识的自然欲求,从而对廊下派作了一番解释(3.7)。同样,塞涅卡在《论闲暇》里说道,通过反思我们每个人 cupido ignota noscendi[对未知事物的求知欲],我们可以证实对自然的钻研是值得的。①学习某些艰深遥远的东西是一种回报(merces),而对研究的渴求是一种强迫(cogit 5.2)。对 theōria[理论]的真正欲求是我们自然禀赋的一部分(5.3)——我们的身体就是按照这种欲求来造的,这多少让人想起《蒂迈欧》中的阐述(5.4)。我们所要研究的自然中包括了深奥的宇宙学和天文学内容(5.4 – 6)。塞涅卡反复声明,我们生来就是为了过上这种研究的生活(5.7),且自然也想要我们过这种生活(5.8)。"因此",他总结道,

> 如果我将自己整个地奉献给自然,如果我沉思并尊敬她,我就是在根据自然而生活了。然而事实上自然想要我二者都做,既要行动又要有闲暇沉思;确实我二者都做了,因为即使是沉思的生活也是不乏行动的。

这就是关于"为什么研究物理学?"这一问题的另一个回答。研究自然这一渴望,本就是由自然植入我们本性之中的(自然事实上也就相当于神)。我们不研究宇宙就无法实现自我,这不仅仅因为研究宇宙给我们以道德指导,也不仅因为我们所生活的实际城邦可能会腐化堕落(《论闲暇》8),还因为这就是我们本身想要追寻的东西。廊下派的这一思考或许以某种方式借用了别人的思想,因为我们发现这种想法在柏拉图和亚里士多德处也有明显体现。但这想法不仅反映在廊下派的其他文献中,它本身所拥有的廊下派味道

---

① 对比上文引用的《论义务》1.13: veri videndi cupiditas[追求并探索真理]。

并不比阿里斯通对物理学和逻辑学的全然反对来得更少。塞涅卡在《致鲁基里乌斯的道德书简》95.10 – 11 中拒绝了阿里斯通的做法，并再次声明哲学既关乎沉思也关乎行动，他还坚持人类的研究不受限制。①

塞涅卡认识到，研究物理学并倾听其教诲可以出于两种理由，这两种理由彼此相当不同，甚至很可能相互冲突。物理学研究为我们所谓的伦理事业提供了直接的工具性支撑，但也实现了我们本性中某个非常重要又很［215］基础的需求，即对自然的沉思的内在欲求。我希望考察《致鲁基里乌斯的道德书简》的后几卷以及《自然问题》这两个文本，在里面我们会更多甚至也更明白地看到上述两种研究动机。这些文本篇幅较长，所以我将主要关注这双重动机中较不为人所知的一面。

在《自然问题》第一卷的开篇，塞涅卡以宏大的视野论述了哲学里处理诸神问题的分支——神学显然是物理学的分支。就像哲学本身远超于其他技艺，神学也远超于对人类的哲学性研究。② 整

---

① 塞涅卡在此处愿意去援引卢克莱修，他这样做更可能是为了体现出他为自己的观点寻找拉丁文献印证的热情，而不是为了暗示他在这里认同伊壁鸠鲁那种研究物理学的动机。确实，塞涅卡在《致鲁基里乌斯的道德书简》95.12 接着声称，对理论无偏私的总体性研究可以支撑并巩固我们的道德意图。如果我们仔细来看，此番论述似乎进行得更深。哲学既关乎沉思也关乎行动 (95.10)；因为，哲学关乎沉思，这让它有自己的 decreta［学说］(95.11)，其中明显包括各种关于自然的学说；这些 decreta［学说］巩固 (95.12) 甚至保护了伦理。更有甚者：“哲学学说 (doctrines) 和哲学条规 (precepts) 之间的差异类似于元素与我们肢体之间的区别——哲学条规依赖于哲学学说；而后者又是前者的因，因为后者是一切的因。”尽管在《致鲁基里乌斯的道德书简》94 和 95 中，decreta［学说］是一个很宽泛的概念，包括了一些纯粹道德上的学说，但在我们所讨论的塞涅卡的文本里只有一种 decretum［学说］，那就是你也可以在天文学、几何学，以及宇宙论和物理学中其他更为世俗的部分所找到的那种学说。

② 此主题亦见《致鲁基里乌斯的道德书简》90，里面塞涅卡与珀赛多尼俄斯出现分歧，坚称那些只是有用的技艺和技术无法对哲学产生贡献。

部《自然问题》都在赞许自然知识,但其第一卷开篇则不断强调,了解自然中隐藏的秘密是一项神圣的活动,特别是了解其中关于天文学、质料的本性、神学等方面的论题,以及了解针对天象学细节的晦涩难解的主题,更是一种有神圣感的事情。以发展的眼光看,这类知识远比那些伸张个人道德的俗世事务来得重要。塞涅卡感谢自然,他认为自然让这类对自然本身的发现变得可能;他甚至还说,要是这些自然秘密没法了解,自然甚至都不值得产生(第一卷开篇,2-4)。① 了解到人在自然中位分何等低微能让我们领悟到:与完美无缺的自然世界相比,我们道德上的胜利简直不值一提(第一卷开篇,5-6);道德德性为心灵进行天文发现而作准备,这也是我们道德完满的价值所在,而我们也因此立于诸神之侧(第一卷开篇,6-8)。塞涅卡总结道,物理学的终极价值在于能够帮助我们超越个人的道德(第一卷开篇,16-17)。

　　这些论述令人陶醉,尽管可能有点夸张,但确实来自廊下派。虽然塞涅卡在这里措辞激烈,但他所绘制的图景也可在他的其他文本中找到。塞涅卡强调闲暇的必要性,认为必须将闲暇时光用于追寻对个人道德的超越,这种强调在《自然问题》2.53.3 里也可见到(ad haec vacui revertemur[我们会在闲暇时回到此处]);当鲁基里乌斯在 2.59 要求为研究物理学的精妙之处给出更为实际的理由时,塞涅卡给了他一个他想要的答案,即为了超越个人的道德。与我们所属的世界相比,道德生活的格局实际上很小,而恰恰是这种认识让我们得以化解道德生活中的种种不幸。这一实际效果正是源于我们对人类与神明之间的关联的研究。在《自然问题》中,有两个观点明确了物理学的这种价值,两个观点都认为这种价值是物理学的内在价值,且正因为这种内在价值,我们才能够在思考个人生活的起起落落时从物理学里得到实际的好处。在《自然问题》第

---

① 比较上文中讨论的《致玛西娅的告慰书》18。

三卷的开篇(18),塞涅卡对这一物理学研究的复杂动机进行了总结:①

> [216]这就可以看到,研究自然事物将对我们有怎样的好处。首先,我们将会避开卑下的事务;其次,我们会将心灵本身……从身体中抽离开;接着,当我们的理智被训练以便寻找隐晦事物时,它将更有能力处理显而易见的问题;而没有什么问题会比健康的教诲来得更加一目了然,通过研习这些教诲,我们能够抵御个人的邪恶与愚狂——这些我们不断谴责却又被保留下来的特征。

文本先是谈到避免卑劣而肮脏的东西(discedemus a sordidis)这一简单的诉求,接着从我们更为熟悉的、物理学的道德回报角度对物理学的正当性进行辩护。两种研究动机都已出现在这段开篇文本中。当塞涅卡富有修辞色彩地问道,到底什么才是生活中最为重要的东西(quid praecipuum)时,他首先说的就是"洞悉个人心灵中的一切并……征服了个人的邪恶"(第三卷开篇,10)。而物理学将这两个目的都照顾到了。②

---

① 其他一些晦涩的主题之所以能对我们有益,在于它们有助于我们进行简单的思维练习——塞涅卡认真对待了这一观念。但在《致鲁基里乌斯的道德书简》113.1,塞涅卡很清楚地认识到"给我们的智力做一个测验"并不能证明我们可以无限制地沉浸在过分细化的主题中。亦见《致鲁基里乌斯的道德书简》117.19。

② 如第三卷开篇(11)所显示,当我们意识到自己与诸神处于何种关系时,我们就能够超越失败和缺陷这些我们在17岁结束之前都在不断为之苦恼的事情。在4a和4b卷里,塞涅卡给了鲁基里乌斯一番更为个人化的论述。在4a卷的开篇(20-22),针对自己的烦恼,塞涅卡认为物理学研究是一种容易接受的、令人振奋的缓解办法;但在4b.13中,鲁基里乌斯却被刻画为一个要求为天象学里显然无用的细节(ineptiae)作辩护的形象——这种转变显然在好几

我们可以看到,《致鲁基里乌斯的道德书简》里对这些问题采取了相似态度。第 65 封书简(论原因的本性)或许是其中最为有趣的一篇。在 65.15,塞涅卡让鲁基里乌斯向他问询对这些问题的探究是否有意义。鲁基里乌斯问他,研究这些更为深奥的物理学问题是否有什么道德上的回报。"你说,'当把时间浪费在这些不会让你摆脱任何激情或避开任何欲望的问题上时,你从中得到了什么快乐呢?'"这个提问给了塞涅卡以机会来对这些问题进行系统阐述。第 16−24 节全是他的回应,值得我们对其进行比下文更深入的研究。总而言之,塞涅卡声称,他处理的是关乎道德的重要问题。他(像苏格拉底那样)从人类事务入手,然后才转向对宇宙科学和物理科学的研究(65.15)。即便这一转向也不能说是在浪费时间,只能说这里主要的危险是过分专业化。假设可以避免那样的风险,①则宇宙学就是一种理智上的解放——它将我们的活动与心灵结合起来,而不是与身体联系在一起,因为身体是这样一种负担,以至于任何理论抽象都是一种令人愉悦的解脱。在 65.18,塞涅卡就像苏格拉底那样接受了毕达哥拉斯的观点,认为生活就像一场军旅——生活虽不是我们自由知识分子真正的使命,但仍是我们的责任。"就像士兵信守誓言,他认为生活就如一场责任之旅;他被训练为对生活既不爱也不恨,虽然知道还有比凡俗事务更高的东西在等着他,他还是能够容忍凡俗事务。"

[217]因此塞涅卡论证道,对自然甚至是对宇宙论里真正深奥的内容的研究,也是一种与个人真实本性的重聚,而对伦理学过分

封书简里都有出现——而塞涅卡对鲁基里乌斯的这个挑战的回应是相当直接的道德功利主义。但塞涅卡更多强调的是研究本身的内在价值,这相当明显地体现在第七卷的开头(7.1),而在该卷的结尾(7.32)也有所暗示。

① 比较克律希珀斯对一种享乐主义方式的理论研究的警惕:《早期廊下派辑语》3.702 =《论廊下派的自相矛盾》1033d =《希腊化哲人》67X,以及上文页 211。

狭隘的关注则会阻碍我们本性的发展。

> 你是否会阻止我对自然进行研究，将我从整体中拖开，将我限制于部分？我不该研究万物的本源吗？谁赋予了它们以形式？谁让诸事物混成一体而沦为消极质料，又是谁将这些事物一个个区分开？难道我不应该询问是谁造就了这个宇宙？宇宙这个庞然大物如何被恢复了法律一般的有序结构？谁收集起那些分散的碎物，又是谁将那些组合起来的事物分开，并给那些隐而不现的东西以形状？这巨大的光亮从何而来？它是火还是比火更亮的东西？我是否不该问这些问题？我是否应该对我从何而来的问题视而不见？我只能来世间一遭，还是会降生很多次？从这儿我又将去往何处？当灵魂从将人奴役起来的规则中逃脱时，灵魂又将居于何处？你禁止我搅扰诸天，命令我低着头生活。（塞涅卡，《致鲁基里乌斯的道德书简》65.19–20）

塞涅卡宣称宇宙论研究可以使我们与神明结合，从而使我们的本性变得圆满。不仅如此，他还声明钻研宇宙论能够改变我们对身体的态度，让我们从身体的束缚中解放出来：

> 比起做一个身体的奴隶，我活得要更为伟大，我是为更伟大的事务而降生的。在我看来，身体无异于一条锁住了个人自由的锁链。于是我把身体当作对机运的阻碍，而让她止步于身体；我不允许我身体上的伤害影响到我。身体是我唯一可以被伤害的部分。一个自由的心灵活在这脆弱的居所之中……而轻视个人身体是一种真自由的体现。（65.21–22）

这是为严肃的宇宙论研究所作的辩护，结尾时强调了神与我们心灵（而不是对身体）的紧密联系，并强调发现我们在宇宙中的位置能提醒我们正确看待不幸和死亡(65.23 – 24)。我们可以非常清楚地看到,物理学研究所具备的内在价值和其声称的道德回报之间关系紧密——就像我们已经看到的,这两个动机之间并不相互排斥。①

我们在第 58 封书简中能找到这两种动机之间与此类似的结合。在第 25 节,塞涅卡为鲁基里乌斯设想了一个问题:"这门技术对我能有什么好呢?"而塞涅卡回答说:

> 依我说,没有。但比如雕刻家放松、恢复、[218](或用他们的话说)"滋养"他的眼睛,是为了消除长时间的专注而产生的疲劳。所以我们有时也可以放松我们的心灵,用某类东西娱乐一下。而当这些娱乐起作用时,如果你留心,你还会从中发现那些对你有好处的东西。

这种技术上的哲学探寻不含有任何道德回报,明显不会带来可预期的实际利益。但如塞涅卡在接下来 58.26 所说,他习惯从最不可能的来源搜寻可能的回报:

> 鲁基里乌斯,这是我平常干的:从每一个见解中尽力挖掘出可能有用的东西,即便那种见解与哲学相差甚远。还会有其

---

① 但如萨勒斯在私下通信中问我的,这两种动机之间是否不仅仅具有相合性?某种程度上说,是的。就如上文所表明的,对知识的内在追寻导致我们理解了人在自然中的恰当位置,而这又帮助我们正确看待人类生活中的不幸,并通过提高我们对身体—灵魂这对关系的理解来影响我们生活中的决策。塞涅卡当然认识到了在内在动机与基于"恰当"理解物理学和宇宙学而来的好处之间的联系。但塞涅卡没有将这种联系如人们所想的那样明确表述出来,所以声称这是他关于萨勒斯问题的部分"理论",其实是一种略微夸大的说法。当我们倾向于明确前理论建构时,塞涅卡的读者最终会承认那种含蓄的笔法就是他哲学方法里的一个特征。

他什么东西比我刚才的论述更不能改善我们的习惯吗?柏拉图的思想如何能让我变得更好?从那里我能找到什么来控制我的欲望?

塞涅卡承认(或许也同意亚里士多德在《尼各马可伦理学》第一卷里对善的形式的反思),柏拉图的形而上学并不直接带来道德上的利益。但即便是形而上学,也因为柏拉图极具创造性的辛勤耕耘,而产生出一种真实的回报。塞涅卡还在接下来几节中(58.26-36)为读者提供了一种相当诱人的、非直接性的道德益处。首先,柏拉图的形而上学可以向我们展示,所有最吸引人的刺激因素都可以更好地受到抑制,因为它们实际上并不真正是真的。物质因为短暂而不适合成为我们最终欲望的对象;我们短暂的生命也与此相似,我们没法长久地依靠我们的身体。一旦我们了解到这些,我们就能够更加充分地评价那些刺激因素。从这几节文本里所能学到的与之相似的教诲还包括,我们只要有意识地让心灵占据主导地位,心灵就可以控制身体并对身体有益。即便我们什么都不关心,只关心个人如何长寿这种狭隘的问题,一种柏拉图式的心灵对身体的控制也可以为个人带来好处。

第124封书简里也包含这类相似思想,尽管里面花了太多篇幅去探讨其中的细节。在信的开头(124.1),塞涅卡坚称有必要避免对技术的极端追求;同时他还认为,试图从研究技术问题里发现某些道德回报,这一期望可以限制对技术的过分热衷(这碰巧是形而上学上的问题而不是宇宙学的,但两者之间并没有明显区分)。而在信的最后(124.21),鲁基里乌斯再一次作为塞涅卡讨论内容的挑战者而出现。技术性研究的益处之一在于,它是一种简单的思维练习:"这锻炼了心灵,让它变得更敏锐;至少让心灵得到了正派的运用,既然它总是在想着什么。还有一个益处是,这会让那些草率行事而易犯道德错误的人放慢行动的脚步。"这种论断足够有说服力,但他接下去还做了一个更具体的学术论证:我们与神的本性之间的相似将我们与动物区分开,这一认识改变了万物对我们的意义,进而变更了我们为自己的不同生活事务所作的排序。这里或许比其他地方更为清晰地揭示出,我们本性中神圣的部分及其与神之间的紧密联系似乎具有一种独特的[219]激励作用。这种非常直接的学术回报和道德回报,伴随着思维的练习和放松所产生的非直接的益处。

在第117封书简里,塞涅卡探讨了一个论题(善是不是一种物体),他认为这论题过分专业化了,并表明要搞明白物理学的技术问题同样需要复杂而兼顾的方法。塞涅卡在亮出这一议题并细致反驳了他那些廊下派同事的观点之后,突然在117.18中自责起来:"有一段时间我经常谴责自己在做我曾经批评过的人所做的事,那就是在不必过多费心的问题上浪费唇舌。如果热是坏的,那么变热就是坏;如果冷是坏的,那么变冷就是坏;如果生活是好的,那么活着就是好。难道有谁会对此心怀疑虑?所有这些都与智慧相关,但又不属于智慧。但我们必须花时间来追求智慧。"但甚至当塞涅卡详细阐述而非仅仅粗略谈到探求智慧的必要性时,他也没有立刻强调那种直接的道德效用(117.19):

> 即便我们想要稍微放松一下,在智慧中也有很多可供安静小憩的地方。让我们来考察诸神的本性、天体的滋养品、恒星的各种轨道,看看人类事务是否随着天体和诸神的运动而发生改变,诸神和天体是不是万物的躯体和灵魂能够运动的原因,那些即使被视为偶然的东西是否实际上也受到某种确定的法则的约束,而宇宙里所有事情的发生是否都不会毫无征兆或没有秩序。这些问题已经有点偏离了我们的品格教育,但确实提升了心灵,使得心灵去思考和接近那些宏伟的事物本身。但我不久前讨论的那些问题却降低了心灵的深度。如你们所想的,它们不能使心灵变得敏锐,而只会让其变得更窄。

这里塞涅卡认识到了物理学研究可以让心灵得到休憩(如第65封书简中所说),同时他还区分了研究物理学的动机问题和其他某些问题,对于后者,即使从思维训练的角度看也不足以拥有充分的探讨理由。在117.20,塞涅卡确定了一些具有内在价值的主题,并认为我们应该给予这些主题以大量的关注,因此,将精力投向一些不怎么有价值的论题是一种很严重的资源浪费。对这一问题的关切还出现在信的结尾部分,但在这之前文本进一步讨论了"直接的道德回报有多重要"的问题(117.20-31)。虽然117.32-33也对心灵的休憩与个人有效利用时间的责任这两个主题进行了探讨,但最后更重述了利用我们的理论探寻来实现道德进步这一总体目标的重要性。

自然没有给我们充裕的自由时间,以供我们大把大把地挥霍。想想看,即便那些最在意时间的人,也都失去了很多有用的时光;有些时光从我们身上消逝是因为我们自己的健康问题,有些则是因为家人与朋友的健康;有些时间被一些无法避免的业务所占据,有些则被公共事务占据;睡觉也分走了我们生命中的许多时间。在这如此有限而易逝的时光下,时光将我们裹挟,漫无目的地挥霍大部分时光有什么好?再者,心灵事实上有自我消遣的习惯而不是自我治愈的习惯,于是当哲学真的成为一种治疗手段的时候,心灵就将哲学转化成一种闲暇活动。我不知道在智慧与变得智慧之间有什么不同。但我知道[220]对我来说,让我知道它们的区别与让我不知道之间并没有不同。当我学到了在智慧与变得智慧之间的不同之时,告诉我,我会变得智慧吗?那么为什么要用关于智慧的各种提法而非各种事迹来约束我呢?还是让我变得更勇敢,让我变得更自信,让我有能力对抗甚至超越偶然吧。但我只有将我所有的学习都指向这种目的,才能变得出众。

这里的"目的"一词或许是最为有名的术语之一。在第 121 封书简中,塞涅卡向我们阐述了 oikeiōsis[占有]理论,这是关于这一理论最好也最细致的解释之一。该理论是廊下派伦理学思想的重要部分;在某些人看来,这一理论或许称得上对廊下派道德理论最为重要的论述之一——比如希耶罗克勒斯在他的著作《伦理学要义》(Hierocles, *Foundations of Ethics*)的开头对人类和动物中的 oikeiōsis[占有]作了阐释,oikeiōsis[占有]一词还显著地出现在西塞罗和拉尔修对廊下派伦理学的阐释的开始部分。让我们来看看塞涅卡是如何引入这一主题的(121.1 – 3):

> 如果我要回答今天这个困扰了我们良久的小问题,我想你会为此而控诉我。一旦你又大喊,"为什么这一定要与伦理学有联系呢?"别喊了,我会先让你去指控另外两个人,珀赛多尼俄斯和阿尔刻德谟斯(他们会接受你的审判的),然后告诉你,"不是说伦理的所有事都会让我们品性中具有伦理的善"。有些东西能给人带来滋养,有些对实践有影响,有些对穿着有影响,有些对教育有影响,而有些则给人带来快乐。但它们都对人类有所作用,即便这种作用不都能让人类变得更好。不同的东西会对我们的品性产生不同的影响。一些东西提升我们的品性,使其更有秩序,而其他的一些东西则有助于我们探寻品性的本质和起源。当我问为什么自然创造人,为什么她让我们比其他动物优越,你觉得我会不从品性中去论述吗?不会的。因为除非你发现了什么对人类来说是最好的,并探究过那最好的东西的本质,不然你怎么会知道哪种品性你应该去拥有呢?在习得关于自己本性的知识之前,你并不能真正了解你应该做什么和避免做什么。

关于这一主题似乎需要某些证明——他后面认为这"有点进一步偏离了我们的关注点"——但这种证明似乎非常容易得到。如在其他地方一样,塞涅卡认识到了研究物理学的一种工具性动机。一个人想要知道他该做什么,就必须知道自己的本性;而为了知道自己的本性,他必须知道人类和动物的本性。认识自己总是被看作道德圆满的一个必要条件。① 塞涅卡和其他廊下派哲人都认为"什么需要去学"这个问题很宽泛。在他们看来,即使对有些主题的探讨没能直接使我们变得更好,这些主题也会被认为是"伦理性的"。当我们探究人类品性的本质与起源时,即使我们的品性没有因此变得更好,还也是在为伦理学做出贡献。关于人性的知识[221]对于确定什么对人来说最好非常必要,并且有助于让我们知道我们的品性本该是什么样子。知道我们的本性里存在着什么,至少对于我们明白应该追求和应该避免什么,以及对于指导我们如何生活来说是一个必要条件。

库珀努力从逻辑学和物理学中找到哲学的尊严,从而发现塞涅卡理论有严重的不足。② 他认为塞涅卡太过依赖于修辞而缺少足够的论证和传统式理论叙述。他说,塞涅卡在许多书简里面都"有一个相同的阐释路径:关注并知晓某些方面的哲学理论是无用的,因为它们不具有明显而直接的伦理作用"。我认为库珀对塞涅卡观点的描述太过简单,既过低评价了塞涅卡,也贬低了早期的廊下派哲学。

太过简单,是因为库珀没有足够注意到塞涅卡在他自己的历史传统中所身处的位置,也不够关注塞涅卡复杂的创作策略。塞涅卡不属于专业的哲学界,他时常以局外人的角度反思一个问题:是否应该在一定程度上限制那最终与生活相关的哲学活动对技术细节的追求。作为一名作家,塞涅卡重复了柏拉图惯常的做法:为了提

---

① 如苏格拉底在《斐德若》230a 中为自己作的辩护,他没兴趣去考察那些与自身利益(ta allotria)不相关的主题,至少直到他学到了关于自己本性的知识为止。

② 库珀 2004,尤见页 333。

出并探讨问题,他会特地利用并发展他笔下的某个角色的观点,但他本人不必明确信奉这个观点。在书简和"对话"中,塞涅卡所创造的最引人注目的角色就是他自己,但这并不会让我们将这位作者和他的角色混在一起,正如我们对柏拉图的处理那样。库珀还假定,早期的与正统的廊下派哲学之间多少有些不一致。但就本章一直在探讨的问题而言,我们已经看到廊下派内部同时存在着许多看法,甚至包括开俄斯的阿里斯通那极简主义的犬儒化观点,因为他将自己(如其他人视他的那样)视为苏格拉底学派而不是非廊下派的人。一个被苏格拉底、廊下派的创始人以及芝诺那两个最杰出的学生的智识所吸引的人,几乎不会缺乏胆识,也几乎不会背叛自己的学派。要在阿里斯通和克律希珀斯这两个极端之间划出塞涅卡自己的位置并不是一件容易的事;塞涅卡的努力或许没有产生哲学上某些重大突破,但他的成果本身应当受到认可。

然而对我们来说,塞涅卡在"为什么研究物理学?"这个问题上的观点究竟有没有哲学上的吸引力?我想是有的。我目前认为,关于那个问题我们可以在塞涅卡那里找到两种不同回答。为什么研究物理学?第一个回答是,"为了认识自然,包括我们自己的自然和其他种类的自然,而我们研究自然是为了活得好"。由于这是一种工具性解释,所以它必会限制我们对细节的需求程度,也会制约任何技术奇才对科学探索之深度的过分追求。另一个回答则是,"因为我们是专为认识万物而造的,且自然世界是最宏伟且可能是最好的[222]知识客体"。像亚里士多德那样,塞涅卡和其他廊下派哲人确实认为,实现我们的本性其实是一件不证自明的事情,且当我们开始认识可能是最好的客体时,我们也可以做得最好。简略而言,我们这么做,是因为任何正常人都乐于去这么做。

所以我们需要去研究物理学,它能让我们学会如何在道德世界中航行;同时,我们想去研究物理学也是我们的天性使然,在探索和品味知识体的过程中,我们能够发现最好的自我以及个人与诸神的关系。而在后面一种目的里,似乎没有且实际上也不可能会有任何在知识深度和透彻度上的限制。当塞涅卡对物理学作工具性解释时,他强调了其中具有某种限制,而(如我们所看到的)当他将关注点放在研究的内在价值中时,他就不强调这种限制了。正是当他将物理学的内在价值作为对人而言的研究客体的这一时刻,在他看来神学的那一面就变得尤为重要。神圣性存在于我们研究的这个客体中,也存在于我们自己的理性本性中,这可以让"全景式"物理学天然地(即不证自明地)适合人类去研究。

在结束前,我还想提醒读者一点。塞涅卡也注意到了这两种研究物理学的动机之间的联系,认识到两者之间除了相合性和实用主义共性,实际上还有更多联系。他认为,研究物理学,而不仅仅是对神学和宇宙学的研究,可以揭示出某些东西,这些东西对我们在宇宙中处于何种位置具有非常重要的意味。作为物理实体,我们渺小而短暂。作为会思考的存在者,作为理性动物,除了神圣宇宙对我们的限制之外,我们则没有任何其他限制。是支持有限而短暂的事物,还是支持巨大而永恒的事物,面对这种选择,我们应该知道做什么。而塞涅卡就像柏拉图和亚里士多德,甚至也如同许多现今的宇宙学家和物理学家那样,知道要去做什么。物理学向身为动物的我们发出召唤,要我们不懈去注地研究它,正确看待我们的一生,为伦理学平常、一直探讨的那些小问题(比如我的整个生命及死亡)提供一个丰富而包容性的思考框架。

参考文献

Annas, Julia (2007) 'Ethics in Stoic Philosophy', *Phronesis*, 52: 58 – 87.

Betegh, Gábor (2003) 'Cosmological Ethics in the Timaeus and Early Stoicism', *Oxford Studies in Ancient Philosophy*, 24: 273 – 302.

Brennan, Tad (2005) *The Stoic Life* (Oxford: OU).

Cooper, John (2004) 'Moral Theory and Improvement: Seneca', *Knowledge, Nature and the Good: Essays on Ancient Philosophy* (Princeton: Princeton UP), ch. 12.

Inwood, Brad (2005) *Reading Seneca* (Oxford: OUP).

Ioppolo, Anna Maria (1980) *Aristone di Chio e lo stoicismo antico* (Naples: Bibliopolis).

Ludlam, Ivor (2003) 'Two Long-Running Stoic Myths: A Centralized Orthodox Stoic School and Stoic Scholarchs', *Elenchos*, 24:33–55.

Menn, Stephen (1995) 'Physics as a Virtue', *Proceedings of the Boston Area Colloquium in Ancient Philosophy*, 11:1–34.

Nussbaum, Martha (1995) 'Commentary on Menn', *Proceedings of the Boston Area Colloquium in Ancient Philosophy*, 11:35–45.

Rist, John (1969) *Stoic Philosophy* (Cambridge: CUP).

Sedley, David (1989) 'Philosophical Allegiance in the Greco-Roman World', in M. Griffin and J. Barnes (eds.), *Philosophia Togata* (Oxford: OUP), ch. 4.

—— (2003) 'The School, from Zeno to Arius Didymus', in B. Inwood (ed.), *The Cambridge Companion to the Stoics* (Cambridge: CUP), ch. 1.

White, Nicholas (1985) 'The Role of Physics in Stoic Ethics', *Southern Journal of Philosophy*, 23 suppl. :57–74.

第九章　廊下派哲学性神学与希腊—罗马宗教①

阿尔格拉（Keimpe Algra）

（荷兰乌特勒支大学哲学系）

1

[224]贺拉斯的《讽刺诗集》(Satires)里有一首诗描述了这位诗人从罗马到布林迪西(Brindisi)的旅程。在诗的结尾我们发现，毗邻布林迪西的格纳提亚(Gnatia)村居民们声称，在他们神庙的门口放置乳香，不需要点火乳香就会融化。贺拉斯对此的反应显得直白又清晰："让犹太佬去相信这种事吧；我反正不信。我知道神祇过着无忧无虑的生活，如果自然创造出了什么令人惊奇的事，这一定不是神自己显现的。"②此处透过哲学之镜，准确地说是伊壁鸠鲁哲学

---

①　本文的内容与我从前的《概念与图像——希腊化哲学性神学与传统宗教》(*Conceptions and Images*: *Hellenistic Philosophical Theology and Traditional Religion*, lmited edn.：Amsterdam: Dutch Royal Academy of Sciences[KNAW], 2007)一书部分重合。我从这些人富有建设性的评论和建议中获益良多，他们是：我在乌特勒支的同事 Jaap Mansfeld、Teun Tieleman、Maarten van Houte、Claartje van Sijl 和 Irene Conradie，还有墨西哥城那场会议的与会者们。

②　贺拉斯，《讽刺诗集》1.5.100 – 104；"deos didici securum agree aevum[神祇过着无忧无虑的生活]"这句引用自卢克莱修，《物性论》5.82（[校按]译文参考伊壁鸠鲁卢克来修，《自然与快乐——伊壁鸠鲁的哲学》，包利民等译，中国社会科学出版社，2004，页 196，有改动）。

之镜,来观察那种本地宗教或者类宗教的信仰,又或许我们只应该称之为民间信仰。批判或重新解释传统宗教里的元素,在伊壁鸠鲁主义里并不新奇。从哲学角度去评价宗教或者解释宗教的存在与起源,这项工作至少可以往前追溯到智术师时代。当哲人宣称自己能够对神或神祇的本性享有解释权威,也就是说,当他们提出我们现在所称的哲学性神学时,这种"自然"神学和复杂的传统结构之间的关系问题,就一定会以各种面目出现。①

[225]廊下派哲学在这个问题上的论述相当有意思。一方面,廊下派的宇宙学—神学自身远非只是一种对世界持价值中立态度的理论。克律希珀斯似乎明确警告过,不要将哲学(包括神学)仅仅当作某种智力练习或消遣的手段。② 部分人在道德和心理上对廊下派哲学的信奉接近于对宗教的那种信奉,甚至某种程度上可能还会与之构成竞争。同时我们还知道,廊下派至少乐意将他们的哲学性一神论或泛神论与传统中的多神论联系起来。他们愿意以各种传统中的名字称自己那个唯一的宇宙神,如宙斯、赫拉等等,这进一步促使我们去反思哲学与传统宗教之间的关系问题。

我们可以换一种方式问询这种关系:什么成了后来的 theologia tripertita[神学三分法]？这个概念通常与公元前 1 世纪罗马的古物学家瓦罗的名字联系在一起。在《上帝之城》中,奥古斯丁对瓦罗的论述作了一个改写,声称有三种基本的神学,分别指向不同类型的神祇:城邦的神学,关于传统宗教仪式;神话中的神学,也就是传统故事;以及哲人的神学:"他们将那种主要被诗人所用的神学称作

---

① 关于在这对联系中所使用的术语"自然"神学,见阿尔格拉(2004,页173 注1)。"复杂的传统结构"(the complex edifice of the tradition),这个短语在此的用法非常宽泛灵活,统指祭祀活动、信仰、神话,特别是古代诗人如荷马、赫西俄德以及俄耳甫斯教传统下的诗人对这些的描述。

② 克律希珀斯语,收于普鲁塔克,《论廊下派的自相矛盾》1033c-d(《早期廊下派辑语》3.702)。

'神话性的',将哲人所用的称为'物理性的',并将城邦国家所用的称为'城邦性的'。"(6.5)

瓦罗自己(被奥古斯丁所改写的瓦罗,《上帝之城》6.6)似乎认为"城邦的"神学,也就是传统宗教仪式,兼具神话和自然神学的元素,从而是某种既严肃又轻佻的综合体。奥古斯丁则不同意,认为异教徒崇拜的诸神基本上就是神话里的神,或者说和神话里的神一样糟糕。①

虽然瓦罗因为这种神学三分法而成名,但这一思想本身并不是他首先提出的。有许多原始文献——一些至少可以追溯到早期希腊化时代——为这种区分的流行提供了独立的证据,该区分似乎很大程度上能反映出一种实际做法,即真正为神话、宗教仪式和哲学划定各自的领域。② 原则上讲,theologia tripertita[神学三分法]里哲学的那部分("物理性的"或哲学性的[226]神学)在面对传统宗教("神话性的"与"城邦性的"神学)时拥有三种自我定位的方式:

A. 提供另一种关于神话或宗教仪式中的诸神的理性而独立的概念,而没有明确批判传统;

B. 明确批判神话或宗教仪式中的诸神的概念;

C. 通过挪用或重新阐释神话或宗教仪式中诸神的概念,进而在大小不等的程度上接受这些概念。

以上三种路径的差异产生于它们在哲学性神学与传统之间所建立的不同联系:没有明确的联系(情况 A),消极的联系(情况 B)或积极联系(情况 C)。③ 作为一种路径分类,这种架构可以为我们

---

① 奥古斯丁,《上帝之城》6.7。

② 关于瓦罗及其之前的传统中 theologia tripertita[神学三分法]的概念,见 Lieberg(1982)。

③ A 的例子:最早的伊奥尼亚(Ionian)哲人(他们似乎引入了一种新型的关于神明的宇宙学概念,但我们都知道,他们并没有蔑视传统宗教)和亚里士多德(他哲学概念上的神是第一不动的推动者,而这种神似乎在他看来可以不与那得到明确遵守的传统宗教仪式中的诸神冲突)。B 的例子:色诺芬对拟

提供一种有用的分析框架。但我们同样不应该掩藏历史事实的复杂性。因为其一,哲学与宗教之间的界线并不总是那么好划定,特别在早期的哲学里面,这种界限压根儿就不十分明显。①其二,以赫拉克利特为例(但我们将会看到,还有廊下派哲学的例子)表明,原则上同一个作者可以在挪用传统宗教里某些元素的同时,彻底拒斥当中的其他元素。最后,上文在三种路径之间所勾画的界线本身也并不总是明晰的。考虑到哲学性神学,或者说哲学性宗教,几乎无可避免地会从传统中借用其中的一些语言和概念,要在这种可供替代性选择的哲学性宗教(也就是我在 A 里所标示的路径)和对传统宗教的哲学性再解释(也就是 C)之间[227]划一条明显的分界线也不是简单的事。那么,如果用克勒昂忒斯作例证,我们如何将他对宙斯的赞美诗进行归类呢?

在希腊化时期,关于 theologia tripertita[神学三分法]中三个分部之间的联系,纷争看起来愈演愈烈。原因或许部分在于,在当时哲人有了更多的受众——比如在西塞罗的年代,许多罗马精英们都宣称忠实于众多哲学派别中的一个——且哲学本身越来越被认为

人化的诸神的概念的攻击,以及赫拉克利特批评了传统宗教祭拜仪式里的种种方面,比如在宗教仪式中对着塑像祈祷的习惯。C 的例子:赫拉克利特对某些与狄奥尼索斯崇拜相关的仪式的重新阐释,通过对这些仪式进行语源追溯,他似乎认为它们是在暗示狄奥尼索斯和哈得斯(Hades)乃同一个神,大概也就是说生与死是同一的(《前苏格拉底哲人辑语》22 B 15);还有德尔韦尼(Derveni)莎草纸文献,上面一些俄耳甫斯教祭祀活动和一首俄耳甫斯教诗歌经过阐释,具有了某种更开阔的物理学与宇宙学背景。关于赫拉克利特及其宗教观,见 Osborne(1997)和 Adomenas(1999)。对德尔韦尼莎草纸文献上的宗教与哲学内容的整理、翻译、注释以及广泛研究,见 Betegh(2004,尤见页 349 – 372),其中认为这些宗教与哲学的内容具有"评注"的性质。

① 因此,德尔韦尼莎草纸文献的作者似乎最好看作一个祭司式的人物而不是一个哲人(不管那个时候哲人的含义是什么)——他通过当时哲学的视角,用哲学中的元素来解释传统。关于前苏格拉底哲人使用"哲学"概念所带来的某些问题和其他进一步思考,见 Curd(2002)。

可以作为一种无所不包的"生活方式"面向所有受过教育的公民,而不是某些专家"坐在扶手椅上"时的消遣。① 特别对廊下派来说,正如之前已经暗示过的,哲学不仅仅是像穿一件对的外衣那样的琐事(比如哲人的斗篷),也不是为了满足求知欲而选择某种对的生活方式(diagôgê)。哲学是一种用新的视角审视个人自身和世界的方式。因此,如何将哲学世界的视角与传统宗教里的概念、典仪和义务联系起来,这个问题就显得愈发迫切——特别是对罗马时期来说,因为那时希腊哲学和罗马本土 mos maiorum[祖传习俗]之间的关系一开始就充满了争议。② 同时,与这个问题相似的还有公元前1世纪时廊下派与伊壁鸠鲁派所论辩的一个主题,那就是他们在何种程度上能够解释或者拯救传统——社会政治的或宗教上的传统。对此,西塞罗的 philosophica[哲学论著]和斐洛德谟斯现存著作的辑语可以作证。③

在这一章中,我想从廊下派早期和后期思想中的某些方面入手,来检验廊下派面对传统宗教时的哲学态度。我首先将介绍一些初步思想,比如廊下派哲学性神学中的认识论基础(第 2 节),以及

---

① 参照 Sedley 1989;Hadot 1993,页 291–304。

② 关于希腊哲学与罗马 mos maiorum[祖传习俗]之间的张力,前者趋向于服从后者的态势,以及公元前 161 年和(约)154 年臭名昭著的驱逐哲人事件,见 Lévy(1996,页 14–15)。

③ 见斐洛德谟斯,《论虔敬》卷十行 8 至卷十一行 5(Henrichs 编,1974,页 20–21),在里面廊下派遭到控诉,因为他们只承认一个神,如果确实有什么神的话,而"像我们普遍崇拜的那些神却没有被保留下来",而伊壁鸠鲁派则自称,他们承认"希腊化时期的人所确认的一切神,甚至还可以更多"。这段文本见 Obbink(2002,页 209–210),我的评论见阿尔格拉(2003b)。同时参考斐洛德谟斯《论廊下派》(De Stoicis)的其余部分,里面所论辩的其中一个话题是,廊下派与伊壁鸠鲁派这两个学派中,哪一方的思想试图离传统道德更近;且斐洛德谟斯通过指出芝诺的《政制》(Politeia)里同样令人震惊的类犬儒派思想,来回应对伊壁鸠鲁派的享乐主义及其可能造成的可耻后果与反社会后果的指控。

廊下派对人类文明发展所持的某个或某些观点(第3节与第4节)。在这部分的讨论里我们主要处理廊下派对神话的态度。然而,这一态度的某些方面——特别是廊下派的词源追溯与寓意化解读的实践——其实在最近的学术文献里受到了相当多的关注,①因此在第5节与第6节里我将不涉及这个主题,而关注[228]廊下派对不同传统宗教仪式的态度。② 最后,在第7节我将作出总结。

2

让廊下派哲学性神学变得具有哲学意味的因素之一是它的认识论基础。廊下派哲学性神学基于一种据称是可靠又明显的起始点。然而古代怀疑论者——学园派怀疑论者与新皮浪派(Neopyrrhoneans)——却论证道,这种起始点是找不到的,理性的哲学性神学是不可能存在的,③我们应该接受传统,仅仅因为它就是传统(或者出于方便起见)。④ 廊下派却自诩有一种基础主义认识论可以牢

---

① 见 Hadot 1987;Long 1992;阿尔格拉 2001;Brisson 2004;古里纳 2005。

② 有一份陈旧但依然有用的综述讨论了公元2世纪时的相关理论,见 Clerc(1915)。

③ 就学园派而言(见西塞罗,《论神性》第三卷),那是因为他们认为自己所选对手(主要是廊下派)的论证模棱两可;就新皮浪怀疑主义者而言(见恩披里柯,《驳学问家》9.1–191),那是因为他们认为,想要最终理性地为神或诸神的存在或者不存在辩护,所有这方面的努力都不会有结果,而只会导致普遍的 epochê[判断]。

④ 见西塞罗,《论神性》3.6,根据安排,学园派发言人科塔说道:"我必须相信我们祖先的说法,即使他们没有给出任何理性的解释(nulla ratione reddita)。但你[即廊下派的巴尔布斯]是一名哲人,我应该从你这儿获取关于宗教的理性解释。"关于皮浪派与此类似的立场,可见恩披里柯,《驳学问家》9.49:"或许怀疑派,比起持有其他观点的哲人们,有一个更安全的立场,因为他们坚持法律和祖传习俗,从而声明诸神的存在,并做一切能够表达对诸神的膜拜和崇敬的事情。但考虑到自己在作一种哲学性考察(ὅσον ἐπὶ τῇ φιλοσόφῳ ζητήσει),

固地支撑他们的神学理论:对神的自然概念或天然认知(prolêpsis),这种认识基础在原则上任何人都可以(直接或间接地)通过经验来形成。据廊下派所言,神的自然概念以某种方式形成于人的心灵之中,其基础是心灵对周遭世界的反复体验和这种体验的理性结构,更确切地说是心灵面对天体现象时产生的敬畏感,或面对生命中好的事物时生出的感激之情。①廊下派没有将他们对真理的标准(criteria of truth)限定于能否严格通过观察得到,而是让天然认知成为这种标准,这一事实使得廊下派的哲学体系与种种后来的经验主义区别开来。这让廊下派能够对诸神的存在作出在他们看来有说服力的证明——其中有一些或许会让休谟这类思想家或维也纳学派(Wiener Kreis)哲学家产生反感。换句话讲,[229]廊下派特性的经验主义不会承认,只有在引入严格的经验证据来证明神的存在时,神学才会遇到"实证主义的挑战"(verificationist challenge)。他们认为人类理性与世界理性之间具有相似的结构,所以通过经验形成的自然概念是可信的,也能够印证神的存在。

据廊下派所言,我们关于神的自然概念涉及一个实体,这个实体断然不具有人形,但却有理性和远虑。或许我们可以假设,这种廊下派对神的天然认知可以用拉尔修的简要描述来归纳(7.147):"一位不朽的生命体,有理性的;就他的幸福而言,是完满的和思想

他拒绝这么快为自己下定论。"换句话说,这两个例子表明,用理性来解释传统从认识论上看是行不通的,由此传统也挽回了自己的地位。在怀疑派看来,已被大众接受的传统与任何形式的哲学真理之间不可能存在联系。

① 关于人形成神或诸神的概念的原因,见克勒昂忒斯的论述,收于西塞罗《论神性》2.13–15(=《早期廊下派辑语》1.528);埃提俄斯《学说》1.6(=《早期廊下派辑语》2.1009);以及狄翁《讲辞》12,讨论见下文页245–247。亦见阿尔格拉(2003a,页158),其中提到佩尔赛俄斯(Persaeus)重新阐释了普洛狄科斯(Prodicus)的观点,后者认为从前的人说是诸神发现了有用且有益的事物。

性的;他不容许任何的恶,对于宇宙和宇宙中的万物有远虑。"① 然而,这种天然认知只能给出神的基本特征。它无法告诉我们神是在哪里出现的,他又如何与世界的其余部分发生联系。而且,在个人的一生中,乃至在人类的历史中,正确的天然认知本身很可能也会被错误的信念侵蚀而染上污痕。故此,我们需要哲学性神学来为诸神的存在和本性提供多种说明——这些说明被认为可以确证、巩固并更进一步明晰我们原先的天然认知。② 我们如今将廊下派的解释称为"设计论证"(argument from design),部分是因为他们的解释旨在明确展示出一种基于天然认知的默证(implicit argument)。

廊下派神学背后的基础主义认识论或许——有时候确实也已经是——会与柏拉图和柏拉图传统的研究路径相反。柏拉图的苏格拉底在《斐德若》(246c-d)里声称,像不朽性这种神圣属性,我们基本上没法运用任何逻辑推理(οὐδ' ἐξ ἑνὸς λόγου λελογισμένου)去把握,就只能设想(πλάττομεν)它并将其归给诸神——这背后的思考在于,人类可能没有关于神的合乎逻辑的、牢靠的知识。③ 这种 in theologicis[神学中的]准怀疑主义在后来所谓的中期柏拉图主义者(Middle Platonists)那里也可找到踪迹,他们常常声称神的本性是无法接近的。④ 廊下派却相反,他们不仅声称神或诸神的存在,甚至认为他们的主要属性,都毫无疑问可通过我们的天然认知来确定(事实上伊壁鸠鲁派也这么认为)。然而这种反差却不能加以过分

---

① 《名哲言行录》7.147。
② 廊下派的这些"说明"与天然认知的关系,见 Schofield(1980,页305)。
③ 对比柏拉图在《蒂迈欧》28c 中的著名论述:"要找到这个宇宙的创造者和父亲是极艰难的;即使找到了他,把他说出来让所有人明白也是不可能的。"[校按]译文参考柏拉图,《蒂迈欧篇》,谢文郁译,上海人民出版社,2005,页20,有改动。
④ 见 Runia 2002。

的强调。[230]廊下派自信能够找到的不过是神或诸神的主要特征。① 将这些基本特征整合为一个成熟的哲学性神学,这样的后续工作在廊下派看来是非常困难的:他们将神学设想成一种秘仪的入门,并置于哲学课程的末端。廊下派,其实还有伊壁鸠鲁派都不相信,关于神的本性的完整知识可以轻易地获得,或者已经获得。② 廊下派和伊壁鸠鲁派神学都一方面持有我们所说的认识论上的乐观主义,另一方面则还有认识论上的谨慎。因此,当塞涅卡等晚期廊下派哲人 in theologicis[在神学中]表达出准怀疑主义思想或认识论上的谨慎思想时,我们不可以理所当然地认为他们是受了柏拉图主义的影响。他们所持的这一思想自始至终都存在于廊下派哲学之中。

3

我们接下来会看到,廊下派神学的认识论基础关系到该学派对不同形式的传统宗教所持的哲学性态度。但首先我们要看到,当我们说廊下派完全是从哲学出发来处理这个问题的时候,可能有人会反驳道:至少有一些证据显示,廊下派在宗教实践方面主张一种简单且没有反思性的保守主义。在一篇讨论犬儒主义与宗教的文章中,M.-O. Goulet-Cazé 以克律希珀斯为例,③ 认为早期廊下派持有

---

① 因此,当 Runia(2002,页 283)声称"廊下派与伊壁鸠鲁派各自满怀信心地争论着神(或诸神)的本性问题"时,我们需要对其说法进行一定的甄别。

② 见普鲁塔克,《论廊下派的自相矛盾》1035a-b(关于克律希珀斯将神学归作最后阶段的课程);厄庇法尼俄斯,《反异端》3.2.9(《早期廊下派辑语》1.538,关于克勒昂忒斯);《词源大典》(Etym. Magn.) 辞条 τελετή(《早期廊下派辑语》2.1008)。关于伊壁鸠鲁派,见斐洛德谟斯,《论虔敬》第二十三卷 Obbink,其中承认了伊壁鸠鲁派神学的限度,并论证了目前为止没有人可以确凿无疑地说出诸神的本性。

③ 参照 M.-O. Goulet-Cazé(1996,页 67)。她在论述时利用了司托拜俄斯的文本(收于《早期廊下派辑语》3.604,其中记述了廊下派在伦理学上的共

"极端保守主义的"宗教态度,从而至少与某些犬儒派哲人的做法相反——后者直截了当地拒斥传统宗教。①确实,有些原始文献表明,至少在一些情况下,某些廊下派哲人愿意将哲学与传统宗教视为两个截然不同的论域,并暗示哲学能够完全不伤及宗教。我们可以用爱比克泰德来作例证。他在《手册》(*Manual*)中指出,真正的、哲学性的虔诚,其实质在于对神和诸神有正确的看法[231]并接受所有发生的事情,接下去他又说:

> 但是,我们永远都要按照我们父辈们的做法(κατὰ τὰ πάτρια),向神灵们献上我们的奠酒、牺牲和第一茬成熟的果实,我们要怀着纯洁的心去做这些事,而不能懒散马虎,我们的祭品既不能吝啬,但也不能超出我们的能力所及。(《手册》31.5)

我们会看到,塞涅卡在某些文本里也认为哲学性真理的元素与传统(即他所称的 res[事实]和 mos[习俗])应该共同存在。② 这种态度与其他古代哲人的态度相似。总之,宗教传统既强大又有影响力,很少有人会去公开地或明确地质疑它的价值。

然而我认为,我们还需要对这种廊下派保守主义的本质和限度作一详细的说明。首先,Goulet-Cazé 所提出的证据基于她对克律希珀斯的关注,然而这一证据无法直截了当地证明克律希珀斯接受传

同观点,该记述可能最终源于狄都谟斯)和拉尔修的文本(收于《早期廊下派辑语》)3.608)。这两个文本可能确实指向克律希珀斯,但因为文中没有出现克律希珀斯的名字,所以我们不能只将其归给克律希珀斯。

① 或许安提司忒涅斯(Antisthenes,辑语 A 181 Giannantoni)的观点在很大程度上可以代表犬儒派的主流态度:"我们无法通过图像来认识神,也不能用眼睛看见他,他不像任何东西";且"传统认为神有很多,但自然认为只有一个神"。

② 对比廊下派发言人巴尔布斯在西塞罗《论神性》2.71 中说的话:"我们有义务按照传统赋予他们的名称来敬畏和崇拜这些神。"

统外表下的传统宗教。这证据包括了一些辑语,其中声称圣贤会是真正的祭司、真正虔诚的人,等等。然而这些表述只是相当多的廊下派所谓的圣贤 paradoxa[悖论]中的一小部分,悖论还有:只有贤人才真正自由,真正是国王,等等。诸如此类的表述无非说明,只有圣贤才可以凭他的完美理性名副其实地获得这些头衔或称谓。也就是说,将圣贤称为祭司并不是说圣贤会去做那些普通祭司会做的工作,而是说他是唯一拥有真正的虔诚的人(虔诚被定义成"关于如何崇敬诸神的知识",$\dot{\varepsilon}\pi\iota\sigma\tau\acute{\eta}\mu\eta\ \vartheta\varepsilon\tilde{\omega}\nu\ \vartheta\varepsilon\varrho\alpha\pi\varepsilon\acute{\iota}\alpha\varsigma$),①唯有他才能充当真正的祭司,可以假定,他能够用完全理性的态度祈祷并参加祭典。换句话说,那些辑语只说明了圣贤乃至一般的廊下派哲人可以用某种特定的方式来阐释和发展传统宗教。因此它们似乎暗示了一种所谓的双重对策理论(two-tier theory,对普通人和哲学精英采用不同的态度看待),这种思想我们也能在后来的哲人如珀尔弗瑞那里看到,但它并不能体现在那种不受限制的保守主义之中。②

其二,尽管爱比克泰德声称,哲学性神学和传统宗教之间和平的共生(nebeneinander)在大多数实际情况下是可以实现的,但我们不该因此就认为,廊下派完全没有在理论层面上建立这两个领域之间的联系。实际上[232]我们可以找到例子来证明,廊下派从哲学上批判或改编了神话传统中的元素、大众信仰及宗教仪式。廊下派的天然认知理论似乎可以作为例证之一,我们能够证明它与上一节讨论过的那些问题之间的联系。正是这个理论从认识论上支撑起廊下派的哲学性神学,让他们能够将哲学性神学与传统的某些方面联系起来。毕竟,他们认为天然认知是自然的,是从日常经验中获

---

① 关于这个定义,见恩披里柯,《驳学问家》9.123(《早期廊下派辑语》2.1017);亦见《早期廊下派辑语》3.264,273,404。

② 或许有人会对比珀尔弗瑞在《论禁欲》里关于用动物献祭是否合理的问题的两种不同态度:普通人可以这么做,但真正的哲人却完全不应该拿动物献祭。对此参见 Bruit Zaidman(2001,页 201–210)。

得的,且原则上任何人都可以拥有它,包括那些负责建构传统宗教的人。廊下派似乎认为,前哲学的理性就是以这种天然认知作为它的素材,在个人身上是如此,在作为整体的人类那里亦如此。我们当然希望廊下派能更明确地解释天然认知理论到底如何与他们对传统的理解产生关联,但我们没有理由怀疑,这两者之间有某种联系,并且这种联系至少部分地促使廊下派从神话及早期诗歌中汲取了关于原始阶段的人的(完全或部分正确的)观点。① 这些观点所内含的真理,可以通过对神话的寓意化阐释以及对神的名字进行词源化阐释的方式得到。② 正因为如此,许多早期廊下派哲人试图——这种尝试一直持续到科尔努图斯那里,他相当广泛、系统地

---

① 关于天然认知与传统信仰(的诸多方面)之间的联系,明确的,也就是非间接的证据可见于:西塞罗,《论神性》2.5;狄翁,《讲辞》12. 39 – 48,该处一方面论述 emphutos ennoia[天然认知],另一方面将神话、宗教的习俗和法律、视觉图像当成对天然认知的三种(本质上是粗糙的)"阐释者",更多可见下文页 245 – 247;斯特拉波(10. 3. 23),他的话非常具有廊下派的思想特点,但里面没有明确提及廊下派。亦见 Frede(1989,页 2088 – 2089)。

② 如 Long(1992)指出,这并不意味着廊下派会认为早期诗歌本身含有寓意。他们只是说,神话这种早期诗歌载体因其本性而成为对真理的原始性表达,但神话所表达的思想可以通过哲学的改写而变得更为准确。寓意性阐释因此不是为了揭开诗人希望隐藏起来的意义,而是为了将早期人类那种不免粗鲁的、可塑的且不准确的语言转述成更为精巧的哲学话语。我大致同意这种观点,因为我相信至少早期廊下派确实如此认为。然而这种总体性描述似乎有些瑕疵:塞涅卡在批判克律希珀斯的词源分析之前(《论恩惠》1. 3. 2 – 10)似乎首先假定,克律希珀斯以为正是诗人(这里指的是赫西俄德)利用了关于神的各种名称(顺便强调下,塞涅卡似乎是廊下派中唯一对诸如此类的词源分析或寓意性阐释提出批评的人)。但凯瑞蒙(Chaeremon,证言 12,收于 van der Horst[1984],关于此人可见下文页 247 – 248)认为,寓言与神话是早期埃及祭司的发明,他们将自身的智慧传给未开化的人时就用神话和寓言。这两种解释都暗示了寓言或具有词源学意义的称呼是人故意或有意使用的工具。关于什么算寓言,详细的理论探讨可见 Goulet(2005)。关于早期廊下派哲学中的词源分析与寓意解释,见古里纳(2005)。

解释了他所谓的原始神学(palaia theologia)——[233]拯救他们在荷马和赫西俄德神话里发现的宇宙学与神学思想。①

另一方面,虽然廊下派认为天然认知是自然的,但这一事实并不意味着他们还认为这种认知能被人充分而普遍地共享。廊下派就像伊壁鸠鲁派,似乎相信对神的自然概念会遭到污损,甚至从早期诗人开始就已经被玷污了,这些诗人诚然传递过某些正确的神话观念,但其思想中同样有怪诞而错误的一面。② 这意味着这部分荒谬的思想传统也是需要摒弃的,因为它不能表达那无掺杂的原始理性,而是受了某些乖谬有害的外在因素影响而产生的结果。③ 西塞罗的廊下派发言人在《论神性》第二卷里生动地描述了这个影响过程:

---

① 芝诺对赫西俄德的阐释或许可在他关于物理学与宇宙学的论著《论整全》中找到,对此参见阿尔格拉(2001);斐洛德谟斯和西塞罗所给出的论证步骤则与克律希珀斯在神学论著《论诸神》(On Gods)中采用的相似(见下文页234)。但显然,对廊下派哲学而言,神学和 stricto sensu[狭义的]物理学(神学属于 sensu lato[广义的]物理学)之间的分隔线很难划定。

② 关于赫西俄德身上反映出的这种早期形式的有害思想,见科尔努图斯《希腊神学传统概要》31.12–17。(托名)普鲁塔克在《哲人的学说》1.6(《早期廊下派辑语》2.1009)谈到了 τὸ ὑπὸ τῶν ποιητῶν πεπλασμένον[诗人们的捏造]。当然,天然认知的腐坏在廊下派看来并不是大规模的。因此在公元前2世纪,塔索斯的廊下派安提帕特若斯声称,有些哲人认为诸神不是仁慈的,这部分地(ἀπὸ μέρους)不同于我们对诸神的天然认知(收于普鲁塔克《论廊下派的自相矛盾》1052b)。

③ 首先我们或许会认为,廊下派一方面说对神的自然概念遭到了腐坏,另一方面又相信普遍天意的存在,他们这两种思想之间有所冲突。然而,我们也应该清楚两点:其一,据廊下派所言,天意赐予我们理性,但不关心我们如何使用理性;其二,理性在没有像圣贤所拥有的知识(epistêmê)那样稳固之前,将会是变幻无常且容易犯错的。在我们生活中的前理性阶段,我们更倾向于利用快乐和痛苦(或恐惧)的情感来形成错误的价值判断,从而妨碍 oikeiôsis[占有]的自然进程。这些情感对幼童的有害影响,见 Vegetti(1983)的讨论。能够腐蚀人心的还有人 consuetudo oculorum[使用肉眼的习惯],见下一个注释。

> 你们清楚……一种真实又有价值的自然哲学是如何演变为这样如梦如幻的万神殿的吗?对自然哲学的误用产生了大量虚假的信仰、疯狂的错误与迷信,它们简直就是一些荒诞的故事。我们知道诸神长什么样、有多少岁,知道他们的服饰装备,甚至知道他们的家族谱系、婚姻以及亲属关系,关于他们的一切都被我们扭曲为与人的脆弱性相似。(2.70)

很明显,让这些错误信仰变得格外危险的原因在于,这些观念一旦形成,并被神话和宗教仪式这两种传统固定成"经典",就可能不断对人产生误导。根据西塞罗《论神性》2.45 廊下派的解释,人们之所以会扭曲他们原初的自然认知,其中一个原因就在于他们对周围文化的日常体验之中:consuetudo oculorum[使用肉眼的习惯][234]导致他们以为诸神具有拟人化的形象。①

看起来,主流的廊下派承认一种尚古论(即认为前人的"自然"世界观无可避免地会被腐坏)和革新论(即认为随后的哲学发展可以补救这一情况,并告诉我们哪些可以被拯救而哪些不可以)之间的有趣组合。因而,廊下派对传统的态度明显是含混复杂的。他们既不想维护也不想拒斥部分或全部的传统。② 廊下派发言人巴尔布斯在西塞罗的《论神性》里明确提出了迷信与宗教之间的区别(2.69 – 72);并且总体上看,廊下派想要融合传统多神论和哲学一神论的这一想法似乎并非无所限制。③ 有证据表明,廊下派在他们

---

① 如 Pease 在他的评注里提到(前揭书):"所谓 consuetude oculorum[使用肉眼的习惯],自然是指人们平常将诸神看成具有人的形象。"
② Zeller 认为他们主要的目的只是维护传统,Most(1989,页 2020)讨论并拒绝了这一观点。
③ 相反,Brisson(2004,页 54)说道,廊下派"承认所有传统神祇的存在,并寓意性地阐释了他们的本性"。

所采用的传统多神论上是有所选择的。因此,正如我在其他地方讨论过的,芝诺对赫西俄德的阐释主要集中在《神谱》开始部分关于宇宙演化的神话上,如果说不是完全集中在这方面的话。①

最后有必要指出,我们原始文献中所用的术语"挪用"(appropriation)暗示了廊下派的阐释手法;②他们采用神话中的元素来支撑他们的哲学,特别是他们的宇宙学—神学,而不是相反。

4

我并非在试图说明廊下派在挪用神话中的元素,或者更一般地说,在挪用宗教传统的时候,具有极为明显的哲学动机。我们总是因缺少有力证据而无法作出明确判断,已有的证据恰好又集中于个别廊下派哲人的阐释,而没有强调廊下派的基本假设或方法论背景。接下来我将试图探讨某些富有争议的或者需要进一步澄清的观点,从而详细阐明廊下派的上述挪用问题。

首先我们或许会问,为什么廊下派认为自己需要用神话来支撑他们那些原本可以从哲学上得到论证的观点。我认为[235]对于这个问题,Teun Tieleman 已然给出了大致的回答。他研究过克律希珀斯在《论灵魂》(On the Soul) 的论述里对诗歌、箴言、日常习惯用语和一般观念的用法。③ 普鲁塔克(《论廊下派的自相矛盾》1036e =《早期廊下派辑语》2.270) 引用自克律希珀斯《论诸种生活》(On Lives) 的一段话暗示,克律希珀斯承认辩论双方在讨论时可以使用

---

① 见阿尔格拉(2001)。

② 斐洛德谟斯《论虔敬》,赫库兰尼姆莎草纸文献(PHerc.) 第 1428 号,卷六 16-26(文本收于 Henrichs 1974,页 17),他用术语 συνοικειοῦν [结合]来指克律希珀斯在《论诸神》第二卷里的做法;西塞罗《论神性》1.41(很可能也回指克律希珀斯的上述文本)在同样的语境中用了 accommodare[调和]一词。

③ Tieleman(1996,页 264-287)讨论了廊下派哲学方法里 πιϑανόν[劝说性]一词的作用。

(纯粹的)劝说性论证($\pi\iota\vartheta\alpha\nu\alpha$),尽管他也告诫在对手面前使用劝说性论证是有风险的。而且,克律希珀斯的著述编目中有一本题为 $\pi\iota\vartheta\alpha\nu\grave{\alpha}\ \lambda\acute{\eta}\mu\mu\alpha\tau\alpha\ \epsilon\grave{\iota}\varsigma\ \tau\grave{\alpha}\ \delta\acute{o}\gamma\mu\alpha\tau\alpha$[《伦理学说的可能前提》]的书(《名哲言行录》7.199),此书名似乎表明有些(纯粹的)劝说性论证可以用于支持廊下派教义。很明显根据克律希珀斯的观点,非圣贤之人的真实认知(katalêpseis)(不像真正的知识或 epistêmê)依旧可以被颠覆,因此不仅要通过哲学论证,还要通过使用纯粹"劝说性的"($\pi\iota\vartheta\alpha\nu\acute{o}\nu$)证据来强化这些认知。当然,纯粹的劝说性论证并不稳固,它包括了一些我们可以借助词源学等工具来挖掘的相当模糊不清的传统观念。

其二,通过阐释廊下派使用那些只是$\pi\iota\vartheta\alpha\nu\acute{o}\nu$[劝说性的]证据的做法,我们还能解释一下,为什么上文概述的那种挪用手法不会导致循环论证(至少原则上不会:廊下派实际用的手法很可能没有那么纯粹),这与 Glenn Most 所论述的正相反。① 因为一方面来看,如上所述,对廊下派理论来说,寓意性阐释的手法本身不能提供稳固的"证明"。而另一方面,廊下派(仍然是至少在理论上)不会认为他们的神学真理本身能够保证这种寓意分析的可靠性,因为这些真理应该只能为这种分析提供基础;但他们可以宣称,独立的认识论理据使他们能够将某些神话解读成带有物理学或原始物理学上的概念或观点。因此,我们认为廊下派在此没有明显互证的嫌疑。

其三,最近有人提出,廊下派对待早期神话与诗歌的方式,与后来一些新柏拉图主义者及早期基督教思想家对待基础(时而还是神圣的)文本的方式之间,有某种重要的延续性。② 尽管廊下派的寓意性阐释对这些后来学派 de facto[实际上的]历史影响不可能也不应该被忽略,但我们同样要知道,两者的哲学背景或方法论背景基本上是不同的。不管是后来对《圣经》内容的哲学性阐释,还是对

---

① Most(1989,页 2020)。
② 这是 Boys-Stones(2001)的核心观点。

柏拉图文本的新柏拉图主义阐释,亦或迦勒底人的(Chaldean)神谕,通常都假设对神圣文本作出的真理性论断最终是基于某种形式的神启。廊下派却不这样,他们(实际上还有伊壁鸠鲁派)认为植根于经验之上的自然概念支撑着他们的哲学,从而也为他们在宗教传统里看到的[236]正确元素提供了认识论基础。① 在他们眼中,前人对那个宇宙之神有着正确的天然认知,并且基于这种天然认知,前人还为其他神创造出了一系列意味深长的名字,这些神处于从属地位,是那宇宙中唯一的神祇的组成部分。

其四,很重要的一点是,廊下派并不相信这种天然认知会给人提供一种完整的知识:根据上文,他们认为到最后,天然认知必须得到进一步澄清,并放入一种更大且内在关联的(廊下派)哲学框架里。② 相应地,考虑到天然认知的经验性与非启示性的基础,我们没有理由假定,廊下派会认为,前人及其虚构出的神话和宗教仪式惯例能够体现出某种完整的智慧或完整的哲学—神学。③

---

① Hadot(1987,页23-24)认为廊下派相信诸神揭示出了一种 $παλαιός\ λόγος$[古老的理性];亦见该书注42。对这样一种特别的神示并没有任何证据加以支撑,它对廊下派认识论而言毫无意义,廊下派不需要这种神示。

② 廊下派思想谈到原初概念($διάρθρωσις\ τῶν\ ἐννοιῶν$)的哲学性表述,克律希珀斯的伦理学著述编目中有部分书特别讨论了伦理学概念上的表述(《名哲言行录》7.199-200),其中不仅涉及定义、逻辑划分、属与种等主题,还涉及到词源学、箴言和诗歌阐释等内容。关于诗歌、神话、词源学、箴言这四者与哲学方法之间的联系,基本的看法见Tieleman(1996,页229-233、264-273)。同样我们要注意到伊壁鸠鲁派,即使他们就天然认知和理性之间关系上的思想与廊下派有所出入,但他们似乎也相信哲学可以丰富天然认知所包含的知识。因此在西塞罗《论神性》1.45里伊壁鸠鲁派发言人声称,天然认知本身足以支撑起虔诚的宗教;然而"为了进一步坚定这个信念,我们的心灵还要努力去探索神的形式、他的活动方式,以及他的心智运动"。斐洛德谟斯试图为伊壁鸠鲁派这种有缺陷或不完美的尝试开脱,认为在这一领域没有人能够找到确凿无疑的证据来进一步证明诸神的本性,对此参见上文页230。

③ 相反的观点见古里纳(2005,页27)。至于廊下派到底有没有说过(我

不幸的是，关于廊下派对文化发展的看法或诸看法，我们所掌握的证据显得单薄又充满争议。但有一点很确定，那就是他们假定，在文明发展的初期会出现某种道德败坏——这种败坏后来被哲学所纠正。但到底败坏了什么？恩披里柯在《驳学问家》9.27-28中说道，"某些后期廊下派哲人"声称，初民们（the γηγενεῖς）在悟性（συνέσει, comprehension）上极大地超过今人，他们敏锐的理智（ὀξύτης τῆς διανοίας, keenness of intellect）成了某种第六感，借此他们可以很容易地感知到神祇。[237]"悟性"和"敏锐的理智"不是完整的知识或智慧，先民们所拥有的悟性和敏锐的理智最可能像是缺乏外在败坏因素的结果，或者与败坏因素的缺席共存。于是我们可以假设，这些人对自然的敏感和未被败坏的体验，可以让他们轻易地对神产生恰当的概念，这种概念没有被文化想象所产生的神的概念所污染，也没有被其他人虚构的故事中涉及的神的概念所玷污。这么说，这份关于"后期廊下派"的记述就或许与另一桩证据有关：塞涅卡《致鲁基里乌斯的道德书简》90.6 对珀赛多尼俄斯的观点总结，里面谈到了最初的黄金时代结束，邪恶乘虚而入（subrepentibus vitiis）后的第二阶段。不像恩披里柯的那段话，这份证据关注的是道德败坏，但我们确实应该认识到，廊下派所谓的理智败坏和道德败坏实际上是同一个事物的两面。还有，我们没有理由推出，在最早阶段，logos[逻各斯]完全地保持着它最纯粹的形式。① 无论如何，珀赛多尼俄斯似乎只将"智慧的"这个词留给最初的发明者和立法者，而没有用来形容早期大众。② 对此塞涅卡甚至还反对说，机械

认为没有）前人拥有完整的哲学供它使用，Boys-Stone（2001）没有对此作出确定无疑的回答。

① 相反的观点见 Most(1989,页 2020)。

② Frede(1989)认为，珀赛多尼俄斯引入了一种更加宽泛、非专业性意义上的"哲学"，来描述一种在人类早期历史中能够发现的智慧；多亏这种对哲学概念上的改动，廊下派的凯瑞蒙可以公元 1 世纪论证：早期埃及祭司也是哲人。

工艺的发明不应该被视为哲学的功劳,且一般而言,"刚从诸神那里而来的"(recentes a diis,《致鲁基里乌斯的道德书简》90.44)人所存在的时期不是一种圣贤时期。相反,他认为初民们的所为只是接近于德性,从而接近真正意义上的哲学(omnibus his virtutibus habebat similia quaedam rudis vita,《致鲁基里乌斯的道德书简》90.46)。因此,似乎不仅珀赛多尼俄斯,连恩披里柯对"后期廊下派"的不点人名的记述,还有在此代表主流廊下派的塞涅卡,都没有暗示出早期人类中存在着完整的知识或哲学性智慧。

最后,在塞涅卡版的文化起源论(Kulturentstehungslehre)里,初民们被说成 recentes a diis[刚从诸神那里而来的]。这似乎是廊下派对传统主题的改编——至少这一主题在柏拉图那里也同样出现过。① 或许有人认为塞涅卡的这个基本观点接近于宇宙大火理论,大火要么出现在宇宙时期的开端要么出现在结束时,这都能给人类带来得到提升的理性——这个阐释,从恩披里柯对上面所引用的那种"年轻的廊下派"的说法中,或许可以得到某种更进一步的支持。不过我疑惑这种阐释是否有可能构成廊下派的主流观点。毕竟,他们声称在宇宙大火的事件中,神保持自身的独立,也不存在质料或邪恶,而没有说在大火中神变得比在某个拥有世界秩序的状态时更为理性。② 我认为,[238]廊下派或许是说,早期的人类的理性相对来说尚未败坏,而这可能也是塞涅卡 recentes a diis[刚从诸神那里而来的]这一修饰语的要旨。

5

在之前几节里,我通过提及廊下派认识论和廊下派的文化起源

---

① 关于 Boys-Stones(2001,页 19 注 24)里列出的参考文献,应该添上《蒂迈欧》40d。

② 不过 Most(1989,页 2021–2022)对此有不同的观点。

论,着重探讨了廊下派神学与一种特定的宗教传统事物——(宇宙论)神话——之间的关联方式问题。接下来我想要谈及某些不那么为人所熟悉的领域,并转向研究廊下派对宗教仪式及其实践所进行的批评和挪用,这些宗教仪式及其实践包括用塑像等肖像来代表诸神。

古代宗教里那种仪式中心的本性没有包含某种非常牢固而一贯的概念性或教义性内核。然而,每一种宗教仪式显然都有某些概念性内容,①且这是廊下派在某些地方提出来与他们自己的哲学性神学进行对比的或显或隐的概念性内容。结果就如我们所看到的神话那样,最后这种概念性内容既遭到批评也被挪用。让我们首先讨论批评,并先从廊下派创始人,基提翁的芝诺那里开始。他的《政制》描述了一个乌托邦,"圣贤城邦"(city of sages)。有很多原始文献告诉我们,在这城邦中不应该存在诸神的庙宇和塑像。其中有处文献里,亚历山大里亚的克雷芒重述了芝诺自己提出的理由:

> 根本没有必要去修建神殿。神殿根本没有多少价值,不可称作神圣的。因为工匠和技工的工作没有多少价值也并不神圣。(克雷芒,《杂缀集》5.12.76;《早期廊下派辑语》1.264)

普鲁塔克将芝诺的话理解为根本不应该让神庙存在,且他非常典型地构建起廊下派在这方面的教导与实践之间的矛盾:

> 廊下派对此(即芝诺的话)表示赞同,认为它是正确的,但他们却参加神庙的秘密宗教仪式,登上卫城,崇敬塑像并在神

---

① 这方面有种相当极端的看法,比如普鲁塔克,他声称"宗教礼仪中所行的带有象征含义的成人礼和仪式活动比其他东西都更能体现古代人的思想"(辑语157,23-25 Sandbach)。明确对宗教仪式和典礼中的概念性内容提出与之相似论述的廊下派哲人是凯瑞蒙,关于此人可见下文页247。

龛上摆放花冠,而这些都是修建者和技工的作品。他们还认为伊壁鸠鲁派因为对诸神献祭而被人驳倒,然而他们自己却遭到更猛烈的驳斥,他们不仅在圣坛和神庙献祭,另一方面还主张这些东西不应该存在也不应该修建。(普鲁塔克,《论廊下派的自相矛盾》1034B-C;Cherniss 译,稍有改动)

[239]我们应该看到,严格来说芝诺的话并没有暗示这层意思。没有必要将他的话理解为在直接而普遍地禁止宗教献祭:芝诺只是在说,修建神殿对一个圣贤城邦来说太过多余——大概是因为这些人有其他方式来荣耀诸神。我们或许可以将这一文本与厄皮法尼俄斯的学述证据(《驳异端》3.2.9 =《早期廊下派辑语》1.146)作比较,里面告诉我们,芝诺说过我们不应该修建神殿,但里面还说我们应该只让神祇寓居于我们的心灵之中(ἐν μόνῳ τῷ νῷ),并重复了塞涅卡和爱比克泰德等晚期廊下派哲人的论述,后者认为廊下派荣耀诸神的唯一恰当的方法就是通过我们的精神态度,即通过让自己变得有德性而模仿诸神。① 考虑到这样一种荣耀诸神的方法,芝诺的话就完美地契合于要在日常生活中包容传统宗教仪式这一观点中了。

对某些宗教仪式元素持批判态度的另一个例子,来自斐洛德谟斯《论虔敬》中保存的两段廊下派辑语。第一段中,斐洛德谟斯引用了克律希珀斯《论诸神》(*On Gods*)中的话。这段话意图说明,希腊万神殿里的各种神实际上就是唯一的宇宙神宙斯的一部分,克律希珀斯在里面给出了两点评论。首先他指出,诸神就像众城邦和诸

---

① 比较爱比克泰德,《手册》31.1:"所谓对诸神的虔敬……最重要的一个因素就是要对他们有正确的看法……你要让你自己服从他们并承受所发生的一切。"塞涅卡声称,我们不需要通过充满血祭来荣耀诸神,而应通过我们正确的、道德的意图来荣耀(《论恩惠》1.6.3)。神不需要奴仆,而对神来说合适的祭祀就是认识他并模仿他(《致鲁基里乌斯的道德书简》95.47,95.50)。

德性,他们既非男性也非女性,而只是被赋予男性或女性的名字。① 他继而认为,谈论这些神或者将他们画下来、雕刻出来是一种孩子气的(παιδαριωδῶς)行为,就好像他们拥有人形似的,这种行为就好比谈论城邦、河流、地方抑或为它们作画和塑形一样孩子气。② 同有类似观点的还有克律希珀斯的学生,巴比伦的第欧根尼,斐洛德谟斯在同样的语境中引用过他的一段话。③

然而,看起来克律希珀斯并没有毫无限制地批判献祭,他没有说要绝对禁止献祭行为。在某些原始文献中我们可以看到,他谈到过一幅画,这幅画以各种形式出现在阿尔戈(Argo)和萨摩斯(Samos),画上的赫拉和宙斯看上去有某种性活动;而其中有处文本,即奥利金《驳科尔苏斯》4.48(《早期廊下派辑语》2.1074),宣称,克律希珀斯认为这幅画应该被阐释成是在表现神圣的 spermatikoi logoi[生殖理性]如何使质料受精,也就是在解释传统所谓的宙斯[240]与赫拉之间的 hieros gamos[神圣婚姻]。④ 我们明显能够看到,在某些语境中对诸神的拟人化描写不管表现得如何不恰当且"孩子气",都传达了某些对诸神及其本性的相关概念的信息。⑤

---

① 斐洛德谟斯,《论虔敬》卷五 8 – 14 Henrichs。
② 斐洛德谟斯,《论虔敬》卷五 28 – 35 Henrichs(《早期廊下派辑语》2.1076)。
③ 斐洛德谟斯,《论虔敬》卷七 24 – 28 Henrichs(《早期廊下派辑语》3,巴比伦的第欧根尼,33)。
④ 证据出现在《早期廊下派辑语》2.1071 – 1074。顺带一提,有关宙斯和赫拉的那幅原画有可能是基于《伊利亚特》(*Iliad*)14.153 – 353 中的故事。关于荷马对 hieros gamos[神圣婚姻]的描写所带来的影响,以及关于对萨摩斯等地的赫拉神庙中的场景的艺术再现,见 Burkert(1985,页 132)。
⑤ 还有另外一些证据能够证明,诸神可以根据他们是主动还是被动而被描述为男人和女人:塞尔维乌斯《论维吉尔〈埃涅阿斯纪〉》(Servius, *In Aen.*),4.638(《早期廊下派辑语》2.1070),里面认为这是廊下派的观点,并以维吉尔《农事诗》(*Georg.*)2.326 中的 hieros gamos[神圣婚姻]为例(天象上的例子:现在下的是雨,coniugis in gremium laetae descendit)。亦见西塞罗,《论神

对比其他我们已知的廊下派哲人，塞涅卡对传统宗教仪式的讨论似乎更加详尽清晰。在《上帝之城》第六卷里，奥古斯丁引用了塞涅卡佚失的论著《论迷信》(On Superstition)。①里面塞涅卡明显部分地受了瓦罗影响（关于瓦罗，后面会更多地提及），他攻击了对诸神的再表现（"最卑贱的和死的材料做成的塑像"），②因为在很多时候这些塑像一旦被赋予生命就会变成怪物。此外，他还谴责了罗马卡匹托利山(Capitol)上敬拜朱庇特的宗教典仪：

> 有奴仆向朱庇特告知其崇拜者们的名字，有奴仆向他宣布时间；有人是他的沐浴官，有人是他的敷油官，空手示意，模仿敷油动作。有群女人为**朱诺**和**密涅瓦**梳头；虽然她们煞有介事地用手指帮神梳头，但她们站的地方不仅离塑像很远，就是离神庙都很远，还有些女人则负责拿住镜子。有群男人召唤诸神为他们作证，还有些男人则充当律师，拿出案情摘要，为他们提供案件解释。一个曾经在滑稽剧(mime)里单挑大梁的演员，现在成了一位耄耋老者，习惯每天在卡匹托利山上演滑稽剧，好像诸神会欣赏人们已经厌烦的表演。各类工匠都在这里奉承不朽的诸神。（塞涅卡语，收于奥古斯丁，《上帝之城》6.10）

如果塞涅卡这里批评的是对神过度拟人化的理解及其导致的那些孩子气的宗教典仪，那么他就不会相信廊下派会态度坚决地完全废除这些宗教典仪。尽管圣贤不会将这些典仪作为他个人崇拜神的途径之一，他也应该"当作逢场作戏"(in animi religione non habet, sed in actibus fingat［不要把这当作心灵认可的宗教，而只须当作逢场作戏］)："因为他说：'智者会服从所有这些典仪，并不是为

性》2.66(《早期廊下派辑语》2.1075)。

① 奥古斯丁，《上帝之城》6.10。
② 奥古斯丁，《上帝之城》6.10。

了取悦诸神,而是被法律所命令的。'"(前揭)①

[241]奥古斯丁可能引用了塞涅卡自己的话,写道"这些贱神的乌合之众,是流传久远的迷信给他们成的亲",塞涅卡声称"我们应该祈求他们,不过要记住崇拜他们更多是出于习俗而非事实"(adorabimus ut memnerimus cultum eius magis ad morem quam ad rem pertinere)。塞涅卡这里区分了 religio animi[心灵认可的宗教]与 actus[宗教活动],还有 mos[习俗]与 res[事实],从而暗含着对 theologia tripertita[神学三分法]中各部分之间的严格划分,但这种思想需要一些更深层的探讨。religio animi[心灵认可的宗教]这个概念,让我们回想起他在其他地方关于真实的宗教的必要讨论,也就是关于哲学性宗教的讨论:

> 如果你能通过你自己而得到(一种 bona mens[好的心灵]),那为了得到它而祈祷就是件蠢事。我们不需要举起双手指向天空,或祈求神庙的看守人让我们接近偶像的耳畔……神就在你身边陪伴着你,他在你心中。(《致鲁基里乌斯的道德书简》41.1)

在第 95 封书简里,塞涅卡还为此给出了一些值得引用的经世名言:"那些对神有认知的人才能崇拜神"(deum colit qui novit,《致鲁基里乌斯的道德书简》95.47);"神不需要奴仆"(non quaerit ministros deus,前揭);"任何人只要模仿诸神就足以崇拜他们"(satis illos coluit, quisquis imitatus es,《致鲁基里乌斯的道德书简》95.50)。在前面引用的那些文段里,塞涅卡似乎抱着这样一种看法,认为那种真正的廊下派宗教能与国家里广泛信守的宗教习俗相互结合。换句话说,这些文段提供了一种哲学化精英主义(强调 religio animi[心灵认可的宗教]的重要性)、批判主义(将 res[事实]置于 mos

---

① 奥古斯丁,《上帝之城》6.10。

[习俗]之上)和广泛的保守主义(但又为 mos[习俗]留出空间)的融合。然而我们须注意,在塞涅卡的其他论述中,特别是在我所引用的第95封书简的另一处,他明显对传统还有一种更加消极的看法:

> 各种条规(precepts)常常被制定出来以教导人们应该如何去崇拜诸神。但让我们禁止在安息日点灯,因为诸神不需要灯,人也不会在烟尘里找到快乐。让我们禁止人们做晨祷以致拥挤在神庙门前;这种仪式会激起凡人的野心,而对神的崇拜只有那些真正认识他的人才能做到。让我们禁止拿毛巾和切肉刀给朱庇特,拿镜子给朱诺,因为神不需要奴仆。神当然不需要;他自己就为人类服务,一旦人遇上困难,他总会伸手帮助。(《致鲁基里乌斯的道德书简》95.47)

我们可以推定,塞涅卡的态度前后看上去并不是完全一致。在他的著作中,不同语境中似乎总有不同的强调。① 第95封书简里着重关注了 praecepta[条规]和 decreta[原理]之间的不同,用宗教条规作为例子来证明 praecepta[条规]或许会让人误入歧途,从而与廊下派哲学里真正的 decreta[原理]相悖。这一看法是基于卓越的哲学和道德,也就是说它采用了更为严苛的视角。另一方面,《论迷信》这一论著明确[242]讨论了个人该如何对待传统宗教仪式里根深蒂固的迷信问题,并认为在这种境况下需要一种更加温和的方式来中和其中的矛盾。总之,塞涅卡似乎还是保留了早期廊下派哲学传统的立场:就像芝诺和克律希珀斯,他有力批评了传统宗教仪式,其中包括神像的使用,但他的批评也并不意味着彻底的拒绝。

---

① 关于死后生活和灵魂的不朽性问题,塞涅卡在不同语境中的不同的看法,见 Hoven(1971,页108-126);塞涅卡关于祈祷的可行性的不同看法,见 Richards(1964)。

在他的《论迷信》里,塞涅卡从瓦罗那本稍早于公元前 45 年出版的著作《人神制度稽古录》(Antiquitates Rerum Divinarum)中获益良多。① 而我们的信息源奥古斯丁还告诉我们,塞涅卡比瓦罗更厉害地批判 urbana theologia[城邦神学]。② 考虑到瓦罗以一位古物学家的身份写作,自称以强化传统宗教为目标,而塞涅卡却以哲人的方式写作,保护或复兴宗教传统本身对他来说并不是目的,奥古斯丁的话就不无道理。瓦罗当然在任何方面都不算一个廊下派学者。他似乎是阿斯卡隆人安提俄科斯的跟随者。然而《人神制度稽古录》辑语显示,他至少在神学上从廊下派中获益良多,这无疑是因为安提俄科斯的缘故。这点以及瓦罗对塞涅卡的影响使我们有必要对瓦罗作一简单的概述。

奥古斯丁告诉我们,瓦罗认为,如果他要重新创建城邦,那么他会"供奉诸神并根据自然原理(principles)来为诸神命名,而不是用他们现在的名字"。③ 换句话说,在他自己的神学三分法里,他用哲人的宗教替代了城邦的宗教,因为"只有那些认为神是一种灵魂,通过合乎理性的运动掌管世界的人,才是发现了神真正是什么的人"——这显然是廊下派的声明。④ 然而,由于他生活在一个古老的国家,"他说他必须接受传统里神的姓名,而他写作和研究的目的还是在劝告人们崇敬而不是漠视这些姓名"。因此,他在短暂地展现自己的议题或抱负——即强化并复兴传统宗教——的过程中,添加进了现在我们所熟悉的保守思想。⑤

---

① 从西塞罗(《后期学园派》8 以下)处可得知,瓦罗这本著作在公元前 45 年就可看到。该著作是献给作为 pontifex maximus[大祭司]的凯撒的;其可能的出版日期可进一步参见 Cardauns(1978,页 86)。《人神制度稽古录》的辑语集可见 Cardauns(1976)。
② 奥古斯丁,《上帝之城》6.10。
③ 瓦罗语,收于奥古斯丁《上帝之城》4.31(= 辑语 12 Cardauns)。
④ 瓦罗语,收于奥古斯丁《上帝之城》4.31(= 辑语 13 Cardauns)。
⑤ 瓦罗语,收于奥古斯丁《上帝之城》4.31(= 辑语 13 Cardauns)。

当谈到为诸神建造(拟人化)塑像的合法性问题时(《上帝之城》4.31),瓦罗赞赏了早期罗马人[243]长达 170 多年中不以建造任何塑像来崇拜诸神的行为。他补充道,如果在他那个时代继续沿用这种做法,人们对诸神的崇拜就会更为诚挚(castius dii observarentur[对神的观念更为诚挚])。在这个意义上,那些最早树立神像的人对宗教没有任何建树:他们"减少了敬畏并增加了错误"(et metum dempsisse et errorem addidisse),因为用没有意识的塑像,诸神就很容易遭到鄙视(existimans deos facile posse in simulacrorum stoliditate contemni)。不过在这个问题上,瓦罗的批评也并不是绝对的,他似乎在其他地方对这种行为也有一种积极态度。在《上帝之城》第七卷,奥古斯丁再次提到瓦罗,这一次他维护了那些关于给诸神塑像的物理学或哲学解释(interpretationes physicas)。瓦罗认为,古代人设计了诸神的塑像、标志及装饰品,"因此那些已经接近这些学说的奥秘的人在凝视这类可见事物时,能从精神上洞察出这个世界及其各个部分,也就是真正的诸神"。① 此外,瓦罗还对受到祭拜的神像的拟人化外形本身提出了一些看法。他声称,按照人形建造的这些塑像从根本上说是不合适的,不过它们的出现是基于这样的考虑,"人类身体中必朽的心灵,与不朽者的心灵十分相似"。② 这种考虑——神的拟人化塑像,尽管其本身误导人,却可以间接地表现出神那一重要的和真实的方面,即他的理性——这也被两个后来的作家所采纳,他们一个是廊下派哲人而一个则是半廊下派:爱比克泰德和金嘴狄翁。③ 他们似乎对菲狄阿斯(Pheidias)在奥林匹

---

① 瓦罗语,收于奥古斯丁《上帝之城》7.5(= 辑语 225 Cardauns)。这种关于神像的特点的说法让人想起珀尔弗瑞在《论神像》(On Image)里对这些神像的图解的阐释,该书的辑语编录可见 Bidez(1913)。我们还可比较廊下派凯瑞蒙的看法,见下文页 248 的引用,他的某本相关著作碰巧珀尔弗瑞也知道。

② 瓦罗语,收于奥古斯丁《上帝之城》7.5(= 辑语 225 Cardauns)。

③ 最近对狄翁著作的评论见 Swain(2000)中的论文。除却廊下派的元素,狄翁同时还有犬儒主义思想来源,而他自己的哲学信念并不多。现在我

亚山(Olympia)上雕的宙斯神像给出了十分积极的评价——这是一尊特别而相当有名的雕像——而上面的论述则看上去为他们的赞许建构了思想背景。

6

克律希珀斯、巴比伦的第欧根尼、塞涅卡以及瓦罗,这些人对雕塑和使用拟人神像的批判态度——但如我们所见,这种批判并不绝对——毫无疑问与我们所谓的廊下派哲学里的泛神论思想一致,这种泛神思想[244]将神看成宇宙中的构造力量,这种力量不受任何形状限制(可能除了受宇宙整体的球形边界的限制),更别提受人形的限制。① 不过正如我们所见,就算基于泛神论,在某些语境中神的部分也可以加以拟人化的描述:尽管克律希珀斯本人常常禁止对神的拟人化,但他在宇宙论语境里还会用男性宙斯和女性赫拉的形象(指向他们积极或消极的作用);而且在另一种语境中,他似乎还准备将神(这里的神与宇宙等同)同人进行比较,因为神也有身体和灵魂(当神从宇宙大火中"退居"后,神的天意就成了宇宙的灵魂)。②

但此外,廊下派神学还有一条更为清晰的一神论脉络。宇宙之神 eo ipso[自身]并不是一个非人格的神。恰恰相反,神作为一种内在的构造性本源,他可以被赋予一些称谓,如芝诺说的那样,不只是

们清楚(《讲辞》12.8),是廊下派主义而不是犬儒主义提供了这种哲学性背景。

① 见《名哲言行录》7.147;埃提俄斯,《学说》1.6;我的评述见阿尔格拉(2003a,页166)。亦见拉克坦提乌斯《论神怒》(Lactantius, *De Ira*),18,(《早期廊下派辑语》2.1057)。

② 参照普鲁塔克,《驳廊下派的一般观念》1077d(《早期廊下派辑语》2.1064);斐洛德谟斯(《早期廊下派辑语》3,巴比伦的第欧根尼,33)。

"像工匠那样",而可以就是"一个工匠",①甚至是"父亲"。② 实际上,正是因为我们认为神的理性(在这里就是指宇宙理性)在种类上无异于人的理性,所以,神作为一个理性而有远见的(providential)掌管世界的本源,可以视为一个有目的有意图的"人";天意(providence)可以视为"宙斯的意志"。③ 于是,廊下派思想里,神尽管不能在任何与其外形有关的物理学意义上被构想成具有人形,但当涉及神富有远见的理性及该理性的各种属性时,也可以把神比喻成人。他是有德性的、幸福的,可以说是一个值得效仿的榜样。④ 我们或许可以引用克律希珀斯《论自然》里的一段,来支持上述对神某种程度上的拟人化:

> 就像宙斯可以自己及其生活方式为荣,可高傲自大,并且如果可以说的话,他还可趾高气扬和自吹自擂,因为他的生活方式值得吹嘘;类此,所有好人亦可如是,因为他们绝不会被宙斯胜过。(克律希珀斯语,收于普鲁塔克,《论廊下派的自相矛盾》1038c)

人类理性和神明理性之间在结构上的相似,不仅使我们可以用某种人格主义一神论来思考和谈论[245]神,同时还使我们有理由认为,圣贤过着那样一种生活,在其中,廊下派所谓"内心的神",即人身上的 daimôn[精灵],与"宇宙秩序管理者的意志"保持一致,于

---

① 西塞罗,《论神性》2.58。参照《名哲言行录》7.137;7.147,引用见下一个注释。

② 比较《名哲言行录》7.147。

③ 见《名哲言行录》7.147。关于将天意当成宙斯的意志,比较卡尔基狄乌斯《论柏拉图〈蒂迈欧〉》144(=《早期廊下派辑语》2.933)。

④ 关于神在智慧上可以比喻为圣贤,见普鲁塔克《驳廊下派的一般观念》1076a(=《早期廊下派辑语》3.246)。关于神的幸福,见司托拜俄斯《物理学与伦理学读本》2.98.17 以下 Wachsmuth(=《早期廊下派辑语》3.54 节选)。

是精灵就变得"像神一样"。① 基于这种背景,我们才能解释爱比克泰德对菲狄阿斯在奥林匹斯山上塑造的宙斯神像那乍看之下多少有点令人惊异的论述。在《阿里安俄斯记录的〈清谈录〉》2.8 中,爱比克泰德看到一个学生依旧对自己原本学到和认同的知识缺乏信心,那个学生没有完全消化廊下派的教诲,依旧按他自己的方式学习。爱比克泰德就拿抛光和完成一件雕塑来作比喻:

> 当塑好这尊雕像并对它抛光之后,我就会让你看看它。你觉得怎么样?难道它神情傲慢吗?当然不是。奥林匹亚山上的宙斯难道就是一副自负的样子吗?不,他目光坚定,如那种会说"我说过的话决不反悔,而且决无虚言(荷马《伊利亚特》1.526")的人。我也会向你展示我这样的品性——忠实、恭敬、高尚、镇定。(爱比克泰德,《阿里安俄斯记录的〈清谈录〉》2.8.25 – 27;基于 Oldfather 的译文)

这段话里把自我比喻为一个尚待抛光的雕塑,这明显是为了与菲狄阿斯雕刻出的宙斯像进行对比——也就是说,我们要以一种塑造雕像的方式来描述"变得像神一样"所需的过程。② 然而这种比喻还再次向我们例证了廊下派对受到祭拜的拟人神像的评价,即认为神像不仅仅是"孩子气的":菲狄阿斯试图传递出宙斯的道德模范形象,这显然是对廊下派认为宙斯不像个人的严格说法进行了弥补。

与爱比克泰德同时代的普鲁萨(Prusa)人狄翁,后来被称作金嘴狄翁,曾就奥林匹亚山上的同一尊雕像作了一番演讲,在当时引

---

① 《名哲言行录》7.88。
② 关于"像神一样"这个观念,见 Sedley(1999)。将内在的自我与尚待抛光的雕塑作类比或许是个传统做法,例如在普罗提诺《九章集》1.6.9 那里也出现过。

起了很大的轰动。① 狄翁的奥林匹亚演讲的核心问题明显受到了雕像本身的风姿的触发,那就是什么东西能够塑造并形成人对神祇的概念(《讲辞》12. 26)。他的回答相当复杂(《讲辞》12. 39 - 47),但总体上能分出四个可能有效的因素:

A 对神的天然认知(用了 ἔμφυτος ἐπίνοια 和 ἔννοια 两个术语,《讲辞》12. 27,39 - 40);②

B 神话和习俗(《讲辞》12. 40);[246]

C 法律(《讲辞》12. 40);

D 诸神的画像与雕塑(《讲辞》12. 44)。③

狄翁说道,对以上诸多事物的解释工作最后落到了哲学身上(《讲辞》12. 47)。由此他让自己挤进了廊下派的思想传统,正如我们所见,该传统假定哲学不仅可以确信并系统化天然认知(因素 A),还可以(以这种天然认知为尺度)批判、改编或改造神话(因素 B)和宗教仪式(因素 C)包括神像(因素 D)。狄翁同时宣称,这些东西其实都相互关联。因素 B 和因素 C 大致涵盖了 theologia tripertita[神学三分法]里诗人表现的诸神和城邦表现的诸神,狄翁说这二者最终都基于因素 A,但同时它们之间的关系又很难说清。当然,原始天然认知的纯粹性几乎无可避免地会因后来的神话和宗教

---

① 狄翁自己称这尊雕像为"对诸神而言最为美丽且最为珍贵"(《讲辞》12. 25),而爱比克泰德则认为"你们旅行到奥林匹亚去看菲狄阿斯的作品,你们每个人都会觉得,要是没有看到这些杰作而死去,真是太不幸了"(《阿里安俄斯记录的〈清谈录〉》1. 6. 23 - 24)。亦见泡萨尼阿斯(Pausanias,5. 11. 1 - 11)和斯特拉波(8. 3. 30)的描述。

② ἔμφυτος 这个词在这里意为"天然的",或"天然生长的",而不是"天生的",这个规定在其他很多文段里也有明显的体现,它们同样将 ἐπίνοια 理解为从经验中产生;例见 12. 39。

③ 这里我们可以与西塞罗的廊下派发言人巴尔布斯在《论神性》第二卷里关于 consuetudo oclorum[使用肉眼的习惯]的言论进行比较,见上文页 233 - 234。

仪式渐渐遭到削弱(《讲辞》12.41-43)。接着,因素 D 根植于因素 B:狄翁说诗人对神的刻画要更早一些(《讲辞》12.45-46),并认为后来菲狄阿斯从荷马的诗歌里得到灵感,雕刻了宙斯的神像(《讲辞》12.62,73-74)。他从荷马史诗中诸神的众多美丽肖像里挑选了不可怕的、"宁静而温和的"那一张。

狄翁的故事很大程度上基于廊下派的思想元素,里面的原始天然认知受到了城邦神学和诗歌神学的侵蚀,更别说还受到派生的雕塑家的神学的障蔽。我如果采纳柏拉图惯用的表述,即认为祭拜的神像极大地遮蔽了真实,但即便如此,狄翁还是能通过神像描画出某些神学真理的轮廓。他是如何做到的呢?首先他引入了菲狄阿斯这一 persona[角色],当夸赞菲狄阿斯的雕塑美丽之后,他就要菲狄阿斯解释造出这样的塑像的方法。菲狄阿斯的"答辩"相当复杂,我无法在这里进行完整的转述或分析。① 就现在来看,我们似乎只需要在里面找到两点他引证宙斯拟人形象的理由。第一点在于,除了将神描述为具有人的身体,我们没法用其他方式呈现神的理性(我们记得瓦罗已经解释过这一点):

> 绝没有雕塑艺术或画家能够表现心灵和理智本身;因为所有人都不能用眼睛观察到这两种属性,也不能通过探究来认识它们。但至于理智在其中显示自身的东西,由于人不只是隐约地认识它而是对它有实际的知识,因此人就飞向它寻求庇护,给神一个人的身体,将之作为容器来承担理智和理性,因为他们没有[247]更好的容器了。在这种矛盾下,人类试图通过可见和可描述的事物来揭示不可见和不可描述的东西,于是他们

---

① 比如,我们要注意到,这里所说的宙斯似乎是传统希腊万神殿中的宙斯和作为廊下派宇宙神的宙斯的某种混合。但这篇演讲的总体背景非常明显地表明,对狄翁来说,需要重点关注的一个哲学问题是,塑像是否能以及在何种程度上能呈现廊下派的宙斯形象。

> 运用了一种象征的手法,这要比某些野蛮人做得好,据说野蛮人是用野兽来代表神祇的……(狄翁,《讲辞》12.59)
>
> ……当然没有人会主张,我们只能凝视天上,所以在我们中间最好就不要展示诸神的雕塑或图画。尽管有理智的人确实敬畏所有天上的事物,相信他们是他从很远处能够看到的圣洁的神,但因我们对神祇的信仰,我们所有人都有强烈的意愿去荣耀并崇拜近在眼前的神明,接近他们,为他们献祭并戴上花冠,从而说服并控制他们。(狄翁,《讲辞》12.60)

狄翁将后面的那种态度比喻为孩子想要接近他们的父母,如此则不经意间发展了克律希珀斯的观点,即,使用神像是一种"孩子气的"行为。不管怎么样,他为菲狄阿斯的神像的拟人化特征所作的两项辩护,都与廊下派神学的一神论面相有关:神的理性就如人的理性,我们想要把神作为一个我们身边的崇拜对象(而不是将他当作一个遥远的、星际间或宇宙中的神),并将他当成父亲。据狄翁所说,这就是我们允许用人形来描画神的原因。

7

我们已经评述了从芝诺到狄翁的主要的文本证据,现在就让我们尝试着将一些线索串联在一起。首先,我们应该注意到廊下派对宗教传统的态度不可能是单一的:既不是彻底的拒绝,也不是无条件的保守主义。一方面廊下派自由地批判传统中与哲学性神学不相符的那部分。另一方面他们大概基于天然认知理论而愿意承认,不仅神话的叙事元素,还有宗教仪式里的视觉具象,实际也包含了某些神学真理的轮廓。凯瑞蒙是塞涅卡同时代的人物,同时也是一位埃及祭司(hierogrammateus,或圣典誊抄师)。甚至他也愿意承认,祭拜神像时的仪式和典礼暗示了某些寓言化的真理,尽管这无疑是受到了希腊化的影响,甚至可能还受到希腊的影响。① 廊下派的态度处在拒绝和接受这一段长域之间的某处,[248]不同的廊下派哲人对不同的宗教现象的反应或许都随着场所和个人倾向而各有不同。

狄翁明确指出,神话和神的视觉具象在清晰度和真实性上依旧不如我们的天然认知,其他廊下派哲人定然也相信这一点;然而另一方面,我们也看到,天然认知本身需要通过哲学论证得到更进一步的、明晰的表述。即便是低于天然认知,甚至有时候会产生误解,神话和宗教仪式中表现的事物至少还是能够传达出宇宙神的某些面相:凯瑞蒙强调神话和寓言对尚未掌握知识之人具有教育作用,②狄翁也指明祭拜神像具有教育功能。正是因为这样,爱比克泰德利用了菲狄阿斯的宙斯的拟人化特性,克律希珀斯运用了萨摩斯岛上有关宙斯和赫拉的那幅画。就像早期廊下派的宇宙学著述里有插入神话的例子,这些对传统元素的援引或许也能够通过说服(pithanon),帮助尚未掌握知识之人树立一个对神正确的(哲学的)概念。

然而,即使在无法得到上述证明的情况下,廊下派似乎依旧对传统有着某种宽容。塞涅卡的"让我们禁止"(《致鲁基里乌斯的道德书简》95.47,引用见上)则是一个例外,在他自己的书简中也仅此一例。有人想要对这种放任主义的(laissez-faire)做法背后的理由有一个更加清晰的了解。但其实,廊下派或许已经给了一个哲学证明,比如将参与宗教仪式这种行为当作本质上是道德中立的:真正重要的是我们理性,还有哲学上对神的虔敬。又或者,我们可以将这些对习俗的迁就,看作在其他哲人身上所找到的广泛保守主义思想的一个印证。

---

① 珀尔弗瑞《论禁欲》4.6(= 凯瑞蒙辑语 10,见 van der Horst 1984)。我没在其他廊下派哲人那里发现这样的观点。

② 凯瑞蒙证言 12,见 van der Horst(1984)。

不管如何，我们都清楚，廊下派确实批评了他们的对手伊壁鸠鲁派，因为伊壁鸠鲁派所捍卫的神学毁掉了对传统的基本的天然认知。廊下派认为，伊壁鸠鲁派将传统宗教仪式当作一种毫无意义的实践，因为他们声称诸神与我们的世界没有任何关系，事实上也与宇宙大体无关。① 或许为了回应廊下派的这番批评，伊壁鸠鲁派重新设计了一整套相当激进的解释，给传统宗教仪式里的许多因素（祈祷、献祭、语言）都赋予了新的意义。② 而在廊下派这里，我们没有找到这种细致的重新解释，至少[249]没有这么大规模的重新解释。③ 也许廊下派认为他们不需要这样做，因为他们的哲学性神学至少会承认某些传统宗教仪式有其实际的作用。

参考文献

Adomenas, M. (1999) 'Heraclitus on Religion', *Phronesis*, 45(2):87-113.

Algra, K. A. (2001) 'Comments or Commentary? Zeno of Citium and Hesiod's *Theogonia*', *Mnemosyne*, 54:562-581.

——(2003a) 'Stoic Theology', in B. Inwood (ed.), *The Cambridge Companion to the Stoics* (Cambridge: CUP), 153-179.

---

① 于是，伊壁鸠鲁派中那些有过祈祷、献祭等行为的人，就被人说成是拒绝他们自己的哲学；见普鲁塔克，《论廊下派的自相矛盾》1034c。珀赛多尼俄斯甚至认为，伊壁鸠鲁虽未言明，但实际上就是个无神论者（西塞罗，《论神性》1.123）。斐洛德谟斯的《论虔敬》基本上可算作一部辩解性著作，在尝试回应廊下派的此番挑战。

② 斐洛德谟斯在《论虔敬》（参照 Obbink 1996）里提到，伊壁鸠鲁派重新解释了对神像的敬畏（卷 32 [Obbink] 等处），同时还重新解释了誓言，还有诸如"如果诸神是友善的"这种传统表达，以及传统上指涉诸神和人类的关系的多种术语（"亲密"[affinity]、"疏远"[alienation]，卷 37-39；"有益"[benefits] 和"有害"[harm]，卷 40-41 和 81）。

③ 廊下派似乎有对请愿性祈祷的风险的重新解释，见阿尔格拉（2003a，页 174-177）。

——(2003b)'Hellenistic Philosophy and Some Science',Phronesis,48(1):71-88.

——(2004)'Eternity and the Concept of God in Early Stoicism', in G. van Riel and C. Macé(eds.),*Platonic Ideas and Concept Formation in Ancient and Medieval Thought*(Leuven:Leuven UP),173-191.

Betegh, G. (2004) *The Derveni Papyrus:Cosmology, Theology and Interpretation* (Cambridge:CUP).

Bidez, J. (1913) *Vie de Porphyre le philosophen néo-platonicien, avec les fragments des traités PERI AGALMATON et DE REGRESSU ANIMAE* (Ghent; repr. Hildesheim:Weidmann,1964).

Boys-Stones, G. R. (2001) *Post-Hellenistic Philosophy:A Study of its Development from the Stoics to Origen*(Oxford:OUP).

Brisson, L. (2004) *How Philosophers Saved Myths:Allegorical Interpretations in Classical Mythology*(Chicago:University of Chicago Press).

Bruit Zaidman, L. (2001) *Le Commerce des dieux:Eusebeia,Essai sur la piété en Grèce ancienne* (Paris:D' ecouverte).

Buckert, W. (1985) *Greek Religion*(Cambridge,MA:Harvard University Press) = English translations of Buckert, W. (1977) *Griechische Religion der archaischen klassischen Epoche*(Stuttgart:Kohlhammer Verlag).

Cardauns, B. (1976) *M. Terentius Varro Antiquitates Rerum Divinarum* (2 vols. Wiesbaden:Akademie der Wissenschafteb und der Literatur).

——(1978)'Varro und die r¨omische Religion:Zur Theologie, Wirkungsgeschichte und Leistung der *Antiquitates Rerum Divinarum*', *ANRW* II. 16. 1(Berlin), 80-103.

Clerc, C. (1915) *Les Théories relatives au culte des images chez les auteurs grecs du IIme siècle après J.-C.* (Paris:Fontemoing).

Curd, P. (2002) 'The Presocratics as Philosophers', in A. Laks and C. Louguet (eds.), *Qu'est-ce que la philosophie présocratique? What is Presocratic Philosophy* (Villeneuve d'Ascq:Presses Universitaires du Septentrion),115-140.

Frede, M. (1989) 'Chaeremon der Stoiker', *ANRW* II. 36. 3(Berlin),2067-2103.

Goulet, R(2005)'La Méthode allégorique chez les stoïciens', in J.-B. Gourinat(ed.), *Les Stoïciens*(Paris: Librairie Philosophique J. Vrin), 93 – 119.

Goulet-Cazé, M. -O. (1996) 'Religion and the Early Cynics', in R. Bracht Branham and M. -O. Goulet-Cazé(eds.), *The Cynics: The Cynic Movement in Antiquity and its Legacy* (Berkeley-Los Angeles and London: University of California Press), 47 – 80.

Gourinat, J. -B. (2005) ' *Explicatio fabularum:* La Place de l'allégorèse dans l'interprétation stoïcienne de la mythologie', in G. Dahan and R. Goulet (eds.), *Allégorie des poètes, allégorie des philosophes: Études sur la poétique et l'herméneutique de l'allégorie de l' Antiquité a la Réforme* (Paris: Librairie Philosophique J. Vrin), 9 – 34.

Hadot, P. (1987) ' Théologie, exégèse, réévélation, écriture, dans la philosophie grecque', in M. Tardieu(ed.) *Les Règles d'interprétation* (Paris: Cerf), 13 – 34.

——(1993) *Exercices spirituels et philosophie antique*, rev. edn. (Paris: Études Augustiniennes).

Henrichs A. (1974) ' Die Kritik der stoischen Theologie im PHerc. 1428 ', *Cronache Ercolanesi*, 4:5 – 32.

Horst, P. W. van der (1984) *Chaeremon: Egyptian Priest and Stoic Philosopher. The Fragments Collected and Translated with Explanatory Notes* (Leiden: Brill).

Hoven, R. (1971) *Stoïcisme et stoïciens façe au problèmedel'au-delà* (Paris: Belles Lettres).

Lévy, C (1996) ' Philosopher à Rome', in C. Lévy(ed.), *Le Concept de nature à Rome: La Physique* (Paris: Presses de l' École normale supérieure).

Lieberg, G. (1982) ' Die Theologia tripertita als Formprinzip antiken Denkens', *Rheinisches Museum*, 125:25 – 53.

Long, A. A. (1992) ' Stoic Readings of Homer', in R. Lamberton and J. J. Keaney(eds.), *Homer's Ancient Readers: The Hermeneutics of Greek Epic's Earliest Exegetes* (Princeton: Princeton UP), 41 – 66; repr. in A. A. Long, *Stoic Studies* (Cambridge: CUP, 1996), 58 – 85.

Most, G. W. (1989) ' Cornutus and Stoic Allegoresis: A Preliminary Report', *ANRW* II. 36. 3 (Berlin), 2014 – 2065.

Obbink, D. (1996) *Philodemus On Piety*, *Part I. Critical Text with Commentary* (Oxford: OUP).

——(2002) ' "All Gods are True" in Epicurus', in D. Frede and A. Laks (eds.), *Traditions of Theology: Studies in Hellenistic Theology, its Background and its Aftermath* (Leiden: Brill), 183 – 222.

Osborne, C. (1997) 'Heraclitus', in C. C. W. Taylor (ed.), *Routledge History of Philosophy* (London and New York: Routledge), i. 88 – 128.

Richards, W. J. (1964) *Gebed by Seneca, die Stoïsyn* (Groningen: VRB Publishers; written in Afrikaans, with a Summary in English).

Runia, D. T. (2002) 'The Beginnings of the End: Philo of Alexandria and Hellenistic Theology', in D. Frede and A. Laks (eds.), *Traditions of Theology: Studies in Hellenistic Theology, its Background and its Aftermath* (Leiden: Brill), 281 – 316.

Schofield, M. (1980) 'Preconception, Argument and God', in M. Schofield, M. Burnyeat, and J. Barnes (eds.), *Doubt and Dogmatism: Studies in Hellenistic Epistemology* (Oxford: OUP), 283 – 308.

Sedley, D. N. (1989) 'Philosophical Allegiance in the Greco-Roman World', in M. Griffin and J. Barnes (eds.), *Philosophia Togata: Essays on Philosophy and Roman Society* (Oxford: OUP), 97 – 119.

——(1999) 'The Ideal of Godlikeness', in G. Fine (ed.), *Oxford Readings in Philosophy: Plato 2: Ethics, Politics, Religion and the Soul* (Oxford: OUP), 309 – 328.

Swain, S. (ed.) (2000) *Dio Chrysostom: Politics, Letters and Philosophy* (Oxford: OUP).

Tieleman, T. L. (1996) *Galen and Chrysippus on the Soul: Argument and Refutation in the De Placitis, Books II-III* (Leiden: Brill).

Vegetti, M. (1983) ' Passioni e bagni caldi: Il problema del bambino cattivo nell' antropologia stoica', in M. Vegetti, *Tra Edipo e Euclide: Forme del sapere antico* (Milan: Il Saggiatore), 71 – 90.

# 索 引

本表中的页码为原文页码,注号为页码所在章的注释序号,原书的注释方式为每章重新编号的连续注,中文版已经将其改为每页重新编号的页下注。请有需要的读者自行查找原书页码,计算注释序号。

Aëtius 埃提俄斯
    Placita《学说》H. Diels 编(《希腊学述》)
        1. 6:228 n. 15, 246 n. 66
        1. 7. 19:64 n. 81
        1. 7. 33:28 n. 26, 74, 79
        1. 11. 5:76, 79
        1. 27. 2:80
        1. 28. 4:71
        4. 3. 10(《好战者狄都谟斯辑语》388. 16 – 20):156 n. 126
        4. 21. 1 – 4:35 n. 55

Alexander of Aphrodisias 阿弗洛底西亚的亚历山大
    De anima《论灵魂》I Bruns 编:14
        1. 1 – 2. 25:161 n. 157
        3. 21 – 27:159
        3. 26 – 24. 20:159 n. 142
        3. 27 – 24. 4:159
        4. 9 – 22:159 n. 145
        5. 4 – 9:160

        8. 5 – 17:160
        8. 10 – 11:160 n. 148
        9. 11 – 26:160 n. 150
        28. 26 – 28:161 n. 154
    De Fato ad Imperatores《论命运:献给两位帝王》I. Bruns 编
        1. 164. 17 – 20:71 n. 1
        7. 171. 26 – 27:71 n. 1
        8. 174. 1 – 11:191 n. 59
        13. 181. 8 – 9:71 n. 1
        15. 185. 18 – 19:88 n. 38
        22. 191. 30 – 31:79 n. 22
        22. 192. 1:86
        22. 192. 2 – 8:9, 86
        22. 192. 8 – 11:75
        22. 192. 8 – 13:191 n. 58
        22. 192. 11 – 12:79 n. 22, 80
        22. 192. 25 – 26:64 n. 80, 79 n. 23
        22. 192. 25 – 28:78 – 79
        23. 193. 4 – 8:72
        23. 193. 5 – 8:72 n. 4

25. 194. 27 – 195. 1:86 n. 31
25. 195. 13 – 16:72 n. 4
28. 199. 16 – 22:192 n. 63
31. 203. 11 – 20:24 n. 8
37. 210. 15:71 n. 1

De Mixtione《论混合物》I. Bruns 编
1. 213. 15 – 214. 6:156 n. 127
2:163 n. 163
3 – 4:98 n. 14
3. 216. 9 – 15:135 n. 5,163 n. 163
3. 216. 14 – 16:79
3. 216. 16:81
10:140 n. 32
10. 223. 25 – 36:120 n. 5
10. 223. 26 – 27:79
10. 224. 14 – 17:66 n. 87
11. 224. 32 – 225. 3:5 n. 10,57,121 n. 6
11. 225. 1 – 2:5 n. 10,66 n. 88
11. 225. 1:25 n. 10
11. 225. 3 – 15:62 – 63
11. 225. 11 – 14:47
11. 225. 11 – 12:7 n. 18
11. 225. 16:63
11. 225. 18 – 27:25 – 26
11. 225. 18:138 n. 20
11. 226. 11 – 12:63
11. 226. 24 – 29:24
12. 227. 8 – 9:79,81

De Providentia《论天意》P. Thillet 编
3. 15:135 n. 3

5:39 n. 76
5. 2 – 3:40 n. 80
5. 15 – 21:37 n. 62
19. 10 – 21. 1:24 n. 7
21 – 23:39 n. 76
21:39 n. 76
21. 5 – 20:24 n. 6
21. 14 – 25:38 n. 67
23. 6 – 25. 17:24 n. 8
25. 2 – 18:37 n. 62

In Aristotelis analyticorum priorum librum i Commentarium《论亚里士多德〈前分析篇〉》M. Wallies 编
180. 33 – 36:133 n. 26

In Aristotelis Metaphysica commentaria《论亚里士多德〈形而上学〉》M. Hayduck 编
59. 28 – 60. 2:52 n. 35

In Aristotelis Meteorologicorum libros Commentaria《论亚里士多德〈天象学〉》M. Hayduck 编
61. 34 – 62. 11:125 n. 13
83. 6 – 9:164 n. 173

De anima libri mantissa《〈论灵魂〉附录》I. Bruns 编
2. 106. 19 – 23:156 n. 126
2. 112. 10:163 n. 166
2. 112. 11 – 16:14,163
2. 112. 23 – 25:163 n. 167
2. 113. 12 – 14:24 n. 8,163 n. 168
23. 174. 28 – 30:88 n. 38

25. 185. 1 – 5:71,86

Quaestiones《问题集》I. Bruns 编

2. 3:14,161,164,165

2. 3. 48. 5 – 8:146 n. 77

2. 3. 48. 22 – 24:162

2. 3. 48. 29 – 49. 4:162

2. 3. 49. 4 – 14:162 n. 161

2. 3. 49. 18 – 28:162

2. 3. 49. 25 – 27:162 n. 162

2. 3. 50. 23 – 27:164 n. 172

Fragments《辑语》G. Vitelli 编

2:14,165

2. 1 – 4:165 – 166

2. 8 – 18:166

Alexander of Lycopolis 吕科波利斯的亚历山大

contra Manichaei opiniones disputatio《驳摩尼派观点》A. Brinkmann 编

12:61 n. 74

Aratos 阿拉托斯

Phaenomena《天象》. J. Martin 编

1 – 9:40

Aristotle 亚里士多德

Analytica posteriora《后分析篇》W. D. Ross 编

1. 7:155

De anima《论灵魂》W. D. Ross 编

1. 2 404b16 – 27:54 n. 46

1. 3 407a3 – 22:54 n. 46

2. 3 414b2:177 n. 13

3. 9 432b5 – 6:177 n. 13

3. 10 433a26 – 7:177 n. 13

De caelo《论天》P. Moraux 编

1. 2:151

1. 2 268b11 – 269a18:151

1. 2 269a18 – 32:151

1. 9 279a11 – 17:153

1. 9 279a13 – 15:154

4. 4:152 n. 110

4. 4 311a1 – 10:152 n. 108

De generatione animalium《论动物生成》H. J. Drossaart Lulofs 编

2. 1 731b24 – 32a1:149 n. 93

2. 3:149

De generatione et corruptione《论生成和消灭》H. H. Joachim 编

1. 5 320a27 – b17:159 n. 142

1. 10:139

2. 1 329a13 – 24:49 n. 16

2. 1 329a23:50

2. 1 329a24 – 32:140 n. 35

2. 1 329a24:50

2. 1 329a27 – 3:160 n. 146

2. 2 329b18 – 32:160 n. 147

2. 4:139 n. 26

2. 10:144 n. 63

2. 11:148 n. 84

De mundo《论宇宙》W. L. Lorimer 编

6:138 n. 20,146,148 n. 82

397b25 – 30:146 n. 77

398a6 – b28:146 n. 78

De partibus Animalium《论动物部

分》P. Louis 编

642a28 – 31:201

1.5,645a20:40

De philosophia《论哲学》W. D. Ross 编(《辑语选》)

辑语 27:139 n. 28

Ethica Eudemia《欧台谟伦理学》R. R. Walzer & J. M. Mingay 编

8.2:149

8.2 1248a16 – 33:149 n. 94

Ethica Nicomachea《尼各马可伦理学》I. Bywater 编

1:218

9 1168b31 – 1169a3:131 n. 24

10 1177b26 – 1178a22:131 n. 24

Metaphysica《形而上学》W. D. Ross 编

A:204

A3 983b7 – 8:49

A6 987b1 – 2:201

A6 988a7 – 15:52 n. 35

Δ1 1013a20:49

Δ4 1015a7:158

Δ4 1015a8:158

H1 1042a26 – 30:49,50

Z3 1029a4:50

Z3 1029a10 – 30:140 n. 35

Z3 1029a29 – 30:50

Z16 1040b5 – 10:161 n. 152

3 1070a7 – 8:68 n. 95

8:148 n. 84

9:146

10 1075a13 – 15:147

Meteorologica《天象学》F. H. Fobes 编

1.3:164

1.3 340b32 – 41a12:152 n. 109

1.3 340b33 – 41a4:153 n. 112

2.3 257b32 – 258a3:164 n. 173

Physica《物理学》W. D. Ross 编

1.6,988a8 ff. :53 n. 42

1.7 190a13 – 31:157 n. 133

2.1:158

4.2,209b11 – 17:49,52 n. 36

Arius Didymus 好战者狄都谟斯

Fragmenta《辑语》H. Diels 编(《希腊学述》)

2 – 3:156

2(448.1 – 12):156

3(448.16 – 19):156 – 7

19:116 n. d

21:93 n. 3

27(463.5 – 13):140 n. 34

29:65 n. 82

Athenaeus 阿忒纳欧斯

Deipnosophistae《欢宴上的智者》G. Kaibel 编

1.18b:43 n. 91

Atticus 阿提库斯

Fragmenta《辑语》E. des Places 编

3:148 n. 85

7:163 n. 165

Augustine 奥古斯丁

Civitate Dei《上帝之城》P. G. Walsh 编
    4. 3:242,242 n. 60
    4. 31:242,242 nn. 61 and 62
    5. 2:82
    6. 5:225
    6. 6:225
    6. 7:225 n. 4
    6. 10:240,240 nn. 54 – 56, 242 n. 59
    7. 5:243,243 nn. 63 and 64
    7. 23:34 n. 52,35 n. 56
    8. 5:148 n. 89

Aulus Gellius 奥卢斯·格利乌斯
    Noctes Atticae《阿提卡之夜》P. K. Marshall 编
    7. 1. 7 – 10:38 n. 70,39 n. 74
    7. 2. 1 – 2:72 n. 4
    7. 2. 3:86
    7. 2. 11:76 n. 11
    7. 2. 15:71 n. 1

Calcidius 卡尔基狄乌斯
    In Platonis Timaeum commentaries《论柏拉图〈蒂迈欧〉》J. H. Waszink 编
    144:71 n. 2,244 n. 70
    278 – 279:53 n. 40
    289:58
    290:50 n. 19,58
    291:99 n. 15
    291:67
    292:50,59,64,66 n. 89
    294:47,50 n. 22,54,68
    308:49 n. 15

Callimachus 卡利马科斯
    Hymnos eis Dia《宙斯颂》G. R. McLennan 编
    92 – 96:39 – 40

Censorinus 肯索里努斯
    De die natali《论生辰》Sallmann 编/注
    4. 10:148 n. 89

Chaeremon 凯瑞蒙
    Fragmenta《辑语》P. W. van der Horst 编
    10:247 n. 78
    12:232 n. 28,248 n. 79

Cicero 西塞罗
    Academica Posteriora《后期学园派》O. Plasberg 编
    1. 6:139 n. 26
    1. 6. 24 – 29:136
    1. 6. 24 – 7. 29:13,121 n. 6
    1. 15:201
    1. 24:159 n. 145
    1. 24 – 29:51 n. 29
    1. 25:159 n. 144
    1. 26:13,52,148
    1. 26 – 29:136,150
    1. 29:191 n. 59
    1. 30 – 31:53
    1. 30:54 n. 50

1.33:52 n. 39,53

1.35:136 n. 11

1.39:26 n. 13,55,56,136,137 –
138,138 nn. 16 and 17,148 n. 89

1.40:53

1.43:52

1.8 ff. :242 n. 58

Academica Priora(*Lucullus*)《前期学园派》(即《鲁库卢斯》)O. Plasberg 编

2.70:206 n. 12

2.119:140 n. 39

2.120:24 n. 8

2.120 – 121:141 n. 43

2.121:139 n. 25

2.126:36 n. 60,65 n. 83

2.132:142

2.145:192 n. 63

Ad Atticum《致阿提库斯》D. R. Sackleton Bailey 编

13.19.5:136 n. 10

De divination《论预言》D. Wardie 编

1.14:84

1.16:84

1.34:191 n. 58

1.70:149 – 150

1.117 – 118:37 n. 65

1.125:71

1.127:71 n. 1,72 n. 4

1.127 – 128:191 n. 59

2.33 – 34:81,82 – 83

2.34:82,84 n. 29

2.124:82

2.142 – 143:84

2.142:82

2.143:84

De fato《论命运》W. Ax 编

7 – 8:83

9:75

20:71

21:71 n. 1,75

23:75

27:71 n. 2

31:75,80

40:76 n. 11

41:71 n. 1,75,87

41 – 44:10

42 – 43:88 n. 39

42:87

43:76

De finibus bonorum et malorum《论至善与极恶》C. Moreschini 编

3:186,190 n. 55,214

3.7:214

3.17:204

3.18:204

3.72 – 73:186 n. 44

3.72:193 n. 64

3.73:15,186,190,203 – 204

De natura deorum《论神性》A. S. Pease 编

1.21:30 n. 40

1. 22:29 n. 30
1. 37:79 n. 23
1. 39:78 n. 19, 79 n. 23
1. 41:234 n. 36
1. 45:236 n. 41
1. 52 – 53:24 n. 7
1. 52:27 n. 18
1. 123:148 n. 80
2:233, 246 n. 76
2. 5:232 n. 27
2. 13 – 15:228 n. 15
2. 23 – 32:121
2. 23 – 28:121 – 122, 122 n. 9, 129
2. 23 – 24:28 n. 25
2. 23:121
2. 25 – 30:123
2. 25 – 28:121 n. 7
2. 26:123
2. 28:28 n. 24, 120 n. 5
2. 29 – 30:1 n. , 122 n. 11
2. 30:126 n. 15
2. 32:119 n. 2
2. 33:79 n. 23
2. 37 – 38:213
2. 39:31
2. 40 – 42:121 n. 7
2. 40 – 41:36 n. 60
2. 40:124
2. 41 – 42:125 n. 14
2. 41:125, 129
2. 43:27 n. 19

2. 45:233
2. 50 – 55:27 n. 19
2. 50:82
2. 56:31
2. 57:26 n. 12, 64 n. 79
2. 58:244 n. 68, 244 n. 70
2. 59:32
2. 66:240 n. 53
2. 69 – 72:234
2. 70:233
2. 71:231 n. 24
2. 80:27 n. 19
2. 82 – 86:35 n. 57
2. 82:84
2. 83:84 – 85
2. 86:35 n. 58
2. 91 – 92:35 n. 57
2. 115 – 118:35 n. 57
2. 118:84, 85, 118 n. , 124 – 125, 130
2. 119:84
2. 133:38 n. 68
2. 164 – 166:37 n. 65
2. 165 – 167:39
2. 167:37, 39, 40
3:228 n. 13
3. 6:228 n. 14
3. 37:124
3. 86:37 n. 63, 39
3. 90:37 n. 63, 39
3. 92:5, 26 – 27, 38 n. 69

De Officiis《论义务》M. Pohlenz 编
　　1.11 – 13：205
　　1.13 – 19：204 n.7
　　1.13：205，214 n.29
　　1.46：192 n.61
　　1.153 – 158.1.19：204 n.7
Topica《论题篇》G. diMaria 编
　　59：87 n.36
Tusculanae disputations《图斯库卢姆清谈录》M. Pohlenz 编
　　1.22：143 n.54，152 n.103
　　5.10：201

Cleanthes 克勒昂忒斯
Hymnos eis Dia《宙斯颂》I. von Arnim 编
　　4：186
　　7 – 8：188 n.48
　　11 – 22：182
　　12：188 n.48
　　15 – 17：187 n.47
　　15：187 n.47，188 n.48
　　17 – 25：187 n.47
　　18 – 21：187 n.47
　　20 – 21：178 n.15
　　21 – 25：186 – 187

Clemen. of Alexandria 亚历山大里亚的克雷芒
Stromata《杂缀集》O. Stählin 编
　　1.17.82.3：75 n.10
　　2.4.15：57 n.62
　　2.21, p.183：196
　　5.12.76：238
　　8.9.26.3：75，76 n.15
　　8.9.30.1 – 30：77
　　8.9.33.1 – 2：120 n.5
Protrepticus《劝勉集》C. Mondésert 编
　　5.66.4 – 5：161 n.158

Cleomedes 克勒俄梅德斯
Caelestia《论天体的循环运行》R. Todd 编
　　1.1.11：79 n.23
　　1.1.11 – 13：81
　　1.1.69 – 71：81
　　1.1.104 – 112：154 n.120

Cornutus 科尔努图斯
Theolagiae Graecae Compendium（*Epidr.*）《希腊神话传统概要》C. Lang 编
　　31.12 – 17：233 n.30
　　31.63.1：42 – 43，43 n.90
　　31.64.15：42，42 n.88

Die Fragmente der Vorsokratiker（*DK*）《前苏格拉底哲人辑语》H. Diels 和 W. Kranz 编
　　13 A 5 – 7：3 n.3，127
　　22 A 9：40
　　22 A 5：127
　　22 B 1：187 n.47
　　22 B 10：187 n.47
　　22 B 15：226 n.6
　　22 B 30 – 31：3 n.3
　　22 B 50：187 n.47

22 B 118:62
31 B 26:24 n. 4
31 B 35:24 n. 4
31 B 73:24 n. 4
58 B 34:3 n. 3

Die Schuledes Aristoteles《论亚里士多德学派》F. Wehrli 编

Critolaus 克里托拉俄斯
   12:13,144,144 n. 63,144 n. 64
   13: 13, 143 – 144, 144 nn. 58 and 63
   15:141 n. 44,142 – 143,146,148
   16:146
   15 – 18:13
   17:149,149 n. 90
   17 – 18:13
   18:149 n. 91
   37:147
   37a:147
   37b:147

Strato 斯特拉托
   32:141 n. 43
   33:141 n. 43
   35:141 n. 43
   50 – 53:152 n. 105
   82:140 n. 36

Dio Chrysostomus 金嘴狄翁
   Orationes《讲辞》I. von Arnim 编
   12:228 n. 15
   12. 8:243 n. 65
   12. 25:245 n. 74
   12. 26:245
   12. 27:245
   12. 39 – 48:232 n. 27
   12. 39 – 47:245
   12. 39 – 40:245
   12. 39:245 n. 75
   12. 40:245,246
   12. 41 – 43:246
   12. 44:246
   12. 45 – 46:246
   12. 47:246
   12. 59:246 – 247
   12. 60:19 n. 58,247
   12. 62:246
   12. 73 – 74:246

Diogenes Laertius 第欧根尼·拉尔修
   Vitae Philosophorum《名哲言行录》M. Marcovich 编
   2. 86:212 n. 27
   2. 93 – 95:212 n. 27
   3. 32:192 n. 63
   3. 67 – 77:51
   3. 69:6 n. 14,51 n. 28
   3. 75 – 76:53
   3. 75:6 n. 14,51 n. 28
   3. 76:53
   7. 2 – 3:202
   7. 2:51 n. 31
   7. 5:206
   7. 28:202
   7. 31:202

索 引

7. 39:207 n. 17
7. 40:176,193
7. 46:190,193,193 n. 65
7. 47:191 n. 57
7. 55 – 56:188 n. 50
7. 61:54,62 n. 77
7. 73:86 n. 32
7. 85 – 89:190 n. 55
7. 85 – 86: 177 n. 11, 182, 188 n. 51
7. 86 – 89: 15, 176 – 177, 178, 180,181,182,183,184
7. 86:182
7. 87 – 88:174
7. 87:35 n. 58
7. 88:196,245 n. 72
7. 89:186,196 n. 77
7. 92:186 n. 44,203 n. 6
7. 96:202 n. 3
7. 102:195
7. 105:194
7. 107:194
7. 116:177 n. 13
7. 122:41 n. 82
7. 126:197 n. 78
7. 128:198
7. 130:17,197 n. 78,213
7. 132 – 133:178 n. 16
7. 134: 25 n. 10, 31 n. 44, 48 – 49,50,59,64,73,97,121 n. 6, 138 n. 19,139 n. 24,140 n. 33

7. 135: 2 n. , 27 n. 21, 55, 78, 97 n. 11
7. 136 – 137:139 n. 26
7. 136:10, 31, 50, 59, 60, 65, 93 n. 2,101,101 n. 18,105,106,107 n. 30, 108 n. 33, 110 n. 38, 111, 113,114,120 n. 4
7. 137 – 138:133
7. 137: 10, 61, 63, 65, 67, 101, 113,178,244 n. 68
7. 138:133
7. 138 – 139:32 – 33,34 n. 52
7. 139: 79 n. 23, 84, 119 n. 2, 122 n. 11
7. 140:65 n. 83,79 n. 22
7. 141:30 n. 36
7. 142 – 143:79 n. 23,84
7. 142: 59, 60, 105, 106, 106 n. 27,110 n. 38,111,119 n. 2
7. 143:79 n. 22
7. 147: 25 nn. 9 and 11,63, 64, 148 n. 89, 229, 229 n. 16, 244 nn. 66 and 68 – 70
7. 148:27,27 n. 22
7. 149:71,71 n. 2,179 n. 20
7. 150:48,58
7. 156:25 n. 11,64,65 n. 82
7. 157:35 n. 58
7. 160:205
7. 161:206
7. 168 – 170:42 n. 86

7.170:43
7.179:206
7.182:206
7.187-188:43 n. 92
7.199:235
7.199-200:236 n. 41
10.133-134:88 n. 38

Epictetus 爱比克泰德

Dissertationes ab Arriano digestae《阿里安俄斯记录的〈清谈录〉》H. Schenkl 编

1.6.19-22:17,214
1.6.20-21:17
1.6.23-24:245 n. 74
1.7.1:192
1.9.4:182
1.12.16:182
1.14.1-2:81
1.14.1:79 n. 22
2.6.9-10:16,191-192
2.8:245
2.8.25-27:19,245
3.13.2:30 n. 41

Enchiridion《手册》H. Schenkl 编

31.1:239 n. 48
31.5:231

Epicurus 伊壁鸠鲁

Kuriai Doxai（*Ratae Sententiae*）《主要学说》P. von der Mühl 编

11-13:202

Epiphanius 厄皮法尼俄斯

Adversus haereses《驳异端》K. Holl 编

1.5:66
3.2.9:239
3.2.9:230 n. 21
3.31:142-143

De fide《论信仰》F. Diekamp 编

9.45:179 n. 20

Etymologicum Magnum《词源大典》T. Gaisford 编

《早期廊下派辑语》2.1008:230 n. 21

Eusebius 优西比乌斯

Praeparatio Evangelica《福音的预备》K. Mras 编

4.3.1:191 n. 58
6.7.8:191 n. 59
6.8.8-10:72
15.8.3:60 n. 67
15.14:55 n. 55,60 nn. 66 and 67
15.14.1:51
15.14.2:80,86
15.15:72 n. 3,86 n. 33
15.15.3-5:183
15.15.7:122 n. 11
15.18.2:132 n. 25
15.18.2:118 n. 1
15.20.6:131 n. 24
15.62.7-11:179 n. 19

Eustathius 欧斯塔提俄斯

Commentaria ad Homeri Iliadem《论荷

马〈伊利亚特〉》M. van der Valk 编

2.514.25:72 n.4

2.515.5:72 n.4

Fragmente zur Dialektik der Stoiker (*FDS*)《廊下派辩证法辑语》K. Hülser 编

316:54 n.51

318A:54 n.51

Galen 伽伦

De causis continentibus《论持久因》M. C. Lyon. 等编

1.1-2.4:12

De elementis ex Hippocrate《希珀克拉特斯的元素论》G. Helmreich 编

4.3-8:156 n.127

De methodo medendi《论疗法》K. G. Kühn 编

2.7,10:140 n.33

De Musculorum motu《论肌肉运动》

4.402.12-403.10:28 n.27

De naturalibus facultatibus《论自然官能》G. Helmreich 编

1.5.12:135 n.3

1.12:156 n.127

De Plenitudin《论物体的质量》K. G. Kühn 编

7.529.9-14:65 n.85

De qualitatibus incorporeis《论无形的属性》M. Giusta 编

6:76 n.15

20:147 n.

109-161:140 n.36

Introductio sive medicus《医学导论》K. G. Kühn 编

14.726.7-11:34 n.51,74

De Placitis Hippocratis et Platonis《论希珀克拉特斯和柏拉图的学说》P. H. de Lacy 编

270.10-24:189 n.53

272.9-274.26:189 n.53

De propriis placitis《我的学说》V. Nutton 编

15.1:135 n.3

(*The*) *Hellenistic Philosophers* (*LS*)《希腊化哲人》A. A. Long 和 D. N. Sedley 编

5B:97 n.11

26:207 n.17

27D:56 n.59

28O:31 n.43

30 A:54 n.51

38G:71 n.1,75

44B:25 n.10,31 n.44,48-9,50,56 n.60,59,64,73,97,121 n.6,138 n.19,139 n.24

44C:26 n.14,29 n.34,30,73,138 n.20

44D:59

45F:133

45G:51,55 n.55

45H: 5 n.10, 57, 66 n.88, 121 n.6

46A：28 n. 26，74，79
46B：2 n.，27 n. 21，55，78，97 n. 11
47I：66 n. 87
46E：26 n. 14，28，61 n. 74，101 n. 17，118，119，120，127，127 n. 16，132
46F：26 n. 14，30 n. 38，31，106 n. 29，119 n. 2，130
46G：60 nn. 66 and 67，80，86
46H：82
46I：61 n. 74
46K：132 n. 25
46M：61 n. 71，103–104
46O：29
47A：60 n. 67，61，93 n. 3，
47D：65 n. 85
47E：65 n. 85
47F：65 n. 85
47G：65 n. 85
47J：28 n. 23
47K：28 n. 27
47L：120 n. 5
47M：120 n. 547N：34 n. 51，74
47O：32–33，34 n. 52
47P：74
47Q：34 n. 50，74，160 n. 151
48C：79，81
49E：55 n. 56
50：140 n. 36
51A：30

53A：34 n. 50，88 n. 37
53G：35 n. 55
53L：36
53R：177 n. 13
53W：131 n. 24
54B：78 n. 19，79 n. 23
54C：36
54I：40
54N：38 n. 68
54Q：38 n. 70，39 n. 74
55A：189
55B：74，76
55C：75，76 n. 15
55D：77
55E：25 n. 10，27，74
55F：12，27 n. 22
55G：76，79
55H：27 n. 22
55I：27 n. 22，120 n. 5
55J：71
55K：86
55L：71
55M：74
55N：64 n. 80，75，78，79 n. 22，80，86
55O：71n. 1，72n. 4
55R：32 n. 47，78 n. 19，87 n. 36，191 n. 59
57A：15，176–177，178，180，181，182，183，184
60G：196

61C:189

62C:71 n. 1,75,87

63B:177 n. 12

63C:15,176 – 177,178,180,181,182,183,184

65F:177 n. 13

67L:183

67X:212 n. 26,216 n. 35

Hesiod 赫西俄德

Theogonia《神谱》M. L. West 编

81 – 84:40 n. 77

90:40 n. 77

Homer 荷马

Ilias《伊利亚特》T. W. Allen 编

14. 153 – 353:240 n. 52

Horace 贺拉斯

Satires《讽刺诗集》F. Villeneuve 编

1. 5. 100 – 104:224

Julian 朱利安

Eis tên mêtera tôn theôn《颂诸神之母》C. F. Köhler 编

8(5)3. 17 – 34:155

Kant 康德

Towards Perpetual Peace《论永久和平》

8. 365(Gesammelte Schriften 编):198 n. 80

Lactantius 拉克坦提乌斯

De Ira《论神怒》

18:244 n. 66

Lucretius 卢克莱修

De rerum natura《物性论》M. F. Smith 编

1. 443:56

4. 419 – 444:97 n. 11

5. 795 – 836:144 n. 62

5. 82:224 n. 1

Macrobius 马克若庇乌斯

In somnium Scipionis《西庇阿之梦》. J. Willis 编

1. 14. 20:149,149 n. 91

Marcus Aurelius 马可·奥勒留

Ad se ipsum《沉思录》J. Dalfen 编

2. 17:182 n. 28

2. 9:183

4. 23:183 n. 33

4. 27:81 n. 26

5. 3:183 n. 33

5. 8:181 n. 27,182 n. 28

5. 27:184 n. 35

7. 9:16,199

8. 35:42 n. 87

8. 46:181 n. 27

9. 1:175 n. 5

9. 9. 2:81

Musonius Rufus 穆索尼乌斯·儒福斯

Fragmenta《辑语》O. Hense 编

6:197 n. 78

17:180

17:188,188 n. 51,195 n. 71

Nemesius 涅美希俄斯

De natura hominis《论人性》M. Mo-

rani 编
 2(18.2-10):28 n. 23
 2(18.6):140 n. 37
 5(52.18-19):65 n. 85
 37(108.15-18):71 n. 2
 38(111.20-112.3):133 n. 26
Numenius 诺美尼俄斯
 Fragmenta《辑语》E. des Places 编
 50:24 n. 5
Origen 奥利金
 Contra Celsum《驳科尔苏斯》M. Borret 编
 4.14:82
 4.48:239
 6.7:55 n. 55
 6.71:79 n. 21
 De oration.《论演说》P. Kötschau 编
 368.1:140 n. 33
 De Principiis《论本源》H. Görgemanns 和 H. Karpp 编
 3.1.2:34 n. 50
Pausanias 泡萨尼阿斯
 Graeciae descriptio《希腊记游》M. H. RochaPereira 编
 5.11.1-11:245 n. 75
Philo of Alexandria (Judaeus) 亚历山大里亚的斐洛(犹太人)
 De migratione abrahami《论亚伯拉罕的迁居》P. Wenland 编
 179:81,81 n.
Philo Judaeus 犹太人斐洛

De aeternitate mundi《论世界的不灭性》L. Cohn 和 S. Reiter 编
 4:30 n. 38
 7-19:104 n. 24
 25:145 n. 67
 50-51:146 n. 73
 54:30 n. 38
 55:143-144,144 nn. 58 and 63
 56-69:144 n. 59
 69:144 n. 63
 70(克里托拉俄斯辑语 12 Wehrl):144,144 n. 63,144 n. 64
 74:143 n. 57
 74-75:143 n. 57
 76-78:29 n. 32,118 n. 1
 83-84:29
 85:104 n. 24
 85-93:104 n. 24
 86:61,104 n. 24
 87-88:61 n. 73
 88:61
 89:129 n. 21
 90:11,61 n. 71,103-104
 90-91:125 n. 14
 91:61 n. 73
 92:61
 93:62 n. 75,104 n. 24
 130-131:144 n. 61
 145-149:144
De providential《论天意》F. H. Colson 编

2.64-65:38 n.68

Legum allegoriarum《寓意解经法》
L. Cohn 编
2.22-23:74

Quod Deus sit immutabilis《论上帝的不变性》P. Wendland 编
35-36:34 n.50, 74, 160 n.151

Quod omnis probus liber sit《每个好人都自由》L. Cohn 和 S. Reiter 编
24:42 n.87
32-34:41

Philodemus 斐洛德谟斯
De Pietate《论虔敬》
11:64 n.80
5, 8-14:239 n.49
5, 28-35:239 n.50
6, 16-26:234 n.36
7, 24-28:239 n.51
10, 8-11, 5:227 n.10
23:230 n.21
32:248 n.81
37-39:248 n.81
40-41:248 n.81
81:248 n.81

Plato 柏拉图 J. Burnet 编
Alcibiades《阿尔喀比亚德》
129d-131b:131 n.24
Crito《克力同》
43b10-11:195 n.72
Epinomis《厄庇诺米斯》
981b-c:139 n.27

Gorgias《高尔吉亚》
473b10-11:191 n.57
508a1:183 n.32
Parmenides《帕默尼德》
132b:54 n.51
Phaedo《斐多》
105c:145 n.70
107d:184 n.34
Phaedrus《斐德若》
230a:220 n.37
246c-d:229
Philebus《斐勒布》
21b6-8:180
26b-27b:3 n.4
29b-33a:180
54c:49 n.17
Republic《王制》
617e:184 n.34
Scholia in Platonem《柏拉图评注》
W. C. Greene 编
1.121e:188 n.50
Sophist《智术师》
246a:57, 138
246a1:96
246a5:96
246b1:97
246e9-247c2:97 n.10
247b9-c2:97 n.10
247c:57
247d-e:3 n.4, 56-57
247d8-e4:138 n.23

247d8－e1:97
Theaetetus《泰阿泰德》
157a－b:3 n. 4
176a5－6:187 n. 47
Timaeus《蒂迈欧》
28c:229 n. 18
30b:50
30c:182 n. 31
30c6－9:7
32b5－c1:145
32c－33b:140 n. 38,145 n. 69
32d:182 n. 31
33a:182 n. 31
35a－b:54
40d:237 n. 45
41a－d:24 n. 4
41a:51
41b:140 n. 38
46d－e:53 n. 41
47e－48a:53
48c:49
49a:49
49d－e:139 n. 26
50a－c:140 n. 34
50d:51 n. 23
51a:51
52a:49
68e:53 n. 41
69a:49,53 n. 41
90a2－4:175 n. 6
90b－d:184 n. 34

90b1－d7:180
90c5－6:175 n. 6

Plotinus 普罗提诺
Enneades《九章集》P. Henry 和 H.
－R. Schwyzer 编
1. 6. 9:245 n. 73
2. 4:53 n. 42
2. 4. 1:140 n. 33
3. 1. 2:80,86 n. 33,88 n. 38
3. 1. 4:80
3. 1. 7:80
3. 4. 5－10:84
4. 8.［6］2. 24－53:25 n. 9
6. 1. 26. 21－23:97 n. 11

Plutarch 普鲁塔克
De Communibus notitiis contra Stoicos《驳廊下派的一般观念》M. Pohlenz. 和 R. Westman 编
1069－7:86
1073e:2 n. ,98 n. 13
1075a－b:42 n. 87
1076a:244 n. 71
1077d:127,244 n. 67
1077e:31 n. 43
1085c－e:129 n. 22
1085c:138 n. 20

De animae procreatione in Timaeo《论〈蒂迈欧〉中的动物繁殖》C. Hubert 编
1024 d－f:52 n. 35

De cohibenda ira《论控制愤怒》M.

Pohlenz 编

464a:148 n. 80

De fato《论命运》W. Sieveking 编

11. 574d:79 n. 23,81,85

De Iside et Osiride《伊希斯与俄赛里斯》W. Sieveking 编

367c:43 n. 90

De Stoicorum repugnantiis《论廊下派的自相矛盾》M. Pohlenz 编

1033b:119 n.

1033c – d:225 n. 3

1033d:212 n. 26,216 n. 35

1034b – c:238

1034c:248 n. 80

1034d – e 189

1035a – b:230 n. 21

1035c – d:177 – 178,184,186,189

1036e:235

1037f – 1038a:177 n. 13

1038c:244

1040c – d:39 n. 73

1042e – f:97 n. 10

1045b:88

1048a:39 n. 73

1048e:192 n. 63

1049b:181,185 n. 40

1049f – 1050d:191 n. 59

1050a – b:71 n. 1

1050a:186 n. 41

1050b:64 n. 80

1050c:186 n. 41

1051b – c:36

1052b – c:43 n. 93,119

1052b:233 n. 30

1052c – d:28

1052c: 26 n. 14, 61 n. 74, 101 n. 17, 118, 119, 120, 127, 127 n. 16,132

1052d:119 – 120,120 n. 3

1053a:111 n. 40

1053b: 26 n. 14, 30 n. 38, 31, 106 n. 29, 119 n. 2,130

1053f:120 n. 5

1056b – c:87 n. 36

1056c: 32 n. 47, 78 n. 19, 191 n. 59

1085c – d:65 n. 85

1086a:67

De fectu oraculorum《论神谕的式微》W. Sieveking 编

35. 428 e – f:52 n. 35

416 – 417:24 n. 6

416e – 417a:25 n. 9

Praecepta gerendae reipublicae《政事要则》H. N. Fowler 编

811c10 – d7:147

811c:39 n. 75

Quaestiones Romanes《罗马问题》H. J. Rose 编

276f – 277a:37 n. 66

De virtute morali《论道德德性》M.

Pohlenz 编
 9.449c:86 n. 33
Porphyry 珀尔弗瑞
 De abstinentia《论禁欲》J. Bouffartigue 编
  3.20.2 – 3:24 n. 8
  4.6:247 n. 78
 Posidonius 珀赛多尼俄斯 L. Edelstein 和 I. Kidd 编
  18:155 n. 121,178 n. 16
  85:178,178 n. 18
  92:67
  100:64 n. 81
  101:64 n. 81
  187:181
  187.7 – 8:178
  219:84 n. 28
  254:178 n. 16
Priscianus Lydus 吕底亚人普里斯基安乌斯
 Solutiones ad Chosoem《答科斯洛厄斯》I. Bywater 编
  6:84 n. 28
Proclus 普罗克洛斯
 In Platonis Timaeum commentaria《论柏拉图〈蒂迈欧〉》E. Diehl 编
  1.413.27 – 414.7:24 n. 5
  35a:155 n. 124
Ps. Plutarch(托名)普鲁塔克
 Placita Philosophorum《哲人的学说》J. Mau 编

1:203 n. 6
1.2:186 n. 44,189
1.6:233 n. 30
1.6.879c:64 n. 81
1.6.897c:63
1.7.881f – 882a:63 – 64
1.7.882a:65
1.10.882e:54 n. 51
Seneca 塞涅卡 F. Haase 编
 Consolatio ad Marciam《致玛西娅的告慰书》
  17 – 18:212
  18:215 n. 32
  18.2 – 7:212 – 213
  18.8:213
 De beneficiis《论恩惠》
  1.3.2 – 10:232 n. 28
  1.6.3:239 n. 48
  3.28.1:197
  4.7:64 n. 80
  7.1.3:16,211
  7.1.5:211
  7.1.6:211
  7.1.7:211
 De otio《论闲暇》
  4:16 n. 51,213
  4.1:213
  4.2:213
  5:16 n. 51,213
  5.1:213
  5.2:214

5.3:214

5.4-6:214

5.4:214

5.7:214

5.8:214

8:214

De providentia《论天意》

1.1:209

1.2-4:209

1.2.4:82

5.6-7:210 n. 20

Epistulae Morales《致鲁基里乌斯的道德书简》

9.16:29

41.1:241

42.1:192 n. 63

58.25:217-218

58.26-36:218

58.26:218

65:216,219

65.2:25 n. 10,27,74

65.4:50 n. 20,74

65.15:216

65.16-24:216

65.18:216

65.19-20:217

65.21-22:217

65.23-24:217

71.7:211 n. 24

89:207,209

89.1-2:207

89.2-3:207

89.4-7:208

89.5:209

89.8:207

89.9-11:208

89.12-13:208

89.13:211

89.14-16:208

89.16:208,209

89.17:208

89.18-23:208

89-90:16

90:207,209,215 n. 31

90.3:209

90.6:237

90.34-35:209

90.44:237

90.46:237

92.30:198

94:211,214 n. 30

94.4-5,11:211

94-95:208 n. 19

95:211,214 n. 30,241

95.10:214 n. 30

95.10-11:214

95.11:214 n. 30

95.12:214 n. 30

95.47:239 n. 48,241,248

95.50:239 n. 48,241

95.65:211

106.3:212 n. 26

107.11:198 n. 80
113.1:215 n. 33
113.23:36
117:219-220
117.18:219
117.19:211 n. 25,215 n. 33,219
117.20-31:219
117.20:219
117.32-33:219
117.32:202 n. 2
121:220
121.1-3:220
124:218
124.1:218
124.8-9:187
124.11:187
124.14:187
124.21:218

Naturalium Quaestionum《自然问题》(H. H. Hine 编)

1,pref.:207,215
1,pref. 2-4:215
1,pref. 5-6:215
1,pref. 6-8:215
1,pref. 16-17:215
2:210 n. 20
2.35:210 nn. 22 and 23
2.53.3:215
2.59:215
3,pref. 10:216
3,pref. 11:216 n. 34
3,pref. 17:216 n. 34
3,pref. 18:215-216
4a,pref. 20-22:216 n. 34
4a:216 n. 34
4b:216 n. 34
4b.13:210 n. 21,216 n. 34
6:210,213
6.1-3:210 n. 23
6.1:210 n. 23
6.4.2:16 n. 51,211,213
6.32:210 n. 23
7:216 n. 34
7.1:216 n. 34
7.32:216 n. 34

Sextus Empiricus 塞克斯都·恩披里柯 H. Mutschmann 编

Adversus Mathematicos《驳学问家》

7.93:48 n. 12
7.433:192 n. 63
8.263:56 n. 60
8.276:86 n. 32
9.1-191:228 n. 13
9.11:140 n. 33
9.11-12:121 n. 6
9.27-28:236
9.28:144 n. 60
9.49:228 n. 14
9.75:26 n. 14,73,138 n. 20
9.75-76:30
9.78-79:9,81-82
9.79-80:79 n. 22

索 引

9. 81 – 85:79 n. 23
9. 81:74
9. 123:231 n. 25
9. 133:192 n. 63
9. 207:75 n. 9
9. 211:74,76
10. 218:56 n. 59
11. 22 – 23:196
11. 64 – 67:195 n. 69
11. 66:195 n. 73

Purrôneiôn Hypotypôseôn《皮浪主义述要》
3. 14:75 n. 10
3. 38 – 39:56
3. 250:192 n. 63

Simplicius 辛普利基俄斯

In Aristotelis categorias commentarium《论亚里士多德〈范畴篇〉》K. Kalbfleisch 编
350. 15 – 16:30

In Aristotelis physicorum libros commentaria《论亚里士多德〈物理学〉》H. Diels 编
25. 5 – 15:138 n. 18
26. 11 – 13:51,121 n. 6
26. 13 – 16:52 n. 34
151. 6 – 19:52 n. 35,53 n. 42
211. 9 – 10:157 n. 134
211. 10 – 13:157 n. 135
211. 13 – 15:157 n. 136,157 n. 138
211. 15 – 18:157 n. 137

211. 18 – 19:157 n. 138
211. 20 – 23:158 n. 139
227. 23:140 n. 33
291. 21 – 292. 31:178 n. 16
542. 9 – 12:52 n. 36
1121. 12 – 15:132

In Aristotelis quattuor libros de caelo Commentaria《论亚里士多德〈论天〉》J. L. Heiberg 编
13. 22 – 28:151
14. 14 – 21:151
21. 33 – 22. 17:151
23. 11 – 15:151
23. 24 – 26:151
23. 31 – 24. 7:151
24. 21 – 27:42. 8 – 10:151
25. 11 – 13:151
50. 18 – 24:151
54. 6 – 12:161 n. 155
55. 25 – 31:151
70. 20 – 22:152
284. 28 – 286. 27:153 n. 113
285. 27 – 286. 2:153 n. 115
285. 32 – 35:153 n. 114
286. 2 – 6:152,154,154 n. 116
380. 29 – 381. 2:161 n. 156

Sophonias 索佛尼阿斯

In Aristotelis libros de anima paraphrasis《亚里士多德〈论灵魂〉释义》M. Hayduck 编
23. 36. 9:40 n. 80

Stobaeus 司托拜俄斯

Eclogae Physicae et Ethicae《物理学与伦理学读本》C. Wachsmuth 编

1. 34. 26：64 n. 81
1. 129. 3 – 4：129 n. 20
1. 129. 7 – 11：127 – 128
1. 129. 18 – 24：127 – 128
1. 129 – 130：10, 60 n. 67, 61
1. 129. 1 – 130. 20：93 nn. 1, 3 and 4, 94, 95, 102 n. 20, 107 – 117
1. 132. 27 – 133. 3：58
1. 133. 18：67
1. 133. 1 – 3：58
1. 171. 2：60 n. 67
1. 138. 20：88 n. 37
1. 138. 23 – 25：189
1. 152. 19 – 53. 6：129
1. 153. 7 – 22：125 n. 14, 129
1. 184. 8 – 12：133
1. 184. 8 ff. ：178 n. 14
1. 317. 21：188 n. 50
2. 7：86 n. 33
2. 42. 8 – 13：207 n. 17
2. 63. 11 – 12：197 n. 78
2. 65. 11 – 17：180 n. 23
2. 67. 13 – 19：191 n. 59
2. 71 – 72：202 n. 3
2. 71：202 n. 3
2. 75. 8 – 76. 1：177, 178, 184, 186
2. 75. 11 – 76. 8：177 n. 12
2. 83. 13 ff. ：196
2. 87. 21 – 22：177 n. 13
2. 98. 17 ff. ：244 n. 71
2. 98. 19 – 99. 2：181 n. 26
2. 100. 2：192 n. 62
2. 112. 1 – 5：192 n. 62
2. 111 – 112：191 n. 56
2. 114. 16 – 21：191 n. 59

Stoicorum Veterum Fragmenta (*SVF*)《早期廊下派辑语》I. von Arnim 编

1. 65：54, 54 n. 51
1. 85 – 88：48
1. 85：140 n. 331. 86：50 n. 19, 58
1. 87：47, 50 n. 22, 58, 66, 68
1. 88：50, 59, 64, 62 n. 78, 66 n. 89
1. 98：51, 55 n. 55, 60 nn. 66 and 67, 103 n. 21
1. 102：10, 31, 50, 59, 60, 65, 93 n. 2, 101, 101 n. 18, 105, 106, 106 n. 27, 107 n. 30, 108 n. 33, 110 n. 38, 111, 113, 114, 120 n. 4, 129
1. 107：60 n. 67
1. 108：132 n. 25
1. 120：103 n. 22
1. 126：148 n. 89
1. 146：239
1. 149：188 n. 50
1. 153：55 n. 55
1. 154：62 n. 78
1. 158：64 n. 80
1. 171：26 n. 12, 64 n. 79

索 引 **389**

1. 183:86
1. 264:238
1. 353:179 n. 19
1. 493:140 n. 33 1. 494:54 n. 51
1. 497:125 n. 14, 129
1. 499: 79 n. 23, 84, 119 n. 2, 122 n. 11
1. 504:148 n. 89
1. 511:61 n. 71, 103 – 104
1. 514:42 – 43, 42 n. 88, 43 n. 90
1. 528:228 n. 15
1. 537:40
1. 538:230 n. 21
2. 124:148 n. 89
2. 215:86 n. 32
2. 270:235
2. 299 – 300:25 n. 10, 31 n. 44, 48 – 49, 50, 59, 64, 73, 97, 121 n. 6, 138 n. 19, 139 n. 24, 140 n. 33
2. 300:140 n. 33
2. 301:121 n. 6, 140 n. 33
2. 303:25 n. 10, 27, 74
2. 310: 5 n. 10, 25 n. 10, 57, 62 n. 78, 66 n. 88, 121 n. 6
2. 311:26 n. 14, 30, 73, 138 n. 20
2. 318:55 n. 55, 140 n. 33
2. 320:140 n. 33
2. 322:140 n. 33
2. 323:55 n. 55
2. 326:140 n. 33

2. 340:76
2. 351:120 n. 5
2. 359:57 n. 62, 97 n. 11
2. 360:54 n. 51
2. 364:54 n. 51
2. 380:55 n. 55, 67
2. 381:97 n. 11
2. 385:76 n. 15
2. 406:65 n. 85
2. 413:60 n. 67, 61, 93 nn. 3 and 4, 94, 95, 102 n. 20, 107 – 117
2. 418:65 n. 85
2. 423:62 n. 78, 148 n. 89
2. 427:61 n. 70
2. 432:61 n. 70
2. 439:65 n. 85
2. 441:120 n. 5
2. 442:66 n. 87
2. 444:65 n. 85, 129 n. 22, 138 n. 20
2. 449:120 n. 5
2. 450:28 n. 27
2. 451:140 n. 37
2. 458:34 n. 50, 74, 160 n. 151
2. 475:79, 81
2. 482 – 491:140 n. 36
2. 502:55 n. 56
2. 503:154 n. 120
2. 520:30 n. 36
2. 526:133
2. 527:133, 178 n. 14

2.528:72 n.3, 86 n.33, 183, 228 n.15
2.533:79 n.22
2.534:81
2.546:79 n.23, 81
2.576:132
2.579:111 n.40
2.580:139 n.26:10, 31, 50, 59, 60, 65, 93 n.2, 101, 101 n.18, 105, 106, 107 n.30, 108 n.33, 110 n.38, 111, 113, 114, 120 n.4
2.594:125 n.13
2.596:60 n.67, 132 n.25
2.604:26 n.14, 28, 61 n.74, 101 n.17, 118, 119, 120, 127, 127 n.16, 132
2.605:26 n.14, 30 n.38, 31, 106 n.29, 119 n.2, 130
2.611:61 n.712. 612:61
2.622:101 n.19
2.624:133 n.26
2.625:133 n.26
2.634:32 – 33, 34 n.52
2.637:198
2.642:65 n.82
2.708 – 713:119 n.2
2.716:34 n.51, 74
2.774:25 n.11, 64, 65, 65 n.82
2.809:131 n.24
2.836:35 n.55, 36
2.912:79 n.23, 85

2.913:71 n.2, 80
2.914:72
2.915:71, 71 n.2, 179 n.20
2.916:80
2.917:71
2.918:71 n.2
2.920:71, 86
2.925:191 n.59
2.933:71 n.2, 244 n.70
2.934:80
2.937:64 n.80, 186 n.41
2.939:191 n.58
2.945:64 n.80
2.946:80, 86 n.33, 88 n.38
2.977:71 n.1
2.986:80
2.988:34 n.50
2.997: 32 n.47, 78 n.19, 87 n.36, 191 n.59
2.998:191 n.59
2.1008:230 n.21
2.1009: 62 n.78, 228 n.15, 233 n.30, 246 n.66
2.1013:9, 79 n.23, 81 – 82
2.1017:231 n.25
2.1021: 25 nn.9 and 11, 148 n.89, 229, 229 n.16, 244 nn.66 and 68 – 70
2.1024:64 n.80
2.1027: 62 n.78, 28 n.26, 74, 79, 103, 113

2. 1042：24 n. 5
2. 1044：25 – 26，138 n. 20
2. 1046：40 n. 80
2. 1048：24
2. 1051：55 n. 55
2. 1057：244 n. 66
2. 1064：127，244 n. 67
2. 1065：29
2. 1070：240 n. 53
2. 1071 – 1074：240 n. 52
2. 1074：239
2. 1075：62 n. 78，240 n. 53
2. 1076：64 n. 80，239 n. 50
2. 1100：62 n. 78
2. 1170：38 n. 70，39 n. 74
2. 1177：181，185 n. 40
2. 1178：36
2. 1210：37 n. 65
2. 1211：81，82 – 83
3. 54：244 n. 71
3. 106 – 109：202 n. 3
3. 175：177 n. 13
3. 246：244 n. 71
3. 264：231 n. 25
3. 273：231 n. 25
3. 384：86 n. 33
3. 431：177 n. 13
3. 604：230 n. 22，231 n. 25
3. 608：230 n. 22
3. 613：86 n. 33
3. 662：192　n. 633. 702：212

n. 26，216 n. 35，255 n. 3
3. 668：192　n. 633. 702：212
n. 26，216 n. 35，255 n. 3
3. 708：43 n. 91
3 阿尔喀德谟斯 12：140 n. 33
3 西顿的波厄托斯 7：146 n. 72
3 巴比伦的第欧根尼 27：29
n. 32，118 n. 1，146 n. 72
3 巴比伦的第欧根尼 33：239
n. 51，244 n. 67
3 塔索斯的芝诺 5：118 n. 1

Strabo 斯特拉波
　Geographica《地理志》. A. Meineke 编
　2. 3. 8：205
　8. 3. 30：245 n. 74
　10. 3. 23：232 n. 27

Tertullian 德尔图良
　De anima《论灵魂》J. H. Waszink 编
　1. 5：149，149 n. 90

Themistius 忒弥斯提俄斯
　In libros Aristotelis de anima paraphrasis《亚里士多德〈论灵魂〉释义》R. Heinze 编
　35. 32 – 43：64 n. 80

Theophrastus 忒俄弗拉斯托斯
　Metaphysica《形而上学》F. H. Fobes 和 W. D. Ross 编
　9b16 – 24：155 n. 124
　9b16 – 10a21：155
　10a9 – 19：155 n. 125
　10a22 – 11a12：141 n. 43

Varro 瓦罗
    De lingua latina《论拉丁语言》D. J.
        Taylor 编
            5. 59:148 n. 89
Xenophon 色诺芬

Memorabilia《回忆苏格拉底》E. C.
    Marchant 编
    1. 4:201 n.
    2:202
    4. 3:201 n

图书在版编目（CIP）数据

廊下派的神和宇宙/（墨）里卡多·萨勒斯（Ricardo Salles）编；徐健等译.--北京：华夏出版社，2018.1
（西方传统：经典与解释）
书名原文：God & Cosmos in Stoicism
ISBN 978-7-5080-9358-1

Ⅰ.①廊… Ⅱ.①里… ②徐… Ⅲ.①西方哲学—研究 Ⅳ.①B5

中国版本图书馆 CIP 数据核字（2017）第288037号

© the several contributors 2009
"God & Cosmos in Stoicism, First Edition" was originally published in English in 2009. This translation is published by arrangement with Oxford University Press.

北京市版权局著作权合同登记号：图字 01-2014-5576 号

廊下派的神和宇宙

编　者	［墨］里卡多·萨勒斯	
译　者	徐　健　朱雯琤　等	
责任编辑	王霄翎　李安琴	
责任印制	刘　洋	
出版发行	华夏出版社	
经　销	新华书店	
印　装	三河市少明印务有限公司	
版　次	2018年1月北京第1版	2018年1月北京第1次印刷
开　本	880×1230　1/32	
印　张	13	
字　数	352千字	
定　价	85.00元	

华夏出版社　地址：北京市东直门外香河园北里4号　邮编：100028
　　　　　　　网址：www.hxph.com.cn　　电话：(010)64663331(转)
若发现本版图书有印装质量问题，请与我社营销中心联系调换。

西方传统：经典与解释
Classici et Commentarii
HERMES
刘小枫◎主编

古今丛编

孟德斯鸠的自由主义哲学
——《论法的精神》疏证 [美]潘戈 著

莫尔及其乌托邦 [德]考茨基 著

试论古今革命 [法]夏多布里昂 著

托兰德与激进启蒙 刘小枫 编

图书馆里的古今之战 [英]斯威夫特 著

但丁：皈依的诗学 [美]弗里切罗 著

在西方的目光下 [英]康拉德 著

大学与博雅教育 董成龙 编

探究哲学与信仰
——基尔克果与苏格拉底 [美]郝岚 著

民主的本性
——托克维尔的政治哲学 [法]马南 著

梅尔维尔的政治哲学
——《切雷诺》及其解读 李小均 编/译

席勒美学的哲学背景 [美]维塞尔 著

果戈里与鬼 [俄]梅列日科夫斯基 著

自传性反思 [美]沃格林 著

黑格尔与普世秩序 [美]希克斯 等著

新的方式与制度
——马基雅维利的《论李维》研究
[美]曼斯菲尔德 著

科耶夫的新拉丁帝国 [法]科耶夫 等著

《利维坦》附录 [英]霍布斯 著

或此或彼（上、下）[丹麦]基尔克果 著

海德格尔式的现代神学 刘小枫 选编

双重束缚 [法]基拉尔 著

古今之争中的核心问题
——施米特的学说与施特劳斯的论旨 [德]迈尔 著

论永恒的智慧 [德]苏索 著

宗教经验种种 [美]詹姆斯 著

尼采反卢梭 [美]凯斯·安塞尔-皮尔逊 著

舍勒思想评述 [美]弗林斯 著

诗与哲学之争 [美]罗森 著

神圣与世俗 [罗]伊利亚德 著

论古人的智慧 [英]培根 著

但丁的圣约书 [美]霍金斯 著

古典学丛编

探究希腊人的灵魂 [美]戴维斯 著

尤利安文选 马勇 编/译

论月面 [古罗马]普鲁塔克 著

雅典谐剧与逻各斯
——《云》中的修辞、谐剧性及语言暴力
[美]奥里根 著

莱园哲人伊壁鸠鲁 罗晓颖 选编

《劳作与时日》笺释 吴雅凌 撰

希腊古风时期的真理大师 [法]德蒂安 著

古罗马的教育 [英]葛怀恩 著

古典学与现代性 刘小枫 编

表演文化与雅典民主政制
[英]戈尔德希尔、奥斯本 编

西方古典文献学发凡 刘小枫 编

古典语文学常谈 [德]克拉夫特 著

古希腊文学常谈 [英]多佛 等著

撒路斯特与政治史学 刘小枫 编

希罗多德的王霸之辨 吴小锋 编/译

第二代智术师
——罗马帝国早期的文化现象 [英]安德森 著

英雄诗系笺释 [古希腊]荷马 著

统治的热望
——修昔底德笔下的阿尔喀比亚德和帝国政治
[美]福特 著

论埃及神学与哲学
——伊希斯与俄赛里斯 [古希腊]普鲁塔克 著

凯撒的剑与笔 李世祥 编/译

伊壁鸠鲁主义的政治哲学
[意]詹姆斯·尼古拉斯 著

修昔底德笔下的人性 [美]欧文 著

修昔底德笔下的演说 [美]斯塔特 著

古希腊政治理论 [美]格雷纳 著

神谱笺释　吴雅凌　撰
赫西俄德：神话之艺
[法]居代·德·拉孔波 等著
赫拉克勒斯之盾笺释　罗逍然 译笺
《埃涅阿斯纪》章义　王承教 选编
维吉尔的帝国　[美]阿德勒 著
塔西佗的政治史学　曾维术 编

古希腊诗歌丛编
古希腊早期诉歌诗人　[英]鲍勒 著
诗歌与城邦　[美]费拉格、纳吉 主编
阿尔戈英雄纪（上、下）
[古希腊]阿波罗尼俄斯 著
俄耳甫斯教祷歌　吴雅凌 编译
俄耳甫斯教辑语　吴雅凌 编译

古希腊肃剧注疏集
希腊肃剧与政治哲学　[美]阿伦斯多夫 著

古希腊礼法
希腊人的正义观　[英]哈夫洛克 著

廊下派集
廊下派的神和宇宙　[墨]里卡多·萨勒斯 编
廊下派的城邦观　[英]斯科菲尔德 著

希伯莱圣经历代注疏
希腊化世界中的犹太人　[英]威廉逊 著
第一亚当和第二亚当　[德]朋霍费尔 著

新约历代经解
属灵的寓意　[古罗马]俄里根 著

基督教与古典传统
加尔文与现代政治的基础　[美]汉考克 著
无执之道
——埃克哈特神学思想研究　[德]文森 著
恐惧与战栗　[丹麦]基尔克果 著
托尔斯泰与陀思妥耶夫斯基
[俄]梅列日夫斯基 著
论宗教大法官的传说　[俄]罗赞诺夫 著
海德格尔与有限性思想（重订版）
刘小枫 选编
上帝国的信息　[德]拉加茨 著

基督教理论与现代　[德]特洛尔奇 著
亚历山大的克雷芒　[意]塞尔瓦托·利拉 著
中世纪的心灵之旅
——波纳文图拉神学著作选　[意]圣·波纳文图拉 著

德意志古典传统丛编
穆佐书简　[奥]里尔克 著
纪念苏格拉底——哈曼文选　刘新利 选编
夜颂中的革命和宗教
——诺瓦利斯选集卷一　[德]诺瓦利斯 著
大革命与诗化小说
——诺瓦利斯选集卷二　[德]诺瓦利斯 著
黑格尔的观念论　[美]皮平 著
浪漫派风格——施勒格尔批评文集　[德]施勒格尔 著

美国宪政与古典传统
美国1787年宪法讲疏　[美]阿纳斯塔普罗 著

世界史与古典传统
从普遍历史到历史主义　刘小枫 编

品达注疏集
幽暗的诱惑
——品达、晦涩与古典传统　[美]汉密尔顿 著

欧里庇得斯集
自由与僭越
——欧里庇得斯《酒神的伴侣》绎读　罗峰 编译

阿里斯托芬集
《阿卡奈人》笺释　[古希腊]阿里斯托芬 著

色诺芬注疏集
居鲁士的教育　[古希腊]色诺芬 著
色诺芬的《会饮》　[古希腊]色诺芬 著

柏拉图注疏集
柏拉图书简　彭磊 译著
哲学的奥德赛——《王制》引论　[美]郝兰 著
爱欲与启蒙的迷醉
——论柏拉图的《会饮》　[美]贝尔格 著
为哲学的写作技艺一辩
——《斐德若》疏证　[美]伯格 著
柏拉图式的迷宫——《斐多》义疏　[美]伯格 著
哲学如何成为苏格拉底式的　[美]朗佩特 著
苏格拉底与希琵阿斯　王江涛 编译

理想国　[古希腊]柏拉图 著
谁来教育老师——《普罗塔戈拉》发微　刘小枫 编
立法者的神学
　　——柏拉图《法义》卷十绎读　林志猛 编
柏拉图对话中的神　[法]薇依 著
厄庇诺米斯　[古希腊]柏拉图 著
智慧与幸福
　　——柏拉图的《厄庇诺米斯》　程志敏 选编
论柏拉图对话　[德]施莱尔马赫 著
柏拉图《美诺》疏证　[美]克莱因 著
政治哲学的悖论
　　——苏格拉底的哲学审判　[美]郝岚 著
神话诗人柏拉图　张文涛 选编
阿尔喀比亚德　[古希腊]柏拉图 著
叙拉古的雅典异乡人
　　——柏拉图《书简七》探幽　彭磊 选编
阿威罗伊论《王制》　[阿拉伯]阿威罗伊 著
《王制》要义　刘小枫 选编
柏拉图的《会饮》　[古希腊]柏拉图 等著
苏格拉底的申辩（修订版）　[古希腊]柏拉图 著
苏格拉底与政治共同体　[美]尼柯尔斯 著
政制与美德——柏拉图《法义》疏解　[美]潘戈 著
《法义》导读　[法]卡斯代尔·布舒奇 著
论真理的本质　[德]海德格尔 著
哲人的无知　[德]费勃 著
米诺斯　[古希腊]柏拉图 著

亚里士多德注疏集
亚里士多德《政治学》中的教诲　[美]潘戈 著
品格的技艺　[美]加佛 著
亚里士多德哲学的基本概念　[德]海德格尔 著
《政治学》疏证　[意]托马斯·阿奎那 著
尼各马可伦理学义疏
　　——亚里士多德与苏格拉底的对话　[美]伯格 著
哲学之诗
　　——亚里士多德《诗学》解诂　[美]戴维斯 著
对亚里士多德的现象学解释　[德]海德格尔 著
城邦与自然——亚里士多德与现代性　刘小枫 编
论诗术中篇义疏　[阿拉伯]阿威罗伊 著

哲学的政治
　　——亚里士多德《政治学》疏证　[美]戴维斯 著

普鲁塔克集
普鲁塔克的《对比列传》　[英]达夫 著
普鲁塔克的实践伦理学　[比利时]胡芙 著

莎士比亚绎读
莎士比亚的历史剧　[英]蒂利亚德 著
莎士比亚戏剧与政治哲学　彭磊 选编
莎士比亚的政治盛典　[美]阿曼里斯/苏利文 编
丹麦王子与马基雅维利　罗峰 选编

洛克集
上帝、洛克与平等　[美]沃尔德伦 著

卢梭集
论哲学生活的幸福　[德]迈尔 著
致博蒙书　[法]卢梭 著
政治制度论　[法]卢梭 著
哲学的自传
　　——卢梭的《孤独漫步者的遐思》　[美]戴维斯 著
文学与道德杂篇　[法]卢梭 著
设计论证
　　——卢梭的《社会契约论》　[美]吉尔丁 著
卢梭的自然状态　[美]普拉特纳 等著
卢梭的榜样人生
　　——作为政治哲学的《忏悔录》　[美]凯利 著

莱辛注疏集
汉堡剧评　[德]莱辛 著
关于悲剧的通信　[德]莱辛 著
《智者纳坦》研究版　[德]莱辛 等著
启蒙运动的内在问题
　　——莱辛思想再释　[美]维塞尔 著
莱辛剧作七种　[德]莱辛 著
历史与启示——莱辛神学文选　[德]莱辛 著
论人类的教育
　　——莱辛政治哲学文选　[德]莱辛 著

尼采注疏集
尼采引论　[德]施特格迈尔 著
尼采与基督教
　　——尼采的《敌基督》论集　刘小枫 编

尼采眼中的苏格拉底 [美]丹豪瑟 著
尼采的使命
——《善恶的彼岸》绎读 [美]朗佩特 著
尼采与现时代
——解读培根、笛卡尔与尼采 [美]朗佩特 著
动物与超人之间的绳索 [德]A.彼珀 著

施特劳斯集
原著
论僭政（重订本）——色诺芬《希耶罗》义疏
[美]施特劳斯 [法]科耶夫 著
苏格拉底问题与现代性（增订本）
——施特劳斯讲演与论文集：卷二
犹太哲人与启蒙
——施特劳斯演讲与论文集：卷一
霍布斯的宗教批判
斯宾诺莎的宗教批判
门德尔松与莱辛
哲学与律法——论迈蒙尼德及其先驱
迫害与写作艺术
柏拉图式政治哲学研究
论柏拉图的《会饮》
柏拉图《法义》的论辩与情节
什么是政治哲学
古典政治理性主义的重生（重订本）
回归古典政治哲学——施特劳斯通信集
苏格拉底与阿里斯托芬

研究作品
论源初遗忘
——海德格尔、施特劳斯与哲学的前提
[美]维克利 著
政治哲学与启示宗教的挑战 [德]迈尔 著
阅读施特劳斯 [美]斯密什 著
施特劳斯与流亡政治学 [美]谢帕德 著
隐匿的对话
——施米特与施特劳斯 [德]迈尔 著
驯服欲望
——施特劳斯笔下的色诺芬撰述 [法]科耶夫 等著

施米特集
宪法专政
——现代民主国家中的危机政府 [美]罗斯托 著
施米特对自由主义的批判 [美]约翰·麦考米克 著

伯纳德特集
古典诗学之路（第二版）
——相遇与反思：与伯纳德特聚谈 [美]伯格 编
弓与琴（重订本）
——从柏拉图解读《奥德赛》 [美]伯纳德特 著
神圣的罪业 [美]伯纳德特 著

布鲁姆集
巨人与侏儒（1960-1990）
人应该如何生活——柏拉图《王制》释义
爱的设计——卢梭与浪漫派
爱的戏剧——莎士比亚与自然
爱的阶梯——柏拉图的《会饮》
伊索克拉底的政治哲学

沃格林集
自传体反思录 [美]沃格林 著

大学素质教育读本
古典诗文绎读 西学卷·古代编（上、下）
古典诗文绎读 西学卷·现代编（上、下）

中国传统：经典与解释
Classici et Commentarii

经典与解释

刘小枫 陈少明 ◎ 主编

周易古经注解考辨 / 李炳海 著
浮山文集 / [明]方以智 著
药地炮庄 / [明]方以智 著
药地炮庄笺释·总论篇 / [明]方以智 著
青原志略 / [明]方以智 编
冬灰录 / [明]方以智 著
冬炼三时传旧火 / 邢益海 编
《毛诗》郑王比义发微 / 史应勇 著
宋人经筵诗讲义四种 / [宋]张纲 等撰
道德真经藏室纂微篇 / [宋]陈景元 撰
道德真经四子古道集解 / [金]寇才质 撰
皇清经解提要 / [清]沈豫 撰
经学通论 / [清]皮锡瑞 著
松阳讲义 / [清]陆陇其 著
起凤书院答问 / [清]姚永朴 撰
周礼疑义辨证 / 陈衍 撰
《铎书》校注 / 孙尚扬 肖清和 等校注
韩愈志 / 钱基博 著
论语辑释 / 陈大齐 著
《庄子·天下篇》注疏四种 / 张丰乾 编
荀子的辩说 / 陈文洁 著
古学经子 / 王锦民 著
经学以自治 / 刘少虎 著
从公羊学论《春秋》的性质 / 阮芝生 撰

刘小枫集

以美为鉴：注意美国立国原则的是非未定之争
海德格尔与中国
古典学与古今之争［增订本］
这一代人的怕和爱［第三版］
沉重的肉身［珍藏版］
圣灵降临的叙事［增订本］
罪与欠
儒教与民族国家
拣尽寒枝
施特劳斯的路标
重启古典诗学
共和与经纶
设计共和
现代性与现代中国：现代性社会理论绪论
诗化哲学［重订本］
拯救与逍遥［修订本］
走向十字架上的真
卢梭与我们
西学断章
现代人及其敌人
好智之罪：普罗米修斯神话通释
民主与爱欲：柏拉图《会饮》绎读
民主与教化：柏拉图《普罗塔戈拉》绎读
巫阳招魂：《诗术》绎读

编修［博雅读本］

凯若斯：古希腊语文读本［全二册］
古希腊语文学述要
雅努斯：古典拉丁语文读本
古典拉丁语文学述要
危微精一：政治法学原理九讲
琴瑟友之：钢琴与古典乐色十讲

经典与解释辑刊

1. 柏拉图的哲学戏剧
2. 经典与解释的张力
3. 康德与启蒙
4. 荷尔德林的新神话
5. 古典传统与自由教育
6. 卢梭的苏格拉底主义
7. 赫尔墨斯的计谋
8. 苏格拉底问题
9. 美德可教吗
10. 马基雅维利的喜剧
11. 回想托克维尔
12. 阅读的德性
13. 色诺芬的品味
14. 政治哲学中的摩西
15. 诗学解诂
16. 柏拉图的真伪
17. 修昔底德的春秋笔法
18. 血气与政治
19. 索福克勒斯与雅典启蒙
20. 犹太教中的柏拉图门徒
21. 莎士比亚笔下的王者
22. 政治哲学中的莎士比亚
23. 政治生活的限度与满足
24. 雅典民主的谐剧
25. 维柯与古今之争
26. 霍布斯的修辞
27. 埃斯库罗斯的神义论
28. 施莱尔马赫的柏拉图
29. 奥林匹亚的荣耀
30. 笛卡尔的精灵
31. 柏拉图与天人政治
32. 海德格尔的政治时刻
33. 荷马笔下的伦理
34. 格劳秀斯与国际正义
35. 西塞罗的苏格拉底
36. 基尔克果的苏格拉底
37. 《理想国》的内与外
38. 诗艺与政治
39. 律法与政治哲学
40. 古今之间的但丁
41. 拉伯雷与赫尔墨斯秘学
42. 柏拉图与古典乐教
43. 孟德斯鸠论政制衰败
44. 博丹论主权
45. 道伯与比较古典学
46. 伊索寓言中的伦理
47. 斯威夫特与启蒙
48. 赫西俄德的世界